马克思主义理论研究和建设工程重点教材

政治学概论

（第二版）

《政治学概论》编写组

高等教育出版社
人民出版社

二维码资源访问

使用微信扫描本书内的二维码，输入封底防伪二维码下的20位数字，进行微信绑定，即可免费访问相关资源。注意：微信绑定只可操作一次，为避免不必要的损失，请您刮开防伪码后立即进行绑定操作！

教学课件下载

本书有配套教学课件，供教师免费下载使用，请访问 xuanshu. hep. com. cn，经注册认证后，搜索书名进入具体图书页面，即可下载。

图书在版编目（CIP）数据

政治学概论/《政治学概论》编写组编. -- 2版. -- 北京：高等教育出版社，2020.9（2025.5重印）
马克思主义理论研究和建设工程重点教材
ISBN 978-7-04-054399-5

Ⅰ.①政… Ⅱ.①政… Ⅲ.①政治学-高等学校-教材 Ⅳ.①D0

中国版本图书馆CIP数据核字（2020）第109058号

责任编辑 王溪桥　　封面设计 王　洋　　版式设计 童　丹
责任校对 胡美萍　　责任印制 赵　佳

出版发行 高等教育出版社
社　　址 北京市西城区德外大街4号
邮政编码 100120
印　　刷 涿州市星河印刷有限公司
开　　本 787mm×1092mm　1/16
印　　张 22
字　　数 370千字
购书热线 010-58581118
咨询电话 400-810-0598
网　　址 http://www.hep.edu.cn
　　　　 http://www.hep.com.cn
网上订购 http://www.hepmall.com.cn
　　　　 http://www.hepmall.com
　　　　 http://www.hepmall.cn
版　　次 2011年7月第1版
　　　　 2020年9月第2版
印　　次 2025年5月第20次印刷
定　　价 45.00元

物 料 号　54399-00

•马克思主义理论研究和建设工程重点教材•

马克思主义理论研究和建设工程咨询委员会委员、审议专家

（以姓氏笔画为序）

《政治学概论》教材编写课题组

首席专家 张永桃　王一程　房　宁　王浦劬

主要成员 （以姓氏笔画为序）

王惠岩　纪玉祥　朱光磊　张国祥

陈振明　林尚立　周成奎　周光辉

高　建

《政治学概论》教材修订课题组（第二版）

首席专家 王浦劬　周光辉　燕继荣

主要成员 （以姓氏笔画为序）

王一程　王炳权　陈振明　周　平

高民政　高鹏程　梁　宇　程同顺

蒲　俜

目　录

导　论

政治是人类社会发展到一定历史时期出现的现象，并且伴随着人类文明的发展而发展。政治作为社会上层建筑，产生、发展于一定的社会经济基础，并反过来对经济基础以及社会生活发生深刻而广泛的影响。

政治学是研究社会政治现象及其发展规律的科学，是哲学社会科学的一门重要学科。马克思主义政治学的产生，在政治学发展史上具有划时代的革命意义。马克思主义基本立场、观点和方法，为工人阶级和广大劳动人民认识政治现象及其发展规律提供了强大理论武器。在中国革命、建设和改革的实践中，中国共产党人把马克思主义政治学基本原理同中国具体实际紧密结合，丰富和发展了马克思主义政治学。

第一节　政治学的研究对象和研究方法

一、政治的含义

学习与研究政治学，首先要了解政治的含义。古今中外的思想家、政治家和政治学者，对“政治”这一概念作过各种各样的解释，下过各种各样的定义。有的从道德角度解释政治，把政治的内涵归结为特定的伦理价值和规范性道德要求，由此出发，倡导社会政治应该是“德治仁政”；有的把政治的内涵归结为一种超自然或超社会的力量，认为政治现象是“上帝”或“上天”的造物，政治的决定是“上帝”或“上天”至高无上意志的尘世体现，因此，受着上帝或上天的支配；有的从权力出发研究和阐释政治，把政治的本质归结为权力，认为社会政治关系实质上是一种权力关系，研究政治首先要研究权力和权力关系问题；有的从管理的角度出发解释政治内涵，认为政治是运用国家政权或公共权力对公共事务的管理；有的则从权力运作和利益分配的角度来观察和解释政治，认为政治是对社会价值的权威性分配。如此等等。这些对政治含义的不同理解与分析，集中反映了不同历史时期人们对政治含义的不同认识，体现了政治学研究的发展变化，具有特定的历史特征。

马克思主义深刻揭示了政治的本质，为人们认识和分析政治现象提供了科学的世界观和方法论，形成了科学的马克思主义政治观。

马克思主义政治观集中体现在马克思主义经典作家关于政治问题的一系列深刻阐述中，其主要内容包括：

1. 政治是建立在一定经济基础之上的上层建筑

马克思主义认为，人类社会像一座构建于一定地基上的大厦，分为经济基础和上层建筑两大部分。与生产力的一定发展阶段相适应的生产关系的总和，构成社会的经济基础；而建立在这一基础之上的政治法律制度、组织和设施以及相应的意识形态，构成社会的上层建筑。政治是整个上层建筑中的重要组成部分，其中主要包括政治法律制度、以国家政权机构为主体的各类政治组织机构、以核心价值观为主干的政治意识形态以及在此背景下形成的政治行为等。政治以经济为基础，政治的性质、形态和运行方式由经济基础的性质、形态和运行方式所决定，因此，经济对政治具有决定性作用。

马克思主义在强调经济决定政治的同时，也指出政治对经济具有能动的反作用。恩格斯曾说："经济运动会为自己开辟道路，但是它也必定要经受它自己所确立的并且具有相对独立性的政治运动的反作用，即国家权力的以及和它同时产生的反对派的运动的反作用。"① 列宁指出："政治是经济的集中表现。"② 毛泽东强调："政治工作是一切经济工作的生命线。在社会经济制度发生根本变革的时期，尤其是这样。"③ 这些阐述，既指明了政治产生和发展的根源是社会的经济基础，又强调了政治对经济的重要影响和作用。在社会政治生活中，社会经济关系是阶级关系和社会关系的基础，而这种经济关系以及这种经济关系所体现的经济利益和要求，集中表现为特定阶级和阶层的要求和意志，进而形成特定政治立场、政治思想和政治制度，这些阶级和阶层由此展开政治活动，实现或保障自己的利益和要求。实际上，社会经济发展方向和发展道路的选择、社会经济关系和体制机制的重大变革、经济利益关系的重大调整等重大社会经济问题，都需要通过相应的政治活动和政治过程来实现。正是在这一意义上，列宁强调指出："政治同经济相比不能不占首位。不肯定这一点，就是忘记了马克思主义的最起码的常识。"④ 在阶级社会，统治阶级或居于领导

① 《马克思恩格斯文集》第 10 卷，人民出版社 2009 年版，第 597 页。
② 《列宁专题文集 论辩证唯物主义和历史唯物主义》，人民出版社 2009 年版，第 302 页。
③ 《毛泽东文集》第 6 卷，人民出版社 1999 年版，第 449 页。
④ 《列宁专题文集 论辩证唯物主义和历史唯物主义》，人民出版社 2009 年版，第 302 页。

地位的阶级，总会把政治放在首位，发挥政治总揽和统领全局的作用。“因为问题只在于（从马克思主义的观点来看，也只能在于）：一个阶级如果不从政治上正确地看问题，就不能维持它的统治，因而也就不能完成它的生产任务。”①

2. 政治是以一定的利益和利益关系为基本内容的社会关系

马克思主义认为，人的本质在其现实性上是一切社会关系的总和，人们之间的社会关系总是以特定的利益和利益关系表现出来的。在以私有制为基础的阶级社会中，政治的本质内容和主要表现形式，是相互冲突和对抗的阶级利益之间的关系。这种关系主要表现形式就是阶级斗争，它在阶级社会发展中起着主导作用。当然，在这些社会中，政治并不仅限于对立阶级之间的关系，往往也包括其他阶级关系。比如，在资本主义社会，政治主要是资产阶级与工人阶级之间的阶级关系，同时，也包括资产阶级与农民阶级、垄断资产阶级与中小资产阶级之间的关系，资产阶级内部不同的集团、派别之间的关系等。

在社会主义社会，共产党领导工人阶级和劳动人民建立了自己的国家政权和社会主义经济基础。在这样的历史条件下，阶级斗争虽然在一定范围内还将长期存在，在某种条件下还有可能激化，但是，阶级矛盾已不再是社会的主要矛盾，政治的主要内容已不再是阶级冲突和对抗，而是人民内部各阶级和阶层之间的关系。人民内部各阶级和阶层之间的差别和矛盾，一般不具有对抗性，不表现为阶级斗争，但仍属于阶级、阶层关系的范畴。正如毛泽东在中华人民共和国成立以后所说的那样，“同阶级敌人作斗争，这是过去政治的基本内容。但是，在人民有了自己的政权以后，这个政权同人民的关系，就基本上是人民内部的关系了，……这是一种新的政治关系”②。正确认识和处理人民内部各阶级、阶层之间的关系，是当代中国政治生活的主题。邓小平指出，凡是关系到人民根本利益大局的事情都是政治，“社会主义现代化建设是我们当前最大的政治，因为它代表着人民的最大的利益、最根本的利益”③。习近平新时代中国特色社会主义思想强调“以人民为中心”，这是习近平新时代中国特色社会主义思想关于政治建设的思维主线。人民立场是中国共产党的根本政治立

---

① 《列宁专题文集 论辩证唯物主义和历史唯物主义》，人民出版社 2009 年版，第 302—303 页。

② 《毛泽东文集》第 7 卷，人民出版社 1999 年版，第 351 页。

③ 《邓小平文选》第 2 卷，人民出版社 1994 年版，第 163 页。

场，是马克思主义者从政治上看问题的出发点。当前，从人民立场出发推进新时代中国特色社会主义政治发展，就是以是否赞成、拥护和参加新时代中国特色社会主义建设事业作为标准，确定社会阶级、阶层和社会集团的政治属性，把握社会矛盾关系，确定中国特色社会主义政治发展的主体属性、根本动力、依靠力量和发展归宿，为了人民，依靠人民，建设中国特色社会主义人民民主政治。

3. 政治的根本问题是国家政权问题

列宁指出：国家政权“是全部政治的基本问题，根本问题”①。政治活动是围绕国家政权展开的活动，“政治就是参与国家事务，给国家定方向，确定国家活动的形式、任务和内容”②。国家政权问题涉及十分广泛，不仅涉及国家政权本身的一系列问题，如国家的性质及各项职能、国家权力结构与治理形式、国家机构设置及其运作等，而且包括通过国家政权对社会生活各方面所实施的各项管理活动。在阶级社会，政治现象、政治关系都与国家政权紧密联系在一起。任何阶级要取得、巩固和发展自己的政治统治，实现本阶级的利益和目标，都必须掌握国家政权，有效控制和运用国家机器，优化国家运行机制。政治的阶级属性及其利益要求，不可避免地集中体现在国家政权问题上。在社会主义社会，除一定范围内还存在着的阶级斗争是政治问题外，由执政党通过国家制定和组织实施的有关经济社会文化生态建设和发展的一系列重大决策，通过国家政权实现、维护和发展人民利益要求的大政方针和重大举措等，都是我国现阶段政治的内容。

4. 政治作为一种特定的社会现象，有其自身运行和发展的规律

政治生活同其他社会生活一样，错综复杂而又处于不断发展变化之中，具有不以人的意志为转移的客观规律性。政治规律是寓于政治生活中的一种必然趋势，它不像政治生活本身那样显而易见，而要人们运用科学的理论和方法，对政治现象及其矛盾运动进行反复观察和研究，方能总结和概括出来。探索政治规律的过程，就是揭示政治现象的本质性联系的过程。人们不能主观地取消政治的发展规律，但可以用科学的理论和方法认识它、把握它，形成有关政治发展的知识和理论，用于指导政治实践活动。列宁指出：“政治是一门科学，

① 《列宁专题文集 论辩证唯物主义和历史唯物主义》，人民出版社 2009 年版，第 282 页。
② 《列宁全集》第 31 卷，人民出版社 2017 年版，第 128 页。

是一种艺术，它不是从天上掉下来的，不费力是掌握不了的”①。

根据马克思主义政治观，我们可以对政治的含义作出如下概述：政治是建立在一定经济基础之上的上层建筑的核心组成部分，是社会成员社会经济利益和要求的集中体现。在阶级社会，政治是以一定的阶级关系为基本内容，通过谋取和运用国家政权治理国家和社会来实现社会成员阶级利益和其他利益而形成的各种社会联系和活动。

二、政治学的研究对象和研究领域

1. 政治学的研究对象

在一般意义上，政治学以社会政治现象及其发展规律作为研究对象。而政治学的具体研究领域和分支学科的确定，则与人们对政治的认识有着密切联系。人们往往根据自己对于政治含义的不同理解，来确定政治学的具体研究对象和范围。比如，有人认为，政治的本质是政治权力，因此，政治学应该以政治权力作为主要研究对象，政治学就是研究政治权力产生、运行和发展规律的学问；有人认为政治实际是公共事务管理活动，因此，政治学的研究应该围绕公共事务的管理展开，包括有关公共事务的规划、决策、实施等内容；还有人认为，政治的本质内容是政治制度及其发展，所以，政治学研究应该以政治制度作为基本对象，在此基础上，政治学被理解为政治制度和法律制度研究，如此等等。

历史唯物主义认为，自从国家产生以来，人类社会就有了政治生活和政治活动。人们在社会政治生活中必然形成一定的政治关系。社会政治关系，是社会政治生活的主体，包括阶级、民族、政党、政治团体、政治家、公民等在政治活动中的本质联系。在这其中，阶级关系是一定社会经济关系的体现，因此，是最为重要的政治关系，其他政治关系或是由阶级关系决定和派生，或是受着阶级关系的影响和左右。因此，一个社会政治关系的基本内容，是该社会各阶级、阶层之间通过国家政权形成、维护和发展的相互关系。这些关系在现实政治中，体现为各阶级、阶层在国家权力结构体系中的地位和作用。

由于各阶级和阶层通过国家政权形成、维护和发展的关系构成了社会政治

① 《列宁全集》第 39 卷，人民出版社 2017 年版，第 60 页。

关系的基本内容，所以，围绕国家政权形成和发展的各种问题，成为政治学研究的主要对象。诸如国家政权的性质、国家类型及其更替、国家政权组织形式和国家结构形式、保证国家机器运转的各项规则和制度、国家（政府）的职能与机构设置、国家活动的组织与管理、国家战略方略和方针政策的制定与实施、国家的建设与发展、国家与国家之间的关系，等等，都属于政治学研究的主要对象和内容。

明确国家是政治现象的主要内容，并不等于说国家现象就是政治现象的全部内容。同国家密切关联的其他政治现象，如政党和政党制度、政治团体、政治参与、政治文化、民族与宗教，等等，都与国家政权及其本质和职能活动有着密切关系，从不同方面反映和体现着社会政治关系，因而都是政治学的重要研究对象。

据此可知，马克思主义认为，政治学是研究以国家现象为核心的各种政治现象及其发展规律的科学，其研究宗旨在于揭示人类社会政治关系形成和发展的本质联系和规律性，创立并不断发展和完善科学的政治思想理论，用以指导工人阶级和广大劳动人民的革命、建设和改革实践，推动社会的全面进步和人的全面发展。

2. 政治学的研究领域

由于人们对政治学研究对象的理解和把握不同，对政治学研究的领域划分也存在不同看法。例如，1948 年国际政治科学协会成立大会上，政治学研究被划分为政治理论，政治制度，政党、舆论和政治团体，国际政治四个研究领域。1975 年，美国政治学者格林斯坦和波尔斯比编辑的《政治学手册》把政治学研究领域划分为八类，即政治学的范围与理论、微观政治学、宏观政治学、非政府政治、政府体制与过程、政策与政策制定、研究方法、国际政治。1996 年，由美国政治学家罗伯特・古丁、汉斯-迪特尔・克林格曼编辑的《政治科学新手册》，把现代政治学科的分支学科和研究领域划分为八个部分，即政治制度、政治行为、比较政治学、国际关系、政治理论、公共政策与行政、政治经济学、政治科学方法论。① 2006—2008 年，政治学家罗伯特・古丁担任总主编，由牛津大学出版社出版的《牛津政治学手册》，把现代政治学划分为十个

① 参见［美］罗伯特・古丁、汉斯-迪特尔・克林格曼主编：《政治科学新手册》上册，钟开斌、王洛忠、任丙强等译，生活・读书・新知三联书店 2006 年版，第 43—44 页。

研究领域，即政治理论（Political Theory）、政治制度（Political Institutions）、政治行为（Political Behavior）、比较政治（Comparative Politics）、法律与政治（Law and Politics）、公共政策（Public Policy）、政治经济学（Political Economy）、国际关系（International Relations）、政治背景分析（Contextual Political Analysis）以及政治学方法论（Political Methodology）。①

根据马克思主义政治观，结合我国社会主义政治建设的特点和需要，同时批判地吸取国外政治学研究的成果，现阶段中国特色社会主义政治学的研究范围和领域，主要包括政治学理论与方法、中国政治、比较政治、公共行政、公共政策、国际政治等方面。

（1）政治学理论与方法

主要包括马克思主义政治学基本原理，马克思主义经典作家的政治学代表作研究，马克思主义政治学中国化的重大理论成果及其发展，中国特色社会主义政治理论，中外政治哲学和政治思想研究，政治学研究方法，政治学各分支领域或者交叉学科的专门理论如政治发展理论、政治权力理论、政治哲学、政治经济研究、政治心理学、政治社会学、生态政治学的理论和方法，等等。

（2）中国政治

主要包括中国政治史、中国政治制度史、当代中国政治制度、当代中国政党与政治、当代中国政府与政治、当代中国国家治理、中国特色社会主义政治建设、当代中国政治发展、中国行政管理体系及其改革发展、中国群团政治及其治理体系、中国政府与市场和社会的关系、中国基层政治、中国民主政治及其发展、中国共产党的建设等。

（3）比较政治

主要包括比较政治学理论与方法、比较政治哲学与价值、比较政治制度与公共政策、比较政治过程和政治行为、政治发展比较分析、地区政治与国别政治研究、比较政治经济研究、比较政治制度、比较政治分析、比较公共政策、中西方政治文化比较研究、政治发展和不同的发展模式比较分析等。

（4）公共行政

公共行政作为政治学的分支学科，重点研究公共行政基本理论、行政权力

① Robert E. Goodin ed., *Oxford Handbooks of Political Science*, New York: Oxford University Press, 2006-2008.

与政府职能、行政管理体制机制、行政机构设置与运行、政府治理、中央政府和地方政府及其相互关系、国家公务员制度、公共财政与国家预算制度、公共管理、比较政府等。

（5）公共政策

从政治角度研究公共政策，如公共政策主体及其相互关系，公共政策的政治功能与目标选择，公共政策决策体制与运行机制，公共政策过程，公共决策的科学化、民主化和法制化等。

（6）国际政治

主要包括国际政治和国际关系理论、国际组织、国际法、时代主题与世界政治格局、世界性和地区性冲突、战争与和平、民族和宗教问题、国际战略研究、中国外交史、当代中国外交战略与政策等。

三、政治学的研究方法

辩证唯物主义和历史唯物主义是马克思主义政治学研究的指导思想，唯物辩证法是马克思主义政治学研究的根本方法。这种方法要求从人类社会历史发展的实际出发，从社会经济生活中探究政治现象产生及其发展的动因，阐明政治活动与经济社会活动之间的辩证联系，揭示政治现象的客观性和规律性。在这一根本方法指导下，马克思主义政治学研究的方法主要包括：

1. 矛盾分析方法

唯物辩证法认为，世界是物质的，物质是运动的，这种运动遵循对立统一的法则，因此，矛盾是事物的本质属性，是事物发展变化的根本动因。“事物发展的根本原因，不是在事物的外部而是在事物的内部，在于事物内部的矛盾性。任何事物内部都有这种矛盾性，因此引起了事物的运动和发展。”① 任何事物总是作为矛盾系统而存在的，时时有矛盾，事事有矛盾，没有矛盾就没有客观世界及其发展变化。承认矛盾的普遍性是一切科学认识的首要前提。“科学研究的区分，就是根据科学对象所具有的特殊的矛盾性。因此，对于某一现象的领域所特有的某一种矛盾的研究，就构成某一门科学的对象。”② 因此，唯物辩证法认为，科学研究就是在唯物论的基础上，对事物矛盾展开研究，科学

① 《毛泽东选集》第 1 卷，人民出版社 1991 年版，第 301 页。

② 《毛泽东选集》第 1 卷，人民出版社 1991 年版，第 309 页。

的进步历程本质上是揭示矛盾、认识和解决矛盾的过程。矛盾分析方法是唯物辩证法的基本方法。

矛盾分析方法主要是通过深入观察各种政治现象，正确认识存在于政治关系和政治生活中的矛盾，进而科学分析矛盾，把握矛盾的本质、发生发展的原因和方向，提出解决矛盾的方法。正如毛泽东所说："辩证法的宇宙观，主要地就是教导人们要善于去观察和分析各种事物的矛盾的运动，并根据这种分析，指出解决矛盾的方法。"① 矛盾分析方法是唯物辩证法的基本方法，是马克思主义对立统一思想方法在政治分析中的运用。马克思主义经典作家的著作中，处处闪耀着唯物辩证法的思想光辉，体现着唯物论基础上的矛盾分析方法，如马克思在《资本论》中分析了资本主义社会的矛盾及其运动规律，毛泽东在《关于正确处理人民内部矛盾的问题》中分析了社会主义社会的矛盾及其运动规律。

2. 历史分析方法

"历史是从昨天走到今天再走到明天，历史的联系是不可能割断的，人们总是在继承前人的基础上向前发展的。古今中外，概莫能外。"② 因此，马克思主义历史分析方法要求，把政治现象放在它所产生的特定的历史条件和背景下加以分析和研究。任何政治现象都不是孤立地产生的，每一具体的政治现象，总是与特定的历史背景和历史条件相联系，只有把它放到彼时彼地的历史背景下进行分析和研究，才能发现特定政治现象产生、存在和发展变化的原因和客观必然性，才能从历史的因果联系中准确地把握和揭示各种政治现象的本质和规律。

历史分析方法的重要作用在于通过研究历史，发现政治发展和变化的规律，由此来把握政治现状和未来发展。正如列宁所说："考察每个问题都要看某种现象在历史上怎样产生、在发展中经过了哪些主要阶段，并根据它的这种发展去考察这一事物现在是怎样的。"③ 需要指出的是，历史分析方法并不囿于历史表象，而是切实总结历史经验，深入分析政治历史及其发展的本质联系，从而深刻地把握特定政治现象发生、发展的原因和条件，揭示政治发展的规律性，由此来认识和解决新的问题。

---

① 《毛泽东选集》第 1 卷，人民出版社 1991 年版，第 304 页。

② 习近平：《领导干部要读点历史》，《学习时报》2011 年 9 月 5 日。

③ 《列宁专题文集 论辩证唯物主义和历史唯物主义》，人民出版社 2009 年版，第 283 页。

3. 经济分析方法

马克思主义经济分析方法，是从经济关系入手来分析政治现象和政治关系的一种分析途径。在马克思主义看来，生产、交换、分配和消费等社会经济活动中的社会生产关系，构成了社会的经济基础，决定着社会政治活动和政治结构的性质、原则、方式和形式，经济关系的发展变化是政治关系发展变化的动力。同时，政治又具有相对独立性，对经济发展有能动的反作用，在历史发展过程中，它通过保护相应社会的经济基础，推动或阻碍社会生产力的发展。

马克思主义经济分析方法是揭示社会结构和政治变迁的根本原因与发展规律的基本方法，马克思主义所确立的政治与经济之间相互关系的历史唯物主义观点，始终是我们分析社会结构和政治变迁的根本出发点。

4. 阶级分析方法

马克思主义认为，所谓阶级，是人们在社会生产中所处的地位和他们对生产资料的占有关系的差异而造成的社会差异群体。在社会生产活动中，人们在社会生产体系中所处的地位不同，同生产资料的关系不同，在社会劳动组织中所起的作用不同，因而取得归自己支配的那份社会财富的方式和多寡也不同，从而形成不同的阶级。不同阶级之间的利益关系必然反映到政治上来，政治也就因此有了明显的阶级属性。

在阶级社会中，阶级是政治生活的重要主体，阶级之间的力量对比以及由此而形成的利益分配格局决定着整个社会的政治格局，阶级关系和阶级斗争因此成为政治和政治斗争的重要内容。为此，在考察阶级社会中的政治现象时，要重点分析这种现象背后的阶级基础和阶级关系，从而揭示政治现象背后的阶级本质。阶级分析方法就是要运用阶级学说说明政治现象，要“把政治冲突归结为由经济发展所造成的现有各社会阶级以及各阶级集团的利益的斗争”①，就是在分析阶级社会中的阶级力量的构成状况，各阶级的基本特性、政治要求和主张等的基础上，把握社会政治的走向和规律。

5. 比较研究方法

比较研究方法，是马克思主义政治学的重要研究方法。历史唯物主义对于比较研究方法作出了精辟的论述。如同马克思指出的那样，极为相似的事变发生在不同的历史环境中会引起完全不同的结果，正确的研究方法应当是“把这

---

① 《马克思恩格斯文集》第4卷，人民出版社2009年版，第535页。

些演变中的每一个都分别加以研究”，弄清楚这些演变的历史背景、具体情况和发生原因，“然后再把它们加以比较”，从而“找到理解这种现象的钥匙”。①

6. 调查研究方法

“没有调查，没有发言权。”② 调查研究也是马克思主义政治学的重要研究方法。通过调查了解客观情况，直接获取第一手材料，对获取的材料进行去粗取精、去伪存真、由此及彼、由表及里的科学分析，以求得对政治问题全面、准确、真实的把握，从而得出科学的结论。马克思主义的调查研究方法遵循客观性、科学性和全面性的原则。

科学的调查研究主要在于发现问题，占有充分的材料，以正确分析问题，最终达到解决问题的目的。毛泽东指出：“大略的调查和研究可以发现问题，提出问题，但是还不能解决问题。要解决问题，还须作系统的周密的调查工作和研究工作，这就是分析的过程。”③ “调查就像‘十月怀胎’，解决问题就像‘一朝分娩’。调查就是解决问题。”④ 可见，调查研究方法是力求在对客观事物切实认识的基础上分析和解决问题的方法。

第二节　政治学的历史发展

本节所说的政治学，是指人类社会各个历史时期研究政治现象、政治关系的各种学说或理论。

一、政治学在古代的发展

1. 西方古代和中世纪的政治思想

在西方，人们对政治现象的认识和讨论起源于公元前 5 世纪的古希腊社会。以柏拉图、亚里士多德为代表的古希腊政治学说，开西方政治学之先河。柏拉图、亚里士多德从道德政治观出发，以古希腊的城邦为研究对象，前者对城邦政治进行理想设计，后者对城邦制度进行实际比较论证，目的都是为了维

① 《马克思恩格斯文集》第 3 卷，人民出版社 2009 年版，第 466—467 页。
② 《毛泽东选集》第 1 卷，人民出版社 1991 年版，第 109 页。
③ 《毛泽东选集》第 3 卷，人民出版社 1991 年版，第 839 页。
④ 《毛泽东选集》第 1 卷，人民出版社 1991 年版，第 110—111 页。

护奴隶主统治和奴隶制国家。他们依托古希腊的政治文明，开启了西方政治学研究，在这其中，柏拉图关于理想国的政治哲学，亚里士多德的自然主义国家观、政体理论以及经验与比较的研究方法等，对近现代西方政治学的形成和发展产生了重大影响。古罗马的政治学研究把古希腊的政治理论推进到一个以法制作为主要特征的阶段，并且产生了西方共和思想，成为西方政治思想早期发展的重要时期。

5至15世纪，欧洲进入了漫长的中世纪。这一时期，基督教在精神领域一统天下，所有思想、理论都成为神学的奴仆。“中世纪把意识形态的其他一切形式——哲学、政治、法学，都合并到神学中，使它们成为神学中的科目。”① 在政治思想方面占据统治地位的是神学政治理论，其主要代表人物是奥古斯丁和托马斯·阿奎那。他们鼓吹神创等级制，认为严格的封建等级秩序是神的安排，因而是神圣不可动摇的；在政体问题上，强调君权神授，认为君主制是最好的“正义”政体，由上帝安排的国王一人掌握国家权力，能有效实现国家的“和平的统一”和民众的“公共利益”。

2. 中国古代的政治思想

中国历史上关于政治现象的最早研究几乎可以追溯到中国文化的源头。中国古代的历史典籍中很早便有“政治”一词，如《尚书》中就有“道洽政治，泽润生民”，《周礼》中有“掌其政治禁令”之说。中国古代的政治思想遗产非常丰富。从殷墟出土的甲骨文中，就发现不少有关社会政治问题的卜辞，表明早在夏、商、西周时期，中国便出现了政治研究的萌芽。与宗教神学和宗法血缘关系的结合，是这一时期中国政治学说的显著特征。

春秋战国时期，旧有的政治秩序迅速瓦解，政治格局急剧变动，诸子百家围绕着“礼”与“法”、“神”与“人”、“君”与“民”、“君”与“国”的关系提出了各自的见解，形成了以孔孟为代表的儒家，以老庄为代表的道家，以商鞅、韩非为代表的法家，以及墨家、阴阳家、名家等政治学说“百家争鸣”的局面。其中，儒家、法家、道家的政治思想对中国政治思想产生了深远影响。

儒家政治思想的核心价值是“仁”和“礼”，主张“为政以德”的治国之道，对民众要“道之以德，齐之以礼”，统治手段应以“宽”为主、“宽猛相

① 《马克思恩格斯文集》第4卷，人民出版社2009年版，第310页。

济”，反对以苛政治天下；选拔官员应“任人唯贤”，反对任人唯亲，认为只有道德高尚的贤人才有资格参与治国；理想的国家境界是建立“天下为公”的大同社会。儒家的政治思想论述主要集中在《论语》和《孟子》中，其特点是从道德教化、修身养性的角度阐发政治统治的手段和形式，由此构成了中国古代正统政治思想倡导“王道”的基本内容。

法家的政治思想主张以明令显法和统治权术驾驭民众，厉行“法治”和“霸道”。其代表性典籍《韩非子》记录了法家政治思想的集大成者韩非的基本政治主张。韩非把先秦法家商鞅主张的“法”、申不害强调的“术”、慎到倡导的“势”综合起来，发展并形成了一套中央集权的君主专制理论体系。“法”“术”“势”相结合，这既是法家追求的“霸道”和政治思想的核心，也是在中国历史上君主专制政治学说的基础内容。

道家的政治思想以“道法自然”为核心，在统治方法上主张“无为而治”。代表人物主要是春秋末期的老子和战国初期的庄子，代表作为《老子》（又称《道德经》），理论基础是以“道”为核心的哲学世界观，政治理想是“小国寡民”的社会。道家倡导“无为而治”，主张道法自然，以天道统摄人道，使天道与人道统一，达到一个人人处于自化、自正、自富、自朴的理想社会境界。

秦汉以来，中央集权的封建君主专制主义国家制度在中国历经2000多年，论证这种政治统治的合理性和运作原则始终是中国封建社会政治研究的主题。围绕这一主题，以儒、道、法三家为主的各学派逐渐融合。经过汉朝董仲舒对孔孟儒家学说的改造，宋朝程朱理学的完善，最终形成了以儒学为主体，糅合其他各家政治思想和治国方法的统治学说，在中国古代政治思想中长期处于统治地位。

在漫长的封建社会政治实践中，中国古代政治研究的主要着力点不在于如何组织国家和优化制度，而在于论证君主统治的合理性，钻研如何巩固、加强封建君主专制统治的权术。同时，研究也集中在所谓的“治国之道”，即统治者如何治国平天下，包括治国战略、施政方针、权力运用、选才用人等。

二、近代以来政治学的发展

1. 西方政治学的历史演变

15—16世纪，代表资产阶级思想革命先声的欧洲文艺复兴运动和宗教改革，使西方政治学研究逐渐摆脱了神学的束缚，一些思想家开始从人、人性、人的历史和经验出发观察、解释社会政治问题。他们自觉或不自觉地代表新兴资产阶级提出政治要求，为资本主义战胜封建主义统治提供思想武器。意大利思想家马基雅弗利（又译马基雅维里）在《君主论》等著作中，探讨国家兴衰的原因和君主的治国之道，明确把政治问题与伦理问题区别开来，把国家看作一种权力组织，开西方现实主义政治学研究之先河。法国思想家博丹在他的代表作《国家论六卷》中，重点考察和研究了国家与主权的关系，第一次明确提出国家是一个主权组织，主张建立脱离教会统治的世俗政权和独立统一的民族国家。这些理论观点和政治主张，反映了当时新兴资产阶级反对封建割据、建立资本主义政治制度的利益要求。

17—18 世纪，西方资产阶级政治学研究主要围绕资产阶级的政治目标而展开，其主题是：反对封建主义专制统治，推进资产阶级革命，建立和巩固资产阶级政权，为资本主义生产方式在全世界的发展开辟道路。这一时期，涌现出一大批政治思想家，如荷兰的格劳秀斯，英国的霍布斯、洛克，法国的伏尔泰、孟德斯鸠、卢梭，美国的潘恩、杰弗逊、汉密尔顿等。他们提出的天赋人权说、社会契约论、分权制衡论、宪政民主论等以及贯穿于其中的民主、自由、平等、人权等价值理念和制度设计论证，为欧美资产阶级革命和资本主义政治制度的建构提供了思想基础和理论依据。

18 世纪末至 19 世纪中叶，随着资产阶级在欧美取得统治地位，资产阶级与无产阶级的阶级矛盾逐步上升为社会主要矛盾，资产阶级开始把巩固资本主义国家政权和社会秩序，维护资产阶级对工人阶级及其他劳动群众的压迫、剥削制度作为主要政治任务。这个时期的西方政治学虽然在研究和宣传西方民主自由、代议制和宪政理论等方面还有建树，研究方法也有所创新，但总体而言，已经逐步失去了资产阶级早期的革命锋芒，趋于保守和庸俗。以法国的圣西门、傅立叶和英国的欧文为代表的空想社会主义政治学说则在一定程度上体现了早期工人阶级的利益和政治要求。但这些政治思想主要从人类理性、人类公平正义等抽象原则出发揭露现实社会的弊端，批判资本主义私有制，期望通过诸如建立社会公有、共同劳动的共和国等社会变革达成社会的进步与和谐。但是，这些主张因对资本主义社会发展规律缺乏深刻认识而成为空想。马克思和恩格斯创立的科学社会主义克服了空想社会主义的缺陷，通过对生产力与生产关系、经济基础与上层建筑矛盾运动的深刻分析，揭示了资本主义的内在矛盾和人类社会发展的规律，为人类社会政治发展道路指明了方向。关于马克思主义政治学的历史发展将在本章第三节专门阐述。

19 世纪末至 20 世纪初，西方主要资本主义国家的社会经济政治结构发生了重大变化，资本垄断代替了自由竞争，金融资本、金融寡头逐步取得了全面统治地位，由此导致资本主义各种矛盾趋于尖锐化。垄断资产阶级为维护自身的利益，需要加强对政治问题的研究。于是，西方政治学进入了作为独立学科发展的时期。1880 年，在美国政治学者伯吉斯倡议下，哥伦比亚大学创立了“哥伦比亚大学政治研究院”，构建了独立的政治学学科体系，政治学由此获得独立的学科地位，标志着西方政治学进入了现代时期。

从那时起到第二次世界大战结束，西方出现了一批代表性学者和代表作。其中，伯特兰·罗素的社会改造理论、约瑟夫·熊彼特的精英统治理论、马克斯·韦伯的官僚制理论等，在当时和后来都产生了较大影响。

这一时期的西方政治学发展的另一重要特征是行为主义政治学的出现和发展。行为主义政治学是西方政治学家努力使政治学科学化的结果。这一努力肇始于 19 世纪 30—40 年代孔德和斯宾塞的实证主义哲学和方法论。经过发展，实证主义与逻辑实证主义，成为政治学科学主义的哲学基础。第一次世界大战前后，美国政治学家主张采用社会学、心理学和统计学方法来研究政治，发起了“新政治科学运动”，为行为主义政治学的发展奠定了基础。第二次世界大战后，行为主义政治学在美国得到迅速发展，并逐步成为 20 世纪 70 年代以前西方政治学的主流。行为主义政治学主张重点研究个人的政治行为，突出个体政治行为的意义；主张运用定量分析方法和技术测量验证人的政治行为，使政治学成为“科学”；注重经验分析和实证研究，反对规范性的理论推演；倡导以“价值中立”的立场研究问题，反对价值判断和价值取向；主张研究权力分配和公共政策，反对专注于政治制度与政府机构；等等。行为主义政治学对以政治哲学为核心内容、以国家制度为主要研究对象的传统政治学进行了批判与否定，在研究对象、内容和方法等方面进行了革新，使西方政治学的整体面貌发生了重大变化。但是，行为主义政治学鼓吹“价值中立”等主张，也引起了学界的激烈争论。

20 世纪 70 年代以后，西方行为主义政治学向后行为主义发展，在这其中，一方面，政治行为主义研究引发的政治学科学化、数量化、形式化运动更加深化，而从经济学产生的理性选择理论和方法、博弈论、数量统计以及从大数据发展形成的政治行为大数据分析，在西方政治学中逐步占据支配性地位。另一方面，政治学者积极试图放弃价值中立，把社会、历史和价值研究与政治行为研究有机结合起来，尤其是把政治制度规则研究与政治行为研究有机结合起来，形成了新制度主义政治学，个体行为被纳入组织行为和制度变迁的分析框架，以更加有效地解释政治现象及其变迁的结构性因果关系。尽管如此，行为主义政治学试图使政治学科学化的努力，在西方政治学的发展中仍然占据主导地位，由此在21世纪初进一步引发了政治学定性研究与定量研究的争论。①

21世纪，西方政治理论延续着20世纪的政治哲学传统，进一步围绕着自由主义、自由平等主义、社群主义、女权主义、民主主义以及后结构主义和古希腊政治哲学等命题展开研究。同时，政治理论也渗透到比较政治、国际政治、公共政策和本国政治研究等领域，而政治学方法论、公共行政、政治心理学、公法以及政治经济、环境政治等，则成为政治理论关注的对象和较为边缘的分支领域。②

总体来讲，现代西方政治学学派林立、思潮繁杂、方法多样。不过，除同情社会主义、对资本主义持批判态度的进步学者外，现代西方政治学在根本政治立场和价值观上秉持西方价值观，在基本功能上是为西方国家政权政治合法性和有效运行服务的。

2. 近代以来政治学在中国的历史发展

1840年鸦片战争以后，外国资本主义的入侵和中国封建制度的腐朽，酿成了中华民族的深重危机，中国由封建社会逐步沦为半殖民地半封建社会。先进的中国人为了挽救民族危亡，历尽艰难，多方求索，寻找救国之道。

19世纪中叶，通过洋务派的鼓吹和宣传，西方的政治思想和政治制度逐步传入中国。这一时期，虽然对西方政治的描述刺激了中国人新的政治追求取向，拓宽了中国人的政治视野，但这些描述多为直观和感性的。实际上，直到清末的维新运动中，才有较多的译书、著作、杂志、报纸系统介绍西方的国家学说、社会契约论、三权分立、民主、自由、天赋人权等理念以及西方的议会、政党等国家制度。此后，西方政治制度和政治思想开始大量传入中国。

---

① 参见 Sharla A. Stewart，《21世纪美国政治学的新革命》，程同顺、王越乙编译，《上海行政学院学报》2009年第2期，第94页。

② 参见 John S. Dryzek，Bonnie Honig，Anne Phillips eds.，*The Oxford Handbook of Political Theory*，New York：Oxford University Press，2008，pp. 26-27.

严复翻译赫胥黎的《天演论》、赫伯特·斯宾塞的《群学肄言》、甄克斯的《社会通诠》、孟德斯鸠的《法意》等西方政治学说著作，对近代中国政治学研究产生了重要影响。1898年的戊戌变法虽以失败告终，但兴学堂、开书局、办报纸的维新风气已不可遏止。梁启超以自己主办的《时务报》《清议报》和《新民丛报》为阵地，介绍西方政治思想和政治理论。这时，政治学在西方开始成为一门独立的学科，以《政治学》《政治学史》命名的著作，在欧美及日本均陆续出版，这些书籍很快就被翻译为中文并在中国传播。据统计，从1901年到1904年，中国翻译出版的西方政治学专著有66本之多。①

1898年12月，作为戊戌变法产物的京师大学堂在北京成立。1899年，京师大学堂设立政治专门讲堂，标志着近代中国政治学科的诞生。1902年，京师大学堂的《钦定京师大学堂章程》把大学堂定为三个层次，即大学院、大学专门分科、大学预备科，把大学专门分科定为七科，其中第一科就是政治科。②随后，陆续兴办起来的许多大学都设立了政治学系。据不完全统计，到1948年，中国100余所大学中已有40余所设立了政治学系。与此同时，一批由中国学者撰写的政治学著作，诸如《政治学大纲》《政治学纲要》《新政治学大纲》《中国政府》《中国政治思想史》等，也陆续出版。其中邓初民的《新政治学大纲》是一部较早地运用马克思主义理论，比较系统地阐述政治学性质、概念和研究方法的政治学作品。

这一时期，作为政治思想的中国政治学发展的重要特点，是出现了多个思想流派激烈相争的格局。包括以封建守旧派为代表，坚持以儒家思想为内核的政治学说；以资产阶级革命派为代表，提出以近代资产阶级政治思想为蓝本的政治学说；一批接受马克思主义的先进分子，积极宣传马克思主义政治学说。

孙中山是近代资产阶级政治学说在中国的传播者和实践者。1894年，孙中山建立了中国第一个资产阶级革命团体兴中会，提出了“驱除鞑虏，恢复中华，创立合众政府”的革命主张，并且制订了建立资产阶级共和国的方案。1895年，孙中山流亡海外，通过对日本和欧美多国的考察，逐步形成了“民族、民权、民生”三民主义的政治学说。其“五权宪法”对民主主义政体的构

---

① 参见宝成关：《西方文化与中国社会——西学东渐史论》，吉林教育出版社1994年版，第410—414页。

② 参见朱有瓛主编：《中国近代学制史料》第二辑（上册），华东师范大学出版社1987年版，第754—755页。

想是“三民主义”政治学说的重要内容。1906 年，孙中山提出了“五权分立”的制宪原则，在立法、司法、行政三权外，再加上考选权和纠察权。根据五权分立的准则，国家的体制由行政院、立法院、司法院、考试院和监察院组成。

五权宪法的构想体现了分权主义，具有防止封建专制主义的意义，也包含了对三权分立的资产阶级国家政体的某种修正。孙中山这种希图“救三权鼎立之弊”的探求，显示了他执着于民主主义的政治观念。孙中山的学说及其实践由于在中国缺乏社会基础而失败，不过，他的政治学说不失为近代中国政治发展中的一项思想成果。

当代中国政治学以马克思主义进入我国为起点，是在马克思主义指导下逐步发展起来的。在 1917 年俄国十月革命胜利和 1919 年中国五四运动的推动下，马克思主义在中国得到广泛传播。早期的马克思主义者陈独秀、李大钊等率先在《新青年》上发表文章介绍马克思主义。1920 年，《共产党宣言》翻译出版，在传播马克思主义思想的先进知识分子中产生了强烈的影响，他们纷纷开始运用马克思主义观点讲授政治学原理，分析社会政治现象。

中国共产党自 1921 年诞生起，就把马克思主义作为理论基础和行动指南，逐步形成了新民主主义革命路线，即无产阶级领导的，人民大众的，反对帝国主义、封建主义、官僚资本主义的革命。在长期革命过程中，中国共产党人发展形成了马克思列宁主义与中国革命实际相结合的重要成果——毛泽东思想。在毛泽东思想指引下，中国共产党领导中国人民经过 28 年的努力，终于完成了新民主主义革命的任务，成立了新中国。在这一伟大历史进程中，马克思主义政治学说在中国不断发展，获得了强大生命力。

新中国的成立，使我国实现了从半殖民地半封建社会政治向新型人民民主政治的伟大跨越。这一跨越不仅是对 2000 多年沿袭的封建专制政治的否定，也是对近代以来盲目照搬西方资本主义政治制度模式的做法的否定。新中国成立以后，中国共产党人把马克思主义政治理论运用于从新民主主义到社会主义过渡时期的革命和建设，运用于社会主义改造和社会主义基本制度建设，进一步丰富和发展了马克思主义关于社会主义政治的理论与实践。特别是中国人民政治协商会议第一届全体会议和中华人民共和国第一届全国人民代表大会的召开，中华人民共和国第一部宪法的颁布，确立了工人阶级领导的、以工农联盟为基础的人民民主专政国家为国体，人民代表大会制度为政体，开启了广大人民群众当家作主的新时代，实现了国内各民族的民主、平等和大团结。同时，在宗教问题上，实行信仰自由政策，积极引导宗教与社会主义社会相适应。这一系列重要成果，在理论上和实践上都具有开创性的重大历史意义。改革开放以来，中国共产党领导的国家建设不断深入发展，人民民主政治不断发展和创新，中国共产党的领导不断巩固和完善，人民代表大会制度被确立为我国的根本政治制度，中国共产党领导的多党合作和政治协商制度、民族区域自治制度和基层群众自治制度成为我国的基本政治制度。中国特色社会主义民主日益深入，国家治理现代化不断推进。

实践证明，马克思主义政治学是科学的、人民的、实践的和不断发展的。它深刻揭示了人类社会政治现象的本质及其发展规律，深刻阐发了资本主义政治的特殊规律，深刻阐明了工人阶级与人类解放的客观必然和根本途径，是我国政治学发展的指导思想和核心内容。实践证明，马克思主义的命运早已同中国共产党的命运、中国人民的命运、中华民族的命运紧紧连在一起，它的科学性和真理性在中国得到了充分检验，它的人民性和实践性在中国得到了充分贯彻，它的开放性和时代性在中国得到了充分彰显！实践还证明，马克思主义为中国革命、建设、改革提供了强大思想武器，使中国这个古老的东方大国创造了人类历史上前所未有的发展奇迹。①

与此同时，作为学科的政治学在京师大学堂于1899年确立后，经历了近现代历史和政治发展，学科、学术和学系不断演进和嬗变。20世纪50年代，由于受苏联的影响，我国高等教育一段时期忽视政治学专业的教学和建设，高校的政治学系一度被取消，虽然少数大学在20世纪60年代建立了“政治系”或“国际政治系”，但作为一门独立学科的政治学教育与研究，实际上基本中断。

1978年召开的党的十一届三中全会开启了改革开放历史新时期，哲学社会科学迎来了繁荣发展的春天，中国政治学也进入了一个蓬勃发展的新时期。1979年邓小平在理论务虚会上指出：“政治学、法学、社会学以及世界政治的研究，我们过去多年忽视了，现在也需要赶快补课。”② 党的十一届三中全会和邓小平讲话为政治学学科发展开辟了新的局面。政治学作为一门独立的社会科学在我国得到迅速恢复和发展。1980年12月，中国政治学会正式成立，标志着我国政治学科得以恢复重建。1985年，中国社会科学院组建了政治学研究

① 参见习近平：《在纪念马克思诞辰200周年大会上的讲话》，人民出版社2018年版，第14页。
② 《邓小平文选》第2卷，人民出版社1994年版，第180—181页。

所，并创办了全国性专业期刊《政治学研究》。从1981年起，高校相继设置政治学专业，招收本科生，随后又开始招收硕士和博士研究生，逐步形成了层次完整的政治学类专业的教育体系，为国家培养了大批专业人才。40年来，我国政治学在马克思主义指导下，面向当代中国与世界，在学科建设、学术研究、人才培养、服务社会等方面取得了重要成绩，作出了应有贡献。在新时代，基于国内外经济、政治、文化、社会发展的新情况和新要求，基于“五位一体”总体布局和“四个全面”战略布局，我国政治学在习近平新时代中国特色社会主义思想指导下，积极探索共产党执政规律、社会主义建设规律和人类社会发展规律，探索中国特色的社会主义国家治理规律，加快创建中国特色的政治学学科体系、学术体系和话语体系，为传承文明、创新理论、资政育人、服务社会作出了积极贡献，为人类政治文明发展贡献中国智慧、中国方案。

第三节　马克思主义政治学的发展

一、马克思主义政治学的创立与发展

马克思主义政治学是随着无产阶级力量的不断壮大，无产阶级作为独立的政治力量登上历史舞台产生和发展起来的。19世纪30—40年代，欧洲爆发了法国里昂工人起义、英国宪章运动、德国西里西亚纺织工人起义，这三大工人运动标志着无产阶级反对资产阶级的斗争发展到一个新阶段，为马克思主义政治学的创立提供了现实基础。为适应工人阶级斗争的需要，马克思和恩格斯深入研究资本主义各国政治现象、政治思想史和政治制度史，精辟分析现实政治问题，写下了大量著述，阐述了丰富的政治思想，创立了马克思主义政治学。

马克思主义政治学是马克思主义理论体系的重要组成部分，它的产生实现了政治学的革命性变革，开启了政治学发展史的新时代。

马克思和恩格斯在19世纪40年代撰写了许多重要论著，为马克思主义政治学奠定了重要理论基础。1848年发表的《共产党宣言》是马克思主义的纲领性文献，也是马克思主义政治学具有纲领意义的重要文献，标志着马克思主义政治学思想开始形成。此后，《1848年至1850年的法兰西阶级斗争》《路易·波拿巴的雾月十八日》《〈政治经济学批判〉序言》《资本论》《法兰西内战》《哥达纲领批判》《反杜林论》《社会主义从空想到科学的发展》《家庭、私有

制和国家的起源》等包含丰富马克思主义政治学思想的重要理论著作陆续出版。19世纪50年代至90年代，马克思和恩格斯同资产阶级意识形态、工人运动内部的各种机会主义派别及其错误思想倾向进行了不懈斗争，撰写了大量涉及资本主义各国政治制度、政治形势、政治事件、政治人物以及政治思想史和政治制度史的时评、社论、札记和书信，对英、法、德、美、俄和东欧诸国，以及印度、中国等国的政治问题，作了很多精辟分析，体现了马克思主义政治学思想理论的革命性、深刻性和科学性。特别是1867年马克思的划时代巨著《资本论》第一卷的出版，完成了以剩余价值学说为核心内容的政治经济学的伟大革命，揭示了资本主义经济矛盾运动规律和资本主义必然走向灭亡的历史趋势，为马克思主义政治学奠定了完备的科学理论基础。

马克思、恩格斯的政治学说主要包括以下基本内容：

（1）关于政治研究的世界观和方法论的论述。马克思、恩格斯对政治的含义与本质的揭示，对政治斗争和社会革命根源的分析，对社会历史与政治上层建筑变革规律的阐述等重要理论，为政治学研究提供了科学政治观和方法论，从而使政治学真正建立在科学基础上。

（2）关于阶级和阶级斗争的理论。马克思、恩格斯用阶级、阶级斗争的观点考察历史，指出自有文字记载以来的人类历史都是阶级斗争的历史。在阶级社会，国家、政党、政治思想、政治斗争等社会政治现象，都具有阶级属性，对立阶级之间的斗争，是政治生活的重要内容。在资本主义社会，资产阶级与无产阶级两大对立阶级之间的矛盾和斗争，最终必然导致资产阶级的灭亡和无产阶级的胜利，实现人类的彻底解放。

（3）关于国家的理论。马克思、恩格斯从生产力与生产关系、经济基础与上层建筑的矛盾运动分析入手，科学地揭示了分工和私有制导致了阶级和阶级矛盾的发生，进而推动了国家的形成，由此深刻阐明了国家本质上是阶级统治的工具。而资本主义国家本质上是资产阶级对广大工人阶级和劳动人民进行的政治统治。作为一种社会历史现象，阶级政治和国家随着阶级的产生而产生，也必将随着阶级的消亡而消亡。

（4）关于无产阶级革命和无产阶级专政的理论。马克思、恩格斯运用唯物史观研究革命现象，指出革命根源于生产力与生产关系的矛盾，是生产力与生产关系之间矛盾运动的结果。如同马克思指出的那样，“（1）阶级的存在仅仅同生产发展的一定历史阶段相联系；（2）阶级斗争必然导致无产阶级专政；

(3) 这个专政不过是达到消灭一切阶级和进入无阶级社会的过渡”①。

(5) 关于政治民主的理论。马克思、恩格斯非常重视民主问题，认为民主属于上层建筑。作为政治上层建筑的民主，是随着阶级和国家的产生而产生，也是随着其变化而变化的。民主是一个历史范畴，世界上的民主都是具体的、相对的，而不是抽象的、绝对的。民主具有阶级性，是统治阶级用来实现其阶级统治的政治形式和手段。无产阶级民主实质上是工人阶级和劳动人民当家作主。而一个国家采取什么样的民主形式，其发展程度如何，从根本上讲，取决于这个国家的社会文化传统、历史条件和现实任务。

(6) 关于无产阶级政党的理论。马克思、恩格斯在《共产党宣言》等著作中，对无产阶级政党的阶级性质、历史任务、奋斗目标等作了系统阐述，奠定了无产阶级政党学说的基础。

此外，马克思、恩格斯对社会政治发展的含义及其发展规律的揭示，对社会政治的根本目标在于人的全面发展和人类的解放的阐述等重要理论，具有深刻的历史和社会洞察性和预见性。

马克思主义政治学创始人所阐明的上述理论观点，构成了马克思主义政治学理论体系，这些理论与当时无产阶级及其政党所面临的主要任务有着密切联系。在他们所确立的政治学理论体系中，分析国家和民主的阶级属性，论证阶级斗争、无产阶级革命、无产阶级专政的必然性和历史作用等理论观点居于首要地位并占有很大分量。

列宁在新的历史时代和革命实践中，继承和发展了马克思主义，把马克思主义政治学推进到一个新的阶段。列宁通过对资本主义垄断阶段的经济实质、基本特征和历史地位的全面科学分析，创立了帝国主义理论；根据马克思主义关于国家问题的基本理论观点，进一步阐明了国家的起源与本质、国家的一般特征与职能、资本主义国家的阶级实质与政治统治职能以及国家消亡的前提条件与历史进程等问题，丰富和发展了马克思主义的国家学说；根据帝国主义时代资本主义国家的经济、政治发展不平衡规律，得出了社会主义革命可能首先在少数甚至在单独一个资本主义国家内获得胜利的科学结论，并领导俄国十月革命取得了胜利，成功地建立了人类历史上第一个社会主义国家；在马克思、恩格斯无产阶级专政理论和俄国无产阶级革命实践的基础上，进一步强调革命

① 《马克思恩格斯文集》第10卷，人民出版社2009年版，第106页。

的根本问题是政权问题，无产阶级革命的根本问题是建立无产阶级专政，并提出了在无产阶级专政条件下开拓、探索社会主义建设道路的历史任务，大大丰富了马克思主义的无产阶级专政理论；在十月革命前后阶级斗争异常尖锐复杂的国内外环境中，反复强调坚持无产阶级政党的阶级性质和指导思想、民主集中制的组织形式和组织原则，根据形势与任务的发展变化适时制定、调整党的纲领和策略；针对十月革命胜利后苏维埃政权在领导体制方面存在的缺陷和官僚主义现象，提出了加强和完善社会主义监督体制、发展和健全社会主义民主等一系列重要思想。列宁去世后，斯大林领导苏联共产党和苏联人民，捍卫和继承了列宁主义。他指出，列宁主义是帝国主义和无产阶级革命时代的马克思主义，并在这一理论指导下，巩固和发展了列宁缔造的社会主义苏维埃国家制度，在帝国主义世界包围和敌视的国际环境中取得了一国建设社会主义实践的巨大成就和反法西斯侵略的卫国战争的伟大胜利。事实说明，列宁主义对马克思主义政治学理论的发展，同马克思主义创始人所确立的政治学基本理论一脉相承，并以社会主义从理论到实践的飞跃，极大地丰富和发展了马克思主义政治学理论。

中国共产党人坚持马克思主义基本原理，并把它与中国革命、建设、改革的具体实践紧密结合起来，领导人民在长期的革命、建设和改革实践中，积极推进马克思主义中国化，实现了两次历史性飞跃，形成了毛泽东思想和中国特色社会主义理论体系。这些理论成果蕴含着丰富的政治思想，在中国的社会主义政治实践中丰富和发展了马克思主义政治学理论。

二、毛泽东思想对马克思主义政治学的贡献

毛泽东思想是马克思列宁主义在中国的创造性运用和发展，是经过实践证明的关于中国革命和建设的正确的理论体系和经验总结，是中国共产党集体智慧的结晶。毛泽东的政治思想，是马克思主义政治学理论同中国实际相结合取得的重大成果，是马克思主义政治学中国化的光辉典范。这些重要思想，集中体现在毛泽东思想的主要创立者毛泽东的著作中。

在长达半个多世纪的革命生涯中，毛泽东写下了丰富的政治理论著述，其中代表性作品包括：《中国社会各阶级的分析》《湖南农民运动考察报告》《〈共产党人〉发刊词》《中国革命和中国共产党》《新民主主义论》《论联合政府》《在中国共产党第七届中央委员会第二次全体会议上的报告》《论人民民主

专政》《论十大关系》《关于正确处理人民内部矛盾的问题》等，由此创立了切合中国实际的中国化马克思主义政治学理论。

毛泽东从中国的历史和国情出发，深入研究中国社会的性质、中国革命的特点和规律，创立了无产阶级领导的，人民大众的，反对帝国主义、封建主义和官僚资本主义的新民主主义革命理论。他高度重视中国的农民和农民状况，深入中国农村调查研究，揭示了中国社会的阶级结构，分析了农民运动在中国革命中的地位，在深刻把握中国社会政治经济发展极端不平衡的基础上，阐明了农村包围城市的革命道路。他阐明了新民主主义的政治纲领：推翻帝国主义和封建主义的统治，建立一个无产阶级领导的、以工农联盟为基础的、各革命阶级联合专政的新民主主义的共和国，强调新民主主义共和国既不同于欧美式的资产阶级专政的共和国，又区别于苏联式的无产阶级专政的社会主义共和国。他指出，新民主主义国家的国体是无产阶级领导的、以工农联盟为基础，包括小资产阶级、民族资产阶级和其他反帝反封建的人们在内的各革命阶级的联合专政——人民民主专政，与新民主主义国体相适应的政体是实行民主集中制的人民代表大会制度。

在领导中国人民夺取新民主主义革命胜利、创建新中国政治制度的实践中，毛泽东提出和阐发了统一战线和多党合作理论。他强调，作为无产阶级先锋队的中国共产党所领导的革命力量，要战胜强大的反革命力量，就必须在各种不同的情形下团结一切可能团结的革命的阶级和阶层，争取、团结、联合各个民主党派，建立最广泛的统一战线，把一切可以团结的力量尽可能团结在自己的周围，夺取中国革命和建设的胜利。

在中国这样一个半殖民地半封建的大国，农民和其他小资产阶级占人口的大多数，无产阶级人数较少，农民和小资产阶级出身的党员占多数。如何建设一个马克思主义的无产阶级政党，是一项艰巨的任务，也是一项伟大的工程。

毛泽东特别强调理论和实践相结合的作风，和人民群众紧密地联系在一起的作风，以及批评和自我批评的作风，这是中国共产党区别于其他任何政党的显著标志。他创造了通过批评和自我批评进行全党整风的马克思列宁主义思想教育方式。他在谈到如何避免历史上政权更替、人亡政息的周期率时指出，我们找到了跳出这一周期率的新路，这就是让人民来监督政府。新中国成立前夕，他告诫全党，在取得全国政权以后，要坚持全心全意为人民服务的宗旨，继续保持谦虚谨慎、戒骄戒躁、艰苦奋斗的作风，警惕资产阶级思想的侵蚀，反对脱离群众的官僚主义倾向。

新中国成立后，以毛泽东为主要代表的中国共产党人领导中国人民建立和巩固了工人阶级领导的、以工农联盟为基础的人民民主专政的国家政权，根据中国国情创建了人民代表大会制度、中国共产党领导的多党合作和政治协商制度、民族区域自治制度，确立了马克思主义在意识形态领域的指导地位，不断巩固和发展社会主义制度。人民民主专政的国家政权，实现了人民当家作主。社会主义制度的建立是中国历史上最深刻、最伟大的社会变革，为当代中国的发展进步奠定了根本政治前提和制度基础。

社会主义建设时期，为了探索社会主义建设的规律，借鉴苏联共产党在社会主义建设中的经验教训，毛泽东对社会主义社会的矛盾等一系列重大问题进行了深入思考，提出要调动一切积极因素，团结一切可以团结的力量，为建设社会主义现代化这一伟大事业服务。1957 年毛泽东创造性地提出了关于社会主义社会矛盾的理论。他说："在社会主义社会中，基本的矛盾仍然是生产关系和生产力之间的矛盾，上层建筑和经济基础之间的矛盾。不过社会主义社会的这些矛盾，同旧社会的生产关系和生产力的矛盾、上层建筑和经济基础的矛盾，具有根本不同的性质和情况罢了。"① 他还提出社会主义社会存在着敌我矛盾和人民内部矛盾两类不同性质的矛盾，针对两类不同性质的矛盾，需要采取不同的方针和方法，尤其要把正确处理人民内部矛盾作为国家政治生活的主题。

毛泽东高度重视动员群众、组织群众、调动一切积极因素参与国家建设和管理。他强调，群众是"真正的铜墙铁壁"，只要坚定地相信群众，紧紧地依靠群众，最广泛地发动群众，组织群众，任何困难都能克服，任何敌人都能战胜。他一再强调人民群众是物质财富和精神财富的创造者，要保证劳动者管理国家、管理军队、管理各种企业、管理文化教育的权利。

在毛泽东的政治思想体系中，还有关于政治是统帅、是灵魂、是经济工作和一切工作的生命线的观点，关于中国革命和建设的政策策略思想，关于加强思想政治工作、关于坚持和发展统一战线、关于加强国防和军队建设、关于坚持独立自主的和平外交思想、关于警惕和防止和平演变等一系列政治理论，这些内容从不同方面丰富和发展了马克思主义政治学，成为指导我国社会主义政

① 《毛泽东文集》第 7 卷，人民出版社 1999 年版，第 214 页。

治建设的宝贵精神财富。

三、邓小平理论、“三个代表”重要思想、科学发展观对马克思主义政治学的贡献

邓小平理论、“三个代表”重要思想、科学发展观，是在新的历史条件下对马克思列宁主义、毛泽东思想的继承和发展，是中国特色社会主义理论体系的有机组成部分。

中国特色社会主义是中国共产党和中国人民为了中华民族复兴和社会主义事业的发展，进行艰难探索，付出巨大代价，克服千难万险而取得的根本成就。习近平指出，“中国特色社会主义不是从天上掉下来的，而是在改革开放40年的伟大实践中得来的，是在中华人民共和国成立近70年的持续探索中得来的，是在我们党领导人民进行伟大社会革命97年的实践中得来的，是在近代以来中华民族由衰到盛170多年的历史进程中得来的，是对中华文明5000多年的传承发展中得来的，是党和人民历经千辛万苦、付出各种代价取得的宝贵成果”①。

围绕建设中国特色社会主义这个主题，邓小平理论、“三个代表”重要思想、科学发展观坚持解放思想、实事求是、与时俱进、求真务实，坚持立足于社会主义初级阶段这一基本国情，创造性地探索和回答了什么是马克思主义、怎样对待马克思主义，什么是社会主义、怎样建设社会主义，建设什么样的党、怎样建设党，实现什么样的发展、怎样发展等重大理论和实际问题，赋予马克思主义理论以新的时代内涵和实践要求，进一步深化了对共产党执政规律、社会主义建设规律、人类社会发展规律的认识，实现了马克思主义与中国实际相结合的新的历史性飞跃，把马克思主义中国化推向了新的发展阶段。

邓小平理论、“三个代表”重要思想、科学发展观内容丰富，涉及国家的经济建设、政治建设、文化建设、社会建设、生态文明建设和党的建设等方方面面，贯通马克思主义各个学科、各个领域。邓小平理论、“三个代表”重要思想、科学发展观中的政治理论，是马克思主义政治学中国化的重大理论成果，在一系列重要问题上丰富和发展了马克思主义政治思想，其主要内容可以

① 《习近平在学习贯彻党的十九大精神研讨班开班式上发表重要讲话强调：以时不我待只争朝夕的精神投入工作　开创新时代中国特色社会主义事业新局面》，《人民日报》2018年1月6日。

概括如下：

（1）关于社会主义初级阶段的理论。邓小平理论根据科学社会主义原理，基于我国经济、社会、文化发展水平，创造性地阐明，我国最大的国情和最大的实际是我国处于社会主义发展的初级阶段。邓小平强调："社会主义本身是共产主义的初级阶段，而我们中国又处在社会主义的初级阶段，就是不发达的阶段。一切都要从这个实际出发，根据这个实际来制订规划。"① 在新的历史条件下，"三个代表"重要思想、科学发展观坚持和发展了社会主义初级阶段的理论，党的十八大报告指出："在任何情况下都要牢牢把握社会主义初级阶段这个最大国情，推进任何方面的改革发展都要牢牢立足社会主义初级阶段这个最大实际。"②

（2）关于社会主义社会主要矛盾的理论。1978 年，党的十一届三中全会运用历史唯物主义分析我国社会的主要矛盾，果断地停止"以阶级斗争为纲"的政治路线，把工作重心转移到经济建设上来，由此开启了改革开放和建设中国特色社会主义的历史进程。1981 年，党的第十一届六中全会指出，在社会主义初级阶段，我国社会的主要矛盾是人民日益增长的物质文化需要同落后的社会生产之间的矛盾。这个主要矛盾，贯穿于我国社会主义初级阶段的整个过程和社会生活的各个方面，决定了我们的根本任务是集中力量发展社会生产力。只有牢牢抓住这个主要矛盾，才能清醒地观察和把握社会矛盾的全局，有效地促进各种社会矛盾的解决。

（3）关于中国特色社会主义政治发展道路的理论。强调发展社会主义民主政治，建设社会主义政治文明，必须坚持走中国特色社会主义政治发展道路。走中国特色社会主义政治发展道路，关键是坚持党的领导、人民当家作主和依法治国的有机统一。党的领导是人民当家作主和依法治国的根本保证，人民当家作主是社会主义民主政治的本质和核心，依法治国是党领导人民治理国家的基本方式。党的领导、人民当家作主和依法治国的有机统一，决定了中国社会主义国家政权的性质。发展社会主义民主政治，需要借鉴人类政治文明的有益成果，但绝不照搬西方政治制度的模式，绝不放弃我国社会主义政治制度的根本。要从发展中国特色社会主义的全局出发，积极推进社会主义民主政治建

---

① 《邓小平文选》第 3 卷，人民出版社 1993 年版，第 252 页。

② 《十八大以来重要文献选编》上，中央文献出版社 2014 年版，第 13 页。

设，使中国特色社会主义政治发展道路越走越宽广。

（4）关于社会主义民主的理论。强调人民民主是社会主义的生命，人民当家作主是社会主义民主政治的本质和核心。没有民主就没有社会主义。社会主义愈发展，民主也愈发展。坚持和发展社会主义民主，最重要的就是要坚持好、发展好适合我国国情的社会主义政治制度。我国是工人阶级领导的、以工农联盟为基础的人民民主专政的国家，这是我们国家的根本性质。人民代表大会制度、中国共产党领导的多党合作和政治协商制度、民族区域自治制度和基层群众自治制度等，集中体现了我国社会主义民主政治的特点和优势，必须始终不渝地坚持和完善。要健全民主制度，丰富民主形式，扩大公民有序政治参与，保证人民依法实行民主选举、民主决策、民主管理和民主监督，保障人民的知情权、参与权、表达权、监督权，使人民享有广泛的权利和自由，把广大人民群众的积极性和主动性充分调动起来。

（5）关于社会主义法治的理论。强调社会主义民主和社会主义法治是不可分割的统一体。必须坚持依法治国、建设社会主义法治国家。依法治国是社会主义民主政治的基本要求，是党领导人民治理国家的基本方式。依法治国，就是广大人民群众在党的领导下，依照宪法和法律规定，通过各种途径和形式管理国家事务、管理经济文化事业、管理社会事务，保证国家各项工作都依法进行，逐步实现社会主义民主政治的制度化、规范化和程序化。宪法和法律是党的主张和人民意志相统一的体现，任何组织和个人都不允许有超越宪法和法律的特权。必须坚持有法可依、有法必依、执法必严、违法必究，坚持法律面前人人平等。要树立社会主义法治理念，弘扬法治精神，坚持科学立法、民主立法，完善中国特色社会主义法律体系。推进依法行政，维护司法公正，提高执法水平，确保法律的严格实施，维护社会主义法制的统一、尊严、权威。

（6）关于政治体制改革的理论。强调政治体制改革是社会主义政治制度的自我完善，是发展社会主义民主政治的必然要求。要适应我国经济基础深刻变化和人民民主意识不断增强的客观要求，积极稳妥地推进政治体制改革。政治体制改革必须坚持正确的政治方向，以保证人民当家作主为根本，以增强党和国家活力、调动人民积极性为目标，扩大社会主义民主，建设社会主义法治国家，发展社会主义政治文明。要着重加强制度建设，实现社会主义民主政治的制度化、规范化和程序化。

（7）关于尊重和保障人权的理论。强调尊重和保障人权是发展社会主义民主政治、建设社会主义政治文明的内在要求。中国共产党历来高度重视中国人民的人权问题，党领导人民进行革命、建设和改革的一个重要目的，就是为中国人民争取最广泛的人权，保障全国各族人民享有切实的、真正的政治、经济和文化权利。人权是具体的、相对的，不是抽象的、绝对的，与一个国家的政治状况、经济发展、历史传统、文化结构和整个社会的发展水平有很大关系。实现人权的根本途径是经济发展和社会进步。要尊重国际社会关于人权的普遍性原则，同时根据本国的具体国情，把集体人权和个人人权，经济、社会、文化权利和公民、政治权利统一起来，切实保障人民的生存权和发展权，切实保障公民权利和政治权利，依法保障公民的合法权利，不断提高人民享受政治、经济、文化、社会权利的水平。

（8）关于“一个国家、两种制度”的理论。强调实现祖国的完全统一，是中华民族根本利益所在，也是全体中国人民不可动摇的坚强意志。“一国两制”是从中国的实际出发，解决台湾问题、香港问题和澳门问题，实现祖国和平统一的伟大构想。实行“一国两制”，就是在一个中国的前提下，国家的主体坚持社会主义制度，台湾、香港和澳门保持原有资本主义制度和生活方式长期不变。坚持“一国两制”、“港人治港”、“澳人治澳”、高度自治的方针，促进香港、澳门长期繁荣稳定。遵循“和平统一、一国两制”的方针，牢牢把握两岸关系和平发展这个主题，推动两岸关系朝着和平稳定的方向发展。

（9）关于国际政治和外交战略的理论。强调和平与发展是当今时代的主题，求和平、谋发展、促合作已经成为不可阻挡的时代潮流。同时，世界仍然很不安宁，霸权主义和强权政治依然存在，局部冲突和热点问题此起彼伏，全球经济失衡加剧，南北差距拉大，传统安全威胁和非传统安全威胁相互交织，世界和平与发展面临诸多难题和挑战。当代中国同世界的关系发生了历史性变化，中国的前途命运日益紧密地同世界的前途命运联系在一起。要始终不渝走和平发展道路，奉行互利共赢的开放战略，坚持韬光养晦、有所作为的战略方针，坚持在和平共处五项原则的基础上同所有国家发展友好合作。积极促进世界多极化和国际关系民主化，尊重世界多样性，反对霸权主义和强权政治，推动建立公正合理的国际政治经济新秩序，建设持久和平、共同繁荣的和谐世界。

（10）关于社会主义建设事业的根本力量和依靠力量的理论。强调人民群众是历史的创造者，也是中国特色社会主义事业的主体力量。包括知识分子在内的工人阶级和广大农民是推动我国生产力发展和社会全面进步的根本力量，在社会变革中出现的新的社会阶层是中国特色社会主义事业的建设者。由全体社会主义劳动者、拥护社会主义的爱国者、拥护祖国统一的爱国者组成了新时期爱国统一战线最广泛的联盟。要尊重劳动、尊重知识、尊重人才、尊重创造，发展和壮大爱国统一战线，促进政党关系、民族关系、宗教关系、阶层关系、海内外同胞关系的和谐，最广泛、最充分地调动一切积极因素，团结一切可以团结的力量，不断为中华民族的伟大复兴增添新的力量。

（11）关于执政党建设的理论。强调中国共产党是中国工人阶级的先锋队，同时是中国人民和中华民族的先锋队，是中国特色社会主义事业的领导核心。必须坚持党对国家大政方针和全局工作的政治领导，坚持党对军队的绝对领导，坚持党管干部的原则，坚持党对意识形态领域的领导，坚持中国共产党领导的多党合作和政治协商。发挥党总揽全局、协调各方的作用，坚持科学执政、民主执政、依法执政，不断完善党的领导体制机制和方式。要把全国各族人民紧紧团结和凝聚在党的周围，增强党的阶级基础，扩大党的群众基础，不断提高党的社会影响力。顺应世情、国情、党情的新变化，坚持把党的执政能力建设和先进性建设作为主线，以改革创新的精神全面加强党的思想、组织、作风、制度建设和反腐倡廉建设，使党始终成为立党为公、执政为民，求真务实、改革创新，艰苦奋斗、清正廉洁，富有活力、团结和谐的马克思主义执政党。

四、习近平新时代中国特色社会主义思想对马克思主义政治学的发展

党的十八大以来，以习近平同志为核心的党中央运用辩证唯物主义和历史唯物主义方法，深刻分析了世情、国情、党情、民情及其发展变化，深入阐发了党在改革发展稳定、治党治国治军和内政外交国防等领域的新理念、新思想、新战略，从理论和实践结合上系统回答了新时代坚持和发展什么样的中国特色社会主义、怎样坚持和发展中国特色社会主义这个重大时代课题，创立了习近平新时代中国特色社会主义思想。习近平新时代中国特色社会主义思想是对马克思列宁主义、毛泽东思想、邓小平理论、“三个代表”重要思想、科学发展观的继承和发展，是马克思主义中国化最新成果，是党和人民实践经验和集体智慧的结晶，是中国特色社会主义理论体系的重要组成部分，是全党全国人民为实现中华民族伟大复兴而奋斗的行动指南。

习近平新时代中国特色社会主义思想在新的历史条件下和实践基础上，从理论与实践的结合上发展了马克思主义政治理论，形成了马克思主义政治学的最新成果，其内容主要包括：

（1）关于中国特色社会主义进入新时代。遵循马克思主义历史发展观，习近平在深刻把握人类社会政治历史发展规律的基础上，着力对于我国社会政治发展的当代方位进行了论述，他指出，“中国特色社会主义进入了新时代，这是我国发展新的历史方位”①。这个新时代是承前启后、继往开来、在新的历史条件下继续夺取中国特色社会主义伟大胜利的时代，是决胜全面建成小康社会、进而全面建设社会主义现代化强国的时代，是全国各族人民团结奋斗、不断创造美好生活、逐步实现全体人民共同富裕的时代，是全体中华儿女勠力同心、奋力实现中华民族伟大复兴中国梦的时代，是我国日益走近世界舞台中央、不断为人类作出更大贡献的时代。

与此同时，我国仍然并将长期处于社会主义初级阶段，社会主义初级阶段是我国的基本国情和最大实际。中国特色社会主义新时代与我国社会主义长期处于初级阶段，构成了我国社会发展的时代历史方位与社会主义发展历史阶段的有机统一。

关于我国社会所处历史阶段和历史时代的判断，为人们把握我国政治发展形态确定了历史背景和时代坐标，我们必须切实基于社会主义初级阶段政治的经济基础、本质特征、基本形态和发展规律，认识我国政治的社会基础、领导力量、依靠力量、拥护力量、根本属性和阶段性特性，按照国家治理现代化方向，统筹推进经济建设、政治建设、文化建设、社会建设、生态文明建设。

（2）关于社会主义初级阶段主要矛盾的变化。进入新时代，生产力发展基础上的社会发展，促进“人民美好生活需要日益广泛，不仅对物质文化生活提出了更高要求，而且在民主、法治、公平、正义、安全、环境等方面的要求日益增长”②。由此使得新时代我国社会主要矛盾转化为人民日益增长的美好生活需要和不平衡不充分的发展之间的矛盾。

关于新时代我国社会主要矛盾的论断，表明我国社会主义主要矛盾仍然是

① 习近平：《决胜全面建成小康社会　夺取新时代中国特色社会主义伟大胜利——在中国共产党第十九次全国代表大会上的报告》，人民出版社 2017 年版，第 10 页。

② 习近平：《决胜全面建成小康社会　夺取新时代中国特色社会主义伟大胜利——在中国共产党第十九次全国代表大会上的报告》，人民出版社 2017 年版，第 11 页。

人民群众的需求与供给之间的矛盾，表明我国仍处于并将长期处于社会主义初级阶段的基本国情没有变，我国是世界最大发展中国家的国际地位没有变。与此同时，它也表明，新时代我国社会主要矛盾的内容发生了变化，人民群众对于美好生活的需求和发展不平衡不充分之间的矛盾，表明我国社会主要矛盾是新的经济社会发展水平基础上的矛盾。关于新时代我国社会主要矛盾的论断，为执政党坚持中国特色社会主义道路和方向，坚持党在社会主义初级阶段的基本路线，制定和实施党的建设和国家治理的战略方略和方针政策提供了新的依据和指南。

（3）关于中国特色社会主义政治发展道路。方向决定前途，道路决定命运。推进政治发展的根本问题，是选择和确定政治发展道路问题。“以什么样的思路来谋划和推进中国社会主义民主政治建设，在国家政治生活中具有管根本、管全局、管长远的作用。……中国是一个发展中大国，坚持正确的政治发展道路更是关系根本、关系全局的重大问题。”①

中国特色社会主义政治发展道路，是近代以来中国人民长期奋斗历史逻辑、理论逻辑、实践逻辑的必然结果。实践证明，“中国特色社会主义政治发展道路是符合中国国情、保证人民当家作主的正确道路”②，也是实现社会主义现代化、创造人民美好生活的必由之路。

坚持走中国特色社会主义政治发展道路，关键是坚持党的领导、人民当家作主和依法治国的有机统一，这是中国特色社会主义政治发展的必然要求。三者本质上具有一致性。这种一致性，是由党的性质、党的根本宗旨和党的历史使命决定的，是由中国特色社会主义制度所要求的，是由人民的根本利益决定的。在中国特色社会主义政治发展过程中，三者有机统一于中国共产党领导的人民政治实践。

（4）关于坚持和完善中国特色社会主义制度，推进国家治理体系和治理能力现代化。中国特色社会主义制度是党和人民在长期实践探索中形成的科学制度体系，我国国家治理一切工作和活动都依照中国特色社会主义制度展开，我国国家治理体系和治理能力是中国特色社会主义制度及其执行能力的集中体现。

中国特色社会主义制度和国家治理体系是以马克思主义为指导、植根中国

① 《十八大以来重要文献选编》中，中央文献出版社 2016 年版，第 59 页。
② 《十八大以来重要文献选编》中，中央文献出版社 2016 年版，第 62 页。

大地、具有深厚中华文化根基、深得人民拥护的制度和治理体系，是具有强大生命力和巨大优越性的制度和治理体系，是能够持续推动拥有十四亿人口大国进步和发展、确保拥有五千多年文明史的中华民族实现“两个一百年”奋斗目标进而实现伟大复兴的制度和治理体系。

我国国家制度和国家治理体系具有多方面的显著优势，这些显著优势，是我们坚定中国特色社会主义道路自信、理论自信、制度自信、文化自信的基本依据。

顺应时代潮流，适应我国社会主要矛盾变化，统揽伟大斗争、伟大工程、伟大事业、伟大梦想，不断满足人民对美好生活新期待，战胜前进道路上的各种风险挑战，必须在坚持和完善中国特色社会主义制度、推进国家治理体系和治理能力现代化上下更大功夫。

坚持和完善中国特色社会主义制度、推进国家治理体系和治理能力现代化的总体思路是：坚持以马克思列宁主义、毛泽东思想、邓小平理论、“三个代表”重要思想、科学发展观、习近平新时代中国特色社会主义思想为指导，增强“四个意识”，坚定“四个自信”，做到“两个维护”，坚持党的领导、人民当家作主、依法治国有机统一，坚持解放思想、实事求是，坚持改革创新，明确在我国国家制度和国家治理上，应该“坚持和巩固什么、完善和发展什么”，突出坚持和完善支撑中国特色社会主义制度的根本制度、基本制度、重要制度，构建系统完备、科学规范、运行有效的制度体系，加强系统治理、依法治理、综合治理、源头治理，把我国制度优势更好转化为国家治理效能，为实现“两个一百年”奋斗目标、实现中华民族伟大复兴的中国梦提供有力保证。

坚持和完善中国特色社会主义制度、推进国家治理体系和治理能力现代化的总体目标是：到中国共产党成立一百年时，在各方面制度更加成熟更加定型上取得明显成效；到 2035 年，各方面制度更加完善，基本实现国家治理体系和治理能力现代化；到中华人民共和国成立一百年时，全面实现国家治理体系和治理能力现代化，使中国特色社会主义制度更加巩固、优越性充分展现。

坚持和完善中国特色社会主义制度、推进国家治理体系和治理能力现代化包括多方面具体任务，关键在于加强党对坚持和完善中国特色社会主义制度、推进国家治理体系和治理能力现代化的领导，加强制度的坚持、完善、建设和执行。

（5）关于中国共产党领导核心地位。中国共产党是马克思主义与中国工人运动相结合的产物，是中国工人阶级的先锋队，是中国人民和中华民族的先锋队。在中华民族伟大复兴的历史进程中，中国共产党的诞生，使得中国人民谋求民族独立、人民解放和国家富强、人民幸福的斗争有了主心骨，中国人民从精神上由被动转为主动。中国共产党把实现共产主义作为党的最高理想和最终目标，肩负中华民族伟大复兴的历史使命，团结带领人民找到了以农村包围城市、武装夺取政权的正确革命道路，完成了新民主主义革命，建立了中华人民共和国，实现了中国从几千年封建专制政治向人民民主的伟大飞跃。党团结带领人民完成社会主义革命，确立社会主义基本制度，推进社会主义建设，完成了中华民族有史以来最为广泛而深刻的社会变革，为当代中国一切发展进步奠定了根本政治前提和制度基础。改革开放以来，党团结带领人民进行新的伟大革命，破除阻碍国家和民族发展的一切思想和体制障碍，开辟了中国特色社会主义道路，使中国大踏步赶上时代。因此，中国共产党的领导是中国政治发展历史逻辑、理论逻辑和实践逻辑的必然，是中国特色社会主义最本质的特征，是中国特色社会主义制度的最大优势。

党是最高政治领导力量，必须坚持和加强党对一切工作的全面领导。必须坚持和完善党的领导制度体系，提高党科学执政、民主执政、依法执政水平。必须坚持党政军民学、东西南北中，党是领导一切的，坚决维护党中央权威，健全总揽全局、协调各方的党的领导制度体系，把党的领导落实到国家治理各领域各方面各环节。

（6）关于社会主义民主政治。“人民民主是中国共产党始终高举的旗帜”①，是社会主义的生命，人民当家作主是社会主义民主政治的本质和核心。没有民主就没有社会主义。社会主义愈发展，民主也愈发展。

坚持和发展社会主义民主，要清楚认识当前我国政治的根本属性。我国是工人阶级领导的、以工农联盟为基础的人民民主专政的国家。人民民主专政体现了工人阶级领导下、工农联盟基础上的最广泛的民主和对敌视和破坏我国社会主义制度的敌对分子的专政的辩证统一。坚持和发展社会主义民主，必须清醒认识我国政治属性，坚持人民政治立场，“人民立场是中国共产党的根本政治立场，是马克思主义政党区别于其他政党的显著标志”②。坚持和发展社会主

---

① 《十八大以来重要文献选编》中，中央文献出版社 2016 年版，第 59 页。

② 《习近平谈治国理政》第 2 卷，外文出版社 2017 年版，第 40 页。

义民主，本质上就是不断实现人民共和国的本质属性。

坚持和发展社会主义民主，要贯彻落实以人民为中心的发展观。必须始终把人民对美好生活的向往作为我们的奋斗目标，践行党的根本宗旨，贯彻党的群众路线，尊重人民主体地位，尊重人民群众在实践活动中所表达的意愿、所创造的经验、所拥有的权利、所发挥的作用，充分激发蕴藏在人民群众中的创造伟力。我们要健全民主制度、拓宽民主渠道、丰富民主形式、完善法治保障，确保人民依法享有广泛充分、真实具体、有效管用的民主权利。要着力增强改革系统性、整体性、协同性，着力抓好重大制度创新，着力提升人民群众获得感、幸福感、安全感。

坚持和发展社会主义民主，要坚持党的领导、人民当家作主和依法治国的有机统一。党的领导是人民当家作主和依法治国的根本保证，人民当家作主是社会主义民主政治的本质特征，依法治国是党领导人民治理国家的基本方式，三者统一于我国社会主义民主政治伟大实践。

坚持和发展社会主义民主，要坚持和发展适合我国国情的社会主义政治制度。在民主政治发展中，必须坚持从中国国情出发，从中国社会发展的实际出发。在这其中，尤其需要明确认识到，世界上没有完全相同的政治制度模式，政治制度不能脱离特定社会政治条件和历史文化传统来抽象评判，不能定于一尊，不能生搬硬套外国政治制度模式。与此同时，必须充分认识中国特色社会主义民主的独特属性和显著优势。人民代表大会制度、中国共产党领导的多党合作和政治协商制度、民族区域自治制度和基层群众自治制度等，集中体现了我国社会主义民主政治的特点和优势，具有鲜明的中国特色和优越性。在推进社会主义民主政治建设中，必须不断增强社会主义民主的道路自信、理论自信、制度自信、文化自信，明确认识到，我国的人民民主是维护人民根本利益的最广泛、最真实、最管用的民主。

坚持和发展社会主义民主，要坚持政治发展和民主政治的科学评价标准，坚持人民主体地位，体现人民意志、保障人民权益、激发人民创造活力，依靠人民力量，用制度体系保证人民当家作主。在社会政治生活中，坚持和完善人民当家作主制度体系，发展社会主义民主政治。必须坚持人民主体地位，坚定不移走中国特色社会主义政治发展道路，确保人民依法通过各种途径和形式管理国家事务，管理经济文化事业，管理社会事务。要坚持和完善人民代表大会制度这一根本政治制度，坚持和完善中国共产党领导的多党合作和政治协商制度，巩固和发展最广泛的爱国统一战线，坚持和完善民族区域自治制度，健全充满活力的基层群众自治制度。同时，从政治过程的起点开始到结束，始终贯彻以人民为中心的原则，坚持人民当家作主，切实实现全过程的人民民主政治。

（7）关于社会主义法治。强调社会主义民主和社会主义法治是不可分割的统一体，建设中国特色社会主义法治体系、建设社会主义法治国家是坚持和发展中国特色社会主义的内在要求。全面推进依法治国总目标是建设中国特色社会主义法治体系、建设社会主义法治国家。必须坚持和完善中国特色社会主义法治体系，提高党依法治国、依法执政能力。必须坚定不移走中国特色社会主义法治道路，全面推进依法治国，坚持依法治国、依法执政、依法行政共同推进，坚持法治国家、法治政府、法治社会一体建设。要健全保证宪法全面实施的体制机制，完善立法体制机制，健全社会公平正义法治保障制度，加强对法律实施的监督。在实践中，依法治国，就是广大人民群众在党的领导下，依照宪法和法律规定，通过各种途径和形式管理国家事务、管理经济文化事业、管理社会事务，保证国家各项工作都依法进行，逐步实现社会主义民主政治的制度化、规范化和程序化。宪法和法律是党的主张和人民意志相统一的体现，任何组织和个人都不允许有超越宪法和法律的特权。坚持厉行法治，推进科学立法、严格执法、公正司法、全民守法。加大全民普法力度，建设社会主义法治文化，树立宪法法律至上、法律面前人人平等的法治理念。坚持依法治国和以德治国相结合，依法治国和依规治党有机统一。

（8）关于尊重和保障人权。必须把人权的普遍性原则同本国实际相结合，坚持生存权和发展权是首要的基本人权。在实践中，人权事业必须也只能按照各国国情和人民需求加以推进。

中国共产党和中国政府始终尊重和保障人权，中国人民实现中华民族伟大复兴中国梦的过程，本质上就是实现社会公平正义和不断推动人权事业发展的进程。

长期以来，中国坚持把人权的普遍性原则同中国实际相结合，不断推动经济社会发展，增进人民福祉，促进社会公平正义，加强人权法治保障，努力促进经济、社会、文化权利和公民、政治权利全面协调发展，显著提高了人民生存权、发展权的保障水平，走出了一条适合中国国情的人权发展道路。

国际社会应该本着公正、公平、开放、包容的精神，尊重并反映发展中国家人民的意愿。中国人民愿与包括广大发展中国家在内的世界各国人民同心协力，以合作促发展，以发展促人权，共同构建人类命运共同体。

（9）关于坚持和完善统筹城乡的民生保障制度。增进人民福祉、促进人的全面发展是我们党立党为公、执政为民的本质要求。必须健全幼有所育、学有所教、劳有所得、病有所医、老有所养、住有所居、弱有所扶等方面国家基本公共服务制度体系，注重加强普惠性、基础性、兜底性民生建设，保障群众基本生活。创新公共服务提供方式，鼓励支持社会力量兴办公益事业，满足人民多层次多样化需求，使改革发展成果更多更公平惠及全体人民。

在这其中，需要健全有利于更充分更高质量就业的促进机制，构建服务全民终身学习的教育体系，完善覆盖全民的社会保障体系，强化提高人民健康水平的制度保障。

（10）关于坚持和完善共建共治共享的社会治理制度，保持社会稳定、维护国家安全。社会治理是国家治理的重要方面。必须加强和创新社会治理，完善党委领导、政府负责、民主协商、社会协同、公众参与、法治保障、科技支撑的社会治理体系，建设人人有责、人人尽责、人人享有的社会治理共同体，确保人民安居乐业、社会安定有序，建设更高水平的平安中国。要完善正确处理新形势下人民内部矛盾有效机制，完善社会治安防控体系，健全公共安全体制机制，构建基层社会治理新格局，完善国家安全体系。

（11）关于巩固和发展爱国统一战线。要高举爱国主义、社会主义旗帜，牢牢把握大团结大联合的主题，坚持一致性和多样性统一，找到最大公约数，画出最大同心圆。巩固和发展最广泛的爱国统一战线，要进一步深化发展社会主义协商民主，丰富民主形式，拓宽民主渠道。巩固和发展最广泛的爱国统一战线，要坚持长期共存、互相监督、肝胆相照、荣辱与共，支持民主党派按照中国特色社会主义参政党要求更好履行职能。要尊重劳动、尊重知识、尊重人才、尊重创造，发展和壮大爱国统一战线，促进政党关系、民族关系、宗教关系、阶层关系、海内外同胞关系的和谐，最广泛最充分地调动一切积极因素，团结一切可以团结的力量，不断为实现中华民族的伟大复兴增添新的力量。

（12）关于中国特色社会主义政治文化建设。必须坚持马克思主义，牢固树立共产主义远大理想和中国特色社会主义共同理想，培育和践行社会主义核心价值观，不断增强意识形态领域主导权和话语权。坚持和完善繁荣发展社会主义先进政治文化的制度，巩固全体人民团结奋斗的共同思想基础。坚守中华文化立场，立足当代中国现实，结合当今时代条件，发展面向现代化、面向世界、面向未来的，民族的科学的大众的社会主义文化，推动社会主义精神文明和物质文明协调发展。坚持为人民服务、为社会主义服务，坚持百花齐放、百家争鸣，推动中华优秀传统文化创造性转化、创新性发展，继承革命文化，发展社会主义先进文化，必须坚定文化自信，牢牢把握社会主义先进政治文化前进方向，激发全民族文化创造活力，不忘本来、吸收外来、面向未来，更好构筑中国精神、中国价值、中国力量。要坚持马克思主义在意识形态领域指导地位的根本制度，坚持以社会主义核心价值观引领文化建设制度，健全人民文化权益保障制度，完善坚持正确导向的舆论引导工作机制，建立健全把社会效益放在首位、社会效益和经济效益相统一的文化创作生产体制机制。深入实施马克思主义理论研究和建设工程，加快构建中国特色哲学社会科学，加强中国特色新型智库建设。加强爱国主义、集体主义、社会主义教育，引导人们树立正确的祖国观、历史观、民族观、文化观。

（13）关于“一个国家、两种制度”。坚持和完善“一国两制”制度体系，推进祖国和平统一。“一国两制”是党领导人民实现祖国和平统一的一项重要制度，是中国特色社会主义的一个伟大创举。实现祖国的完全统一，是中华民族根本利益所在，也是全体中国人民不可动摇的坚强意志。“一国两制”是从中国的实际出发，解决台湾问题、香港问题和澳门问题，实现祖国和平统一的伟大构想。全面准确贯彻“一国两制”、“港人治港”、“澳人治澳”、高度自治的方针，严格依照宪法和基本法办事，完善与基本法实施相关的制度和机制。必须把维护中央对香港、澳门特别行政区全面管治权和保障特别行政区高度自治权有机结合起来，必须严格依照宪法和基本法对香港特别行政区、澳门特别行政区实行管治，维护香港、澳门长期繁荣稳定。建立健全特别行政区维护国家安全的法律制度和执行机制。解决台湾问题、实现祖国完全统一，是全体中华儿女共同愿望，是中华民族根本利益所在。必须坚持“和平统一、一国两制”方针，推动两岸关系和平发展，推进祖国和平统一进程。同时，坚决维护国家主权和领土完整，绝不允许任何人、任何组织、任何政党、在任何时候、以任何形式、把任何一块中国领土从中国分裂出去！要坚定推进祖国和平统一进程，完善促进两岸交流合作、深化两岸融合发展、保障台湾同胞福祉的制度安排和政策措施，团结广大台湾同胞共同反对“台独”、促进统一。

（14）关于国际政治和外交战略。当代中国同世界的关系发生了历史性变化，中国的前途命运日益紧密地同世界的前途命运联系在一起。必须高举和平、发展、合作、共赢的旗帜，恪守维护世界和平、促进共同发展的外交政策宗旨，推动建设相互尊重、公平正义、合作共赢的新型国际关系，推动构建人类命运共同体。要尊重各国人民自主选择发展道路的权利，维护国际公平正义，倡导国际关系民主化，反对把自己的意志强加于人，反对干涉别国内政，反对以强凌弱。要发挥负责任大国作用，支持广大发展中国家发展，积极参与全球治理体系改革和建设，共同为建设持久和平、普遍安全、共同繁荣、开放包容、清洁美丽的世界而奋斗。要支持开放、透明、包容、非歧视性的多边贸易体制，促进贸易投资自由化便利化，推动经济全球化朝着更加开放、包容、普惠、平衡、共赢的方向发展。我们要以共建“一带一路”为重点，同各方一道打造国际合作新平台，为世界共同发展增添新动力。中国决不会以牺牲别国利益为代价来发展自己，也决不放弃自己的正当权益。坚持和完善独立自主的和平外交政策，必须统筹国内国际两个大局，坚定不移维护国家主权、安全、发展利益，坚定不移维护世界和平、促进共同发展。要健全党对外事工作领导体制机制，完善全方位外交布局，推进合作共赢的开放体系建设。

（15）关于执政党建设。中国共产党是中国工人阶级的先锋队，同时是中国人民和中华民族的先锋队，是中国特色社会主义事业的领导核心。在建设中国特色社会主义事业伟大实践中，必须坚持和加强党的全面领导，发挥党总揽全局、协调各方的作用，必须增强政治意识、大局意识、核心意识、看齐意识，自觉维护党中央权威和集中统一领导，自觉在思想上政治上行动上同党中央保持高度一致，完善坚持党的领导的体制机制，改进党的领导方式和执政方式，提高党把方向、谋大局、定政策、促改革的能力和定力，确保党的领导全覆盖，确保党的领导更加坚强有力。必须建立不忘初心、牢记使命的制度。确保全党遵守党章，恪守党的性质和宗旨，坚持用共产主义远大理想和中国特色社会主义共同理想凝聚全党、团结人民，用习近平新时代中国特色社会主义思想武装全党、教育人民、指导工作，夯实党执政的思想基础。必须完善坚定维护党中央权威和集中统一领导的各项制度。必须健全党的全面领导制度。必须健全为人民执政、靠人民执政的各项制度。必须健全提高党的执政能力和领导水平的制度。完善全面从严治党制度。坚持党要管党、全面从严治党，增强忧患意识，不断推进党的自我革命，永葆党的先进性和纯洁性。贯彻新时代党的建设总要求，深化党的建设制度改革，坚持依规治党，建立健全以党的政治建设为统领，全面推进党的各方面建设的体制机制。坚持新时代党的组织路线，健全党管干部、选贤任能制度。规范党内政治生活，严明政治纪律和政治规矩，发展积极健康的党内政治文化，全面净化党内政治生态。完善和落实全面从严治党责任制度。坚决同一切影响党的先进性、弱化党的纯洁性的问题作斗争，大力纠治形式主义、官僚主义，不断增强党的创造力、凝聚力、战斗力，确保党始终成为中国特色社会主义事业的坚强领导核心。

办好中国的事情，关键在党，关键在坚持党要管党、全面从严治党。我们党只有在领导改革开放和社会主义现代化建设伟大社会革命的同时，坚定不移推进党的伟大自我革命，敢于清除一切侵蚀党的健康肌体的病毒，使党不断自我净化、自我完善、自我革新、自我提高，不断增强党的政治领导力、思想引领力、群众组织力、社会号召力，才能确保党始终保持同人民群众的血肉联系。因此，必须坚持党要管党、全面从严治党，以加强党的长期执政能力建设、先进性和纯洁性建设为主线，以党的政治建设为统领，以坚定理想信念宗旨为根基，以调动全党积极性、主动性、创造性为着力点，全面推进党的政治建设、思想建设、组织建设、作风建设、纪律建设，把制度建设贯穿其中，把党内法规建设与国家法治建设有机结合起来，深入推进反腐败斗争，不断提高党的建设质量，把党建设成为始终走在时代前列、人民衷心拥护、勇于自我革命、经得起各种风浪考验、朝气蓬勃的马克思主义执政党。

第四节 学习“政治学概论”的意义和要领

一、学习“政治学概论”的意义

“政治学概论”是政治学专业的基础课程，是高等学校哲学社会科学课程体系中的一门重要课程。学习“政治学概论”，对于学生掌握马克思主义政治学的基本原理和基本方法，打下比较扎实的专业基础，培养专业素养，提高政治素质和政治实践的能力，成长为德智体美劳全面发展的社会主义建设者和接班人，具有重要意义。学习这门课程的意义，概括起来，主要体现在以下四个方面：

第一，有助于我们坚持正确的政治方向和政治立场。马克思主义政治学在人类历史上第一次科学地揭示了政治现象的根源及其本质，为人们正确认识政治问题指明了方向。学习“政治学概论”，能帮助我们比较系统地掌握马克思主义政治学原理，树立马克思主义政治观，学会用马克思主义的立场、观点和方法观察、分析、认识各种政治现象，正确把握政治的本质及其在现实生活中的体现，坚持正确的政治方向和政治立场。

第二，有助于我们科学认识当今世界复杂的政治问题。“政治学概论”阐述了政治学基本理论、概念和方法，总结了人类政治实践的历史经验，并通过对错综复杂的政治现象的分析，阐述了政治活动的本质和规律，从而为我们认识各种复杂政治问题提供了科学理论和方法。学习“政治学概论”，有助于我们提高观察政治形势、分析政治问题的能力，在纷繁复杂的环境中始终保持清醒的政治头脑。

第三，有助于学生学好政治学专业其他课程。政治学类专业要求学生学习一系列专业课程。除了学习“政治学概论”，还要学习“当代中国政治制度”“中国政治思想史”“西方政治思想史”“比较政治”“行政管理学”“国际政治学”等课程。“政治学概论”是政治学学科最基础的课程。政治学专业其他课程，在一定程度上可以说是“政治学概论”的立场、观点和方法在不同方面的运用。因此，学生要通过学习“政治学概论”，加深对政治学学科基本属性、基本理论构架、专业话语体系和重要概念的掌握，为进一步学习其他课程打下良好基础。

第四，有助于我们推进中国特色社会主义政治建设实践。社会主义政治建设是中国特色社会主义事业“五位一体”总体布局和“四个全面”战略布局的重要组成部分，是推进社会主义经济建设、文化建设、社会建设、生态文明建设的政治保障。没有党领导的政治建设，“五位一体”总体布局和“四个全面”战略布局就会失去领导力量和发展动力。而推进社会主义政治建设和加强党领导的政治建设，都离不开马克思主义政治学的理论指导。学习“政治学概论”，可以帮助我们熟悉和掌握社会主义政治建设的基本理论和方针原则，坚定正确的政治方向，增强政治主体意识、政治参与意识，不断提高政治参与能力和参与水平，为把我国建设成为富强民主文明和谐美丽的社会主义现代化国家贡献力量。

二、学习“政治学概论”的要领

学习“政治学概论”，首先要注重从整体上把握教材的科学体系，扎实掌握贯穿其中的基本理论、基本知识和基本方法，掌握政治学的思维方式和话语体系。特别要注意把握以下几个方面要求：

一要注重掌握马克思主义政治学基本原理。“政治学概论”是以马克思主义基本原理为指导，阐述政治学基本理论和知识的课程，是一门政治性、理论性很强的课程。学习这门课程，要努力掌握贯穿其中的马克思主义立场、观点和方法。只有这样，我们才能真正学好政治学理论。在学习中，要特别注意掌握当代中国马克思主义政治学理论创新成果，掌握习近平新时代中国特色社会主义政治思想，学会运用这些创新成果和思想去观察、分析各类社会政治现象及其相互关系，研究人类社会发展遇到的各种政治问题，总结社会主义政治建设的基本经验，探求中国特色社会主义政治发展的规律，不断提高马克思主义政治理论水平。

二要注重掌握政治学的基本概念、范畴和原理。政治学是一门逻辑结构严密的学科，是由一系列基本概念、范畴和原理构成的科学体系。学习“政治学概论”，既要注重从整体上把握学科的理论构架，又要注重把握具体丰富的基本概念、基本范畴和科学原理，从而切实提高运用理论分析问题、解决问题的能力。基本概念、范畴和原理是学科的基础，也是理论思维的基础。政治学的概念、范畴和原理包含丰富的理论内涵，是实践经验的高度凝结和集中体现。因此，学习和掌握这些基本概念、范畴和原理，是学习政治学的关键，是真正做到融会贯通、学以致用的重要基础。

三要注重联系当代中国政治发展实际。政治学是具有很强实践性的科学，学习“政治学概论”必须将理论学习和深入实践有机结合起来，不仅要努力掌握理论原理，而且要善于向实践学习。习近平新时代中国特色社会主义思想指导下的政治建设和国家治理现代化，是当代中国最大的政治实践，也是学习政治理论知识的最好课堂。要立足于中国特色社会主义实践，自觉参与新时代改革开放和中国特色社会主义现代化建设，把所学的政治学理论和知识运用到实践中去，不断深化理论学习、检验所学理论。习近平新时代中国特色社会主义思想，是新时代中国特色社会主义实践的理论结晶。而党和国家关于政治建设的方针政策，来源于实践又指导实践，是马克思主义政治学原理在实践中最直接、最生动的体现。要养成学习和了解党和国家政治建设的指导思想和方针政策的习惯，把专业理论学习与党和国家的指导思想、目标任务、方针政策学习结合起来，深刻认识当代中国的基本国情，深刻认识中国特色社会主义民主政治的鲜明特点和独特优势，积极参与中国特色社会主义政治建设的实践，为坚持和完善中国特色社会主义政治制度，推进国家治理体系和治理能力现代化发挥应有的作用。

四要注重联系当今世界政治局势的深刻变化。当今世界正处在大发展、大变革、大调整之中，当代中国的命运更加紧密地同世界的前途命运联系在一起。国际各种力量之间呈现既竞争又合作的态势，包括政治学在内的思想文化交流、交融、交锋更加频繁。学习“政治学概论”，了解世界发展大势，把握国际政治走向，从世界各国政治发展和政治斗争的大格局中去思考、去认识中国的社会主义民主政治，进一步认清中国特色社会主义民主与西方资本主义民主的界限，不断增强走中国特色社会主义政治发展道路的信心和决心。同时，要密切关注国外政治学的新进展，跟踪国外政治学发展前沿，积极借鉴和吸收其中的合理成分。但这种借鉴决不能照抄照搬，而是要以马克思主义为指导，立足中国实际，立足中国特色社会主义实践，真正做到科学分析，科学借鉴，洋为中用，推陈出新，把马克思主义政治学不断推向前进。

思考题：

1. 怎样全面、正确地认识马克思主义政治观？
2. 马克思主义政治学研究的基本方法有哪些？
3. 怎样正确评析现当代西方政治学及其发展？
4. 毛泽东思想和中国特色社会主义理论体系在哪些方面发展了马克思主义政治学？
5. 论述习近平新时代中国特色社会主义思想对马克思主义政治学的发展。
6. 学习“政治学概论”的要领有哪些？

拓展资源

本章名词解释

第一章　国家的性质

国家是人类政治文明发展的重要阶段，也是社会政治组织发展的特定形态。自从政治学产生以来，人们就一直试图对国家的性质作出解释，对于国家性质的分析和解释，构成了政治学的核心内容。马克思主义政治学从国家的起源入手，科学地阐明了国家的本质、基本职能和发展规律。

第一节　国家的起源

一、国家起源

1. 氏族公社与原始民主制

马克思主义认为，国家是一种历史现象，是在人类社会发展历史过程中产生的。

在生产力水平低下的原始社会早期，决定人类社会制度的主要因素是血缘关系。联结原始社会人与人之间关系的，主要是血缘纽带，而不是经济纽带。人类最古老、最原始的家庭形式是群婚，即整个一群男子和整个一群女子互为所有的婚姻形式。与群婚相对的是“个体婚姻”，它们是人类婚姻发展史上前后相继的两个阶段。群婚第一阶段的家庭形式是“血缘家庭”，这种群婚集团是按辈分划分的，禁止父母与子女之间通婚；第二阶段的家庭形式是“普那路亚家庭”①，这种家庭形式禁止兄弟姐妹间通婚。普那路亚家庭的出现，标志着人类婚姻制度已经从“内婚制”转向“外婚制”，即禁止一定范围内血缘亲属成员之间通婚的婚姻制度。

氏族是由普那路亚家庭直接引起的。一个族群内部兄弟姐妹之间的婚姻禁忌一经确立，这一族群便转化为氏族。氏族是指在原始社会中，具有血缘亲属关系、同族内部禁止通婚的集团。氏族是原始公社制度的社会经济单位，也是原始社会基本的社会组织。从人类文明的整体进程看，氏族是国家产生以前人

---

① 普那路亚家庭：指丈夫与妻子之间不是兄弟姐妹，没有共同的血缘。这种婚姻被称为“普那路亚婚姻”。

类社会普遍存在的社会组织形式，它具有以下特征：第一，氏族内部禁止通婚。这是氏族的根本规则，也是维系氏族的纽带。以血缘关系联系社会成员，是氏族制度的本质。第二，氏族成员有互相帮助、互相保护的义务。由此可见，氏族是一个成员利益高度一致的社会共同体。第三，氏族的管理机构是议事会，它是氏族内部一切成年男女表达意见的民主集会。这一管理机构是纯粹“公共”性质的，参与管理的成员之间以及管理机构与氏族母体之间不存在利益矛盾关系，氏族成员可以平等参与民主集会并且表达意见，这种制度被马克思称为“原始民主制”①。

氏族社会的原始民主制具有如下特征：

第一，原始民主制是原始社会氏族内部共同事务的管理体制，其原始性在于它是人类社会初期以血缘关系为纽带而“自然形成的共同体”。其特点是，管理所依靠的不是强力，而是管理者的威信和被管理者自觉服从的意愿。氏族首领在氏族内部享有很高的权威，这种权威是纯粹建立在个人品质、经验和才能基础之上的，是“父亲”般的、纯粹道德性质的。

第二，原始民主制是氏族全体成员享有的民主制度。在氏族公社内部，生产资料和生产品为全体公社成员共同所有，氏族成员共同劳动，共同分享劳动成果，没有私有财产，没有阶级差别，这就决定了人与人之间关系的平等性。氏族内部的共同事务由全体成年男女组成的议事会公开讨论决定，氏族和部落的首领也由全体成员选举产生。

第三，原始民主制中的权力不是站在社会之上的支配性力量。氏族之所以需要首领，是因为原始社会简单协作的集体劳动需要统一指挥。氏族首领的任务主要是组织生产、分配，调解内部纠纷，处理对外交涉和其他共同事务。但由于氏族的范围小，生产工具简陋，组织管理简单，不需要有专人来从事管理；低下的生产力水平，也不可能供养专门的管理者。

2. 国家是阶级矛盾不可调和的产物

氏族制度是适应人类社会生产力水平极其低下的发展阶段的一种组织形式。随着生产力的发展和社会分工的出现，社会剩余产品积累和私有制的形成，阶级得以产生，氏族制度遂逐渐解体，取而代之的是适应新的生产关系的

---

① 原始民主制：原始民主制不同于人类进入政治社会之后的民主制。它是一种成员之间真正平等、利益一致的民主制，是与原始社会生产力极不发达的条件相适应的一种原始的社会管理形式。

社会组织——国家。

氏族制度的解体和国家的产生，是社会生产力发展的必然结果，① 也是在社会分工发展和剩余产品基础上形成的私有制和阶级分化及其相互斗争的政治产物。

原始社会后期，伴随着三次社会大分工，人类社会的组织形式和社会关系发生了深刻变化。随着人类社会向野蛮时代的中级阶段过渡，冶炼金属出现，人类进入"青铜器时代"，出现了第一次社会大分工，畜牧部落从其他部落中分离出来。这次大分工产生了三个结果：第一，分离出去的畜牧部落，不仅获得足够的食品——肉、乳及乳制品等，而且获得日益增多的大批原料，如兽皮、羊毛等。这就使经常的交换成为可能。最初的交换在氏族、部落间进行，之后又在个人之间进行。第二，由于劳动已经能够生产出多于人们维持其生存所必需的剩余产品，使得私有制得以产生。同时，劳动力成为一种私有制基础上从事再生产的重要要素，从而使得人剥削人成为可能。过去把俘虏杀死，这时则将其变为奴隶，从而导致了第一次社会大分裂：人们被分为奴隶主与奴隶，剥削者与被剥削者。第三，父权制代替了母权制和家长制家庭的出现。由于畜群这种新的财富的出现，男子把畜群集中在自己手中，成为畜群的所有者，在氏族中跃居主导地位。母权制氏族被父权制氏族所代替。家长制家庭，是以一个男子为首的大家庭公社，包括一家之长及其晚辈，也包括一些奴隶。其主要特点一是把非自由人包括在家庭内，二是父权主导。父权制家庭出现的必然后果是：第一，家庭的财产包括奴隶归家庭私有；第二，父亲的财产由其子女继承，女性的财产不能让外氏继承。因此，作为氏族内部禁止通婚的例外，只允许女性财产继承人在氏族内部通婚。

当人类社会发展到野蛮时代的高级阶段，铁刀、铁犁、铁斧等不断出现。生产工具的改进使农作物能在更大面积的土地上耕种，使手工业日趋发达，于是发生了第二次社会大分工，手工业从农业中分离出来。这次大分工产生了如下结果：第一，奴隶制的巩固与发展。生产工具的改进使劳动生产率提高，增加了劳动力的价值。奴隶成为田野和手工工场的主要劳动力。对奴隶的使用在前一阶段还是个别现象，此时已经发展成为社会生产的重要组成部分。第二，个体家庭开始成为社会经济单位。由于土地已经完全过渡为家庭私有财产，家

① 参见《马克思恩格斯文集》第 4 卷，人民出版社 2009 年版，第 187—189 页。

庭成为社会的基本经济单位。这不仅导致各个家庭之间在财产占有上的差别，而且造就了富人与穷人的新的阶级划分。第三，部落联盟的出现。随着人口的增长和部落间的战争的不断发生，各亲属部落为了增强实力，逐渐结成联盟，形成了部落联盟。部落联盟设立由军事酋长、议事会和人民大会所组成的军事民主制性质的联盟机关。由于战争和进行战争的组织已成为人们生活的组成部分，军事酋长成了不可缺少的常设公职，并逐渐成为世袭。议事会也逐渐为显贵所把持。世袭王权和世袭贵族的统治基础逐渐稳定。其结果是“氏族制度的机关就逐渐挣脱了自己在民族中，在氏族、胞族和部落中的根子，而整个氏族制度就转化为自己的对立物：它从一个自由处理自己事务的部落组织转变为掠夺和压迫邻近部落的组织，而它的各机关也相应地从人民意志的工具转变为独立的、压迫和统治自己人民的机关了”①。

社会分工促进了生产的发展。手工业与农业的分工，产生了直接以交换为目的的商品生产。交换的发展，使得商业从社会生产中分离出来。这是第三次社会大分工。这次分工的结果是：第一，商品交换的发展，出现了金属货币，产生了高利贷的剥削和土地的买卖与抵押，财富更加集中在少数人手里，穷人日益增多。按财富的占有程度，自由民被划分为进行剥削的富人和被剥削的穷人。第二，商业活动，土地的买卖与变化，人们为谋生而流动，使原来的氏族与部落的居民杂居起来。这些变化引起了社会成员成分和社会结构的改变，这种改变的最主要表现是阶级的产生。

阶级作为一种历史现象，是在社会生产力有了一定发展但又不十分发达的条件下产生和形成的，是社会发展到一定阶段的产物。列宁对阶级下了一个完整的定义：“所谓阶级，就是这样一些大的集团，这些集团在历史上一定的社会生产体系中所处的地位不同，同生产资料的关系（这种关系大部分是在法律上明文规定了的）不同，在社会劳动组织中所起的作用不同，因而取得归自己支配的那份社会财富的方式和多寡也不同。所谓阶级，就是这样一些集团，由于它们在一定社会经济结构中所处的地位不同，其中一个集团能够占有另一个集团的劳动。”② 这一定义不仅指明了阶级的存在同生产发展的一定历史阶段相联系，而且深刻地揭示了产生阶级矛盾和阶级斗争的根本原因，即人们之间生

---

① 《马克思恩格斯文集》第 4 卷，人民出版社 2009 年版，第 184 页。
② 《列宁专题文集 论社会主义》，人民出版社 2009 年版，第 145 页。

产资料占有关系不同，并由此出现一个阶级能够占有另一个阶级的劳动。

由于社会结构的深刻变化，氏族制度的局限性日益暴露。古老的氏族制度无法满足富人对保护私有财产的要求、城市与乡村的不同要求以及本地人与外来居民的不同要求，特别是由于自由民与奴隶、从事剥削活动的富人和被剥削的穷人之间的利益冲突日益尖锐，原有的氏族制度在阶级对立和冲突面前难以为继。这就需要有一种力量，它从社会的阶级矛盾中产生，在形式上又站在相互斗争的各阶级之上，控制它们的公开冲突，维系社会的秩序。于是，氏族制度被分工及其后果即社会分裂为阶级所摧毁，被新的机关——国家所代替了。

3. 欧洲早期国家产生的三种基本形式

由于历史条件不同，国家从氏族制度废墟上产生的具体形式呈现出多样性。恩格斯在《家庭、私有制和国家的起源》一书中，着重考察了雅典国家、罗马国家、德意志人国家三种欧洲早期国家产生的基本形式。

第一种是雅典形式，或称雅典国家产生的道路。在野蛮时代高级阶段末期，随着雅典地区商品生产和商品交换的发展，部落的成员很快就杂居起来。这个变化为居住于雅典地区但又不属于本地部落的人成为雅典公民铺平了道路。氏族组织不再适宜用来管理整个社会，这时需要有一种在氏族组织之外、胞族和部落之上、按居住地划分人民和管理公共事务的社会组织及其公共权力，因此，人们在雅典设立了一个超越于各个部落的中央管理机关，来处理作为本地区居民的各部落成员的共同事务。同时，私有制发展起来，富人与穷人、剥削者与被剥削者分化，产生了阶级。雅典把全体成员分为贵族、农民和手工业者三个阶级，并赋予贵族以担任公职的独占权，使得因拥有财富而本来就有势力的家庭在自己的氏族之外联合成了一种特权阶级。正如恩格斯所指出的："氏族制度已经走到了尽头。……国家已经不知不觉地发展起来。……这种设置对氏族制度起了双重的破坏作用：第一，它造成了一种已不再直接等同于武装起来的全体人民的公共权力；第二，它第一次不依亲属集团而依共同居住地区为了公共目的来划分人民"①。雅典国家是直接从氏族社会中产生的，它是欧洲国家产生的"最纯粹最典型的形式"。

第二种是罗马形式，或称罗马国家产生的道路。在氏族制度末期，罗马氏族内部分化出世袭贵族，他们控制着公有土地，并掌握着氏族的权力。当时罗

---

① 《马克思恩格斯文集》第4卷，人民出版社2009年版，第131页。

马氏族部落中杂居着许多外来居民，即平民。平民在经济上占有重要地位，但不能享有罗马氏族成员的权利，而又要承担义务。为争得与氏族成员的平等权利，平民同罗马贵族展开了尖锐的斗争，经过斗争成立了新的人民大会，参加成员按服兵役而定。只要按财产等级服兵役就享有同等的权利，于是，这一新的制度代替了旧的氏族组织而逐渐发展成为国家机关。

第三种是德意志形式，或称德意志人国家产生的道路。德意志人国家是日耳曼部落征服广阔的外国领土的结果。因为征服者的氏族组织无力统治这样广大的新领土，它必须有自己的国家机构，才能成为被征服领土的主人。因而，日耳曼氏族组织的机关迅速转化为国家机关。但对外征服只是日耳曼国家形成的直接原因，日耳曼国家产生的决定性原因，仍然是阶级的出现及其矛盾的激化。因为日耳曼部落在国家形成之前已经发生了显著的阶级分化，对外征服只是加速了阶级和国家产生的过程。

恩格斯对欧洲国家产生方式的概括和阐述，揭示了国家是阶级分化的结果、国家权力是国家形成的标志，国家是在生产力与生产关系、经济基础与上层建筑的矛盾运动中产生的。

二、中国的国家起源

中国是世界上文明发达最早的国家之一，中华民族具有5000多年的悠久历史。中国古代国家的起源和形成，从20世纪初叶以来一直是国内外学术界关注的重大问题之一，其核心问题是，中国的古代国家是何时产生、怎样产生的。国内学术界一度认为，商朝是古代中国最早的国家。但随着20世纪末期大量考古和文献研究的开展，这一看法有所改变。目前，学术界一般认为，中国历史上夏、商、周三个朝代，是自原始社会解体之后依次出现的三个古代国家，应属于现代人类学者所称的早期国家。从时间上看，夏是中国古代第一个早期国家。截至目前，尚未发现夏代的文字，而最古老的文献，如“距今3000年前的《尚书·周书》，那里面的《召诰》、《多士》、《多方》、《立政》诸篇不止一处都提到了历史上的‘有夏’或‘夏’，即夏王朝”①。上述文献的记载后来也被中原地区“二里头文化”② 遗址中古代宫殿遗址的发现所证实，从而使

---

① 沈长云、张渭莲：《中国古代国家起源与形成研究》，人民出版社2009年版，第179页。

② 二里头遗址位于河南省偃师县，于1959年开始发掘。由于该遗址所出遗物比洛达庙等遗址更丰富、更典型，不久被正式命名为“二里头文化”。

夏王朝具有了考古学证据。

尽管关于夏王朝何时建立尚未形成定论，但学界根据考古和文献的分析，提出了两种基本观点：一种观点认为夏王朝开始于禹。理由是在《古本竹书纪年》记述夏代纪年时，明言夏自禹开始。《史记·夏本纪》开篇就是从“夏禹”讲起，而且有关禹的事迹占《夏本纪》内容的80%左右。其他文献在论及夏、商王朝时，亦往往禹、汤并列。另一种观点认为夏王朝开始于启。理由是禹继位和传位属禅让制，并非“家天下”王朝之始。是启第一个破坏了禅让制，废“天下为公”而行“天下为家”，开始了世袭制的“家天下”王朝的历史。①

中国早期国家产生的方式，与欧洲早期国家有所不同，这主要是由中国与欧洲国家赖以产生的经济社会条件的差异性所决定的。中国古代社会是以定居农业为主体的自然经济体系。在古代国家产生前夕，主要是以木石骨器生产工具为主的原始性农业生产，畜牧业和手工业并没有获得真正意义上的独立发展。在这种情况下，虽然有分工，但并不是社会性的大分工，而只是父系大家族内的自然分工，商品生产也不发达。与这种原始性农业生产相适应，社会的生产单位往往是以家族组织为基础的自给自足的集体劳动组合。随着农业的发展，生产有了剩余，人口数量也在增长，父权家长制和私有制逐渐形成，导致社会内部阶级的分化和产生。这种阶级分化的形成，除了家族内部以父权为代表的不平等之外，当时的家族与家族之间，以及宗族与宗族之间，也出现了分化和不平等。正是在父权家族力量的扩大过程中，某一显赫家族逐步控制乃至最终凌驾于社会之上，从而导致了国家的产生。

与欧洲国家按地域划分国民不同，中国古代早期国家的形成是一种“从家到国”的途径。② 在形成的过程中，原有的父权制家庭并没有受到破坏，而是比较完整地保留下来，原有的家族结构成为国家结构的基础，使得中国古代早期国家的组织结构具有“家国同构”的特征。《荀子·致士》对中国古代早期国家君权和父权的同构性作了这样的概括：“君者，国之隆也；父者，家之隆也。隆一而治，二而乱。”正是由于中国古代早期国家在形成过程中具有的这

---

① 参见袁行霈等主编：《中华文明史》第一卷，本卷主编严文明，北京大学出版社2006年版，第95—98页。

② 参见梁颖、李庭华：《中国早期国家形成的道路与形态研究》，广西师范大学出版社1998年版，第11页。

种“家国同构”的特征，“家天下”① 不仅成为夏王朝一项根本的国家制度，而且为中国历代王朝所继承。

不仅中国早期国家产生的方式与欧洲国家有所不同，而且中国早期社会的血亲关系分化与阶级分化相互缠绕，政权（君权）、族权、神权、夫权与统治阶级特权紧密结合、共为一体，构成了中国社会政治“家国同构”的形式特点和阶级政治的本质特点。但是，中国早期社会的君权、族权、神权和夫权，不过是统治阶级的特权在社会政治关系、血亲关系和精神支配关系中的实际体现。为此，中国早期社会“从家到国”的国家产生方式，实际上是社会阶级分化的普遍方式在中国的特殊实现途径，中国早期国家本质上也是阶级分化的产物，并具有强制性的公共权力系统，这是与欧洲早期国家共有的特征。

三、若干国家起源理论分析

国家的起源问题直接涉及国家的本质，是国家学说研究的焦点问题。不同的政治学说对此提出了不同的观点，形成了不同的国家起源理论，主要有神权论、契约论、暴力论等。

1. 神权论

神权论认为国家源于神（天、上帝），是根据神的意志建立的，国家的权力来源于神。这种观点在古代政治思想中占有重要地位。古代奴隶制和封建制国家的统治阶级往往利用神权论来维护其专制统治。

古代中国的神权思想相当发达。所谓“天道”就是把统治阶级的权力说成是来自天命，把帝王称作天意的执行者——“天子”。古籍中的所谓“天子作民父母，以为天下王”（《尚书·洪范》），“天工，人其代之”（《尚书·皋陶谟》），就是神权政治思想的典型体现。

在国外，神权论最早产生于古代中东的神权政治君主国，如古代埃及把法老视为“太阳神之子”。基督教早期代表人物也曾提出这一思想。中世纪，基督教的势力支配了整个西方思想界，神权思想发展到巅峰。当时封建主阶级的思想家在教权与皇权的斗争中，不论是主张教权高于皇权，还是主张皇权高于

① 所谓“家天下”就是指整个国家奉一家族为最高统治者，该统治家族以“天下”即整个国家为自己的一家之私，并将这种统治权力当作家族的私有财产世代传袭下去。

教权，都宣扬神权思想，认为“一切权力来自神”。集中世纪神权思想之大成的天主教教士托马斯·阿奎那更是竭力鼓吹“除上帝外，别无权力”的观点，认为一切国家的权力都来自上帝。神权论从统治阶级的意志出发，以特定的宗教形式把国家说成是神的意志的体现。直到16世纪，某些思想家还力图用神权论证国王的无限权力，把这种理论作为专制君主的护身符。

2. 契约论

契约论是资产阶级关于国家起源的最有影响的学说，主要代表人物有荷兰的格劳秀斯、斯宾诺莎，英国的霍布斯、洛克，法国的卢梭等。契约论认为国家的产生是人们订立契约的结果，其理论解释对象主要有两个方面：一方面是用来说明国家的起源，另一方面是用来说明统治者与被统治者的关系。

用契约论解释国家起源的政治思想家，都假设国家出现以前，人类有一种原始的自然状态，但对这种自然状态的解释又各有不同。霍布斯认为，在自然状态下每个人都有自然权利，都做愿意做的事情，但人性都是自私的，这就必然导致为了满足自身要求而相互竞争。在自然状态下，存在着不断的恐惧、暴死的危险，以及孤寂、贫穷、险恶和匮乏，这是一切人反对一切人的战争的状态，避免这一状态的唯一途径就是人们订立契约，建立一个由拥有绝对权威的统治者统治的国家。洛克认为，在国家产生以前，人都拥有“自然权利”，拥有自然权利者之间发生的不是战争，而是彼此关联的义务和责任。人们有三种主要的自然权利：生存、自由、财产。但自然状态并非尽善尽美，也是有矛盾的，需要一个裁判来仲裁纷争和惩罚对自然状态的破坏行为。因此，人们订立契约建立国家，国家的职能是保护人们的自然权利。卢梭认为，在自然状态下，人们是平等自由、和平快乐的。个人没有自然权利，一切权利都是社会的，体现社会权利的是人们的“共同意志”，而这个共同意志是属于全体人民的。个人的自由是道德原则的体现，共同意志是最高的道德，个人服从共同意志是真正的自由。在此基础上，卢梭提出了主权在民的思想，认为国家是人们共同订立契约的结果。

契约论论述的自然状态不是一种历史事实，而是一种理论假设；所谓众人缔约建立国家也不是一种历史事实，而是一种逻辑建构，其实质是把国家解释成为超阶级的社会共同体。契约论超越了神权论的国家起源理论，指出国家是人类自身创立的，提出了统治权来自人民主权的观点，从而鼓舞了资产阶级反对封建制的斗争，起过一定的历史进步作用。但资产阶级取得政权后，契约论就成为资产阶级为其统治合理性作辩护的工具。

3. 暴力论

暴力论认为，国家起源于掠夺和征服，是人对人使用暴力的结果。代表人物有德国的哲学家、经济学家卡尔·欧根·杜林和奥地利法学家兼社会学家巩普洛维奇。杜林强调暴力是社会发展的决定性因素，国家经常是作为一个部落对另一个部落施以暴力的结果而出现的，它表现为较强的部落对较弱的土著居民的征服与奴役。巩普洛维奇则认为国家是一个部落对另一个部落征服的结果。

暴力论认为政治上的奴役行动先于经济发展的过程。这样，暴力论者就不能回答：强者是怎样产生的？为什么强者要侵略弱者，并且使弱者从属于自己？诸如此类的问题显然是暴力论者所无法解释的。暴力论的非科学性主要在于抹杀国家是社会内部经济发展的结果。实际上，暴力在一定条件下确实对国家的形成起过促进作用，但它不是国家产生的根本原因。如果没有内部的经济发展的要求，单纯的暴力是不会产生国家的。暴力论的实质在于否定国家是社会内部经济发展到一定阶段的产物，这就掩盖了国家的阶级属性。

第二节 国家的本质

一、国家的含义和本质

国家的内涵和本质是马克思主义政治学的核心问题。从国家的起源来分析国家的内涵和本质，即通过与原始社会氏族组织的特征的对比来界定国家的本质，是马克思主义政治学分析国家内涵和本质的基本方法。国家是在氏族制度瓦解的基础上产生的，但它不是氏族组织的简单继承，而是与氏族组织有着根本区别的特殊的社会组织。

第一，国家按地区划分居民，氏族组织则以血缘关系划分居民。所谓划分，实际是指对一定地域上的居民以什么为基础进行管理。氏族组织管理居民以血缘关系为基础，即以一定的亲属联系为单位；而国家对居民的管理则以居住地域的联系为基础。在共同居住的地域上，居民的成分改变了，社会成员的结构改变了，人们之间的关系也改变了。

第二，专门的强制性权力机构的设立。权力机构是由专门的人构成的管理社会公共事务的机关，它是以强制力，即以武装的人——军队、警察及其物质的附属物——监狱和强制机关为后盾的。国家设立强制性权力机构表明：由于阶级的形成以及阶级矛盾的不可调和，原先那种没有强制力的氏族组织和氏族道德伦理力量已无法维持社会秩序和解决人们之间的冲突了。解决这些问题，需要一种新的机关，即具有强制力的权力机构。国家绝不是从外部强加于社会的一种力量，而是从社会内部产生的一种力量。

马克思主义经典作家关于国家起源与本质的分析，可以从三个方面来理解：

第一，国家是一个历史范畴，它不是从来就有的，而是社会发展到一定阶段的产物，国家的出现是社会内部矛盾运动发展的结果。

第二，国家是阶级统治的工具。这表明国家具有阶级属性和本质，是指国家是哪个阶级的政权，由哪个阶级统治，由此揭示了国家的实质是阶级统治。

国家是适应统治阶级的需要，依照统治阶级的意志建立起来的。在阶级社会里，经济上占支配地位的阶级占有生产资料，用生产资料的所有权迫使被统治阶级接受他们的奴役和剥削。但是，仅有经济上的支配地位，统治阶级的地位还不够巩固，必须取得政治上的统治地位，即利用具有强制力的国家政权来保证其经济上的支配地位。一个阶级的经济支配之所以要靠政治统治来维持和巩固，是因为政治统治具有经济支配自身不可替代的特点。首先，政治统治是统治阶级集体意志和力量的表现。在阶级社会里，统治阶级在经济上的支配地位通常表现为私人的支配权力。譬如，单个的封建地主对租佃农民的压迫与剥削，一个资本家对他的工厂工人的压迫与剥削，等等。然而，政治统治则表现为对于整个社会的统治，它不是统治者与被统治者个人之间的关系，而是表现为统治者与被统治者整体的关系，被统治者服从的不是统治阶级中的单个人，而是统治阶级集体的意志和力量。其次，政治统治是统治阶级有组织的力量。它表现为统治阶级的意志通过一定的制度、程序上升为国家意志，也就是把统治阶级的意志转化为政策、法律，作为统治阶级整体的意志强制被统治阶级接受与遵守。当然，这种组织力量也不允许统治阶级内部的个人和集团随意违反。因此，政治统治是通过“国家意志”实现的，国家意志是政治统治的主要表征。

第三，国家为了维护和实现统治阶级的地位和利益，实现国家的统治阶级本质，通常以共同体的代表自居。

国家的本质要求其维护和实现统治阶级的地位和利益，在实际政治运行中，国家在贯彻统治阶级意志的同时，必须把阶级矛盾和冲突控制在秩序的范围以内。这就需要国家在表面上采取一种公共的形式。国家正是以社会公共利益的代言人身份成为整个社会的代表，取得了共同体的形式外观。这种共同体的形式外观，使全体国民成为国家管理的对象，使国家制定的法律对于全社会具有普遍的约束力；国家权力不仅在社会各种类型的权力中效用最高，而且常常以社会整体代表的公共身份，作为社会秩序的维护者和冲突纠纷的最终仲裁者和解决者的面目出现。然而，国家的这种共同体的形式外观并不是国家的本质，而只是国家的一种外部特征，隐蔽在这种形式之后的则是国家的阶级本质。马克思和恩格斯深刻地指出，“正是由于特殊利益和共同利益之间的这种矛盾，共同利益才采取国家这种与实际的单个利益和全体利益相脱离的独立形式，同时采取虚幻的共同体的形式”①。由于国家所采取的这种共同体的形式外观，人们对于国家本质的认识才变得困难起来，于是一些人误以为这种虚幻的共同体的外观就是国家的本质。马克思主义经典作家对国家的认识并没有停留在国家的外观上，而是深入国家的内部，去探寻国家究竟体现了社会当中哪个阶级的意志，以此来揭示国家的本质。

综上所述，马克思主义从国家与氏族的根本区别，深刻揭示了国家是阶级对立和阶级矛盾不可调和的产物，从而深刻阐明了阶级性是国家的根本性质。

二、其他国家观分析

在政治学发展的历史过程中，人们对于国家本质的理解是多种多样的。导致各种学说观点差异的根本原因在于历史条件的不同和阶级立场的局限。在这其中，具有代表性的国家观主要有以下几种：

1. 社会共同体说

把国家看作社会共同体的观点形成于古希腊和古罗马时代。其中，古希腊的代表人物是亚里士多德。亚里士多德在其《政治学》一书中指出，国家是许多家族及村落的联合体，是为达到完美的和自治的生活而组织的人类团体，国家代表着最高的、共同的善，人的价值是在国家共同体的政治生活中得以实现的。古罗马的西塞罗也认为国家是由许多人基于法的一致及利益的共同性而结

---

① 《马克思恩格斯文集》第 1 卷，人民出版社 2009 年版，第 536 页。

合起来的集合体。按照社会共同体来解释国家，其基本特点是把国家看作人们基于特定目的而结合在一起的群体。这种观点仅仅涉及国家的形式外观，却遮蔽了国家阶级本质的属性，而且未能把国家与氏族、部落等社会组织区别开来。

2. 国家契约说

国家契约说实际上是国家起源契约论的自然延伸。国家的社会契约论观点，发端于古希腊的伊壁鸠鲁，兴盛于17—18世纪资产阶级革命时期，是资产阶级最具代表性的国家观。近代著名思想家格劳秀斯、斯宾诺莎、霍布斯、洛克、卢梭等都是国家契约论的主要代表人物。他们从自然法的角度发展和完善了关于国家的契约理论，使之成为资产阶级推翻封建国家的重要思想武器。国家契约论认为，国家本质上是自然人之间的契约关系。作为典型的资产阶级政治学说，国家契约论对资本主义国家政治学说和政治实践产生了深远的影响。但是，国家契约论基于某种主观假设，认为国家实质上是人们之间的契约关系，这就从根本上否定了国家的阶级本质。

3. 国家要素说

西方学者大多注重对于国家的外在特征的描述，由此形成了这种国家“要素说”。国家要素说一般有“三要素说”和“四要素说”。“三要素说”认为具有主权、领土和居民三个要素的即为国家。“四要素说”则是在主权、领土和居民三个要素之外再加上政府。在特定条件下，比如在国际法的意义上，出于法律运用的需要，人们通常将这些要素作为区分各个民族国家的标志。不过，这种国家观并未说明国家的阶级本质。

第三节 国家的职能

一、内部职能和外部职能

国家职能是国家本质在国家功能方面的体现，是国家活动的总目的和总方向，是国家在实施阶级统治和社会管理的过程中承担的职责和功能。组成国家机器的各个部分，虽然在具体任务、目的、活动方式上各不相同，但它们都是围绕维护由国家本质所决定的特定“秩序”这一总目的和总任务而进行活动的。国家的本质决定着国家职能的性质、内容和实现形式。

一般而言，国家的活动表现为两种基本职能：内部职能和外部职能。内部职能主要是实行阶级统治与社会管理，以维护和增强政治经济秩序和稳定；外部职能主要是防御外来侵略，保卫国家安全，构建和维护有利于国内政治统治和社会管理的外部联系和国际环境。

在国家的实际活动中，其内部职能与外部职能是密切相联的，两者之间是相互依存、相互促进的辩证统一关系。只有加强内部职能，增强综合国力，特别是增强国家的政治、经济和军事实力，才能有效地实现国家的外部职能；同样，有效地发挥外部职能，如通过成功的外交活动建立一个有利的周边环境，对国内政权的巩固和社会发展也会起到重要作用。

在和平时期，与外部职能相比，内部职能居于主要地位。只有首先推动国内经济与社会发展，才能具备必要的社会政治条件和物质力量来保卫国家安全。但在特定历史条件下，如战争时期，外部职能则可能上升为主要职能。在经济全球化时代，世界各国的经济社会生活更加紧密地联系在一起，国家内外部两种职能的相关程度也愈益提高。

二、政治职能和社会职能

按照国家活动的性质和方式，国家的内部职能可以划分为政治职能和社会职能。

国家的政治职能即国家的阶级统治职能，是国家按照统治阶级意志，综合运用各种手段并以强制力保障实施的、维护社会秩序的职能。国家的政治职能通常是由国家性质决定的，具有鲜明的阶级性。

国家的社会职能，即统治阶级运用国家权力承担和管理社会公共事务的职能。社会职能是国家本质一个方面的体现，它服务于统治阶级的利益和意志，受特定社会政治法律制度的制约，从这个意义上说，国家的社会职能实际上也具有政治性质。

国家权力具有两方面特性：一是国家权力的阶级性。这个特性不是任何社会都有的，而是国家存在的社会独有的，是国家具有的本质意义的规定性。二是国家权力的社会性。社会性职能是任何社会都需要的，任何社会都离不开对社会事务的管理。理解国家职能，需要认清国家作为特定阶级统治工具的本质，同时，也不能忽视国家对社会公共事务进行管理的社会职能。恩格斯指出："政治统治到处都是以执行某种社会职能为基础，而且政治统治只有在它执行了它的这种社会职能时才能持续下去。”① 这就明确指出国家的社会公共事务管理职能是政治统治得以存在的基础和必要条件。

国家的阶级性与社会性，决定了国家具有政治职能和社会职能，也决定了这些不同职能之间的相互关系。国家社会管理职能存在的前提是特定统治阶级和统治秩序的存在，而政治统治职能存在的基础则是国家的社会职能的存在。国家的政治职能与社会职能是相互依存、密不可分的。在阶级社会，从根本上讲，社会管理职能是为统治阶级服务的，国家社会职能的执行和实现必须遵循统治阶级的意志和要求，所以它与政治统治密切联系在一起。

从社会发展的角度讲，社会管理职能与人类社会相始终，而政治统治职能是历史的产物，它随着国家的出现而产生，随国家消亡而消亡。

在阶级社会中，尽管国家具有这两种职能，但由于社会发展水平不同，国家的两种职能所行使的范围、程度和方式是不一样的。在前资本主义社会，国家所承担的社会管理职能相对有限，政治统治职能占据主导地位。随着资本主义的兴起，特别是工业化过程的加快，新兴城市不断涌现，资本主义国家的社会管理职能，无论是范围、程度还是方式，与前资本主义国家相比，都有了较大的发展。资本主义进入垄断阶段以后，随着国家垄断资本与私人垄断资本的相互融合，国家对社会生活实行积极干预。需要指出的是，资本主义国家社会管理职能的逐渐扩大，并不意味着国家政治统治职能的削弱，实际上，资产阶级在形式上扩展和强化国家社会职能，实质上是强化其政治统治职能，巩固和维护资产阶级的政治统治，因此，资本主义国家社会职能的变化，并没有改变它为资产阶级统治服务的根本性质。

社会主义国家本质上是人民当家作主的国家。尽管社会主义国家同其他一切类型的国家一样，也具有两种职能，即政治职能和社会职能，但是，由于社会主义制度基本建立之后，经济结构和阶级结构发生了根本变化，这些职能在本质上已不同于以前的任何国家。在社会主义国家，社会主义公有制为主体的经济制度确立后，剥削阶级作为一个阶级已经消灭，社会成员由工人阶级（包括知识分子）、农民和其他社会主义的建设者以及拥护社会主义和祖国统一的爱国者所组成。在社会主义社会，阶级斗争虽然在一定范围内仍然存在，但它已不是社会的主要矛盾。在社会主义国家和人民民主专政条件下，社会的主要

① 《马克思恩格斯文集》第9卷，人民出版社2009年版，第187页。

矛盾已不是无产阶级和资产阶级的矛盾，而是主要表现为社会生产力发展水平与人民不断增长的需要之间的矛盾。“经过长期努力，中国特色社会主义进入了新时代”①。随着社会生产力水平的发展和人民需求的新变化，我国社会主要矛盾已从人民日益增长的物质文化需要同落后的社会生产之间的矛盾，转变为人民日益增长的美好生活需要和不平衡不充分的发展之间的矛盾。

在社会主要矛盾发生变化的历史条件下，社会主义国家的主要任务是集中力量发展生产力，进行社会主义现代化建设。“党和国家工作的重点必须转移到以经济建设为中心的社会主义现代化建设上来，大大发展社会生产力，并在这个基础上逐步改善人民的物质文化生活”②，并且通过创新、协调、绿色、开放、共享发展，不断满足人民日益增长的对于美好生活的需要，积极发展社会主义民主和法治，促进社会的公平正义，完善统筹城乡的民生保障制度，建设社会主义精神文明和生态文明。

社会主义国家的两种职能根据社会主义社会发展的状况和主要矛盾、主要任务的变化而改变，其基本趋势是：政治统治职能的作用范围将随着社会的发展、阶级差别和阶级斗争范围的缩小而逐渐缩小，而社会管理职能则因经济与社会发展的要求日益增强和扩展。

第四节　国家的历史类型和国家的消亡

一、国家的历史类型

1. 国家历史类型的含义及其划分标准

国家是建立在特定经济基础之上，体现统治阶级意志和利益要求的政治组织。因此，对于国家类型的划分，应该从国家的阶级本质及其历史发展的角度进行。国家的历史类型，是指按国家本质对国家进行的历史分类，是对各式各样国家的本质特征的分类概括。马克思主义国家学说从对国家的经济基础和阶级性质的分析出发，提出了划分国家历史类型的基本标准，即社会经济基础和阶级实质。

---

① 习近平：《决胜全面建成小康社会　夺取新时代中国特色社会主义伟大胜利——在中国共产党第十九次全国代表大会上的报告》，人民出版社 2017 年版，第 10 页。

② 《十一届三中全会以来重要文献选读》上册，人民出版社 1987 年版，第 345—346 页。

按照这一标准，国家的历史类型是对建立在特定社会经济基础之上，体现特定统治阶级意志和要求的国家共同特征的概括。它指明国家政权掌握在哪个阶级手中，贯彻和实行哪个阶级的意志和要求，保护什么样的经济基础。因此，通过对国家历史类型的分析，可以看出一个国家的阶级本质。

国家的历史类型首先是由其赖以存在的社会经济基础决定的。在阶级社会中，有什么样的社会经济基础，就有什么样的统治阶级凭借国家权力实行的政治统治，就有什么类型的国家。根据马克思主义社会经济形态的理论，同一社会经济形态的国家，都是同一类型社会经济基础上的上层建筑。

自从阶级产生以来，人类社会先后经历了四种社会生产方式，即奴隶制生产方式、封建制生产方式、资本主义生产方式和社会主义生产方式。在这些生产方式中占有主导地位的阶级分别是奴隶主阶级、地主阶级、资产阶级和无产阶级。因此，国家的历史类型也相应地分为奴隶制国家、封建制国家、资本主义国家和社会主义国家。前三种历史类型的国家都是少数剥削者对广大劳动人民的专政，因此，统称为剥削阶级类型的国家。由于这些国家产生的历史条件和经济关系不同，在社会经济和政治生活中占据统治地位的阶级不同，彼此之间又有所差别。

社会主义国家是工人阶级和广大劳动人民的国家政权，因此，它与以往一切国家有着本质的区别。

2. 国家的历史类型

（1）奴隶制国家

奴隶制国家是建立在奴隶主占有制经济基础上的上层建筑。在奴隶制国家中，奴隶主占有生产资料，奴隶不过是“会说话的工具”①。在这种经济基础和阶级结构上建立起来的奴隶制国家，实质是奴隶主阶级对奴隶的专政。

（2）封建制国家

封建制国家是建立在封建制经济基础上的上层建筑。封建社会是以自然经济为主的农业社会，土地是最主要的生产资料，决定生产资料与劳动者结合方式的土地所有制是封建社会生产关系的核心。在封建的经济关系中，土地占有者与农民处于剥削和被剥削的对立地位，这就决定了封建社会的主要矛盾是地主阶级与农民阶级之间的矛盾。在这种经济基础上所建立的封建制国家，必然

① 《马克思恩格斯全集》第 31 卷，人民出版社 1998 年版，第 247 页。

是在生产关系中占支配地位的大土地占有者阶级从政治上对农民阶级实行专政、维护其阶级统治的工具。

(3) 资本主义国家

资本主义国家是建立在资本主义经济基础上的上层建筑。生产资料的资本所有制，决定了劳动者是出卖自己劳动力的雇佣工人。资本主义国家本质是资产阶级对无产阶级和广大人民群众的专政。恩格斯指出，资产阶级的国家“只是资产阶级社会为了维护资本主义生产方式的一般外部条件使之不受工人和个别资本家的侵犯而建立的组织”①。

(4) 社会主义国家

社会主义国家是在资本主义社会生产资料私人占有与生产社会化矛盾运动不可调和的情况下，由代表先进生产力的工人阶级和广大劳动人民打碎旧的资本主义国家机器而建立起来的。社会主义国家的出现，标志着人类历史的深刻变化，工人阶级和劳动人民成了国家的主人，国家也由维护人剥削人的制度的工具，变成了消灭人剥削人的制度、建设没有剥削和压迫的社会主义和实现共产主义的组织。社会主义国家是建立在社会主义经济基础上的上层建筑，这就决定了其本质上必然是维护和实现工人阶级和广大劳动人民的利益要求、对少数敌视和破坏社会主义事业分子实行专政的国家。

3. 国家历史类型的更替方式

国家历史类型的更替是社会政治发展的质变。代表着旧的生产力的阶级及其国家与代表着新的生产力的阶级及其国家本质上是对立的。旧的社会制度和国家不会自行崩溃，旧的统治阶级也不会自动退出历史舞台，代表着新的先进生产力的阶级只有通过政治革命，推翻旧的政治统治，才能推动一种国家类型向另一种国家类型的历史性转变。马克思和恩格斯强调暴力革命在国家历史类型更替中的重要作用，但并没有完全否定在特殊条件下用和平方式实现和平过渡的可能性。

政治改革是社会政治发展的另一种方式，它并不是国家历史类型更替的方式。在剥削阶级国家，政治改革经常体现为政治改良，其实质是统治阶级在被统治阶级斗争的压力下，被迫作出的某些局部性的调整和让步，它并不会改变社会的根本政治制度，因而不会实现国家历史类型的更替。但是，一些有利于

① 《马克思恩格斯文集》第 9 卷，人民出版社 2009 年版，第 295 页。

社会进步的改革措施和政策在特定意义上对被统治阶级也是有利的，在一定程度上，也有利于被统治阶级积蓄革命力量，从而为社会和政治革命创造条件。在社会主义国家，改革本质上是为了使上层建筑与经济基础相适应作出的主动调整，是代表先进生产力的工人阶级政党为了推进生产力发展，实现自我革命与社会革命有机结合的重要方式。只有在无产阶级领导的社会主义国家，“革命”才成为一种自觉行为。革命的目的是打破制约生产力发展的桎梏，推动生产力更好更快发展，这就是社会主义改革的意义所在。

国家历史类型变革的实际进程表明：一切剥削阶级类型的国家，都是通过政治革命更替的。资本主义国家是人类社会发展历史进程中的最后一种剥削阶级国家，代替资本主义国家而出现的新的国家类型，就是无产阶级通过社会主义革命所建立的社会主义国家。社会主义国家是人类历史上最高类型的国家。随着人类社会向共产主义社会过渡，国家存在的社会条件和阶级基础逐渐消失，社会主义国家随之逐步自行消亡，这就是国家发展的历史趋势。

4. 国家历史类型更替的规律

从国家历史类型演变的角度看，不同历史类型国家的顺次更替，是由生产力与生产关系、经济基础与上层建筑这两对社会基本矛盾的运动决定的，是人类社会政治发展的客观规律。生产力与生产关系的矛盾运动是社会政治变革的经济基础，生产关系一定要适应生产力发展，是社会发展的基本规律。国家历史类型的变革，是这一规律发生作用的结果。当社会的生产力发展到一定阶段，必然会同现存社会的生产关系发生矛盾，从而要求对这种生产关系进行变更。经济基础的这种变更，必然引起上层建筑的变革，在这一变革过程中，国家政权从旧的阶级转移到代表生产力发展要求的新兴阶级手中，旧的国家类型也就被新的国家类型所代替。由此可见，国家由一种历史类型发展变革为另一种历史类型，是不以人们意志为转移的客观规律。

国家历史类型更替的一般规律，并不排除国家在具体更替和发展过程中可能呈现的特殊性。在不同的社会背景下，由于经济文化发展水平、历史传统、社会力量构成等方面的差异，国家历史类型更替规律的具体表现方式也会呈现多样性。国家历史类型更替的规律，应被理解为人类政治发展的总体趋势，它并不排斥具体历史类型发展过程中可能出现的某种特殊性，甚至出现暂时的历史反复和倒退。

国家的历史类型及其更替规律，是政治学研究的基本问题。一些代表统治阶级利益的政治学家和法学家，从不同的角度对国家进行过分类，他们的共同特征是离开国家的经济基础和阶级实质来划分国家的类型，将国家看作超阶级的永恒存在物。而马克思主义关于国家的历史类型及其更替的理论，从分析国家赖以存在的经济基础和国家职能入手，对国家本质进行了深刻的阶级剖析，从而科学地阐明了国家的历史类型及其更替规律。

二、国家的消亡

作为一种历史现象，国家不是从来就有的，也不是永恒存在的。国家的起源是社会内部基本矛盾运动的结果，同样，社会基本矛盾的运动也推动着国家朝着一定的方向发展和更替，使国家最终通向消亡。

国家的历史发展趋势是走向消亡。国家消亡的条件就是在生产力高度发达的基础上彻底消灭阶级。不仅要消灭剥削阶级，而且要消灭一切阶级差别，彻底铲除阶级存在的一切根源，使阶级及其差别既不能存在，也不能再产生。只有具备了这样的条件，国家才会消亡。而具备这样条件的社会，就是共产主义社会。马克思在描述共产主义社会的情景时指出："在共产主义社会高级阶段，在迫使个人奴隶般地服从分工的情形已经消失，从而脑力劳动和体力劳动的对立也随之消失之后；在劳动已经不仅仅是谋生的手段，而且本身成了生活的第一需要之后；在随着个人的全面发展，他们的生产力也增长起来，而集体财富的一切源泉都充分涌流之后，——只有在那个时候，才能完全超出资产阶级权利的狭隘眼界，社会才能在自己的旗帜上写上：各尽所能，按需分配！"① 这就是说，在共产主义社会的高级阶段，工农之间、城乡之间的差别，脑力劳动与体力劳动之间的对立已经消除，阶级差别也已消除，人类已经实现了全面解放和发展。因此，只有到了共产主义社会，才具备国家消亡的条件。

从总的趋势来说，国家是自行消亡的。国家的消亡不仅需要多方面的条件，而且消亡的途径也具有客观规律性。国家的消亡是通过无产阶级国家实现的。无产阶级国家在建立政权以后，最为重要的历史使命就是发展高度的社会生产力，在此基础上，逐步消灭阶级压迫和阶级差别，从而使国家演变成纯粹的社会管理组织，完成从阶级社会到无阶级社会的转变。

"'国家消亡'这个说法选得非常恰当，因为它既表明了过程的渐进性，又

① 《马克思恩格斯文集》第 3 卷，人民出版社 2009 年版，第 435—436 页。

表明了过程的自发性。”[①] 所谓渐进性，是指国家消亡是一个相当长的渐进发展过程。只有在国家消亡的经济条件和精神条件逐渐具备时，国家才逐渐消亡。所谓自发性，是指国家消亡不以人的主观意志为转移，而是社会发展、变革、进步的必然结果，是国家在充分发挥了职能之后的必然归宿。这是马克思主义关于国家消亡的一般原理。至于国家消亡的具体时间和具体形式，马克思主义经典作家认为只能有待未来的实践提供答案。正如列宁所说的：“我们只能谈国家消亡的必然性，同时着重指出这个过程是长期的，指出它的长短将取决于共产主义高级阶段的发展速度，而把消亡的日期或消亡的具体形式问题作为悬案，因为现在还没有可供解决这些问题的材料。”[②]

第五节 社会主义中国的国家性质

一、社会主义国家的国家性质

所谓国家性质，是指国体，即国家的阶级属性，主要指社会各阶级在国家中的地位，如同毛泽东指出的那样，国体是指“社会各阶级在国家中的地位”[③]。理解国体，最重要的是明确哪个或哪些阶级掌握国家政权，在几个阶级联合掌握政权的情况下，则要进一步分清哪个阶级是这个联盟的领导阶级。自从人类社会进入文明社会以来，任何国家都有其性质，即由一定阶级实行统治，或者说具有一定国体。

从国家历史类型上看，奴隶制国家、封建制国家、资本主义国家都是剥削阶级占统治地位的国家，是少数人对多数人实行专政的国家。但是，资本主义国家为了掩盖资产阶级专政的国家实质，往往有意回避国体问题，用形形色色的政体理论模糊国家的阶级本质，把资产阶级占统治地位的国家美化成“人民主权”的国家，或者称之为实行“民主政治”的国家。

工人阶级的国家政权从根本上改变了广大劳动人民受压迫、受剥削的地位，人民获得了最为广泛、真实、平等的民主和自由，在这样的国家，组织社会主义经济和文化建设成为国家的主要职能。无产阶级专政特殊的历史地位与

① 《列宁专题文集 论社会主义》，人民出版社 2009 年版，第 30 页。
② 《列宁专题文集 论社会主义》，人民出版社 2009 年版，第 36 页。
③ 《毛泽东选集》第 2 卷，人民出版社 1991 年版，第 676 页。

使命决定其已经不再是原来完整意义上的国家了，正是在这个意义上，列宁将无产阶级专政的国家称为“半国家”。

社会主义国家实行人民民主，或称人民当家作主，这种“当家作主”同资本主义国家的“主权在民”“国民主权”完全不同，核心是人民自己管理国家，人民的意愿能够得到真正表达和实现。

在不同的国家，无产阶级和劳动人民争取解放的具体道路不同，建立和建设社会主义国家的具体形式也不相同，历史和实践表明，并没有一个适用于一切国家的固定不变的模式。每个社会主义国家究竟采取何种实现形式，只能根据各国的具体历史条件和国情来决定。

二、中国的国家性质

1. 中国国家性质的形成

《中华人民共和国宪法》规定，中国是工人阶级领导的以工农联盟为基础的人民民主专政的社会主义国家。这是我国的根本性质，即我国的国体。

中国实行的人民民主专政的国体，是无产阶级专政在中国的特殊实现形式，是中国共产党把马克思主义的无产阶级专政学说同中国具体实际相结合的伟大创造，是近代以来中国社会政治发展和进步的必然选择和结果。

近代以来，由于西方列强的入侵和封建制度的腐败，中国逐渐沦为半殖民地半封建国家。当时的中国在社会阶级状况和阶级关系方面有以下几个显著特点：第一，受帝国主义支持的大封建地主阶级和大官僚资产阶级掌握国家政权。第二，工人阶级人数很少，到 1949 年，产业工人约有 390 万人。第三，农民占全国人口的 80%以上。广大农民和城市小资产阶级同无产阶级一样，深受帝国主义、封建主义和官僚资本主义的剥削和压迫。第四，中国的民族资产阶级具有两重性：一方面受帝国主义、封建主义的压迫和束缚，同它们有矛盾，具有革命性；另一方面，同帝国主义、封建主义又有千丝万缕的联系，缺乏反帝反封建的彻底性而具有妥协性。这种特殊的阶级状况和阶级关系，不仅决定了中国新民主主义革命的性质和道路选择，而且也决定了民主革命胜利后建立起来的国家政权必然带有自己的历史特点。中国共产党正是出于对中国特殊国情的深刻认识和正确把握，在领导中国新民主主义革命发展的过程中，把马克思主义的无产阶级专政学说与中国的具体实践相结合，逐渐形成了人民民主专政的理论，并成为建立新中国国家政权的指导思想。

新民主主义革命时期，毛泽东根据中国半殖民地半封建社会的现实和阶级状况，创造性地运用无产阶级专政的理论，提出了人民民主专政这一重要理论，为新中国国家政权的建立，奠定了坚实的理论基础。1940 年 1 月，毛泽东在《新民主主义论》中指出，“现在所要建立的中华民主共和国，只能是在无产阶级领导下的一切反帝反封建的人们联合专政的民主共和国”①。抗日战争胜利前后，毛泽东在探索建立联合政府的过程中，深刻阐明了在中国建立人民民主专政的必然性。1945 年 4 月，毛泽东在党的七大所作的政治报告《论联合政府》中指出，“建立一个以全国绝对大多数人民为基础而在工人阶级领导之下的统一战线的民主联盟的国家制度”②。1949 年 3 月，在新民主主义革命胜利前夕，毛泽东在党的七届二中全会所作报告中明确提出了建立“无产阶级领导的以工农联盟为基础的人民民主专政”③ 的主张。1949 年 6 月，毛泽东在《论人民民主专政》一文中，总结了中国共产党领导新民主主义革命 28 年的经验，论述了新中国政权的性质、各阶级在国家中的地位及其相互关系，明确了人民民主专政的基本职能及任务。1949 年 9 月，中国人民政治协商会议第一届全体会议通过了《中国人民政治协商会议共同纲领》，明确提出“中国人民民主专政是中国工人阶级、农民阶级、小资产阶级、民族资产阶级及其他爱国民主分子的人民民主统一战线的政权，而以工农联盟为基础，以工人阶级为领导”。1954 年我国第一部宪法规定了我国的国体，1975 年、1978 年两次修宪重申了这一规定。1982 年 12 月，第五届全国人民代表大会第五次会议通过的《中华人民共和国宪法》规定：“中华人民共和国是工人阶级领导的、以工农联盟为基础的人民民主专政的社会主义国家。”中国的国家性质或国体在宪法中得到明确规定。

2. 中国国家性质的内涵

人民民主专政作为社会主义中国的国体，既具有无产阶级专政的本质特征，又具有鲜明的中国特色。其基本内容如下：

（1）人民民主专政的性质

工人阶级领导的、以工农联盟为基础的人民民主专政，实质上即无产阶级专政，是无产阶级专政在中国具体历史条件下的表现形式。人民民主专政作为

① 《毛泽东选集》第 2 卷，人民出版社 1991 年版，第 675 页。
② 《毛泽东选集》第 3 卷，人民出版社 1991 年版，第 1056 页。
③ 《毛泽东选集》第 4 卷，人民出版社 1991 年版，第 1436 页。

社会主义中国的国体，是新型民主与新型专政的结合。新型民主，即社会主义民主或人民民主，是指全体人民是国家的主人，拥有管理国家、管理社会各项事业的权利。社会主义民主是最高类型的民主。新型专政，是指全体人民对极少数敌对分子实行专政。人民民主专政依靠人民的积极主动参与，依靠人民民主来实现。坚持人民民主专政，就是坚持人民当家作主，这是人民利益的集中体现，也是实现人民群众经济、文化、社会等各方面利益的根本保证。因此，人民民主专政体现了工人阶级领导下、工农联盟基础上的最广泛的民主和对敌视和破坏我国社会主义制度的敌对分子的专政的辩证统一。

（2）人民民主专政的领导核心

《中华人民共和国宪法》规定：社会主义制度是中华人民共和国的根本制度。中国共产党的领导是中国特色社会主义最本质的特征，是中国特色社会主义制度的最大优势。中国共产党作为中国人民民主专政的领导核心，是在长期革命斗争的实践中形成的，也是由人民民主专政的国家性质所决定的。中国共产党的领导也是工人阶级领导地位的政治体现，作为工人阶级领导的人民民主专政的社会主义国家，工人阶级通过中国共产党实现领导，这是中国国家性质的根本要求和内在规定。中国共产党是中国工人阶级的先锋队，同时是中国人民和中华民族的先锋队，是中国特色社会主义事业的领导核心，始终代表中国先进生产力的发展要求、中国先进文化的前进方向和中国最广大人民的根本利益，深深扎根在中华民族之中，肩负着实现中华民族伟大复兴和社会主义、共产主义理想的庄严使命。

（3）人民民主专政的主要任务

人民民主专政的根本任务和作用，是确保人民当家作主。中国人民民主专政经历了新民主主义革命，社会主义革命、建设和改革等历史时期。在长期实践中，人民民主专政的国家政权胜利完成了新民主主义革命和社会主义改造的历史任务。在社会主义建设新时期，人民民主专政坚持以经济建设为中心，坚持和完善中国特色社会主义制度，推进国家治理体系和治理能力现代化。其主要任务是，在中国共产党领导下，推动经济建设、政治建设、文化建设、社会建设、生态文明建设，全面深化改革，全面依法治国，把中国建设成为富强民主文明和谐美丽的社会主义现代化强国，实现人的全面发展，实现共产主义远大理想和中国特色社会主义共同理想。

（4）人民民主专政的阶级基础和群众基础

中国人民民主专政的阶级基础是工农联盟。中国的工人阶级与农民阶级有着共同的利益、天然的联系。在社会主义革命、建设和改革时期，农民阶级一直是工人阶级可靠的同盟军。包括知识分子在内的工人阶级和广大农民，始终是推动我国先进生产力发展和社会全面进步的根本力量。在人民民主专政的国家中，工人阶级领导与工农联盟是不可分割的。只有坚持工人阶级领导，才会有巩固的工农联盟；只有巩固的工农联盟，才可能实现工人阶级的领导。离开了工人阶级与农民阶级的联盟，人民民主专政就失去了牢固可靠的阶级基础。

中国人民民主专政的群众基础是广泛的爱国统一战线。新民主主义革命时期，中国共产党团结一切可以团结的力量，调动一切积极因素，与各民主党派和各人民团体结成了广泛的统一战线，为建立人民民主专政的新中国奠定了坚实的群众基础。社会主义的建设事业必须依靠工人、农民和知识分子，团结一切可以团结的力量。在长期的革命、建设、改革过程中，已经结成由中国共产党领导的，有各民主党派和各人民团体参加的，包括全体社会主义劳动者、社会主义事业的建设者、拥护社会主义的爱国者、拥护祖国统一和致力于中华民族伟大复兴的爱国者的广泛的爱国统一战线。

思考题：

1. 为什么说国家是阶级矛盾不可调和的产物？
2. 如何正确理解马克思主义的国家观？
3. 如何正确理解国家的政治职能与社会职能的关系？
4. 学习和研究马克思主义的国家历史类型理论有什么现实意义？
5. 怎样正确认识我国是人民民主专政的社会主义国家？

拓展资源

本章名词解释

第二章 国家权力与国家形式

国家权力是国家性质的集中体现，是统治阶级实行政治统治和社会管理的政治力量凭借。各阶级、各种社会政治力量都把掌握、巩固或者分享、影响国家权力作为重要途径，来提升和巩固其政治地位，贯彻和实现其阶级、阶层和集团意志。研究国家权力和国家形式，对于深入理解马克思主义政治学的国家理论，认识国家权力本质和结构特点，具有重要意义。

第一节 国家权力

一、国家权力的含义

国家权力是按照统治阶级意志，在一定地域范围内管辖政治和社会公共事务，对内对外正式代表国家并以国家机构保障实施的权力。

国家权力本质上是一种政治权力，它对于实现统治阶级的利益要求和统治意志，具有重要的功能和作用。在阶级社会，作为不同阶级利益代表的各种政治力量的活动与相互关系，主要是围绕着国家政治权力的产生、分配和行使而展开的。

马克思主义认为，国家权力是阶级政治统治的凭借，同时，在形式上“是整个社会的正式代表，是社会在一个有形的组织中的集中表现”①。国家权力代表的是以国家意志为表现形式的统治阶级的意志，因此，阶级性是国家权力的本质规定性。国家权力通过组织体系将统治阶级的意志集中起来，并上升为国家意志，对内对外正式代表国家，并通过国家机构予以实施。

马克思主义经典作家关于国家权力的论述，主要包括以下内容：

第一，国家权力是根源于社会经济基础的政治权力。国家产生于社会，社会的生产关系构成了国家的经济基础。国家的目标、维持和运作根本上是由社会经济基础决定的。特定的社会经济基础产生不同的社会阶级结构，在社会经济基础中占据支配地位的阶级在政治上往往占据统治地位，掌握着国家权力，

---

① 《马克思恩格斯文集》第 9 卷，人民出版社 2009 年版，第 297 页。

并借助国家权力维护既有的经济结构和政治秩序，进而维护和实现自己的利益诉求。如同恩格斯分析政治统治阶级时所指出的那样，国家“照例是最强大的、在经济上占统治地位的阶级的国家”①。因此，国家是在社会经济关系中居于统治地位的阶级的国家，国家权力本质上是统治阶级经济支配权力的政治体现。

第二，国家权力本质上是占据政治统治地位的阶级力量。以社会形式出现的公共权力是国家权力的外部表征，而国家权力的本质规定性，在于其阶级属性。国家尽管是以执行一定的社会职能为基础的，但是，国家的根本性质取决于其阶级性质。国家权力不是某种自然关系的产物，而是社会内部阶级矛盾和冲突的结果。在阶级矛盾和冲突中，占有生产资料的阶级根据本阶级的利益和意志汲取社会资源，凝聚形成政治力量，并且通过一定形式把它上升为政治统治力量。因此，国家权力所体现的国家意志本质上是政治上占据统治地位的阶级的意志，国家权力实质上是阶级统治的权力，是统治阶级维护和实现其阶级利益，巩固其阶级统治地位，控制阶级矛盾和冲突的凭借。

第三，国家权力是承担着社会管理职能的公共权力。国家是在社会中形成的，是社会发展到一定阶段的产物。因此，国家权力除了具有阶级属性之外，还具有社会管理属性。国家作为一种历史现象，处于公共权力以政治权力形式存在的社会发展阶段。因此，从公共权力性质演变的角度来看，国家权力是公共权力获得政治性质的阶段性形态，是由统治阶级掌握并以强制性力量保障实施的政治权力。正因为如此，国家权力虽然本质上是实现政治统治的工具，但它也必须履行一定的社会管理职能，以便维护权力地位和统治秩序。

二、国家权力的特征

国家权力的特征主要体现在以下方面：

1. 国家主权性

主权是国家权力的基本属性，也是一个独立国家不可缺少的要件。在国家内部，主权是指最高统治权和决定权，即国家权力意志具有最高地位和效力，任何其他意志都不能与国家权力意志相抵触，这是主权的至高性。在国际关系

① 《马克思恩格斯文集》第4卷，人民出版社2009年版，第191页。

中，主权是指一个国家的主权独立性，一国与他国之间的主权平等性，即一个国家具有独立自主地处理对内对外事务的最高权力，一个国家在主权意义上与其他国家具有平等的地位和资格，即是国家主权之间的平等性。

2. 权威强制性

国家权力之所以对社会成员具有约束力，就在于它是一种合法强制性力量，这是国家权力有能力维持社会秩序的重要前提。如同恩格斯所强调的，“这种公共权力在每一个国家里都存在。构成这种权力的，不仅有武装的人，而且还有物质的附属物，如监狱和各种强制设施”①。

3. 管辖普遍性

国家权力凌驾于其他各种社会力量之上，其效力施于一国全体居民。在国家权力管辖的范围内，所有社会成员、社会组织、社会集团都不能违背国家权力意志和规定。因此，国家权力对全社会成员具有普遍约束力。这就是说，它不仅对被统治阶级成员具有约束力，而且对统治阶级内部成员也具有约束力。

4. 组织机构性

国家权力通过特定组织形式加以实施。为维护国家主权，国家需要特定组织抵御侵略；为保证国家法律政策的实施，需要特定组织予以贯彻落实；为实现国家权力的普遍性，国家权力的广度和深度要充分覆盖和达及所管辖的地域空间、法定范围和管辖对象。国家权力的组织性，要求国家按照不同功能和层级等，建立各类国家机构。

第二节 国家政权组织形式

一、国家政权组织形式概述

1. 政体的含义

国家政权组织形式，又称政体，是指一个国家的统治阶级为了实现阶级统治所采用的政权组织形式，即统治阶级组织国家政权机关的形式。从权力配置和国家机关设置的角度看，政体主要体现为国家最高统治权力的行使方式及其组成形式。前者是指国家最高统治权力由一个机关集中行使，还是由若干机关

① 《马克思恩格斯文集》第4卷，人民出版社2009年版，第190页。

分工行使；后者是指最高国家权力机关是由一个人组成，还是由一个集体组成。

2. 政体与国体

政体问题一直是政治学关注的主要问题之一。历史上，不少思想家都关注政体现象，例如，亚里士多德就把政体看作“城邦一切政治组织的依据”①。近代政治思想家孟德斯鸠也认为，“政体的原则对法律有最大的影响”②。但是，他们都没有说明政体与阶级统治的关系。要正确说明政体与阶级统治的关系，不能离开国体来理解政体。

所谓国体，“就是社会各阶级在国家中的地位”③。国体规定着哪个阶级占据统治地位，而政体规定着统治阶级以什么样的形式来组织政权实现统治。从实际状况来看，任何国家都是国体与政体的辩证统一，国体与政体的关系，是内容与形式的关系。内容决定形式，如同恩格斯在论述共和政体时所指出的那样，“共和国像其他任何政体一样，是由它的内容决定的”④。同时，形式也会反作用于内容，不同的形式对于内容的实现程度具有重要影响，因此，不同的政体对于国体的有效维护和实现，具有不同的意义。

一方面，从国体决定政体的意义上讲，国体反映着国家的阶级属性，构成国家的阶级内容。国体是政体的本质和归宿，它决定着一个国家的统治阶级选择什么样的政权组织形式为本阶级的利益服务。与政体相比，国体是占首位的。政体必须服从国体的需要，即服务于统治阶级组织、完善和巩固其统治的需要。在实际政治生活中，国家的阶级本质从根本上决定着政体的选择和采用，政体都是依附于一定的国体，为一定的国体服务的。一个国家采取和选择何种政体，主要是由这个国家的统治阶级根据本国国情决定的。当国体发生变革时，政体也就必然发生变化。

另一方面，政体反映国体。从内容和形式的关系讲，政体作为国家政权的组织形式，必须适应国体的要求，服从和服务于统治阶级的意志和利益，体现国体的性质。一定的国体要通过一定的政体形式来表现，“没有适当形式的政

---

① ［古希腊］亚里士多德：《政治学》，吴寿彭译，商务印书馆1965年版，第129页。

② ［法］孟德斯鸠：《论法的精神》上册，张雁深译，商务印书馆1961年版，第7页。

③ 《毛泽东选集》第2卷，人民出版社1991年版，第676页。

④ 《马克思恩格斯文集》第10卷，人民出版社2009年版，第671页。

权机关，就不能代表国家”①。如果没有适当的政体，一个国家的统治者就无法组织和运行自己的国家机器，无法体现和实现国家的性质。任何统治阶级都要根据统治的需要来设计国家权力的结构，确定最高政权机关内部的权力分配关系。

同时，政体具有相对独立性并且对于国体具有反作用。国体相同的国家可以采取形式不同的政体，同一个国家在不同历史时期，政体的形式也会有所不同。政体作为国家的政权组织形式，并非完全处于被动状态，它在实现和保证统治阶级的地位和权力、增强政权的统治能力方面具有重要作用。适当而完备的政体，对于维护和巩固统治阶级的统治地位，实现统治阶级的意志和利益，有着十分重要的意义。而影响甚至阻碍国体的政体，常常对于统治阶级地位的维护和国体的实现具有副作用。在社会政治发展中，社会和政治发展的规律必然要求国体和政体的统一，两者相辅相成。

3. 政体的选择

（1）政体确立的影响因素

政体的基本原则是由国家的阶级性质决定的，国体对政体的决定作用是根本性的。除此之外，特定国家确立特定的政体，还受到多方面因素的影响。统治阶级在决定国家采取何种政体形式时，除了考虑本阶级的需要外，也不能不考虑各种社会政治力量的要求，甚至也不能无视被统治阶级的状况，也就是说，一个国家采取何种政体受到政治力量对比的制约。同时，一个国家的具体历史条件、文化传统和民族构成、民族习惯、民族心理以及国际环境等因素，也都会影响这个国家的政体形式的形成。“世界上不存在完全相同的政治制度，也不存在适用于一切国家的政治制度模式。‘物之不齐，物之情也。’各国国情不同，每个国家的政治制度都是独特的，都是由这个国家的人民决定的，都是在这个国家历史传承、文化传统、经济社会发展的基础上长期发展、渐进改进、内生性演化的结果。”②

（2）政体选择的多样性

一般说来，每一种国体都会选择与之相适应的特定政体。但是，这并不意味着一种国体只有一种政体，不意味着国体相同的国家的政体也必然相同。影

① 《毛泽东选集》第2卷，人民出版社1991年版，第677页。

② 《十八大以来重要文献选编》中，中央文献出版社2016年版，第60页。

响一个国家政体的因素是非常复杂的，所以，政体不是简单直接甚至线性机械地表现国家的阶级本质，国体与政体并不是一种简单的对应关系。任何事物，在保持其本质特征和基本性质的同时，在千差万别的客观环境的作用下，必然会呈现出丰富多样的表现形式，国家也是如此。由于一国的政治力量对比和经济发展、历史传统、文化习惯等多种多样因素的影响，实际的政体往往是多种多样的，事实上，没有哪一种政体是普遍适用的。亚里士多德就认为，没有“绝对至善的政体”，只有与各个城邦的现实条件“相适应的最良好政体”。[①]历史和现实都表明，阶级性质相同的国家，完全可能采取不同的政体形式，而阶级性质不同的国家，国体具有本质区别，但是，并不排除其政体中会有某些有利于统治阶级进行政治统治的相同形式。

因此，习近平指出：“设计和发展国家政治制度，必须注重历史和现实、理论和实践、形式和内容有机统一。要坚持从国情出发、从实际出发，既要把握长期形成的历史传承，又要把握走过的发展道路、积累的政治经验、形成的政治原则，还要把握现实要求、着眼解决现实问题，不能割断历史，不能想象突然就搬来一座政治制度上的‘飞来峰’。”[②]

（3）政体的发展性

在一定的社会发展历史阶段上，一定的经济基础和阶级统治一旦建立，就会持续存在，因此，国体在相当长的时期里会比较稳定。在许多情况下，即使发生了政权的更替，也未必导致国体的改变，如中国漫长的封建社会中多次改朝换代，占据统治地位的总是封建地主阶级。相形之下，政体会受到更多、更复杂的因素的影响，因此相对灵活多样。同一个国家，在不同的历史时期，虽然其国体并没有改变，但其政体形式却可能发生变更。例如，第二次世界大战后的法国，先是采用了议会共和制，后来改为半总统制。

4. 政体的类型

在西方的古希腊和古罗马时期，就有不少学者注意到了国家的政体形式问题，并划分了不同的政体类型。亚里士多德第一次较为系统地研究了政体问题，并提出了政体划分标准。他提出的标准主要有两条：一是统治者是为城邦谋利益还是为统治者自己谋利益，二是统治者人数的多寡。根据前一条标准，

---

① ［古希腊］亚里士多德：《政治学》，吴寿彭译，商务印书馆 1965 年版，第 176 页。

② 《十八大以来重要文献选编》中，中央文献出版社 2016 年版，第 59 页。

他把政体分为照顾城邦公共利益的正宗政体和照顾统治者利益的变异政体两类；根据后一条标准，他先把正宗政体分为君主政体、贵族政体和共和政体，相应地把变异政体分为僭主政体、寡头政体和平民政体。此后，也有其他西方早期学者提出过划分政体的标准。

近代以来，资产阶级思想家在批判封建专制统治的过程中，高度重视对政体问题的研究，并探讨了政体的划分标准。16 世纪的法国思想家博丹提出以国家主权的归属即主权者的人数和行使权力的方式来区分政体；17 世纪的英国思想家洛克则以立法权行使者的多寡区分民主政体、寡头政体和君主政体；18 世纪的法国思想家孟德斯鸠根据国家最高权力掌握在哪些人手中以及他们对待法律的态度对政体问题作过分类研究。

总体来看，西方学者所确定的政体分类标准和政体分类缺乏对政权的社会阶级基础和性质的考量，往往局限于技术性和功能性层面。

马克思主义基于历史唯物主义对国家政体进行分类，以特定国家的国体即国家的阶级基础和统治性质作为基本依据，在此基础上，对于不同的政体进行分类和划分，由此不仅科学划分了国家政体的类型，而且更深刻地揭示了特定政体形式的阶级属性。由此可见，联系国家阶级本质对政体进行分类，是马克思主义把握国家形式与本质统一的重要途径。

在马克思主义指导下，我国学者在对国家政体进行分类时，首先确定国家的阶级本质，在此基础上，依据以下标准对国家政体进行分类：第一，最高国家权力的归属，即最高国家权力机关的组成是一个人还是一个集体；第二，最高国家权力机关的产生方式及任期；第三，中央国家权力机关的设置以及它们之间的权力分配、地位和相互关系。

根据第一、二条标准，可以把历史上的国家分为君主制政体和共和制政体两种类型。君主制政体的基本特征，是最高国家权力事实上或象征意义上集中于君主一人，君主一般是世袭的，没有任期限制。共和制政体的基本特征，是最高国家权力机关都通过某种形式的选举产生，并且一般有严格的任期限制。

在此基础上，运用第三条标准，可以在君主制和共和制的基础上进一步区分不同的政体形式。比如列宁在分析奴隶制共和国政体时，就根据共和国的“内部结构”进一步区分了“贵族共和国”和“民主共和国”①。

---

① 《列宁专题文集　论辩证唯物主义和历史唯物主义》，人民出版社 2009 年版，第 290 页。

二、不同类型国家的政权组织形式

1. 剥削阶级国家的政权组织形式

（1）君主制

君主制是指由君主实际上或名义上掌握最高国家权力的政体类型。君主制国家一般实行君主的世袭制，由具有亲缘关系的继承人依长幼顺序继承君主权位。由于各国国情和阶级状态不同，不同国家君主制的具体表现形式也有所不同。在近代以前，君主制是国家政权的主要组织形式，具体表现为贵族君主制、专制君主制等形式。近现代以来，随着资本主义的兴起，君主制逐渐通过等级君主制等形态，转变为立宪君主制。

所谓立宪君主制是指君主虽然拥有某些最高国家权力，但这些权力须由宪法加以限定，并在不同程度上受到其他国家机关的制约。立宪君主制通常是资产阶级与封建贵族妥协的产物，属于资产阶级国家的一种政权组织形式。在当今世界的民族国家中，只有少数国家是君主制国家。绝大多数君主制国家都是立宪君主制国家。

（2）共和制

共和制政体的总体特征是，最高国家权力机关和国家元首由选举产生并有一定任期。与君主制政体一样，共和制政体也有不同的表现形式：

第一，贵族共和制。国家行政长官由公民大会选举并有任期限制，国家最高权力实际掌握在贵族手中。据研究，这种政体形式主要见于文艺复兴以前的西方社会。

第二，民主共和制。民主共和制是资产阶级国家普遍采用的一种政体形式。国家的元首、议会和政府首脑等各主要国家权力机关通常由公民直接或间接选举产生，并有严格的任期限制。由于国家元首、议会和政府三者之间地位和权限配置方式不同，民主共和制又可分为议会共和制和总统共和制。

在议会共和制下，总统只是名义上的国家元首，没有实权。实权掌握在行使立法权的议会手中，议会产生内阁，内阁对其负责。当代的意大利、德国、奥地利等国采用这种政体。

在总统共和制下，总统既是国家元首又是政府首脑，领导内阁并执掌行政权。内阁由总统提名组织成立并对总统负责。议会则专掌立法权，与总统所代表的行政权之间是并立和相互制约关系。美国是实行总统共和制的典型国家。

2. 社会主义国家的政权组织形式

社会主义国家一般采取民主共和制的政权组织形式，但是这种民主共和制与资本主义国家民主共和制有着本质区别。社会主义国家政权本质上是人民民主专政，是人民当家作主的政权，因此，只有社会主义国家才实现了本质与形式的统一，真正实现了“民主共和制”。

从历史发展过程来看，社会主义国家的民主共和制是在长期的社会主义实践中探索和发展起来的，在不同国家的社会主义政治实践中，主要出现过三种典型的政体形式。

（1）公社制

公社制是巴黎公社的政权组织形式。其特点是公社委员会作为最高国家权力机关，统一行使立法权和行政权，废除旧式国家机器，实行直接选举，公社管理人员对选民负责并可随时撤换。巴黎公社是“无产阶级社会主义共和国的这种‘一定的’形式”①，也是按照议行合一精神建立起来的无产阶级政权组织形式。

（2）苏维埃制

苏维埃制是俄国劳动人民在反对沙皇专制统治的革命斗争过程中创造出来的政权组织形式。苏维埃制的社会阶级基础是工人阶级和农民阶级。按照苏维埃制，最高苏维埃实行两院制，它既是最高立法机关，又是最高国家权力机关，其他一切国家机关都由它产生并向它负责。最高苏维埃设立主席团作为常设机构；苏维埃的代表由人民选举，对人民负责。土地革命战争时期（1927—1937年），中国共产党在革命根据地瑞金建立了中央政权机构中华苏维埃共和国（1931年），它在一定程度上加强了对各根据地、各部分红军的中枢指挥作用，也为抗日战争、解放战争时期根据地建设，以及后来新中国政权建设，提供了丰富的经验，培养了大批领导骨干和组织管理人才。

（3）人民代表大会制

人民代表大会制是中国人民长期革命和建设的经验总结，是符合我国国情的社会主义国家政权组织形式。人民代表大会制是体现我国工人阶级领导、以工农联盟为基础的人民民主专政国家的政体形式。我国宪法规定，全国人民代表大会是最高国家权力机关，全国人民代表大会及其常务委员会行使国家立法

① 《列宁专题文集 论马克思主义》，人民出版社2009年版，第214页。

权。其他国家机关由人民代表大会产生并对其负责。国家机构实行民主集中制原则，保证人民权力的完整和统一。

第三节 国家结构形式

一、国家结构形式的含义

国家结构形式，是指国家为了处理中央与地方、整体与部分的关系而对国家权力进行的划分与配置。

一个国家采用何种国家结构形式，是由这个国家的多种因素共同作用决定的。一个国家的地理特征、民族构成、历史传统、文化联系、国民情感等都会成为影响一个国家选择国家结构形式的因素。各国的国情不同、历史条件不同，所采用的国家结构形式自然也不相同。与选择政体一样，国家结构形式的选择，最终也要由各国人民根据自己的国情自主决定。

二、国家结构形式的基本类型

国家结构形式有两种基本类型：单一制和复合制。

1. 单一制

单一制是将国土按地域划分成若干行政单位、具有统一主权的国家结构形式。单一制的基本特征是：国家具有单一的宪法、统一的法律体系和司法体系、统一的最高国家权力机关、统一的行政机关体系，以及公民具有统一的国籍。当今世界许多国家实行单一制。按照中央与地方权力分配的程度差异，单一制又可细分为中央集权型单一制和地方分权型单一制两种类型。

（1）中央集权型单一制

地方政府受中央政府的控制和监督，国家权力高度集中于中央政府。在西方国家中，法国是比较典型的中央集权型单一制国家。

（2）地方分权型单一制

地方政府享有较大的行政自治权，中央对地方的控制力较弱，一般只能通过立法监督、行政监督和财政监督等间接手段来实现，但是在军事、外交等方面的全国性政务则由中央政府单独执掌。在西方国家中，英国是比较典型的地方分权型单一制国家。

2. 复合制

复合制国家结构形式比较复杂，其一般特征是由若干个国家或地区作为成员单位通过协议组成联合体。由于联合的程度、形式、权力的划分等因素的不同，复合制国家结构又具有多种具体表现形式。在当代，联邦制和邦联制是复合制国家结构的主要表现形式。

（1）联邦制

联邦制是当代重要的复合制国家结构形式。它是由若干具有相对独立性的政治实体（州、邦、省）通过制定并遵守统一的联邦宪法而形成的具有单一主权的国家结构形式。联邦制具有如下特点：从整体来看，联邦具有适用于全国的宪法和基本法律，联邦公民具有统一的联邦国籍，联邦政府在全国范围内设立立法、行政和司法体系，行使国防、外交、发行货币等重要国家权力，对外代表联邦作为主权国家拥有国际法主体资格。从组成成员看，联邦成员具有各自的宪法、法律以及各自的立法、行政和司法机关，拥有管理本区域内的财政、税收、文化、教育、社会发展等公共事务的权力。

联邦国家与联邦成员之间通常建立的是分享国家权力的关系，这种关系构成了联邦制国家结构形式的具体内容。从共同遵守联邦宪法、基本法律和接受联邦政府进行法定管理角度看，联邦是一个统一的主权国家；从拥有各自的宪法和法律，独立享有管理本区域公共事务的权力，并保留联邦宪法规定以外的全部权力的角度看，联邦成员又是具有相当独立性的政治实体。在典型的联邦制国家中，联邦权力被视为联邦成员权力的让与，因而联邦与其成员之间并非领导与服从的关系，而是契约与合作的关系，这一点与地方分权型单一制国家有着根本的不同。

（2）邦联制

邦联制是由若干独立的主权国家为实现某种特定目的，通过缔结条约分享部分国家主权而形成的松散的国家联合形式。邦联制是历史上存在过的特殊国家形式。

邦联没有统一的宪法，只有各成员国缔结的条约；邦联对各成员国缺乏强制的约束力，而成员国却保持着除条约规定的明确委托邦联机构的权力之外的对内对外的国家主权。由于邦联并不具有单一主权国家特征，实际上它只是主权国家之间的一种特殊联盟。在这一意义上，邦联甚至不能被看作一种国家结构形式。比较有代表性的邦联，如历史上的北美十三州的联盟，现在的英联邦等。

3. 单一制与复合制的区别

单一制国家与复合制国家存在着诸多区别，这些区别体现在主权状况、国家机构、法律体系、对外关系和独立自主性等多个方面。

从主权状况看，单一制国家只有一个统一的主权，地方行政区域不享有主权；复合制国家的成员国或者加盟国拥有各自的特定主权，或者与中央政府分享国家主权。

从国家机构看，单一制国家只有一个最高立法机关、一个中央政府，地方权力来自中央授予；复合制国家的立法机关、行政机关和司法机关，与成员国或加盟国的立法机关、行政机关和司法机关互不隶属，其中邦联制国家甚至没有自己的立法机关。

从法律体系看，单一制国家仅拥有一部宪法，地方区域的地位由宪法规定；复合制国家的成员国或加盟国拥有各自的宪法，它们是复合制国家宪法的立法者，而邦联甚至没有统一的宪法，只有成员国或加盟国之间的盟约。

从对外关系看，单一制国家在国际法中被视为单一主体，在主权国家参与的国际组织中，只有国际法中单一主体的地位，公民拥有统一国籍；复合制国家的成员国或加盟国在国际法中可以各自以主体地位参与由主权国家参加的国际组织，不过，邦联不可作为主权国家参加国际组织，其公民可以拥有双重国籍。

从独立自主性看，单一制国家的地方区域单位没有从国家分离出去的权力；复合制国家的成员国或加盟国拥有脱离联邦和邦联的权力。

第四节 社会主义中国的国家形式

一、中国的国家政权组织形式

1. 人民代表大会制度是中国的国家政权组织形式

人民代表大会制度是中华人民共和国的政体，是中国的政权组织形式，是中国人民在中国共产党领导下按照马克思主义国家学说，结合中国实际而创立的新型无产阶级国家政权组织形式，是中国的根本政治制度。“在中国实行人民代表大会制度，是中国人民在人类政治制度史上的伟大创造，是深刻总结近代以后中国政治生活惨痛教训得出的基本结论，是中国社会一百多年激越变革、激荡发展的历史结果，是中国人民翻身作主、掌握自己命运的必然选择。”①

作为一种政体，人民代表大会制度的基本特点体现在以下方面：②

第一，中华人民共和国的一切权力属于人民，这是中国政治制度的核心内容和根本准则。中国一切国家机关的权力都来自人民。国家政治体制的安排和国家机构的设置，根本目的是从政治上和组织上保证全体人民掌握国家权力，真正成为国家的主人。人民行使国家权力的机关，是全国人民代表大会和地方各级人民代表大会，均由民主选举产生的代表组成，受选民和原选举单位的监督。选民或者选举单位有权依照法律规定的程序罢免自己选出的代表。

第二，全国人民代表大会是最高国家权力机关，其他一切国家机关，包括国家主席、国务院、国家监察委员会、中央军委、最高人民法院和最高人民检察院，都由全国人民代表大会产生并对它负责，向它报告工作，受它监督。因此，我国的国家权力是由人民代表大会统一行使的，这一制度设置体现了社会主义制度下工人阶级和最广大人民群众根本利益的至上性和统一性。

第三，全国人民代表大会是国家最高立法机关，全国人民代表大会及其常设机关全国人民代表大会常务委员会行使国家立法权。全国人民代表大会常务委员会每届任期同全国人民代表大会每届任期相同，它行使职权到下届全国人民代表大会选出新的常务委员会为止。

第四，全国人民代表大会和地方各级人民代表大会实行民主集中制原则。各级人民代表大会的代表由民主选举产生，对人民负责，受人民监督。各级人民代表大会产生相应的各级国家机关，这些国家机关对产生它的人民代表大会负责，受其监督。在中央和地方的国家机关职权划分上，“实行人民代表大会统一行使国家权力，实行决策权、执行权、监督权既有合理分工又有相互协调，保证国家机关依照法定权限和程序行使职权、履行职责，保证国家机关统一有效组织各项事业”③。

在我国，人民代表大会制度是实现人民当家作主的根本政治制度，它能够有效保证人民享有更加广泛、更加充实的权利和自由，保证人民广泛参加国家治理和社会治理。④

---

① 《十八大以来重要文献选编》中，中央文献出版社 2016 年版，第 53 页。

② 参见《彭真文选》，人民出版社 1991 年版，第 442—456 页。

③ 《十八大以来重要文献选编》上，中央文献出版社 2014 年版，第 89 页。

④ 参见《习近平谈治国理政》第 2 卷，外文出版社 2017 年版，第 288 页。

2. 实行人民代表大会制度的历史必然性

中国实行人民代表大会制度，而不实行分权制衡的国家政权组织形式，是由我国的社会政治发展历史和国家性质决定的。

第一，中国社会政治发展的历史决定了中国实行人民代表大会制度。1840年以后，由于西方列强的入侵和封建统治的腐败，中国逐渐成为半殖民地半封建国家。从那时开始到新中国成立，各阶级、各阶层围绕中国建立什么样的政治制度和政权组织形式，提出了种种主张，展开了激烈斗争。孙中山先生领导的辛亥革命建立了资产阶级共和国，但是，由于不能保障广大人民的权利，最终在各种反动势力的攻击下归于失败。自那以后，旧中国的政治制度，无论采取何种形式，都丝毫没有改变其代表帝国主义、封建主义、官僚资本主义利益的本质，中国人民仍然处于被压迫、被奴役、被剥削的悲惨地位。历史证明，在中国，照搬西方政治体制是一条走不通的路。中国人民从长期的探索和奋斗中深刻认识到，要实现民族独立、人民解放和国家富强，就必须彻底推翻剥削阶级统治广大人民群众的政治制度，建立全新的人民民主的政治制度，真正由人民当家作主。以毛泽东为主要代表的中国共产党人，创造性地把马克思主义国家学说同中国具体实际结合起来，在带领人民为推翻三座大山而浴血奋战的同时，对建立新型人民民主政权及其组织形式进行了长期探索和实践。从第一次国内革命战争时期的罢工工人代表大会和农民协会到第二次国内革命战争（即土地革命战争）时期的工农兵代表苏维埃，从抗日战争时期的参议会到解放战争后期和新中国成立初期各地普遍召开的各界人民代表会议，都是中国共产党为实现人民民主而进行的探索和创造，也为新中国成立以后确立人民当家作主的国体和政体积累了经验。毛泽东于1940年在《新民主主义论》中第一次提出中国未来的政权组织形式是人民代表大会制度。1949年9月，中国人民政治协商会议第一届全体会议制定的《中国人民政治协商会议共同纲领》正式确定人民代表大会制度为中华人民共和国的政权组织形式。1949年10月，中华人民共和国的成立，标志着中国政治实现了向人民民主的伟大跨越，亿万中国人民真正成为国家、社会和自己命运的主人。1953年，中国在全国范围内进行了历史上第一次空前规模的普选，在此基础上自下而上逐级召开了人民代表大会，从而为全国人民代表大会的成立奠定了法律基础和组织基础。1954年9月15日，第一届全国人民代表大会第一次会议在北京召开，标志着人民代表大会制度在全国范围内得以建立。中国人民找到了实现人民民主权利的制度载体，习近平指出："中国共产党领导中国人民取得革命胜利后，国家政权应该怎样组织？国家应该怎样治理？这是一个关系国家前途、人民命运的根本性问题。经过实践探索和理论思考，中国共产党人找到了答案。"① 这就是人民代表大会制度。

第二，人民代表大会制度反映了我国的政权性质，最适合于人民当家作主。我国是工人阶级领导的、以工农联盟为基础的人民民主专政的社会主义国家。我国的这一国体性质，决定了工人阶级和全体劳动人民是国家的主人。因此，我国的政体形式必须适应我国的国体性质要求。人民代表大会制度体现了人民民主的根本性质，保障了人民当家作主。我国的全国人民代表大会和地方各级人民代表大会是人民行使国家权力的机关。人民通过普遍的民主选举，产生自己的代表，组成各级人民代表大会。各级人民代表大会都对人民负责、受人民监督，保证全国各族人民依法实行民主选举、民主决策、民主管理、民主监督，享有宪法和法律规定的广泛的民主、自由和权利。我国的各级人民代表大会的选举制度实行普遍性原则，享有选举权和被选举权的公民占了 18 岁以上公民的 99%以上。人民选出的各级人民代表大会代表具有广泛的群众基础，包括了各地区、各民族、各阶层、各方面的人士，充分体现了社会主义民主维护和实现人民利益的广泛性。人民代表大会代表来自人民，反映人民的意见和要求，代表人民决定国家的和地方的大事。除了在充分讨论的基础上进行表决以外，我国的人民代表大会代表与所代表的选民之间经常有沟通，以便广泛收集和反映民意要求。同时，人民代表大会代表与国家机关工作人员之间、代表与人民群众之间、各级人民代表之间逐步健全代表联络机制，经常进行广泛的沟通和协商。通过这些沟通和协商，既把不同地区、民族、阶层人民群众的意愿集中起来，又充分反映和协调各方的利益要求，从而把广大人民的意志和力量凝聚起来，统筹兼顾，达成国家和政府决策的共识。由此体现了我国社会主义民主维护和实现人民利益要求的真实性。

第三，人民代表大会制度有力地保证了国家机关协调运转和国家的有效治理。人民代表大会作为国家权力机关统一行使国家权力，实行民主集中制，集体行使职权、集体决定问题。人民代表大会不断健全组织制度、选举制度和议事规则，完善论证、评估、评议、听证制度，使得其代表性制度化和规范化。

① 《十八大以来重要文献选编》中，中央文献出版社 2016 年版，第 52—53 页。

同时，人民代表大会产生国家行政机关、监察机关、审判机关、检察机关，并且对于“一府一委两院”实施有效监督，保证了国家统一有效地组织各项事业和治理国家，由此体现了社会主义维护和实现人民利益的有效性。

第四，人民代表大会制度维护了国家统一和民族团结。这一制度坚持在中央统一领导下，合理划分中央和地方的职权，在各少数民族聚居的地方实行区域自治，这有利于充分发挥中央和地方两个积极性，巩固和发展平等团结互助的社会主义民族关系，实现全国各族人民的大团结。由此体现了社会主义民主维护和实现人民利益要求的平等性。

邓小平指出：“我们评价一个国家的政治体制、政治结构和政策是否正确，关键看三条：第一是看国家的政局是否稳定；第二是看能否增进人民的团结，改善人民的生活；第三是看生产力能否得到持续发展。”①

半个多世纪以来的历程充分证明，人民代表大会制度符合中国国情，体现了中国社会主义国家性质，为中国人民当家作主提供了最好的组织形式，为国家机构高效运转提供了有力的制度保障，不仅是中国人民当家作主的根本途径，也是中国国家力量的重要源泉。

二、中国的国家结构形式

1. 中国是单一制国家

根据我国的社会主义国家性质，结合历史传统和国情政情，我国确定国家结构形式为单一制国家。历史证明，我国实行的单一制国家结构形式符合中国国情，保证了国家的主权独立和领土完整，保障了国家的有效治理和长治久安。

目前，我国的国家结构形式具有以下特点：

第一，中华人民共和国是由全国各族人民共同缔造的统一的多民族国家。

第二，中央和地方的国家机构职权的划分，遵循在中央的统一领导下，充分发挥地方的主动性、积极性的原则。

第三，在少数民族聚居的地方实行区域自治，各民族自治地方都是中华人民共和国不可分离的组成部分。

第四，全国人民代表大会批准省级地方（省、自治区和直辖市）的建置，

---

① 《邓小平文选》第 3 卷，人民出版社 1993 年版，第 213 页。

国务院批准省级地方的区划并批准省以下地方的建置和区划，全国人民代表大会决定特别行政区的设立及其制度。

第五，省、直辖市人民代表大会及其常务委员会可以在不与宪法、法律、行政法规相抵触的前提下制定地方性法规，但须报全国人民代表大会常务委员会备案；自治区人民代表大会有权制定自治条例和单行条例，但须报全国人民代表大会常务委员会批准后生效。全国人民代表大会常务委员会有权撤销省、自治区、直辖市国家权力机关制定的地方性法规和决议，国务院有权改变或者撤销地方各级国家行政机关的决定和命令。

第六，地方各级人民政府既要对同级人民代表大会负责并报告工作，又要对上一级国家行政机关负责并报告工作，国务院统一领导全国地方各级国家行政机关的工作，全国地方各级人民政府都服从国务院。

第七，依法实行特别行政区制度。

这些特点表明，作为中央集权的单一制国家，中国政府在强调和确立中央权威性的同时，又注重发挥和调动中央与地方两个积极性。既强调集中统一的中央主权治理，又实行中央统一领导下的民族区域自治。既以中央集权国家结构为根本主体，又照顾历史和地区发展的特殊性，实行特别行政区制度。

2. 中国的民族区域自治制度

民族区域自治制度是中华人民共和国单一制国家结构下，在民族地区实施的地方政治制度。

民族区域自治是中国的一项基本政治制度。民族区域自治制度，是指在国家的统一领导下，各少数民族聚居的地方实行区域自治，设立自治机关，行使自治权。其前提是国家的集中统一，核心是自治机关行使自治权，根本目的是实现各民族共同团结奋斗、共同繁荣发展。民族自治地方的行政区划有自治区、自治州、自治县（旗）三级。

民族自治地方的建制和自治管理构成了中国的民族区域自治制度，这是一项有中国特色的基本政治制度。根据《中华人民共和国民族区域自治法》，民族自治地方的自治机关（包括人民代表大会和政府）除享有宪法规定的一般地方国家机关的权力外，还享有自治权，包括根据当地民族特点，通过制定自治条例和单行条例，适当变通执行法律、行政法规的权力。实行民族区域自治，体现了国家坚持实行各民族平等、团结和共同繁荣的原则，有利于把党和国家总的路线、方针、政策与民族自治地方的具体实际、特殊情况结合起来，有利于把各民族热爱祖国的感情与热爱自己民族的感情结合起来，有利于保障各少数民族当家作主的权利，加速各少数民族地区经济和文化的发展，确保国家统一和共同繁荣。

3. 特别行政区制度

特别行政区制度也是中华人民共和国单一制国家结构下实行的特殊的地方政治制度。这一制度是为了解决历史遗留问题、实现祖国统一而特别设立的地方政治制度安排。我国现行宪法规定："国家在必要时得设立特别行政区。在特别行政区内实行的制度按照具体情况由全国人民代表大会以法律规定。"①这一规定为贯彻"一国两制"原则，和平统一祖国提供了宪法保障。"一国两制"是党领导人民实现祖国和平统一的一项重要制度，是中国特色社会主义的一个伟大创举。实行"一国两制"，必须坚持"一国"是实行"两制"的前提和基础，"两制"从属和派生于"一国"并统一于"一国"之内。

1997 年 7 月 1 日和 1999 年 12 月 20 日，中华人民共和国分别恢复对香港、澳门行使主权，中国人民解放军进驻香港、澳门，中国外交部在香港、澳门分别设立了特派员公署，香港特别行政区和澳门特别行政区以及两个特别行政区政府也相应成立。

特别行政区制度是中国特色社会主义政治制度的重要内容。一方面，国家主权统一于中华人民共和国的中央政府。国家只有一个最高国家权力机关——全国人民代表大会，一个中央政府——国务院。中央依照宪法和基本法对特别行政区行使全面管治权。特别行政区是中华人民共和国的一部分，是一个地方行政区域。特别行政区政府是一级地方行政机关，特别行政区的基本法也由全国人民代表大会制定。特别行政区的立法机关根据基本法的规定制定法律并须报全国人民代表大会备案，特别行政区行政长官由当地选举产生后须经中央政府任命，并在国家主席的监督下宣誓就职。特别行政区要积极维护中央政府的权威和国家的统一。因此，尽管特别行政区享有高度自治权，但归根结底，这些权力都是中央政府授予的，权力来源于中央。因此，"一国两制"并没有改变我国单一制的国家结构的基本形式。

另一方面，特别行政区享有高度的自治权。特别行政区实行与其他省、自治区、直辖市不同的社会经济、政治和文化制度。特别行政区基本法是特别行

① 《中华人民共和国宪法》（2018 年修正）第 31 条。

政区的宪制性法律，不仅特别行政区要遵守，全国其他地方也都要遵守，中央政府和全国各地方都不允许干预特别行政区依照基本法实行的高度自治。除外交事务和国防事务由中央政府管理外，特别行政区享有行政管理权、立法权、独立的司法权和终审权、铸币权；特别行政区保持财政独立，实行独立的税收制度，财政收入不上缴中央，中央政府也不在特别行政区征税；特别行政区享有特定的外事权，以“中国香港”“中国澳门”的名义发展对外经济、文化关系，参加不以国家为单位参加的国际组织和国际会议。

实施“一国两制”方针，保持香港、澳门长期繁荣稳定，必须全面准确贯彻“一国两制”、“港人治港”、“澳人治澳”、高度自治的方针，牢牢掌握宪法和基本法赋予的中央对香港、澳门的全面管治权，严格依照宪法和基本法对香港特别行政区、澳门特别行政区实行管治，坚定维护国家主权、安全、发展利益，维护香港、澳门长期繁荣稳定，绝不容忍任何挑战“一国两制”底线的行为，绝不容忍任何分裂国家的行为。要坚持依法治港治澳，维护宪法和基本法确定的宪制秩序，把坚持“一国”原则和尊重“两制”差异、维护中央对特别行政区全面管治权和保障特别行政区高度自治权、发挥祖国内地坚强后盾作用和提高特别行政区自身竞争力结合起来。完善特别行政区同宪法和基本法实施相关的制度和机制，坚持以爱国者为主体的“港人治港”“澳人治澳”，提高特别行政区依法治理能力和水平。

思考题：

1. 为什么说国家权力是特定的公共权力？
2. 怎样正确认识国家政体与国体的关系？
3. 为什么说人民代表大会制度是我国的根本政治制度？
4. 为什么中国必须坚持人民代表大会制度而不能搞“分权制衡”？
5. 当代中国国家结构形式有什么特点？

拓展资源

本章名词解释

第三章　国家机构

国家机构是统治阶级巩固其统治地位，实现和维护本阶级利益，履行国家职能的组织体系。在中央层次上，国家机构主要包含国家元首、立法机关、行政机关、监察机关、审判机关和检察机关等机构设置。在地方层次上，国家机构也有地方机关设置。国家机构设置的原则是由国家的社会性质决定的，分权制衡是资本主义国家机构的基本设置原则，民主集中制是社会主义国家机构的组织原则。

第一节　国家机构的含义与构成

一、国家机构的含义

国家机构是统治阶级为了实现和维护本阶级的意志和利益，履行国家职能，行使国家权力，按照一定原则组建的国家机关体系的总和。它是国家权力运行的组织载体。

国家机构具有如下基本特点：

1. 阶级性

国家机构的阶级性集中体现在：国家机构作为统治阶级行使国家权力的组织依托，是按照统治阶级的要求、意志以及利益建构和运行的；国家机构的组成人员大多是统治阶级出身或者获得统治阶级认可的人员，他们代表统治阶级行使国家权力，力图保障统治阶级利益的有效实现。

2. 社会性

国家机构是实现国家职能的组织载体，国家职能包括政治统治和社会管理两个基本方面。政治统治职能集中体现着国家机构的阶级性，而社会管理职能则较多地体现着国家机构的社会性。因此，国家机构本质上是统治阶级实现和维护本阶级要求、意志和利益的工具，形式上体现为运用国家权力，维护全体社会成员的整体利益，实现其社会性。国家机构的社会性主要体现在：国家机构履行社会管理的职能，实现社会运行的要求；国家机构以全体居民的名义进行活动；国家机构运行的费用由全社会以税收等方式支付。

3. 实体性

国家机构一般作为组织实体存在，它不仅具有特定的物质形态，而且由特定的职位和人员构成。国家机构的物质形态包括物质设施、活动场所，如办公地点、机关的物质装备等；国家机构的职位是指国家机关为了履行特定职能，按照一定原则设置的相应岗位；国家机关工作人员是指担任相应职位，履行相应职能的人。因此，国家机构在实体存在意义上是清晰可辨的。

4. 职权性

国家机构是国家权力的组织载体，国家权力依托国家机构组织履行政治统治和社会管理的职能。不过，在国家机构实际运行中，不同的国家机关和部门又具有不同的权力，履行不同的职能，承担不同责任，因此，国家机构是一个职权与机构的综合实体系统。

二、国家机构的构成

国家机构复杂多样，而且在不同的国家或者同一国家的不同时期，其形态也各有差异。国家机构通常有中央国家机关和地方国家机关等。从国家的中央层次来看，国家机构主要包括国家元首、立法机关、行政机关和司法机关等。

1. 国家元首

国家元首是国家的机构职位。它是一个国家形式上或实际上对内对外的最高代表，象征性或实际上掌握着国家权力，在国家机构体系中，处于形式上或实际上的首脑地位。按照组成人数，国家元首分为个体国家元首和集体国家元首。个体国家元首是指国家元首由一个人独自担任，目前世界上绝大多数国家都采用这种形式。集体国家元首是指由两个或两个以上的人共同担任国家元首，实行委员会政体的国家常常采用这种形式，如瑞士目前采用的就是这种元首形式。国家元首的产生方式有两种：一是世袭制，二是选举制。国家元首的任期因产生方式不同而相应分为世袭的终身任期制和选举的有限任期制。

2. 立法机关

立法机关是行使立法权，制定、修改、中止和废除法律的国家机关。立法机关制定的法律，是具有政治效力和法定约束力的规范文件，在全国范围内强制执行。除了立法权以外，立法机关一般还享有国家预算审议批准权、特别事项批准权和监督权等。按照其内部组织实体的数目，立法机关可以分为一院制和两院制：一院制立法机关只有一个立法实体；两院制立法机关则有两个机构实体，如英国的上议院和下议院、美国的参议院和众议院等。

3. 行政机关

行政机关是指执行立法机关制定和通过的法律和法案，并且管理政治与社会事务及各行政职能部门机关事务的组织机关。在有些国家，行政机关又被称为政府、内阁等。行政机关一般按照科层组织机制运行，其职位由政府或内阁首脑、各职能部门领导、办事人员等组成。

4. 监察机关

监察机关是指国家对于公职人员实施法定监督的机关。通常情况下，监察机关主要实施法定调查权和处置权，涉及国家法律的案件，需要按照程序转交国家审判机关处置。监察机关具有相对独立性，其运行通常不受行政、司法以及其他组织和个人干预。监察机关通常由立法机关产生并对其负责。在我国，监察机关与国家行政、审判、检察机关是相互制约、相互协调的关系，共同对产生它们的全国人民代表大会负责。

5. 审判机关和检察机关

审判机关和检察机关是指行使审判权和检察权的机关。西方国家的司法机关有两类不同的设置：一类是狭义的司法机关设置，通常仅指法院，行使法律解释权和审判权。英美法系的西方国家的司法机关多照此设置。另一类是广义的司法机关设置，是法院和检察院的总称，这类机关不仅行使法律解释权和审判权，还代表国家提起公诉，追究被告的法律责任。大陆法系的西方国家大都照此设置。我国一般以审判机关和检察机关指称行使审判权和检察权的机关。

一般来说，国家机构的设置受到多种因素的影响，主要有：一是国体因素。国体因素决定国家机构的性质和运行取向。一般说来，占统治地位的阶级在设置国家机构时，总是按照统治阶级政治统治效益最大化的要求，设计、建构和运行、维护本阶级统治的国家机构。二是政体因素。国家机构是政权的组织载体，直接受到政体因素的制约。政体类似的国家，其国家机构的设置原则通常也基本相似。三是社会因素。主要包括社会经济、社会结构和社会文化状况，也包括社会心理和历史传统。

第二节　西方国家的国家机构

一、西方国家机构的组织原则

1. 分权制衡原则的基本含义及历史发展进程

分权制衡原则，又称权力鼎立原则，是目前西方主要资本主义国家采用的组织原则。一方面，立法权、行政权和司法权彼此平行分立，分别由不同的国家机关即立法机关、行政机关和司法机关独立掌握和行使，形成鼎足之势，彼此互不隶属。另一方面，这些权力相互制衡，立法、行政和司法机关各自拥有防止、抵御其他国家机关侵犯其权力的法定机制，从而使得它们互相制约，保持平衡。资产阶级作为统治阶级把国家权力划分为相互平行的不同功能性权力，使之彼此分立和相互制约，目的是为了维护和实现资产阶级的总体利益。

分权制衡原则从思想萌芽发展为国家机构组织原则，经历了漫长的历史过程。古希腊政治学家亚里士多德在其所著的《政治学》中提出“政体三要素说”，认为任何一种政体都由议事机能、行政机能和审判机能构成。古罗马思想家西塞罗在对罗马政体的研究中提出，一个优良的政体是由几个独立的要素构成的。这些都体现了朴素的分权思想。英国思想家洛克提出了近代意义上的分权思想，他在《政府论》中将国家权力分成三种权力，即立法权、执行权和对外权。其中，立法权是国家的最高权力，由议会掌握；执行权和对外权都属于行政权，由国王掌握。这一思想反映了当时资产阶级试图与封建贵族进行政治妥协和分赃的社会政治现实。因此，恩格斯指出：“洛克在宗教上和政治上都是1688年的阶级妥协的产儿。”① 法国思想家孟德斯鸠进一步发展了分权学说，明确系统地阐述了三权分立的理论。他认为国家权力包括立法权、行政权和司法权，三种权力应当由不同的国家机关掌握，三种权力之间彼此独立，互相制约，这标志着三权分立学说形成系统的政治理论。

在资产阶级进行政治革命时，权力归属于不同的阶级，终而达成政治妥协，使得分权制衡原则从思想理论发展为国家机构组织原则。在资产阶级政治

① 《马克思恩格斯文集》第10卷，人民出版社2009年版，第599页。

革命完成后，资产阶级逐步巩固其国家政权，以宪法和组织法的形式把分权制衡确定为国家机构的组织原则，用它来协调、制约各个国家机关之间的关系，分权制衡由此成为资本主义国家机构设置和制度运行的基本原则。由于各国具体国情和历史文化传统不同，西方主要资本主义国家机构分权制衡原则的具体实施形式并不完全相同。如美国实行比较完全的三权分立和制衡原则，英国实行议会至上的分权制衡原则，而法国则属于半议会制半总统制的分权制衡体系。

2. 对分权制衡原则的评析

分权制衡原则作为资产阶级构建政权的组织原则，是资本主义政治制度和国家机构组织原则逐步形成和发展的产物，既具有特定的历史进步意义，也具有与生俱来的阶级局限性。对于这一原则，应该以历史唯物主义为指导，进行辩证的分析。

相对于封建地主阶级的专制统治来说，分权制衡原则具有一定的历史进步意义。在封建社会后期，资本主义商品经济在西欧得到发展，新生的资产阶级力量日益壮大并且产生政治诉求。随着资产阶级与封建领主和贵族阶级矛盾的深化，它们之间的政治斗争逐步趋于激烈，资产阶级试图以分权方式，从封建国王和贵族手中获得权力，权力分立思想由此成为其表达政治诉求的思想武器。在资产阶级革命实践中，资产阶级打破了封建专制与特权，削弱了国王和贵族的权力和地位，与封建领主阶级进行政治交易，达成政治妥协，获得了政治地位和权力，形成了权力鼎立的格局，权力鼎立作为国家机构设置原则也得以取代封建君主的专制原则。分权制衡是资产阶级竭力实现阶级分权、削弱和打破封建专制统治的手段，对于资产阶级政治革命的胜利，摧毁封建领主阶级的君主专制统治，起过历史进步作用。在资产阶级夺取并且巩固政权以后，分权制衡原则对于平衡资产阶级内部的派系、集团的利益，维护资产阶级的整体利益，防止资产阶级寡头集团进行政治独裁统治，甚至约束资产阶级特定集团及其国家机构工作人员的政治腐败行为，都发挥了一定的作用。

但是，就其阶级属性来看，分权制衡原则是建立在资本主义生产资料私有制基础上的。在当代，资本主义国家的分权制衡，本质上是资产阶级不同利益集团相互制约并共同维护其整体利益的原则，不可避免地具有其阶级局限性。这一原则分解了统一的国家主权，实际上否定了人民主权至上的国家政治原则。正如马克思所指出的那样：他们把“分权看做神圣不可侵犯的原则，事实上这种分权只不过是为了简化和监督国家机构而实行的日常事务上的分工罢了"①。这种分工是为了巩固资产阶级的统治，从来不会把统治权分给工人阶级和广大劳动人民。多种平行权力之间的相互制衡，造成了资产阶级政治党派利用不同的权力机关相互倾轧和扯皮，扭曲了政治决策的公共合理性，削弱了政治决策和执行的效率。

就其国家机构运行的主导价值来看，为了实现资产阶级整体利益，平衡其内部不同阶层和集团的利益，资本主义国家机构的分权制衡原则，实际上否定和破坏了资本主义民主政治宣称的民意至上原则，而把资产阶级的利益和统治地位置于人民主权之上，奉为其国家组织机构运行的最高支配性政治价值。

就其政治决策的主体来看，资本主义国家机构的分权制衡原则把统一的国家主权分离为彼此分立而且相互制衡的权力，由于这些权力代表着资产阶级的不同阶层和利益集团，因此，在资本主义国家的实际决策过程中，决策主体由法律形式上的普通公民或者公民代表，变成了掌握不同政治权力机关的资产阶级不同阶层和利益集团的代言人，由此实际扭曲了民意，导致了政治决策主体的变异。

就其政治决策的过程来看，资本主义国家机构的分权制衡原则使得政治决策成为彼此鼎立、相互制衡的权力之间讨价还价和政治交易的游戏。资产阶级的不同阶层和利益集团把持着不同的权力，按照自身利益最大化原则运行政治决策过程，这就使得资本主义国家的政治决策过程经常呈现不同权力机构之间的相互掣肘扯皮，由此造成了国家权力运行的低效率，削弱了国家机构的整体功能。例如，在美国，总统和国会互相独立，两者之间常常互相抵牾掣肘。国会经常抵制总统的法案，而总统也不时否决国会的议案，从而使得美国民主陷入行政—立法权力及其背后不同利益集团和政治派系相互倾轧的怪圈。

就其政治决策的结果来看，在资本主义国家，分权制衡原则下的政治决策，往往是资产阶级不同阶层和利益集团竞争、倾轧、妥协和交易的结果。这样的决策常常严重歪曲社会公共意志，损害社会公共利益，扭曲政治决策的公共合理性。它们或者是资产阶级不同阶层和利益集团之间讨价还价达成的妥

① 《马克思恩格斯全集》第 5 卷，人民出版社 1958 年版，第 224—225 页。

协，或者是这些阶层和集团之间勾结形成的双边甚至多边联盟。①

二、西方国家主要国家机关及其职权

1. 立法机关

西方国家的立法机关，又称国会或议会，是指由若干议员组成的政权机关。

（1）议会的组织结构形式

以议会内部行使立法权的组织实体数为标准，一般可以分为一院制和两院制。一院制是指只有一个立法机关行使全部立法职权的议会组织形式。在资本主义国家，一院制议员通常是通过选举产生的。两院制是指在立法机关中，存在两个议会机关即两院，并由两院共同行使立法机关职权的议会组织形式。英国、美国、法国等主要资本主义国家实行两院制。

一个国家选择一院制还是两院制的议会组织形式，通常是由该国国情、历史传统和确定制度时的政治力量对比情况决定的。以美国为例，它是联邦制国家，不同的州之间存在利益差别。因此，尽管 1777 年美国通过的《邦联条例》规定国会实行一院制，但是，在 1787 年制定联邦宪法的过程中，却改为两院制。实际上，这是美国大州和小州之间相互斗争达成的结果：众议院以人口比例为标准分配议席，有利于大州，而参议院则由各州选出两名议员组成，能够照顾小州的利益。而法国则经历了反复选择的过程。在 1789—1794 年革命沿着上升路线发展的时期，法国实行一院制。1794 年“热月政变”后，随着革命转入低潮，一院制被两院制取代。1848 年革命后，第二共和国恢复一院制，之后，第二帝国又恢复两院制，直到 1875 年宪法才最终确立两院制，并沿用至今。

（2）议会的基本组织结构

议会的构成主要包括指导机构、议会委员会、议会党团和事务机构。

指导机构是指负责主持议会会议活动的机构，其主要职能是主持议会会议活动，包括决定议事日程、主持议会辩论、维持会议秩序、主持会议表决、确认和宣布表决结果等。

---

① 参见［美］威廉姆·A. 尼斯坎南：《官僚制与公共经济学》，王浦劬等译，中国青年出版社 2004 年版，第 271—272 页。

议会委员会是指议会下设的工作机构，一般包括常设委员会、特别委员会、两院联合委员会、两院协商委员会、全院委员会等，其主要职能是在议会委托和授权下，协助议会从事立法工作。

议会党团是由议会中同一政党的议员或持有相似政治倾向的政党的议员组成的团体。

事务机构是指议会中设立的办事机构，它们直接为议员和各级议事机构提供各类服务，包括辅助立法事务，为议会活动提供日常服务、图书情报服务等。

（3）议会的职权

一是立法权，指按照法定程序制定、修改和废除法律的权力。它是议会的基本权力。立法活动的程序包括提出议案、审议议案、通过议案和公布法律等环节。其中提出议案是指相关个人或机构向议会提出议案。审议议案是指议会按照一定程序对所提出的议案进行审查。通过议案是指议会按照一定的决策规则对议案能否成为法律进行表决。公布法律是立法程序的最后一个环节。

二是财政权，又称财政监督权，是指议会对政府的财政收支预算、决算等的审议权。预算是指政府对某一财政年度政府收入和支出数额的预先计划，决算是指政府对上一财政年度政府收入和支出数额的总结。在上一个财政年度结束之后，行政机关必须汇编、制定财政决算案，送交审计机关审核后，将决算案和审计报告提交议会，进行审批。只有当议会批准了决算案，行政机关在这个财政年度的财政收入和支出才得到核定。

三是监督权，指议会对行政机关的各种公共活动、公共政策以及官员的行为进行监督的权力。一般说来，议会主要通过以下方式行使监督权：

议会质询。即在议会会议期间，议员对政府首脑和政府职能部门负责人所管理的公共事务提出问题，内阁成员必须对其作出回答。

专门调查。即议会组织专门机构对行政部门及其工作人员进行调查，并有获得法律证据和有关记录的权力。

审计。即议会对于政府及其相关单位进行经济监督和处理的权限和活动。审计活动包括审查会计记录、财务事项和财务报表，查核相关经济活动是否遵守有关法律和制度，政府相关工作是否合理和有效，查核政府相关活动的结果，并且对其进行评价。

倒阁。即议会通过对内阁的不信任提案，进而迫使内阁辞职的权力。

弹劾。即议会对行政机关高级官员个人违法失职或犯罪行为提出诉讼，并追究其法律责任的一种司法程序。在议会制国家，议会弹劾的对象通常仅限于总统和最高法院法官，而在总统制国家，弹劾对象可以是总统、政府部长、最高法院法官等高级官员。

2. 行政机关

行政机关是指执行立法机关制定和通过的法律法案，推行国家政策的机关。

（1）行政机关的类型

西方国家行政机关的类型主要有议会制行政机关、总统制行政机关、半总统制行政机关和委员会制行政机关。

议会制行政机关。议会制行政机关也称内阁制政府，以英国为典型代表，其特点是：国家元首是“虚位”元首，仅仅在名义上是国家权力的象征和代表，实际上并不掌握政治权力，不能单独行使职权，也不对政治行为负实际责任。在国家权力结构中，议会处于中心地位。行政机关由议会选举中获得多数票的政党领袖组阁产生，行政机关对议会负责，议会有对行政机关行使倒阁的权力。

总统制行政机关。总统制行政机关有如下特点：总统一人同时兼任国家元首和政府首脑，有政府人事任免权、否决权，负责提出和执行国家的各项公共政策，并对这些政策负责；行政权与立法权分离，总统的权力由宪法赋予，而不是由国会授予，因此，国会无权对总统提出不信任案；总统与议会分别由总统选举和议会选举产生，政府由总统组建，只对总统负责，政府成员不能同时兼任国会议员。美国是典型的总统制行政机关国家。

半总统制行政机关。半总统制行政机关是一种把议会制和总统制特征融为一体的政府组织类型，以法兰西第五共和国为典型代表，主要特征有：总统处于权力中心。与议会制行政机关不同的是，在半总统制中，总统拥有重要的实际权力，包括人事任免权、决策权等。议会的权力受到限制。总理具有双重角色：总理由总统任免，受总统领导；总理代表政府向议会负责。

委员会制行政机关。委员会制行政机关是由委员会集体行使国家的最高行政权的一种行政机关类型，以瑞士的国家机关为代表，其特点有：联邦委员会是最高行政机关，它由从议会中选出的七名议员组成；联邦委员会实行集体领导，向议会负责；议会有对政府的质询权、调查权和监督权，但没有倒阁权。

（2）行政机关的组织机构

按照行政机关内部各机构之间的职能配置，主要包括行政领导机关和行政管理机关。

行政领导机关是指负责组织政府在履行行政机关职能的过程中处于首脑地位的机构，通常包括国家元首、政府首脑以及政府首脑的办事机构。

国家元首的产生方式有两种：一是选举制，共和制国家常常采用这种方式；二是世袭制，常为君主制国家所采用。相应地，国家元首的任期分为共和制国家的有限任期制和世袭君主制国家的终身任期制。在资本主义国家，国家元首的职权主要有批准和公布法律权、对外宣战权、外交权、官吏任免权等。

政府首脑是政府的最高行政长官，又称总理、首相等。在总统制国家，国家元首与政府首脑合一；在议会制国家，政府首脑由形式上的国家元首任命。与国家元首相比，政府首脑代表政府，掌握并行使行政权。

政府首脑的办事机构，即通常所谓总统府或者总理府，它主要负责协助政府首脑进行决策，负责处理政府首脑的日常公务，协调政府各部门的工作，在行政机关组织机构中具有重要地位。

行政管理机关是指具体承担政府某一方面职权并行使任务的机构，是承担具体行政决策与执行任务的职能部门。从成员组成来看，基本上由职业文官构成。从组织形态来看，其构成呈现官僚体系的层级结构。机构下依次设有若干部门、单位和职位。

（3）行政机关的职权

执行法律和委托立法权。执行法律是行政机关的基本权力，是指行政机关贯彻立法机关通过的各项议案、执行立法机关通过的法律。委托立法权是指按照宪法，由议会授权行政机关进行行政立法或制定实施立法机关制定的法律的细则。

管理全国行政事务和社会公共事务。管理全国行政事务包括管理全国行政机关、任免行政官员、制定行政规则等；管理社会公共事务，包括运用直接或间接的手段管理经济，统筹全国科学、教育、文化事业等。

外交权。指行政机关处理对外事务的权力，包括制定外交战略与政策，与外国建交、缔结条约、参加国际组织等。

军事权。指行政机关领导国家武装力量，维护资产阶级政权的权力。在君主立宪制国家，国王名义上是武装力量的最高统帅；在总统制国家，总统一般实际掌握武装力量的统帅权和军事指挥权。

3. 司法机关

司法机关是指享有和行使司法权，按照宪法和法律裁决法律纠纷的机构。

（1）司法机关的构成

如前所述，英美法系的西方国家一般规定，司法机关仅指法院，因此，司法权主要是指审判权。大陆法系的西方国家，司法机关包含法院和检察院，行使审判权和法律解释权，还代表国家提起公诉，追究被告的法律责任。

审判机关，即法院，是资本主义国家司法体系的主体。按照法院管辖的范围和管辖案件的性质，各国的法院大体有以下几种类型：

普通法院。在英美法系国家，普通法院的管辖范围相对广泛，既包括普通的民事和刑事案件，又包括行政诉讼案件等。在大陆法系国家，普通法院仅受理民事和刑事案件。

行政法院。大陆法系国家特有的法院类型，主要受理行政诉讼案件。

专门法院。根据审判实践的需要，专门为审理各类特殊案件而设立的法院，是普通法院的补充。

宪法法院。主要在大陆法系国家中存在，用来实行违宪审查，保障宪法的实施。

除此之外，从纵向层级结构来看，各国的法院体系呈金字塔结构，分别设有初级法院、上诉法院、最高法院等。

检察机关，即检察院，是资本主义国家司法机关的重要组成部分，其主要行使公诉、司法监督等权力。

（2）司法机关的职权

西方国家司法机关的职权主要有：

处理民事非诉讼性的事务。主要包括登记财产、公证结婚、处理遗产、指定监护人和保护人等。

审理诉讼案件。主要包括刑事案件、民事案件、行政案件等。在这些案件中，司法机关按照法定的程序作出判决。

违宪审查。违宪审查是指司法机关依照法律规定的程序，对立法机关制定的法律、法令、政府行政法规、行政命令以及国家机关的行为是否合乎宪法而进行的具有法律效力的审查和判决。违宪审查包括普通法院违宪审查制度和专门机关违宪审查制度。前者也称违宪司法审查制，以美国为典型代表，主要通过审理具体诉讼案件来审查法令违宪与否，按照不告不理原则运行，具有事后性和间接性特点；后者是欧洲大陆国家广泛采用的违宪审查制度，以法国、奥地利、德国为代表。

（3）司法机关行使职权的原则

司法独立原则。主要含义是：法院和法官独立行使司法权，只需服从宪法和法律，不受其他国家机关的干涉；法院与法院之间互不干涉；上级法院不能干涉下级法院的具体审判活动，只有在下级法院作出审判之后，上级法院依据相应的上诉程序才能变更审判结果；法官独立判案；法官任期终身制，不受其他国家机关的干涉，独立行使权力。

不告不理原则。是指当事人不告发，法院不得自行审判。

无罪推定原则。是指被控犯罪的证明责任由控方承担，被控犯罪者疑罪从无；法院和法官必须经过合法正当的法律程序，才能对被控犯罪者作出有罪判决。

被告辩护原则。是指在法院和法官审判的过程中，被告有权请律师为其辩护。在刑事诉讼的任何阶段，被告都有辩护权。

法官保障制度。通常包括法官不可更换制、任期终身制、法官专职制、高薪制等。

在上述原则中，所谓司法独立常被标榜为西方国家司法制度的首要原则，其他四个原则基本是其延伸或保障。根据这些原则构成的国家司法制度和程序，在资本主义上升时期对保障公民的基本人权、维护市场经济、巩固资本主义国家政权等起到了一定积极作用。但就其实质来看，西方司法机关，在本质上是实现资产阶级统治的工具，它以形式上的独立和公正掩盖着实质上的不公平和不公正。正如马克思所指出的："实际上国家不外是资产者为了在国内外相互保障各自的财产和利益所必然要采取的一种组织形式。"①

第三节　社会主义中国的国家机构

一、中国国家机构的组织原则

民主集中制是中国国家政权的根本组织原则和领导原则，是在马克思主义国家学说指导下，在人民政权建立、巩固和发展的历史过程中逐步形成的。

---

① 《马克思恩格斯文集》第 1 卷，人民出版社 2009 年版，第 584 页。

1. 民主集中制原则的基本含义

民主集中制是民主与集中有机结合的组织原则。实行民主集中制，就是要求充分发扬民主，集体议事，使人民的意愿和要求得到充分表达和反映，在此基础上集中正确意见，集体决策，使人民的意愿和要求得以落实和满足。就其内容来看，它包含民主基础上的集中和集中指导下的民主两方面，两者相互依存，不可分割。毛泽东在党的七大上阐述新中国的政权组织原则时指出："应该采取民主集中制，由各级人民代表大会决定大政方针，选举政府。它是民主的，又是集中的，就是说，在民主基础上的集中，在集中指导下的民主。只有这个制度，才既能表现广泛的民主，使各级人民代表大会有高度的权力；又能集中处理国事，使各级政府能集中地处理被各级人民代表大会所委托的一切事务，并保障人民的一切必要的民主活动。"①

在中国特色社会主义新时代，习近平就此进一步指出，"民主集中制是中国国家组织形式和活动方式的基本原则"，我们要"善于运用民主集中制原则维护党和国家权威、维护全党全国团结统一"。② 在党的十九大报告中，习近平再次强调指出："完善和落实民主集中制的各项制度，坚持民主基础上的集中和集中指导下的民主相结合，既充分发扬民主，又善于集中统一。"③ 由此阐释了新的历史条件下作为国家机构组织原则的民主集中制的深刻内涵和功能。

民主集中制组织原则的基本含义是：

（1）民主基础上的集中

我国的民主集中制离不开广泛的人民民主，这是民主集中制组织原则运行的前提。就此而言，在政治运行中，必须坚持一切权力属于人民，人民依法管理国家事务，管理经济和文化事业，管理社会事务，广泛听取人民的意见和建议，进行民主选举、民主决策，接受人民的监督。毛泽东反复强调实行社会主义民主的重要性，他认为，"不充分实行无产阶级的民主制，就不可能有真正的无产阶级的集中制"④，如果离开无产阶级的民主，"这种集中，这种统一……当然只能是假的、空的，错误的"⑤。邓小平指出："没有民主就没有社

---

① 《毛泽东选集》第3卷，人民出版社1991年版，第1057页。

② 《十八大以来重要文献选编》中，中央文献出版社2016年版，第55、54页。

③ 习近平：《决胜全面建成小康社会 夺取新时代中国特色社会主义伟大胜利——在中国共产党第十九次全国代表大会上的报告》，人民出版社2017年版，第62—63页。

④ 《毛泽东文集》第8卷，人民出版社1999年版，第296页。

⑤ 《毛泽东文集》第8卷，人民出版社1999年版，第294页。

会主义，就没有社会主义的现代化。”① 只有充分实行社会主义人民民主，才能保障国家权力运行和决策实现正确的集中。习近平指出：“面向未来，发展好各项事业，巩固国家安定团结的政治局面，促进政党关系、民族关系、宗教关系、阶层关系、海内外同胞关系和谐发展，一个很重要的条件就是必须通过民主集中制的办法，广开言路，博采众谋，动员大家一起来想、一起来干。”②

（2）集中指导下的民主

社会主义民主离不开集中，民主集中制的集中不是少数人的独断，而是集中广大人民群众的智慧，为广大人民群众的根本利益服务。社会主义民主是在无产阶级政党领导下，在国家法律监督和制约下实现的，是集中指导下的民主。民主选举、民主决策，都要依法进行，按照少数服从多数原则，采取投票、举手等方式产生表决结果。这是社会主义民主制度能够正常运行的保障，是社会主义政治制度的优越性所在。邓小平曾指出：“民主集中制也是我们的优越性。这种制度更利于团结人民，比西方的民主好得多。我们做某一项决定，可以立即实施。”③ 习近平也指出：“我国社会主义制度能够集中力量办大事是我们成就事业的重要法宝……集中力量办大事，抓重大、抓尖端、抓基本，形成推进自主创新的强大合力。”④

（3）民主基础上的集中和集中指导下的民主的有机结合和辩证统一

民主和集中两者相辅相成，不能强调一方面而忽视另一方面。正如毛泽东所指出的，社会主义民主“不可以没有自由，也不可以没有纪律；不可以没有民主，也不可以没有集中”⑤。邓小平也强调：“我们实行的是民主集中制，这就是民主基础上的集中和集中指导下的民主相结合。”⑥ 习近平指出：“我们要坚持和完善民主集中制的制度和原则，促使各类国家机关提高能力和效率、增进协调和配合，形成治国理政的强大合力，切实防止出现相互掣肘、内耗严重的现象。”⑦

因此，执行民主集中制的过程就是从群众中来到群众中去的过程。民主集

---

① 《邓小平文选》第 2 卷，人民出版社 1994 年版，第 168 页。
② 《习近平谈治国理政》第 2 卷，外文出版社 2017 年版，第 296 页。
③ 《邓小平文选》第 3 卷，人民出版社 1993 年版，第 257 页。
④ 《十八大以来重要文献选编》中，中央文献出版社 2016 年版，第 26 页。
⑤ 《毛泽东文集》第 7 卷，人民出版社 1999 年版，第 209 页。
⑥ 《邓小平文选》第 2 卷，人民出版社 1994 年版，第 175 页。
⑦ 《习近平谈治国理政》第 2 卷，外文出版社 2017 年版，第 290 页。

中制既尊重多数，又保护少数；既坚持民主，又强调法制；既反对把少数人意志凌驾于集体之上，又反对无政府主义和极端民主化。

2. 中国国家机构的民主集中制组织原则

根据我国现行宪法规定，民主集中制在国家组织机构设置方面主要体现为：

国家机关的组成遵循民主原则。国家权力机关由人民选举产生，权力来自人民，对人民负责，受人民监督，体现着国家权力的法定来源，也体现着人民意志对公共权力的监督与制约。各级人民代表大会都由选民或选举单位民主选举产生，其他国家机关都由本级人民代表大会民主选举产生。所有国家机关都必须经常保持同人民的密切联系，倾听人民的意见和建议，接受人民的监督。

国家权力机关的运行采用民主机制。在国家权力机关制定法律和作出决策的过程中，都经过广泛讨论，采用少数服从多数的决策原则，集中体现人民的意志和利益。同时，全国人民代表大会及其常务委员会、地方各级人民代表大会及其常务委员会实行集体领导体制，集体行使职权，集体决定问题。

国家权力的行使贯彻集中要求。作为最高权力机关的全国人民代表大会与行政机关、监察机关、审判机关、检察机关不是同行并列的关系，更不是相互制衡的关系，而是产生与负责、决定与执行、监督与被监督的关系。国家权力由代表全国人民意志的全国人民代表大会集中统一行使；各国家机关不是分权的机关设置，而是为了实现人民利益要求和国家管理任务进行的职能分工；各国家机关依据宪法和相关法律规定，在全国人民代表大会及其常务委员会的集中统一领导和监督下，行使各自职权。与此同时，在中央与地方的关系方面，全国人民代表大会及其常务委员会制定的法律、决定和决议，国务院制定的行政法规和发布的决定、命令，地方国家机关必须严格遵守和执行。为此，宪法规定，全国人民代表大会常务委员会有权撤销同宪法、法律和行政法规相抵触的地方性法规和决议；国务院统一领导地方各级国家行政机关的工作。同时，允许地方按照宪法和法律的规定，因地制宜、因时制宜地决定本地区的地方性事务，以充分发挥地方的主动性和积极性。

3. 民主集中制组织原则的优越性

民主集中制作为国家机构的组织原则，体现了我国最广泛、最真实和最管用的人民民主，体现了社会主义制度的优越性。

第一，民主集中制是人民当家作主的体现和保证。我国的一切权力属于人民，人民当家作主，国家机构的权力来源于人民，归属于人民。民主集中制原则保证了国家权力来源于人民，服务于人民，具体来说，就是同一层级国家机关都由人民代表大会产生，对它负责，受它监督。这既体现了人民的至上性，又保证了国家权力的统一性。

第二，民主集中制保证了国家机关构成的合理性。按照民主集中制的原则，中央国家机关和地方各级国家机关在职权上进行合理划分。人民代表大会通过选举（或任命）和立法，把一部分权力授予其他国家机关行使，包括由政府行使行政权，由监察委员会行使监察权，由法院行使审判权，由检察院行使检察权。国家机构的这种合理分工，既可以避免权力过分集中，又可以使国家的各项工作协调顺畅地进行。在中央集中统一领导下，地方适度分权，既可以保证中央政令畅通，又有利于发挥地方国家机关的自主性和积极性，由此使得国家机关在组织结构和职权构成上实现民主与集中的合理结合。

第三，民主集中制保证了国家机关的民主有效运行。一方面，民主集中制要求人民代表大会在制定法律时，要集中代表人民的利益和意志；行政机关在执行法律过程中，要严格按照宪法、法律的要求，有效地执行国家权力机关制定的法律；监察机关依照法律规定独立行使监察权；审判机关、检察机关在行使审判权、检察权时，实行严格的责任制。按照这样的要求，不同的国家机关分工清楚，各司其职。同时，人民代表大会作为国家权力机关，对其他国家机关实施监督，有力地保证了人民意志的贯彻，保证了法令畅通，提高了国家机关的运行效率。另一方面，在中央与地方的权力运行过程中，中央与地方职责分明、权限清楚，按照中央统一集中领导的要求运行。

第四，民主集中制保证了国家的长治久安。国家机关按照民主集中制原则设置和运行，使得人民当家作主的地位得到保障，国家政权组织机构、权力结构、职责结构实现统分结合的合理配置，同时，国家机关可以在权力运行中，有效协调人民的根本利益与方方面面的不同利益，在决策和执行中有机结合民主与效率，保证了我国人民当家作主地位的有效实现，保证了我国的政治稳定和社会发展，保证了我国政治和国家治理的合法性与合理性有机结合，从而实现了国家的长治久安。

二、中国的主要国家机关及其相互关系

1. 中国国家机构的构成

我国国家机构按其属性和职能分为如下部分：全国人民代表大会及其常务

委员会、国家主席、国务院、中央军事委员会、地方各级人民代表大会和地方各级人民政府、民族自治地方的自治机关、监察委员会、人民法院和人民检察院。

（1）国家权力机关

中国的国家权力机关是人民代表大会。它是由人民通过选举产生的代表统一行使国家权力的机关。社会主义国家权力机关设置的原则是“一切权力属于人民”，权力应当由人民选举产生的代表按照人民意志行使，如同恩格斯所指出的，“把一切政治权力集中于人民代议机关之手”①。

中国的最高国家权力机关是全国人民代表大会，它在国家机构体系中居于最高地位，国家的行政机关、监察机关、审判机关和检察机关等都由它选举产生，并对它负责，受它监督。最高国家权力机关通过的宪法、法律、法令及其决议，其他各级国家机关都必须遵照执行。最高国家权力机关由省、自治区、直辖市和军队选出的代表组成，向全体人民负责，受全体人民监督。全国人民代表大会代表通过间接选举产生。全国人民代表大会代表来自不同地区、民族、党派、阶层和行业，具有广泛的代表性。例如，第十三届全国人民代表大会的 2 980 名代表中，少数民族代表 438 名，归国华侨代表 39 名，香港特别行政区代表 36 名，澳门特别行政区代表 12 名，台湾省代表 13 名。

地方人民代表大会分为省（自治区、直辖市）、市（自治州）、县（自治县、不设区的市、市辖区）和乡（镇、民族乡）四级。省、市两级人民代表大会由下一级人民代表大会选举产生，县、乡两级人民代表大会由公民直接选举产生。目前，我国共有各级人民代表大会约 4. 3 万个，我国现有五级人大代表 267 万多名，其中全国人大代表近 3 000 名，省级人大代表 2 万多名，设区的市级人大代表 11 万多名，县乡人大代表 254 万多名。②

我国的人民代表是兼职的，在人民代表大会闭幕期间，代表回到各自的工作岗位，继续保持同人民群众的密切联系。人民代表大会设有常设机关，即人民代表大会常务委员会。在人民代表大会闭会期间，常设机关依法行使它的部分职权。但是，常设机关与人民代表大会之间的权力不是对等的，常设机关由人民代表大会选举产生，对它负责，受它监督。

---

① 《马克思恩格斯文集》第 4 卷，人民出版社 2009 年版，第 415 页。

② 参见信春鹰：《健全人民当家作主制度体系　发展社会主义民主政治》，《求是》2018 年第 5 期。

宪法和全国人民代表大会组织法、地方各级人民代表大会和地方各级人民政府组织法等明确规定了人民代表大会的各项职权。概括起来，主要有四大类：

一是立法权。立法权具体包括制定、修改、废除和补充法律的权力。行使立法权的目的在于，通过民主合议的方式使人民的意志上升为法律，取得规范性、强制性的一体遵循的效力。立法权是人民通过人民代表大会管理国家事务的最重要的权力之一，是人民当家作主的根本标志。我国现行宪法规定，全国人民代表大会有修改宪法，监督宪法的实施，制定和修改刑事、民事和其他基本法律的权力。全国人民代表大会常务委员会有权制定和修改除应当由全国人民代表大会制定的法律以外的其他法律。在实践中，我国的立法权制度为发展社会主义法治，为民主的制度化和法制化发挥了重要作用。

二是决定权。决定权是指最高国家权力机关在关系国家政治、经济、社会等重大问题上，具有审查、批准和决策的权力。决定权的内容和范围十分广泛。例如，全国人民代表大会具有对于下列问题的决定权：审查和批准国民经济和社会发展计划以及计划执行情况的报告；审查和批准国家的预算和预算执行情况的报告；批准省、自治区和直辖市的建置；决定特别行政区的设立及其制度；决定战争与和平的问题；等等。全国人民代表大会常务委员会则享有在全国人民代表大会闭幕期间的一些重大事项的决定权。地方人民代表大会及其常务委员会有权决定本行政区域内的政治、经济、教育、科学、文化、卫生、民政、民族工作等方面的重大事项。

三是任免权。这是各级人民代表大会及其常务委员会对国家机关领导人员及其组成人员进行选举、任命、罢免、免职、撤职的权力。此项权力的行使，既能使各级国家机构领导人员及其组成人员的权力合法化，又能使他们受到人民代表的有效监督和制约。例如，全国人民代表大会有权选举和任免国家主席、副主席，中央军事委员会主席和其他组成人员，国家监察委员会主任，最高人民法院院长、最高人民检察院检察长，全国人民代表大会常务委员会委员长、副委员长、委员、秘书长，国务院总理、副总理、国务委员、各部部长、各委员会主任、审计长、秘书长等。

四是监督权。监督权是指各级人民代表大会及其常务委员会为全面保证国家法律的实施和维护人民的根本利益，防止行政机关、监察机关、审判机关和检察机关滥用权力，通过法定方式和程序，对由它产生的国家机关实施的检查、督促、纠正和处理的权力。人民代表大会的监督分为两种：一是法律监督。法律监督是指人民代表大会及其常务委员会有权监督宪法的实施，有权解释、补充宪法和法律。二是工作监督。工作监督是指人民代表大会对于由其产生的国家机关的工作进行监督。比如，在每年召开的人民代表大会会议上，人民代表大会有权审议政府和司法机构的工作报告，并且对它们的工作提出质询、检查和督促。

各级人民代表大会对行政机关和司法机关的监督，既体现着人民意志至上的权力地位，也发挥着国家机关之间互相促进和支持的重要作用。

（2）国家主席

中国的国家主席是国家机构的重要组成部分。国家主席是国家的最高代表，是国家元首，其地位和职权是其他国家机关所不能代替的。国家主席由全国人民代表大会选举产生，每届任期与全国人民代表大会每届任期相同。国家主席的职权根据全国人民代表大会及其常务委员会的决定来行使，概括起来主要有：公布法律，任免国家行政机关的人员，授予国家勋章和荣誉称号，发布特赦令，发布戒严令，宣布战争状态，发布动员令，代表国家接受外国使节，派遣和召回驻外全权代表，批准和废除同外国缔结的条约和重要协定等。

（3）行政机关

中国的国家行政机关是国务院及其领导下的地方各级人民政府。国务院即中央人民政府，它是最高国家权力机关的执行机关，是最高国家行政机关。按照我国现行宪法规定，它由全国人民代表大会产生，对它负责，受它监督。地方各级人民政府由地方各级人民代表大会产生，既对产生它们的地方人民代表大会负责，也对上一级人民政府负责。

我国现行宪法还规定，国家行政机关实行首长负责制。国务院实行总理负责制，是指在国务院工作中，总理有全面领导权、决定权、人事提名权等，并对此负责。各部、各委员会实行部长、主任负责制。地方各级人民政府实行行政首长负责制。

国务院的职权主要是：

行政立法权。国务院的行政立法权主要是：国务院有权根据宪法和法律，规定行政措施，颁布行政法规，发布决定和命令。国务院可以受委托立法，即当某些问题需要由有法律效力的文件加以指导而制定法律的条件还不成熟时，国务院可以根据全国人民代表大会及其常务委员会的决定，制定具有法律效力的暂行规定或条例。

提案权。提案权是指国务院拥有向全国人民代表大会和全国人民代表大会常务委员会提出议案的权力。国务院提出议案后，经过一定的立法程序，议案可以成为国家的法律、法令。

行政管理权。作为国家最高行政机关，行政管理权是国务院的重要职权。行政管理权是指国务院统一领导中央以及地方各级国家行政机关的工作。具体职权包括：地方行政区域的划分和设置，中央和地方各级行政机关的职权划分权，政府编制和人事权等。

经济社会事务管理权。国务院有领导和管理全国经济、社会事务的职权，具体包括领导市场经济，管理科学、教育、文化、卫生等公共事业，领导和管理民政、公安、司法行政等工作。

对外事务管理权。国务院对外代表中国政府，行使对外事务管理权，具体包括：外交或者外事谈判，与外国政府缔结协议和条约，领导国防建设，保卫国家安全等。

（4）监察机关

中国的监察机关是国家的各级监察委员会，包含国家监察委员会和地方各级监察委员会。监察委员会由主任、副主任、委员组成。监察委员会主任每届任期同本级人民代表大会每届任期相同。国家监察委员会主任连续任职不得超过两届。

监察委员会的组织构成如下：中华人民共和国国家监察委员会是中国的最高监察机关。国家监察委员会领导地方各级监察委员会的工作，上级监察委员会领导下级监察委员会的工作。国家监察委员会对全国人民代表大会和全国人民代表大会常务委员会负责。地方各级监察委员会对产生它的国家权力机关和上一级监察委员会负责。

监察委员会的职权如下：监察委员会依照法律规定履行监督、调查、处置职责：对公职人员开展廉政教育，对其依法履职、秉公用权、廉洁从政从业以及道德操守情况进行监督检查；对涉嫌贪污贿赂、滥用职权、玩忽职守、权力寻租、利益输送、徇私舞弊以及浪费国家资财等职务违法和职务犯罪进行调查；对违法的公职人员依法作出政务处分决定；对履行职责不力、失职失责的领导人员进行问责；对涉嫌职务犯罪的，将调查结果移送人民检察院依法审查、提起公诉；向监察对象所在单位提出监察建议。

监察委员会的监察对象包括：中国共产党机关、人民代表大会及其常务委员会机关、人民政府、监察委员会、人民法院、人民检察院、中国人民政治协商会议各级委员会机关、民主党派机关和工商业联合会机关的公务员，以及参照《中华人民共和国公务员法》管理的人员；法律、法规授权或者受国家机关依法委托管理公共事务的组织中从事公务的人员；国有企业管理人员；公办的教育、科研、文化、医疗卫生、体育等单位中从事管理的人员；基层群众性自治组织中从事管理的人员；其他依法履行公职的人员。

监察机关行使监督、调查职权，有权依法向有关单位和个人了解情况，收集、调取证据。根据监督、调查结果，依法作出处置。

监察委员会依照法律规定独立行使监察权，不受行政机关、社会团体和个人的干涉。

监察机关办理职务违法和职务犯罪案件，与审判机关、检察机关、执法部门互相配合，互相制约。

（5）审判机关和检察机关

中国的审判机关和检察机关是指按照宪法和法律的规定，代表国家行使审判权的审判机关和行使法律监督权的检察机关。

人民法院是我国的审判机关，依法独立行使国家审判权。它的主要任务是审理民事、刑事案件和行政诉讼案件，惩办一切犯罪分子，保护人民的人身权利、政治权利和其他权利。

人民法院体系由如下层级组成：基层人民法院，与县级行政区划相对应；中级人民法院，与地区一级的行政区划相对应；高级人民法院，与省级行政区划相对应；最高人民法院。此外，还包括军事、海事、森林、铁路等方面的专门法院。其中，军事法院是我国司法体系中的特殊类型，其活动和工作直接受中央军事委员会领导。

人民检察院是国家的法律监督机关，依法行使检察权，保障宪法和法律统一实施。其主要任务有：行使检察权，反对并镇压分裂、叛国活动；监督并审查公安机关、国家安全机关和走私犯罪侦查机关的侦查案件；受理刑事案件，行使侦查权；代表国家对刑事案件提出公诉等。

与人民法院相对应，人民检察院包括如下层级：县级人民检察院，与基层人民法院相对应；省辖市和地区级地方人民检察院，与中级人民法院相对应；省、自治区、直辖市的人民检察院，与高级人民法院相对应；最高人民检察院，与最高人民法院相对应。此外，还包括军事、铁路等方面的专门检察院。

人民法院和人民检察院是我国司法体系中的两大组成部分，同一层级的人民法院和人民检察院之间既相互独立、分工负责，又相互联系、相互配合。相互独立和分工负责体现在两者分别行使审判权和检察权，在宪法上的地位是平等的；相互联系和配合体现在两者处于相同的层级，在业务上有极强的相关性，因此，两者共同保证宪法、法律的有效执行。

（6）国家军事机关

中国的国家军事机关是中华人民共和国中央军事委员会，简称中央军委。

中央军事委员会由主席、副主席若干人和委员若干人组成，实行主席负责制。中央军事委员会主席由国家最高权力机关——全国人民代表大会选举产生，副主席和委员由中央军事委员会主席提名，全国人民代表大会或全国人民代表大会常务委员会通过。中央军事委员会每届任期与全国人民代表大会每届任期相同。

2. 中国主要国家机关之间的相互关系

中国国家机构主要包括国家权力机关、国家主席、行政机关、监察机关、审判机关、检察机关和军事领导机关等，按照民主集中制的原则设置。各主要国家机关之间的相互关系如下：

第一，在国家权力机关与其他国家机关的关系上，国家权力机关产生其他国家机关，其他国家机关对国家权力机关负责，受其监督。全国人民代表大会是最高国家权力机关，在国家机构体系中处于最高地位，这一地位体现在：全国人民代表大会产生其他国家机关，全国人民代表大会及其常务委员会有权调整这些国家机关的人员编制；其他国家机关对全国人民代表大会负责，受它监督；全国人民代表大会通过的法律和作出的决议，所有国家机关都要遵照执行，保证实施。由此可见，全国人民代表大会是我国的最高国家权力机关，它与其他国家机关不是平行关系，更不是相互制衡关系，而是产生和监督其他国家机关的关系。我国国家权力机关与其他机关的这种关系特点，使得我国的政体确保了人民主权的至上性。同时，在权力约束方面，它既区别于西方分权制衡政体，又内在地包含着人民利益和权力对于行政权、监察权、司法权的监督性和制约性。

第二，在其他国家机关相互关系方面，这些国家机关是不同权力职能的分工关系。我国国家主席是国家的最高代表，最高国家行政机关是国务院，最高国家监察机关是国家监察委员会，最高司法机关由最高人民法院和最高人民检察院组成，国家最高军事机关是中央军事委员会。我国现行宪法规定，国家主席、国务院、国家监察委员会、最高人民法院和最高人民检察院、国家军事机关都由全国人民代表大会产生，受它监督，对它负责。同时，它们各自分别行使法定权力和职能。国家监察机关与国家行政机关、审判机关和检察机关互相配合、互相制约。

第三，在中央国家机关与地方国家机关的关系方面，既坚持中央的统一领导，又充分发挥中央和地方国家机关的自主性和积极性。一方面，中央和地方国家机关设置遵循上下对应、机构对口原则，中央国家机关统一管理地方各级国家机关，下级国家机关受上级的领导，地方服从中央；另一方面，地方国家机关拥有合理的自主权，有利于充分发挥其积极性。

中国的国家机构遵循民主集中制的原则，以全国人民代表大会为国家最高权力机关，其他国家机关各司其职，形成互相配合、互相协作运行的统一体。这种国家机构体系是履行国家职能，实现工人阶级和广大人民群众管理国家的有力组织机构保障。

思考题：

1. 论述国家机构的含义和基本特性。
2. 如何正确认识西方国家的分权制衡原则？
3. 论述我国国家机构民主集中制设置原则的基本含义。
4. 民主集中制的国家机构设置原则有哪些显著优势？
5. 论述我国国家机关的相互关系。

拓展资源

本章名词解释

第四章 政治民主

民主是人类文明发展的成果。追求和实现人民民主，是中国共产党一以贯之的政治理想，是社会主义制度的本质要求。社会主义民主是一种新型的民主，是广大人民真正当家作主的国家形态。习近平指出："人民民主是社会主义的生命。没有民主就没有社会主义，就没有社会主义的现代化，就没有中华民族伟大复兴。"① 中国人民在中国共产党的领导下，以马克思主义为指导，经过长期奋斗和探索，成功地确立、建设和发展了中国特色社会主义民主，为全面推进社会主义现代化建设、实现中华民族伟大复兴奠定了政治基础。

第一节 政治民主的含义

一、政治民主的内涵

政治民主的含义对于正确认识和把握民主政治的本质及其发展规律具有首要意义。认识政治民主现象，首先需要确立马克思主义政治民主观。

西方现代民主思想与古希腊民主思想有着很深的渊源。古希腊是西方现代文明的发源地。恩格斯指出："没有希腊文化和罗马帝国所奠定的基础，也就没有现代的欧洲。"②"民主"一词源于古希腊文"demokratia"。这个词由"demos"（意指民众）与"kratos"（意指统治）两个词根组成，字面意思是"人民的统治"，是指多数人掌管政权的统治形式。古希腊历史学家希罗多德在其著作《历史》中，把古希腊城邦雅典的政治制度称为民主政治。亚里士多德在其著作《政治学》中提出："由多数的意旨裁决一切政事而树立城邦的治权，就必然建成为平民政体。"③

近代以来，随着资本主义生产方式的发展，以英国的洛克、密尔和法国的孟德斯鸠、卢梭等人为代表的西方思想家，在资产阶级思想启蒙运动中，借用古希腊时期的民主观念，从抽象的人性论出发，宣扬"天赋人权""个性自由"

---

① 《十八大以来重要文献选编》中，中央文献出版社 2016 年版，第 68 页。

② 《马克思恩格斯文集》第 9 卷，人民出版社 2009 年版，第 188 页。

③ ［古希腊］亚里士多德：《政治学》，吴寿彭译，商务印书馆 1965 年版，第 190 页。

“社会契约”和“人民主权”等学说，用以反对封建专制，构建资产阶级共和国制度，在此过程中，他们确定政治民主的含义为人民的统治。这些思想家的政治学说产生了深远的影响，促进了资本主义国家民主政治的发展。但是，其对于政治民主含义的确定是以虚构的社会契约为前提的，具有历史唯心主义性质。他们指称的“人民”缺乏社会历史内容，并没有揭示政治民主的社会本质。

鉴于西方政治民主运行中暴露的实际缺陷，现代西方民主理论不得不对西方传统的政治民主含义进行修补和调整，形成了关于政治民主含义的多种理解。其中精英主义民主观认为，民主是人民有权通过投票决定由谁来充当政治精英，是“某些人通过争取人民选票取得作决定的权力”①。多元主义民主观认为，政治民主就是社会政治生活中多个利益集团相互作用的过程和结果。参与民主观认为，政治民主只是人民参与政治决策，“民主是一种社会管理体制，在该体制中社会成员大体上能直接或间接地参与或可以参与影响全体成员的决策”②。

关于政治民主含义的这些界定，从不同角度反映了西方民主政治运行的实际情况，并且给出了对政治民主的理解，但是，这些解释对政治民主经济基础和社会本质属性的忽视，却使其不可避免地具有表面性和片面性。

马克思主义对政治民主的内涵作了深入探讨和阐述，深刻揭示了政治民主的经济基础、阶级属性和运行特征，形成了马克思主义政治民主观。

马克思主义民主观以历史唯物主义为基础，认为政治民主是在特定经济关系和阶级关系基础上，在统治阶级认可和确定的范围内，保障社会成员政治权利得到平等实现的政治统治形式和国家形态。

二、政治民主的基本特征

按照马克思主义观点，政治民主具有以下基本特征：

1. 民主是一种政治上层建筑

政治民主作为一种国家形态，属于政治上层建筑。马克思在《黑格尔法哲

① ［美］约瑟夫·熊彼特：《资本主义、社会主义与民主》，吴良健译，商务印书馆1999年版，第395—396页。

② ［美］科恩：《论民主》，聂崇信、朱秀贤译，商务印书馆1988年版，第10页。

学批判》中，把君主制和民主制都称作政治国家的组织形式，[1] 列宁在谈到民主问题时也指出："民主是国家形式，是国家形态的一种。"[2]

政治民主由经济基础决定，并反作用于经济基础。列宁明确指出："任何民主，和任何政治上层建筑一样（这种上层建筑在阶级消灭之前，在无阶级的社会建立之前，是必然存在的），归根到底是为生产服务的，并且归根到底是由该社会中的生产关系决定的。"[3] 从这个意义上讲，民主制度会对生产力和生产关系产生反作用。当它适合生产力和生产关系的发展要求时，就能发挥积极促进作用。反之，当某种民主制度不适应生产力和生产关系的发展要求时，就会产生消极的阻碍或破坏作用，在一定条件下甚至会导致社会矛盾激化，进而促使人们改造这种制度，建立和发展一种新的民主制度，从而为生产力和生产关系的发展开辟道路。

2. 民主具有阶级性

民主作为政治上层建筑，归根到底是由经济基础决定的。在阶级社会里，特定的经济基础总是体现为特定的阶级关系，这种阶级关系使得民主表现出鲜明的阶级性。民主是一种阶级统治的国家制度，是统治阶级用来实现其阶级利益的政治形式和手段。从这个意义上讲，民主是一种阶级统治的方式。马克思、恩格斯深入观察和分析资本主义国家政治结构和运行过程发现，资产阶级标榜的自由、平等、人权、民主等，完全是掩盖剥削工人阶级和劳苦大众的工具。在资本主义私有制为基础的资本主义社会，民主不过是少数资产阶级精英的民主，其实质是统治阶级奴役和压迫工人阶级和劳动人民的工具。马克思就此深刻指出："国家是统治阶级的各个人借以实现其共同利益的形式。"[4] 在资产阶级革命中，资产阶级为了达到自己的目的，总是把自己的利益说成是全体社会成员的共同利益，把特殊的阶级利益说成是人类的普遍利益。实际上，民主政体、贵族政体和君主政体相互之间的斗争，争取选举权的斗争等，不过是一些虚幻的形式，在这些形式下进行着各个不同阶级间的真正的斗争。[5]在资产阶级夺取了政权并牢固地建立了自己的阶级统治以后，就完全背离了当初的宣

① 参见《马克思恩格斯全集》第 3 卷，人民出版社 2002 年版，第 41 页。
② 《列宁专题文集 论马克思主义》，人民出版社 2009 年版，第 270 页。
③ 《列宁选集》第 4 卷，人民出版社 2012 年版，第 405 页。
④ 《马克思恩格斯文集》第 1 卷，人民出版社 2009 年版，第 584 页。
⑤ 参见《马克思恩格斯文集》第 1 卷，人民出版社 2009 年版，第 536 页。

言，不断强化阶级的专政。正如马克思所指出，只要资产阶级的统治受到威胁，他们就立即把"'自由，平等，博爱'这句格言代以毫不含糊的'步兵，骑兵，炮兵！'"①由此可见，民主与专政是辩证统一的关系，即在统治阶级内部实行民主和对被统治阶级实行专政。

3. 民主是具体的政治范畴

民主是具体的，从来不存在什么抽象的民主。在不同社会制度的国家，民主具有不同的性质。在资本主义制度下，"主权在民"原则中的"人民"，是以财产权为基础的。1776 年美国《独立宣言》中的"人人生而平等"指的是有地位的男性白人之间的平等，不包括妇女、黑人，也不包括白人中的穷人。美国的南北战争虽然废除了奴隶制，但直到 1964 年美国黑人才获得平等的选举权。1789 年法国《人权和公民权宣言》中的"人"和"公民"在法文里指的是男人和男性公民，更确切地说是男性白种人，不包括妇女、有色人种和穷人。在社会主义国家，民主是工人阶级和劳动人民当家作主的政治形态，是全体人民政治权利真实、广泛、平等和有效实现的政治制度。由此可见，民主政治反映国家的阶级本质和社会经济文化的差异，不同阶级统治的国家，民主政治的性质和实现状况是不同的。

民主不仅有性质上的区别，还有形式上的区别。世界上有 2 000 多个民族、200 多个国家和地区，它们的社会历史文化背景不同、发展水平不一。任何一个国家民主的内容和形式必然要与该国的国情和性质相适应，随着本国经济文化的发展而发展。把某种特定的民主发展道路和模式作为抽象标准和"普世价值"，来评判其他国家和地区民主政治的优劣，不仅在理论上站不住脚，在实践中也是十分有害的。习近平深刻指出："一些发展中国家照搬西方政治制度和政党制度模式，结果如何呢？很多国家陷入政治动荡、社会动乱，人民流离失所。活生生的例子就在眼前。'往者不可谏，来者犹可追。'我们头脑一定要清醒、一定要坚定。"②

4. 民主是发展的历史范畴

民主是一个发展的历史范畴。任何民主形式都是人类社会发展到一定历史阶段的产物，是阶级斗争的必然结果，而且也将随着国家的消亡而消亡。

---

① 《马克思恩格斯文集》第 2 卷，人民出版社 2009 年版，第 509 页。
② 《习近平关于社会主义政治建设论述摘编》，中央文献出版社 2017 年版，第 19 页。

民主政治随着人类社会的发展而发展，适应不同的国家的国情和历史发展阶段而具有不同性质和形式。从古至今，世界上有多种多样的民主形式，并不存在一成不变的民主模式。一个国家的民主政治采取什么样的实现形式及其发展程度如何，根本上取决于这个国家的历史传统和经济社会政治文化发展状况，取决于这个国家的建设和发展的现代化进程和取向。民主政治的实现形式和发展程度，既不应落后于社会发展的要求，也不能超前于社会发展的要求。

第二节　西方资本主义民主

一、西方资本主义民主的产生与发展

历史上，资产阶级民主思想是作为反对封建专制制度、发动资产阶级革命的思想武器而形成和发展起来的。这一历史起源可以追溯到 13 世纪英国贵族与国王之间的政治斗争。贵族对国王为进行对法战争而加重他们的军役负担不满，市民也反对国王的勒索。1215 年，英国国王在与法国的战争遭到失败后，被迫与贵族代表签署《大宪章》，将王权置于一定的法律约束之下，规定了贵族对王政的参与权、监督权等，为议会制度的初步建立奠定了基础。这一历史事件被认为是西方近代民主政治的萌芽。

近代资本主义民主制度的产生是资本主义市场经济发展的结果。14、15 世纪，随着欧洲生产技术的进步，社会分工扩大，市场经济迅速发展，意大利等地出现了资本主义萌芽。15 世纪末，以哥伦布发现美洲大陆为标志的地理大发现，加快了欧洲走向资本主义的进程。经过一个多世纪的发展，欧洲社会结构发生了深刻变化，主要由贵族、地主、商人转化而来的新生资产者，利用资本主义生产方式，掌握了大量社会财富，成为经济和社会生活中的重要力量。资产阶级要维护其经济统治地位，就必须从政治上和法律上保护私有财产神圣不可侵犯。然而，在西欧国家封建王权的专制统治下，资产阶级的私有财产常常遭受封建统治者的肆意掠夺。为了建立一种能够捍卫其私有财产的政治制度，资产阶级领导了资产阶级民主革命，催生了资本主义民主政治形式。在世界近现代历史上，英国资产阶级革命、美国独立战争和法国大革命是具有标志性的资产阶级革命。

英国资产阶级革命是近现代西方民主政治的起点。1640 年，革命爆发，代

表新兴资产阶级利益的议会与代表封建专制王权的国王之间发生战争，议会军队获得了胜利，国王查理一世被处死，王位被废黜，由贵族组成的上议院被削弱甚至一度被取消，由人民选举产生的下议院成为行使国家权力的决定力量，建立了议会拥有最高权力的共和国。后来，英国又经历了王室复辟与“光荣革命”，于1689年通过的《权利法案》，从法律上确立了保护资本主义民主的一系列制度安排。英国革命基本完成了从君主制到君主立宪制的过渡，建立了由资产阶级和封建主共同掌权的资本主义民主制度，这其中，尤其是推动完善了代议制和普选制，形成了以议会制为核心的资本主义民主制度。

美国独立战争使资本主义民主制度扩展到了北美。1775年，北美十三个英属殖民地爆发独立战争，1776年，发表了《独立宣言》，此后经过艰苦斗争推翻了英国殖民统治。美国独立后，掌权的资本家和农场主的政治代表既排除了建立君主立宪制的选择，也对人民主权心存忌惮，害怕民权的扩大损害自己的利益，所以，以分权制衡原则为主要原则，建立了复合共和政体。美国资产阶级革命开创的三权分立复合制共和国，为后来的一些资本主义国家所效仿。

法国资产阶级革命在欧洲大陆建立了资本主义民主制度。1789年，法国大革命爆发。当时，法国阶级斗争空前激烈，在与顽固的封建势力斗争中，人民群众政治热情空前高涨。法国大革命高扬自由、平等、民主、人权旗帜，摧毁封建制度，形成了以《人权和公民权宣言》为标志的一系列代表资产阶级意志的文献和法律。法国大革命后，建立了由资产阶级掌握政权的资产阶级共和国。

19世纪中期，在英、美、法等国资产阶级革命影响下，资产阶级民主革命逐步扩展到其他欧洲国家。1848年，资产阶级革命席卷欧洲大陆，一顶顶皇冠落地，标志着旧制度逐步退出历史舞台，资本主义政治制度在欧洲普遍建立起来。

西方资本主义民主的产生和发展，是西方国家经济、政治、文化等诸多因素长期发展孕育的结果。资本主义民主是建立在资本主义私有制基础上，由资产阶级实行政治统治的国家形态。这种民主既是资本主义生产方式、社会关系发展的产物，又为资本主义的发展开辟了道路。资本主义民主自产生以来，在西方社会经济文化发展推动下，在工人运动不断冲击下，在与社会主义竞争的压力下，其本身也不得不进行调整和改良，在本质不变的前提下，其形式也在逐步发展演变。

二、西方资本主义民主制度

资本主义民主制度建立之初，无论在内容上还是在形式上都是简陋和多变的。从国体上看，不少欧洲国家资产阶级都是经历了长期的，有的甚至是近百年的与封建势力的斗争和妥协，才最终建立了自己的统治；从政体上看，最初的政治、法律制度相对简单，权利保障相当薄弱。从19世纪后期开始，资本主义民主制度在欧洲逐步稳固。由于各国国情不同，资本主义民主制度在各国的具体形式也不尽相同，不过，总体来看，资本主义各国普遍形成了以议会制、选举制、政党制为主体的制度安排，这套制度随着资本主义的发展不断演变。

1. 议会制度

议会是资产阶级代议制民主的核心机构和主要制度标志，议会由议员组成，被视为民意的代表机构。议员通过选举产生并具有一定任期。在分权制衡的制度下，议会作为国家的民意机构和立法机关，对行政和司法机关起着制衡作用。从一定意义上讲，没有议会就没有西方资本主义民主。西方国家的议会，主要分为两院制和一院制两种类型。从世界范围来看，大多数国家采取一院制，但英、美等资本主义国家采用两院制。经过长期的历史发展过程，在这些实行两院制的国家中，下议院的地位和作用呈现上升趋势。与此同时，各国议会的议事规则逐步规范和完善，议会的职权逐步明确，议会的监督权有所扩大。但无论是一院制还是两院制，都是为资产阶级各党派和利益集团争权夺利提供的制度保障，归根到底，都是为了维护资产阶级的政治统治。

2. 选举制度

选举制度是当代西方资本主义民主的重要实现机制之一。选举制度主要包括三部分内容：一是选举权，主要是对选民和候选人资格的规定；二是选区划分，主要是对选区大小、范围甚至形状进行划分；三是选举方式，主要是对候选人的提名以及对竞选、投票和计票方式等制度的规定。西方资本主义国家的选举制度经历了长期发展演变的过程。早期的资本主义国家长期实行限制性选举，一般对选民设置财产、教育、性别、年龄、种族等多方面的资格限制，有的还实行复票制即允许受到较高教育的人或执行高级职务的个人有两票以上的投票权的不平等选举。如英国直到19世纪80年代，具有选举权的人还不到其人口的1/5。法国1791年宪法把人民分为“积极公民”和“消极公民”，将阶级划分作为是否享有选举权的标准。美国建国后曾长期存在奴隶制，在公民权利上的种族、性别歧视根深蒂固。在工人阶级和劳动人民群众争取权利的不懈斗争冲击下，英、法、美等国资产阶级才被迫逐渐减少对人民群众选举权的限制，到 20 世纪 70 年代前后，才逐步实现了形式上的普选制度。

3. 政党制度

与选举制度一样，政党制度是当代西方资本主义民主的另一重要实现机制。在现代西方社会，选举通常是由政党组织的，选举活动实际体现为政党之间的角逐与竞争，政权也在不同的主要政党之间交替执掌。在资本主义制度建立初期，各政党的组织和活动很不规范。20 世纪以来，西方国家的政党制度逐步演变，各主要资本主义国家加强政党制度立法，使政党制度具有了相对明确和稳定的法律地位与法律依据。从表面上看，西方政党制度是一种吸纳民意的机制，但由于各主要政党都是资产阶级政党，实际代表资产阶级不同集团和阶层的利益，因此，不论哪个党派上台执政，本质上都必然贯彻资产阶级的意志，实现和维护资产阶级的利益。

纵观历史，为维护自身的根本利益和统治地位，资产阶级也随着历史条件的变化不断总结经验教训，对资本主义民主制度进行一些调整和改革，这些调整客观上演变为资本主义民主的进化。运用马克思主义观点分析可知，促成这种调整和演化的具体原因主要有：

一是工人阶级的斗争及各种社会运动的推动。工人阶级和广大劳动人民通过长期的抗争，迫使资产阶级作出各种退让和妥协，使得工人阶级和劳动人民为自身争得了一定的民主权利，客观上也推动了资本主义民主政治的发展。第二次世界大战后，在国际共产主义运动和民族解放运动的鼓舞下，西方国家相继出现了声势浩大的各种社会运动，其中 20 世纪 60 年代兴起于美国的民权运动和欧洲的“新左翼”运动，以及近年来第三世界国家出现的范围更加广泛的反对西方霸权主义，争取自由、民主的新社会运动，都产生了广泛影响，对扩大人民权利产生了积极作用。

二是社会主义运动和国家发展的压力和影响。苏联、中国以及东欧的社会主义国家，实行新型的社会主义民主制度，实现人民当家作主，人人平等享有经济、政治、文化、社会权利，显示出了强大的生命力，经济社会在短时期内取得了巨大的发展进步。西方国家的工人阶级受到鼓舞，大批知识分子倾向社会主义，连资产阶级中的有识之士也质疑和批评西方民主，对于西方资本主义民主构成了政治压力和挑战。面对蓬勃发展的社会主义，西方国家不得不进行一系列的社会改良，包括扩大普选权、保护公民权利、保障人身自由、实施社会福利改革等，在一定程度上缓和了阶级矛盾，促进了资本主义民主制度的演进。东欧剧变和苏联解体后，资本主义国家有学者一度宣布西方自由主义的胜利和社会主义历史的终结，但是，21 世纪以来，中国特色社会主义强劲发展，显示出强大生命力，而世界资本主义发展却陷入重重矛盾和困境，新自由主义在理论和实践上面临破产，有力地证明了所谓历史终结论的荒谬。

三是资本主义社会内部分化和矛盾的激化。随着资本主义国家经济的发展，资本主义国家社会结构不断分化，各种利益集团涌现，资产阶级中的不同派系、集团出于自身利益的考虑，唯恐国家权力为特定利益集团所垄断，因此，主张限制国家权力，保护所谓的个人自由与权利。这种资产阶级内部不同利益集团之间的斗争与博弈，客观上对资本主义社会的民主法治和权利保障发展也起到了一定作用。

三、西方资本主义民主的实质及其局限性

1. 资本主义民主的实质

正确认识西方资本主义民主，不仅要了解其民主的形式，更要透过形式看清其本质。资本主义民主实质上是资产阶级内部的民主，是对无产阶级和其他劳动人民的专政。但西方民主理论总是掩盖或回避民主的实质问题，常常把民主归结为某种制度形式，并把这些民主形式说成是抽象“普世价值”的一般民主。马克思主义对资本主义民主这种以形式掩盖实质的虚伪做法进行了深刻揭露。

首先，资本主义民主的阶级实质，是由其生产资料私有制的经济基础决定的。在以私有制为基础的资本主义制度下，人民群众的政治法律权利只具有形式平等的意义。在资本主义民主革命后，资产阶级从形式上赋予了人民政治上、法律上的平等权利地位，宣称资本主义民主代表社会普遍利益，但是在实际政治运作中，国家与社会、政治与经济是相分离的，资本主义民主仅仅限定在政治领域，即只关注政治权利形式上的平等，却无视人民群众经济权利平等，“国家还是让私有财产、文化程度、职业以它们固有的方式，即作为私有财产、作为文化程度、作为职业来发挥作用”①。与此同时，资产阶级还凭借经济力量，干预、影响、控制政治民主的实施，使政治民主徒有虚名。这种政治

---

① 《马克思恩格斯文集》第 1 卷，人民出版社 2009 年版，第 30 页。

与经济、社会相分离的制度，最终造成资本主义民主形式上平等与事实上不平等并存的局面，造成了资本主义民主形式与其实质相背离的状况。对此，邓小平深刻指出："资本主义社会讲的民主是资产阶级的民主，实际上是垄断资本的民主。"① "西方学者哈贝马斯也尖锐地指出，资本主义民主只是在形式上保障每一个公民拥有平等的机会使用他们的权利，而这种权利最后带来的结果是：一切人都拥有'在桥梁下睡觉'的平等的权利。"②

其次，资本主义民主制度的阶级实质，是由这种制度的政治统治功能体现的。与奴隶制度和封建制度相比，资本主义民主制度虽然发展得较为完备，但它在本质上仍然是资产阶级用来进行和维护阶级统治的政治工具。在《共产党宣言》中，马克思和恩格斯就明确指出资产阶级的代议制政权"不过是管理整个资产阶级的共同事务的委员会"③ 的著名论断。列宁也对资本主义民主的实质进行了深刻揭露，他指出："资产阶级不得不伪善地把实际上是资产阶级专政，是剥削者对劳动群众的专政的（资产阶级的）民主共和国说成'全民政权'或者一般民主，纯粹民主。"④

最后，资本主义民主形式随着社会历史条件的变化而不断变化，但其阶级本质并没有根本改变。应当看到，在新的历史条件下，随着人民群众争取自由民主权利的斗争的持续发展，为了维护社会政治统治，当代西方一些发达资本主义国家不得不采取一系列措施改良资本主义民主制度。比如，选举制度的形式增多了，多党制度下政党竞争手段丰富了，公民参与政治的渠道相对增多了，等等，但是，这些改良本质上不过是资产阶级统治手段的调整，资本主义民主为资产阶级服务的本质并没有发生根本改变。我们看待资本主义民主这种变化时，应该运用马克思主义的立场、观点和方法分析和批判那种利用民主形式掩盖、抹杀民主的阶级实质的错误理论和方法。

马克思主义运用唯物史观对资本主义民主进行了科学分析，在肯定资本主义民主历史进步性的同时，深刻揭示了它的阶级实质、内在矛盾，并指出其历史局限性。

---

① 《邓小平文选》第 3 卷，人民出版社 1993 年版，第 240 页。

② 中共中央宣传部理论局：《划清"四个重大界限"学习读本》，学习出版社 2010 年版，第 40—41 页。

③ 《马克思恩格斯文集》第 2 卷，人民出版社 2009 年版，第 33 页。

④ 《列宁选集》第 3 卷，人民出版社 2012 年版，第 685 页。

资本主义民主是人类政治文明发展史上的重要阶段。马克思主义从唯物史观出发，肯定资本主义民主观念取代封建等级特权观念、资本主义民主制度取代封建专制制度的历史进步性。列宁指出："资产阶级的共和制、议会和普选制，所有这一切，从全世界社会发展来看，是一大进步。"① 资本主义民主的历史进步性主要表现在：一是资产阶级的民主观念是反对封建等级特权观念的有力思想武器。资产阶级的民主观念不仅为资本主义发展和资产阶级革命创造了思想条件，也启发了无产阶级和广大劳动人民的民主和权利意识。二是资本主义民主制度的建立为资本主义市场经济发展扫清了各种封建障碍。资本主义民主为建立统一的国内市场，进而开拓世界市场创造了政治条件，为社会生产力的发展开辟了空间。三是资本主义民主使工人阶级和劳动人民从封建人身依附关系中解放出来，获得了法律上的平等和自由，客观上为无产阶级和劳动人民利用资本主义民主形式进行政治斗争、争取解放准备了一定条件。

2. 资本主义民主的局限性

资本主义民主的阶级实质及其内在矛盾性，决定了资本主义民主具有历史的局限性，这种局限性集中体现在两个方面：

一方面，资本主义民主以政治契约的民主形式，在政治权利尤其是选举权利的平等意义上，逐步实现了人相对于封建专制制度的政治解放，实现了政治生活中社会成员政治权利的形式平等。但是，它并没有实现人的经济和社会解放，没有实现社会成员经济和社会权利的平等，因此，对于人的全面解放和发展而言，资本主义民主是残缺不全的政治形态。

在资本主义社会，经济和社会生活中仍然存在着巨大的不平等。在资本主义民主政治的表面平等形式下，资本主义私有制和雇佣劳动造成资本主义社会政治权利表面平等与雇佣劳动关系中实质性经济不平等之间的巨大反差，形成政治权利的表面平等与社会成员社会生活和权利的巨大不平等之间的矛盾。因此，资本主义民主并没有实现劳动者的经济和社会解放，没有实现社会成员的经济、社会平等和权利。由于人们的经济和社会的平等更加具有决定性意义，因此，资本主义民主政治对于人的政治平等和解放的实现，也仅限于政治权利形式意义。在历史发展和政治实践过程中，资产阶级为了维护自己的阶级

① 《列宁专题文集 论辩证唯物主义和历史唯物主义》，人民出版社 2009 年版，第 295 页。

统治和政治专权，总是利用资本主义民主的这种政治权利形式上的平等，来掩盖资本主义社会资产阶级与工人阶级和劳动人民之间在经济社会权利方面的巨大不平等，遮蔽资本主义民主在实现人的解放和经济社会平等上的虚伪性。

另一方面，资本主义民主政治运行的历史和现实表明，在社会政治生活中，资本主义民主政治在实现人的政治权利平等和政治解放方面也存在着很大局限性，集中体现在：

第一，私人资本和权势集团控制公共权力。金钱政治是资本主义民主的痼疾。在实行生产资料私有制的资本主义制度下，经济资源与财富的占有和分配严重不平等。掌握较多经济资源的资产阶级利用这些资源，通过各种途径影响和控制社会公共权力，以保护和扩大自己的利益。恩格斯说过："资产阶级的力量全部取决于金钱，所以他们要取得政权就只有使金钱成为人在立法上的行为能力的唯一标准。"① 在资本主义社会，以大资产阶级为主体、社会各主要领域的上层人士构成的权势集团，只占人口极少数，却控制着绝大多数社会资源，掌握国家经济命脉，成为西方社会真正的、至高无上的主人。据美国学者的研究，在美国，属于这个权势集团的人不到全国人口的3/100 000，却拥有全国半数的工业资产、半数以上的银行资产、半数以上的交通运输等公用事业和2/3的保险业资产；掌握着占国民生产总值半数左右的政府开支；控制着90%的电视新闻节目和全国日报发行量的1/3。相比于这个幕后的权势集团，政府、国会和法院等只是在扮演"直接决策者"的角色，而这个"直接决策者的行动仅仅是制订国家政策这个远为复杂的程序的最后阶段"②。权势集团控制政权的基本方式是：利用金钱控制选举、操纵舆论、影响政策制定。巨额的竞选花费使选举变成了资本利益集团代表之间的角逐，平民百姓根本无缘跻身这个"游戏"。美国有线电视新闻网就认为，2016年的美国选举是"金钱赢得一切的一年"，是"有钱人的黄金时代"。金钱政治引发了全国范围内的广泛抗议，大量示威者被警察逮捕。③ 20世纪中期以来，美国总统选举在绝大多数情况下都是筹得竞选经费多的一方获胜。大量事实说明，在现代资本主义民主制度下，资

---

① 《马克思恩格斯全集》第2卷，人民出版社1957年版，第647页。

② ［美］托马斯·戴伊：《谁掌管美国——里根时代》，张维、吴继淦、刘觉俦译，世界知识出版社1985年版，第334页。

③ 参见国务院新闻办公室：《2016年美国的人权纪录》。

产阶级权势集团是以“金钱民主”为主要形式将国家政权掌握在自己手中的；与此同时，多重的政治机构、复杂的法律程序，又正好为资本主义民主的阶级实质提供了掩护。

第二，党派政治利益至上，以党派理性代替公共理性，不仅促成当政者的政治短期行为，而且激发党派相互钩心斗角，罔顾社会公共利益，使得国家治理失灵。西方资本主义民主是资产阶级的国家治理形式。资本主义私有制，使得资产阶级在压迫无产阶级和劳动人民的同时，其阶级内部不同的阶层、派系和集团也常常处于相互对立和竞争之中，进而影响长期有效政策的形成和落实。在竞争性政治关系中，各个政党、各种派系和利益集团为夺得或控制政权，不择手段、相互攻讦，导致各个政党政治行为短期化，政治活动重心在于谋求夺取或者维护执政权，置国家、社会的公共利益和长远利益发展于不顾，使得重大的战略性政策难以制定和贯彻实施，从而导致国家治理失灵。很多西方国家因为派系纷争，政府频繁更迭，因而难以制定和实施长期稳定、整体有效的战略性发展政策。进入21世纪以来，欧美众多资本主义国家党派争斗剧烈，内阁更换频繁，但是，面对金融危机、债务危机、经济危机和疫情危机却束手无策，不同的党派利益使得国家治理失效，有些国家甚至迫使政府长时间关门停转，集中凸显了资本主义民主的内在困境和制度缺陷。

需要特别指出的是，一些发展中国家被迫接受西方发达国家竭力“输出”的民主制度后，不仅没有实现政治稳定和经济发展，反而发生严重的社会动乱，造成社会秩序紊乱、经济危机不断，甚至爆发无休止的内战，制定国家经济和社会发展的长期战略更无从谈起。

第三，选举至上，选举与治国相分离，人民群众形式上可以参与选举过程，但是，在选举后却无权参与甚至过问国家治理过程和问题。

随着资本主义的发展，资产阶级凭借资本的力量，全方位控制了国家政权。资产阶级政客和理论家，经过长期的理论与实践的包装，把资产阶级民主包装成全体人民的民主。其中，最具影响的做法就是把选举和民主画上等号，进而把西方的“选举民主”鼓吹成“普世价值”，并当作民主的典型甚至唯一要素和标志。

深入考察资本主义民主政治可知，这种“选举拜物教”的民主政治，在资本主义经济政治生活背景下，实际上不过是民主政治的虚幻形式。表面上看，西方的竞争性选举使选民获得了选择政治家和公共权力执掌者的机会和权利，但是，选民实际上并没有获得参与国家治理的实际权利，国家权力仍然掌握在统治阶级及其代理人手里。“你方唱罢我登场”的竞选活动，本质上不过是资产阶级周期性地考察和更换其政治代理人的机制，留给广大选民的不过是一时的“选举狂欢”。所谓民主选举，实际上成为资产阶级不同派系、集团从事政治党争的形式，在这种形式背后，却抽空了民主的“人民当家作主”真谛。在资本主义国家政治生活中，选民既无法保证当选者真正兑现竞选时的承诺，也无法左右或者参与国家治理和公共事务决策。选民在形式上获得选举权的同时，实质上放弃了真正当家作主和治理国家的权利。治理国家始终是少数人的“特权”，无论选举做得如何精致，它也不过只是为少数人的“特权”提供政治合法性背书。近些年来，西方国家选民普遍表现出的政治参与热情下降的政治冷漠现象表明，所谓“选举权”及选举活动把戏的吸引力呈现消退趋势。

长期以来，西方的选举民主曾经被作为发展中国家推进民主政治的样板加以推崇，被作为衡量民主政治是否存在及其发展程度的核心要素。但是，事与愿违，一直占据道德制高点的西式选举至上的民主模式，在实践过程中，给不少简单模仿选举至上政治的发展中国家人民带来的并非真正的民主和福祉，而是难以平息的政治内乱、民族冲突，甚至是亡国的恶果。今天，西方的一些有识之士也开始反思这种选举至上罔顾其他的民主政治，反思西方“民主失灵”和“民主原教旨主义”问题。① 这就提示我们应该清醒认识到，必须破除“没有西式选举就没有民主”的迷思，科学认识选举民主。习近平指出：“人民是否享有民主权利，要看人民是否在选举时有投票的权利，也要看人民在日常政治生活中是否有持续参与的权利；要看人民有没有进行民主选举的权利，也要看人民有没有进行民主决策、民主管理、民主监督的权利。”② 这就告诉我们，选举投票是人民的权利，包括民主决策、民主管理、民主监督在内的政治参与也是人民的权利，而且是必不可少的权利，两者紧密结合，才能真正实现人民的权利，才是真实、平等、广泛、有效的民主政治。资本主义民主把民主选举与民主治理相分离，形式上实现人民的政治权利，实质上却否定了人民的政治

① 参见［美］布赖恩·卡普兰：《理性选民的神话——为何民主制度选择不良政策》，刘艳红译，上海人民出版社 2010 年版。

② 《十八大以来重要文献选编》中，中央文献出版社 2016 年版，第 73 页。

权利，剥夺了人民当家作主的权利。

第四，选举成本高企，社会负担沉重。在西方民主政治制度中，选举需要投入大量资源，成为一项沉重的社会负担。尤其是在实行民主选举时间不久的国家，选举更是非常耗费资源的过程。西方发达国家的竞选日益演化为一场按商业规则运作的政治推销活动，耗费日益庞大。以美国为例，1960 年美国总统选举费用为 3 000 万美元，2016 年美国总统选举费用接近 24 亿美元，2018 年国会中期选举费用则高达 57 亿美元，而总统和国会竞选只是美国全国选举活动的一部分。据统计，每年美国有近百万个公职由选举产生，全国各地要举行约 13 万次选举，而每个公民参加的投票少则两三次，多则七八次。这种由选举带来的沉重的经济成本和社会负担，造成了严重的社会负面影响，人民群众对这种耗费不菲的选举“游戏”越来越感到厌烦，出现了政治冷漠的趋向。有关统计表明，20 个西方主要资本主义国家中有 18 个国家的投票率自 20 世纪 50 年代以来呈下降趋势，降幅达 10%。西方国家公众对西方民主政治的认同程度也在下降。美国 2016 年总统选举投票率大约只有 55%，为 20 年来最低。越来越多的美国民众对总统选举表示反感甚至愤怒。皮尤研究中心在选举投票之前的调查显示，很多曾准备参加投票的选民因为愤怒而放弃投票。他们不仅仅是不关心政治，而且是对政治事务彻底厌恶和反感。①

所有这些缺陷，典型地反映了资本主义民主的资产阶级属性，集中体现了资本主义民主政治的历史局限性。

资本主义民主的种种内在矛盾和困境及其带来的各种问题，根本上是由资本主义社会的生产力和生产关系、经济基础和上层建筑之间的矛盾引起的。只要资本主义社会的基本矛盾存在，资本主义民主既不可能解决经济平等、社会平等问题，也不可能解决社会政治生活的形式平等与实质平等的统一，更不可能解决国家有效治理问题。

资本主义民主政治的历史地位和作用、理论逻辑和历史实践的局限性及残缺性表明，资本主义民主固然是对于封建专制主义的超越和进步，破除了封建专制主义造成的政治生活中的人身依附关系，带来了社会成员在政治权利意义上的某种解放。但是，它并没有、也不可能实现人类的经济社会政治文化的普遍平等、全面解放和自由发展，没有也不可能实现真实、平等、广泛、有效的

① 参见国务院新闻办公室：《2016 年美国的人权纪录》。

政治民主。只有社会主义和共产主义，才是人类实现全面解放的途径，才能带来真实、平等、广泛、有效的民主。

第三节 中国特色社会主义民主

一、社会主义民主的产生与发展

社会主义民主是一种根本区别于资本主义民主的新型民主，是人类发展历史上最高类型的民主。社会主义民主实现了人类历史上革命性的社会变革，推动了历史的发展进步。

1871 年，巴黎工人和市民举行起义，以革命手段进行了无产阶级夺取政权的第一次历史性尝试，建立了人类历史上第一个无产阶级的政权——巴黎公社。巴黎公社采取一系列革命举措，粉碎了旧的国家机器，创造了工人阶级的新型政治制度，比如一切公职人员由选民直接选举产生，选民有权对其进行监督、撤换和罢免，公社委员会是公社的最高权力机关，实行议行合一的原则，统一行使立法和行政权力等。这些举措是克服资本主义政治弊病的重要尝试，体现了建立新型民主制度的积极努力，是真正民主制的萌芽。马克思给予巴黎公社民主制度以高度评价，他指出："公社给共和国奠定了真正民主制度的基础。"① 巴黎公社具有开创性意义的民主实践，为后来工人阶级建立社会主义民主制度提供了经验。

社会主义民主制度在一个国家范围内建立，是在 1917 年俄国十月革命之后。列宁高度重视民主对于巩固无产阶级政权的重要性，他提出："胜利了的社会主义如果不实行充分的民主，就不能保持它所取得的胜利，并且引导人类走向国家的消亡。"② 此后，列宁提出要建立新型的社会主义民主，并阐述了社会主义民主的国体和政体的一般原则，他指出："工农苏维埃，这是新的国家类型，新的最高的民主类型，这是无产阶级专政的一种形式，是在不要资产阶级和反对资产阶级的情况下来管理国家的一种方式。"③ 苏维埃实际上成为通过无产阶级的先进阶层代表劳动群众实行管理的机关。同时，列宁非常重视加强

① 《马克思恩格斯文集》第 3 卷，人民出版社 2009 年版，第 157 页。
② 《列宁选集》第 2 卷，人民出版社 2012 年版，第 782 页。
③ 《列宁选集》第 3 卷，人民出版社 2012 年版，第 568 页。

对国家政权机关的监督，提出建立工农检查院，通过严格全面的监督，防止社会主义国家政权机构的蜕化变质。列宁关于建设社会主义民主的初期探索，对苏联以及后来的社会主义民主政治建设产生了重要影响。

列宁之后，在斯大林和苏联共产党领导下，苏联人民为建设社会主义、增强国家的综合国力进行了长期的艰苦探索和努力，在社会主义民主制度建设方面也取得了一些成就。但是，斯大林晚年个人权力过于集中，党内民主受到削弱，社会主义民主法制受到破坏，集体领导和民主集中制原则实际上被漠视，对苏联后来的社会主义实践造成了严重的消极影响。斯大林之后的苏联共产党领导人没有正确总结斯大林的经验教训，反而在理论和实践上逐步把苏联引向了错误道路。20 世纪 80 年代中期以后，苏联共产党领导人提出所谓的“民主的人道的社会主义”理论，背弃社会主义民主原则，彻底否定苏联的历史，否定社会主义制度，否定共产党领导，照搬照抄西方的政治制度，结果彻底搞垮了苏联，留下了沉痛的教训。

中国社会主义民主制度的建立和发展，是中国共产党领导人民通过长期斗争实现的，“是近代以来中国人民长期奋斗历史逻辑、理论逻辑、实践逻辑的必然结果”①。中国经历过漫长的封建社会，1840 年鸦片战争以后，逐渐沦为半殖民地半封建社会，中国人民深受帝国主义、封建主义和官僚资本主义的压迫，没有丝毫的民主权利。中国共产党自成立起就以实现和发展人民民主为己任，并为之进行了长期奋斗。在新民主主义革命时期，中国共产党在土地革命战争时期领导建立的中华苏维埃共和国，抗日战争时期在根据地建立的“三三制”政权，解放战争时期在各解放区建立的人民政权，都实行了人民民主的原则，为新中国成立后建立人民民主的全国政权积累了重要经验。

1949 年以后，中国共产党领导人民建立了人民当家作主的国家政权，进行了广泛的民主实践，实现了几千年来中国政治由封建专制向人民民主的伟大跨越，中国人民的政治地位发生了根本变化。社会主义基本制度的建立，为中国特色社会主义民主的发展奠定了根本政治前提和制度基础。新中国的社会主义民主在前进探索过程中也曾走过弯路，特别是在“文化大革命”期间，党内民主和社会主义民主法制遭到严重破坏，带来了深刻的教训。改革开放以来，我

---

① 习近平：《决胜全面建成小康社会 夺取新时代中国特色社会主义伟大胜利——在中国共产党第十九次全国代表大会上的报告》，人民出版社 2017 年版，第 36 页。

们党团结带领人民在发展社会主义民主政治方面取得了重大进展，成功开辟和坚持了中国特色社会主义政治发展道路，为实现最广泛的人民民主确立了正确的政治方向。① 进入新时代，以习近平同志为核心的党中央把坚持和完善中国特色社会主义民主制度与推进国家治理体系和治理能力现代化有机结合起来，在推进中国特色社会主义政治发展的历史进程中，坚持和完善社会主义民主制度，保障人民民主权利，使中国特色社会主义民主政治建设不断深化。

二、中国特色社会主义民主的本质及其特征

中国特色社会主义民主是个新事物，也是个好事物。② 它是马克思主义民主理论与中国实际相结合的产物，以马克思主义为指导，吸收借鉴了人类政治文明有益成果，继承和发扬了中华文化传统中民主性的精华，继承和发展了中国共产党在革命、建设和改革实践中形成的民主理论和实践成果，是一种新型的社会主义民主。

中国特色社会主义民主的本质，是工人阶级和劳动人民当家作主。我国的国体是工人阶级领导的、以工农联盟为基础的人民民主专政的社会主义国家。这一国体决定了“国家的一切权力属于人民”③。在我国社会主义初级阶段，坚持我国的基本经济制度，既体现了社会主义制度优越性，又同我国社会主义初级阶段社会生产力发展水平相适应，是党和人民的伟大创造。我国的基本经济制度决定了我国的社会主义民主不受资本的操纵，不是少数人的民主，而是最广大人民的真实、广泛、全面、管用的民主。我国的社会主义民主坚持人民主体地位，消除了资本主义社会中那种个人与国家、社会与国家之间的矛盾对抗性质，使国家成为人民的国家，人民成为国家和社会的真正主人。

在社会主义国家，人民当家作主不仅要实现全体人民的政治民主，还要实现人民群众的经济权利和社会权利。工人阶级和劳动人民只有在生产活动和社会生活中实现了自己的权利，其民主权利才有坚实的基础。人民在经济活动和社会生活中所享有的民主权利，是社会主义民主的独特优势，是西方民主无法比拟的。西方民主很大程度上就是一张选票，选举完毕，权利失效，而社会主

---

① 参见《习近平总书记系列重要讲话读本》，学习出版社、人民出版社 2016 年版，第 164 页。

② 参见《十八大以来重要文献选编》中，中央文献出版社 2016 年版，第 62 页。

③ 《习近平谈治国理政》第 2 卷，外文出版社 2017 年版，第 294 页。

义人民当家作主，不仅体现在选举权上，更全面地体现在政治、经济、文化生活中。毛泽东在 1959 年年底至 1960 年年初读苏联《政治经济学教科书》的谈话中，着重强调了人民群众要直接参与国家、企业和社会事务的管理，拥有经济、文化和社会权利问题。他提出："这里讲到苏联劳动者享受的各种权利时，没有讲劳动者管理国家、管理军队、管理各种企业、管理文化教育的权利。实际上，这是社会主义制度下劳动者最大的权利，最根本的权利。没有这种权利，劳动者的工作权、休息权、受教育权等等权利，就没有保证。"① 邓小平也强调，社会主义民主要逐步实现"党和国家政治生活的民主化、经济管理的民主化、整个社会生活的民主化"②。

政治生活的民主化，就是在中国共产党的领导和支持下，人民掌握国家权力，建立健全实现人民民主的根本政治制度，依法享有各种政治权利和基本自由，通过各种民主制度和民主程序，真正实现当家作主。

经济管理的民主化，就是在坚持社会主义基本经济制度的前提下，在各项经济权利与政治权利相统一的法律制度基础上，实现人民群众对经济事务的民主参与、民主决策、民主管理、民主监督，充分调动和发挥全体劳动者的积极性、主动性和创造性。这说明，社会主义民主不仅仅同政治组织、政治生活相联系，而且同社会的经济组织、经济生活相联系。

社会生活的民主化，就是国家将更多的权力交给社会和人民，并为人民群众实现民主自治提供制度保障和物质条件，以使人民群众享有宪法和法律规定的工作权，休息权，就业、医疗卫生、社会保障等各项社会权利，在此基础上，逐步实现社会生活、社会组织和社会活动的民主自治。正如邓小平所说的："把权力下放给基层和人民，在农村就是下放给农民，这就是最大的民主。我们讲社会主义民主，这就是一个重要内容。"③ 这样，人民就在社会生活中实现了自己的权利。

社会主义在政治生活中的民主化、经济管理中的民主化和社会生活中的民主化是一个有机整体，相互关联，相辅相成，共同构成了社会主义民主的丰富内涵，体现了人民当家作主的完整性，实现了人民在政治经济和社会文化等各方面的解放和发展。实践表明，在历史发展过程中，社会主义愈发展，

---

① 《毛泽东文集》第 8 卷，人民出版社 1999 年版，第 129 页。
② 《邓小平文选》第 2 卷，人民出版社 1994 年版，第 336 页。
③ 《邓小平文选》第 3 卷，人民出版社 1993 年版，第 252 页。

民主也愈发展。发展社会主义民主是一个长期的、循序渐进的过程，为了保证人民当家作主的充分实现，必然要求健全民主制度、丰富民主形式，以使人民的民主权利逐步落实到政治、经济、社会、文化以及生态建设等各个领域。

中国特色社会主义民主的必然规定，是党的领导、人民当家作主和依法治国的有机统一。党的领导是人民当家作主和依法治国的根本保证，人民当家作主是社会主义民主政治的本质特征，依法治国是党领导人民治理国家的基本方式，三者统一于我国社会主义民主政治伟大实践。

中国特色社会主义民主，既反映了社会主义国家的根本性质，又适合中国社会主义初级阶段的基本国情，体现了中国人民的伟大创造，形成了我国执政党和政府密切联系群众，紧紧依靠人民推动国家发展的显著优势，因此，中国特色社会主义民主“是维护人民根本利益的最广泛、最真实、最管用的民主”①。这种特色和优势主要表现在四个方面：

1. 广泛性

中国特色社会主义民主是最广大人民群众享有的民主。它和资本主义民主的最大不同在于，资本主义民主是建立在生产资料私有制的经济基础之上的，虽然它也标榜“主权在民”，但资本主义生产资料私有制在经济领域的主导地位决定了这一民主本质上是资产阶级对国家权力的垄断，是作为统治阶级的资产阶级的民主，是少数有产者的民主。中国特色社会主义民主建立在社会主义基本经济制度基础之上，这就决定了它不受资本和金钱的操纵，是广大人民群众能够享受到的广泛的民主。在这样的民主制度下，人民群众真正成为国家和社会的主人，掌握国家政权，不受财产、职位、民族和性别差异的限制，享有管理国家和社会的权利。

2. 真实性

关于检验人民民主真实性的标准，习近平提出“四个要看”，即“要看人民是否在选举时有投票的权利，也要看人民在日常政治生活中是否有持续参与的权利；要看人民有没有进行民主选举的权利，也要看人民有没有进行民主决策、民主管理、民主监督的权利”②。中国特色社会主义民主是真实的民主。它

---

① 习近平：《决胜全面建成小康社会　夺取新时代中国特色社会主义伟大胜利——在中国共产党第十九次全国代表大会上的报告》，人民出版社2017年版，第35—36页。

② 《十八大以来重要文献选编》中，中央文献出版社2016年版，第73页。

与资本主义民主的重要区别在于，资本主义民主以普遍的、抽象的民主形式来掩盖其民主的阶级属性和资产阶级专政的实质，“资产阶级口头上标榜自己是民主阶级，而实际上并不如此，它承认原则的正确性，但是从来不在实践中实现这种原则”①。中国特色社会主义民主的内容和形式是一致的。它坚持民主集中制，在人民内部实行广泛民主，把民主的普遍性与决策的科学性有机统一起来；遵循少数服从多数的原则，同时尊重和保护少数人的权利，切实把人民的民主权利落到了实处。

3. 全面性

中国特色社会主义民主是全面的民主。它不仅注重个人权利，而且注重集体权利；不仅重视保障人民的政治权利，而且重视保障人民的经济、文化和社会等方面的权利及其实现，从而使得人民不仅通过各种途径和形式管理国家事务，而且积极参与管理经济和文化事业，管理社会事务，把民主权利推行到政治、经济、文化和社会生活各个领域。人民内部按照民主原则建立起各种平等的社会政治关系，公民不论民族、种族、性别、职业、年龄、收入，在法律面前一律平等，公民在享受权利和履行义务方面一律平等，等等。

4. 有效性

中国特色社会主义民主是有效管用的民主。习近平用“八个能否”来衡量一个国家政治制度是否民主和有效，衡量民主制度是否具有优越性：国家领导层能否依法有序更替；全体人民能否依法管理国家事务和社会事务、管理经济和文化事业；人民群众能否畅通表达利益要求；社会各方面能否有效参与国家政治生活；国家决策能否实现科学化、民主化；各方面人才能否通过公平竞争进入国家领导和管理体系；执政党能否依照宪法法律规定实现对国家事务的领导；权力运用能否得到有效制约和监督。② 中国特色社会主义民主政治的伟大实践，恰恰对于这些方面给出了充分肯定的答案。在中国人民民主的政治实践中，我们改革和完善党和国家的领导制度；修改完善宪法，推动基层群众自治；发展社会主义协商民主；建设了解民情、反映民意、集中民智、珍惜民力的决策机制；建立健全广纳群贤、人尽其才、能上能下、充满活力的用人机制；确立和贯彻依法治国基本方式；建立健全权力运行制约和监督体制机制；

① 《马克思恩格斯全集》第 10 卷，人民出版社 1998 年版，第 692 页。

② 参见《十八大以来重要文献选编》中，中央文献出版社 2016 年版，第 60—61 页。

等等。这充分体现和发挥了中国特色社会主义民主政治的优越性，极大地促进了社会生产力的发展和社会进步。

中华人民共和国成立70余年来，我们取得的经济、政治、文化、社会、生态等方面的伟大成就充分证明，中国特色社会主义民主具有强大的生命力，是最有效的民主。它不仅实现了社会成员法律和政治权利意义上的平等，而且逐步实现了社会成员经济社会文化等多方面的平等，从而打破了西方国家对民主问题话语权的垄断，揭穿了西方民主政治理论的虚妄。

三、中国特色社会主义民主制度

中国特色社会主义民主制度坚持人民民主专政的国家性质，坚持党的领导、人民当家作主和依法治国的有机统一，遵循民主集中制原则，以人民代表大会制度为根本政治制度，以中国共产党领导的多党合作和政治协商制度、民族区域自治制度以及基层群众自治制度为基本政治制度，以宪法为核心的中国特色社会主义法律体系为制度保障。

1. 人民代表大会制度

如前所述，人民代表大会制度是我国的根本政治制度，是人民当家作主的政权组织形式。这一根本政治制度的基本内容主要包括：各级人民代表大会都由民主选举产生，对人民负责，受人民监督；各级人民代表大会及其常务委员会实行民主集中制，集体行使权力、集体解决问题；国家行政机关、监察机关、审判机关、检察机关都由人民代表大会产生，对它负责，受它监督；遵循在中央统一领导下，充分发挥地方的主动性、积极性的原则，划分中央和地方的国家机构的职权。中国各族人民通过人民代表大会制度把国家和民族的前途命运牢牢地掌握在自己手里。

人民代表大会制度是坚持党的领导、人民当家作主、依法治国有机统一的根本政治制度安排，必须长期坚持、不断完善。① 实践充分证明，人民代表大会制度是符合中国国情和实际、体现社会主义国家性质、保证人民当家作主、保障实现中华民族伟大复兴的好制度。② 在新时代，必须坚持和完善人民代表大会制度这一根本政治制度，必须毫不动摇坚持中国共产党的领导，必须保证

① 参见习近平：《决胜全面建成小康社会　夺取新时代中国特色社会主义伟大胜利——在中国共产党第十九次全国代表大会上的报告》，人民出版社2017年版，第37页。

② 参见《十八大以来重要文献选编》中，中央文献出版社2016年版，第53页。

和发展人民当家作主，必须坚持全面依法治国，必须坚持民主集中制。[①]

2. 中国共产党领导的多党合作和政治协商制度

这是中国特色社会主义的政党制度，是中国的一项基本政治制度，也是我国政治格局稳定的重要制度保证。[②] 习近平指出，中国共产党领导的多党合作和政治协商制度作为我国一项基本政治制度，是中国共产党、中国人民和各民主党派、无党派人士的伟大政治创造，是从中国土壤中生长出来的新型政党制度。[③] 实践证明，这个制度适合我国国情，根植于我国土壤，构成了中国特色社会主义制度的一个鲜明特色。[④] 这一制度的显著特征是：它是马克思主义政党理论同中国实际相结合的产物，能够真实、广泛、持久代表和实现最广大人民根本利益、全国各族各界根本利益，有效避免了旧式政党制度代表少数人、少数利益集团的弊端；它把各个政党与无党派人士紧密团结起来、为着共同目标而奋斗，有效避免了一党缺乏监督或者多党轮流坐庄、恶性竞争的弊端；它通过制度化、程序化、规范化的安排集中各种意见和建议、推动决策科学化民主化，有效避免了旧式政党制度囿于党派利益、阶级利益、区域和集团利益决策施政导致社会撕裂的弊端。它不仅符合当代中国实际，而且符合中华民族一贯倡导的天下为公、兼容并蓄、求同存异等优秀传统文化，是对人类政治文明的重大贡献。[⑤]

在新时代，必须坚持和完善中国共产党领导的多党合作和政治协商制度，坚持中国共产党的全面领导，贯彻长期共存、互相监督、肝胆相照、荣辱与共的方针，加强中国特色社会主义政党制度建设，健全相互监督特别是中国共产党自觉接受监督、对重大决策部署贯彻落实情况实施专项监督等机制。同时，加强中国共产党领导的多党合作和政治协商的制度建设。

3. 民族区域自治制度

民族区域自治制度是我国的一项基本政治制度，是发展社会主义民主、建设社会主义政治文明的重要内容，是中国特色解决民族问题正确道路的重要内容和制度保障。民族区域自治不是某个民族独享的自治，民族自治地方更不是某个民

---

① 参见中共中央宣传部：《习近平总书记系列重要讲话读本》，学习出版社、人民出版社 2016 年版，第 167 页。

② 参见《习近平总书记系列重要讲话读本》，学习出版社、人民出版社 2016 年版，第 167 页。

③ 参见《不忘多党合作建立之初心》，《人民日报（海外版）》2018 年 3 月 5 日。

④ 参见《习近平关于社会主义政治建设论述摘编》，中央文献出版社 2017 年版，第 74 页。

⑤ 参见《不忘多党合作建立之初心》，《人民日报（海外版）》2018 年 3 月 5 日。

族独有的地方。在国家统一领导下，各少数民族聚居的地方设立自治机关，行使自治权，实行区域自治。这一制度，体现了国家尊重和保障少数民族自主管理本民族内部事务的权利，体现了民族平等、民族团结、各民族共同繁荣发展的原则，体现了民族因素与区域因素、政治因素与经济因素、历史因素与现实因素的统一。民族区域自治制度保证了中国各民族都享有平等的经济、政治、文化和社会权利，共同维护国家统一和民族团结，反对分裂国家和破坏民族团结的行为，形成各民族相互支持、相互帮助、共同团结奋斗、共同繁荣发展的和谐民族关系。坚持和实行这一制度，使得我国国家制度和国家治理体系形成了各民族一律平等，铸牢中华民族共同体意识，实现共同团结奋斗、共同繁荣发展的显著优势。在新时代，必须进一步坚持和完善民族区域自治制度。

4. 基层群众自治制度

基层群众自治制度也是我国的一项基本政治制度。完善基层群众自治制度，发展基层民主，是社会主义民主政治建设的基础。基层群众自治是我国社会主义民主政治建设的一大创举，是人民依法直接行使民主权利的制度保障，是人民当家作主最有效、最广泛的途径。要完善基层民主制度，畅通民主渠道，健全基层选举、议事、公开、述职、问责等机制，促进群众在城乡社区治理、基层公共事务和公益事业中依法自我管理、自我服务、自我教育、自我监督，切实防止出现人民形式上有权、实际上无权的现象。①

在新时代，必须健全充满活力的基层群众自治制度。健全基层党组织领导的基层群众自治机制，在城乡社区治理、基层公共事务和公益事业中广泛实行群众自我管理、自我服务、自我教育、自我监督，拓宽人民群众反映意见和建议的渠道，着力推进基层直接民主制度化、规范化、程序化。全心全意依靠工人阶级，健全以职工代表大会为基本形式的企事业单位民主管理制度，探索企业职工参与管理的有效方式，保障职工群众的知情权、参与权、表达权、监督权，维护职工合法权益。

四、中国特色社会主义民主的实现方式

中国特色社会主义民主制度在实现方式上，表现为选举民主和协商民主的

① 参见《习近平总书记系列重要讲话读本》，学习出版社、人民出版社2016年版，第168—169页。

有机统一：一是人民通过选举、投票行使民主权利；二是在作出重大决策之前人民内部各方面进行充分协商，尽可能取得一致意见。这两种重要形式有机结合、互为补充，贯穿于我国社会主义民主制度的各个方面。我国的选举民主与协商民主根植于本国的基本国情，保证了人民真正当家作主，具有独特的优势和强大的生命力。

1. 历史发展

实现和发展人民民主是中国共产党始终不渝的奋斗目标。在革命战争时期，中国共产党就把选举民主和协商民主运用于根据地政权建立、运行和建设中。1931 年中华苏维埃第一次全国代表大会审议通过的《中华苏维埃共和国宪法大纲》规定，“凡上述苏维埃公民在十六岁以上皆享有苏维埃选举权和被选举权，直接选派代表参加各级工农兵会议（苏维埃）的大会，讨论和决定一切国家的地方的政治事务”①。这里的“选派”以及工农兵会议大会的“讨论和决定”体现了选举与协商原则在政权之中的运用和结合。抗日战争时期，中国共产党根据形势发展变化建立了“三三制”政权。“三三制”政权中参议会是各级政权的最高权力机关，参议会由民主选举产生，参议会闭幕后由其选出的政府成为代表人民的行政最高权力机关。在参议会和政府中，共产党员占 1/3，非共产党的左派进步分子占 1/3，不左不右的中间派占 1/3，他们本着“一切有关原则性的争议，应当平心静气的商讨，在施政纲领和民主集中制的精神之下，求得合理解决，以达到巩固三三制之目的”②。由此可见，“三三制”政权是抗日根据地民主选举与民主协商相结合的政权组织形式。在解放战争时期，解放区人民政权的民主协商和民主选举有机结合得到进一步发展，极大地激发了广大人民的革命热情，为中国革命的胜利作出了贡献。

1949 年，中国共产党根据形势的发展变化筹备召开了中国人民政治协商会议。中国共产党与各民主党派、团体、无党派民主人士等通过这次会议共同协商建国大业。政协会议的召开，标志着中国共产党领导的多党合作和政治协商制度的确立，人民政协成为这一制度的重要载体和组织形式。1954 年，第一届全国人民代表大会第一次会议正式召开。人民政协开始作为统一战线的组织形式发挥作用。人大选举民主与政协协商民主的结合开始在国家层面展开。1956

---

① 《中共中央文件选集》7，中共中央党校出版社 1991 版，第 773 页。
② 《中共中央文件选集》13，中共中央党校出版社 1991 版，第 577 页。

年，社会主义制度基本确立后，社会主义协商民主与选举民主的结合在全国范围内得到实施，二者成为社会主义民主政治的核心内容。

改革开放以来，中国共产党领导人民积极推进两种民主形式进一步完善和发展。

一方面，推进社会主义选举民主不断完善。比如，扩大直接选举的范围；按照城乡人口相同比例选举；促进各级人大代表的广泛性和结构的合理性，增加基层代表比例；规范和完善选举的方式、程序及机构；完善代表监督、罢免、辞职程序；完善候选人产生制度，推进差额选举，规范代表候选人的宣传介绍等。与此同时，在选举民主中积极推进协商民主，促进两种民主形式的结合。从程序安排上看，“协商”先于“票决”，先召开政协会议讨论重大方针政策，后召开人大会议，通过法定票决程序，把多方协商的共识上升为国家意志，然后交付政府予以实施。从民主实践看，领导者的产生先经协商取得共识，然后通过选举予以法定确认；重大公共事务决策，先充分开展协商，确保重大决策多方集智纳言、凝聚共识，然后交付国家权力机关票决，以保证决策的民主化和科学性。

另一方面，推进社会主义协商民主不断发展。中央制定、颁布和实施一系列加强社会主义协商民主建设的意见，比如，1989 年《中共中央关于坚持和完善中国共产党领导的多党合作和政治协商制度的意见》、2006 年《中共中央关于加强人民政协工作的意见》、2014 年《中共中央关于加强社会主义协商民主建设的意见》。党的十八大以来，以习近平同志为核心的党中央对推进协商民主广泛多层制度化发展作了全面规划和部署，出台一系列政策，为协商民主的发展提供了良好的政策环境。协商民主已经从政治领域延及经济、文化、社会等诸多领域，涉及民众生活的方方面面，形成了广泛多层的协商民主体系。2013 年 11 月，党的十八届三中全会在部署全面深化改革的战略任务时，根据党的十八大提出的“推进协商民主广泛多层制度化发展”的要求，提出要构建程序合理、环节完整的协商民主体系，并把这一举措定性为改革的重要内容。2014 年 9 月，在庆祝中国人民政治协商会议成立 65 周年大会上，习近平对社会主义协商民主的性质和作用作了全面深刻的阐述，强调协商民主是中国社会主义民主政治中独特、独有和独到的民主形式。2015 年 1 月，中共中央印发了《关于加强社会主义协商民主建设的意见》，要求落实推进协商民主广泛多层制度化发展和构建社会主义协商民主体系，对新形势下开展政党协商、人大协商、政府协商、政协协商、人民团体协商、基层协商以及社会组织协商作出全面部署。中央还先后印发了《关于加强人民政协协商民主建设的实施意见》《关于加强政党协商的实施意见》《关于加强城乡社区协商的意见》等重要文件。2017 年年初，中共中央办公厅还印发了《关于加强和改进人民政协民主监督工作的意见》，强调人民政协的民主监督是“协商式监督”。与此同时，在各级党委领导下，人民政协协商民主和基层协商民主等各类协商民主广泛扎实推进，取得了丰富的成果。2019 年 9 月 20 日，习近平在中央政协工作会议暨庆祝中国人民政治协商会议成立 70 周年大会上的讲话中，进一步提出了对于人民政协工作的新要求。

改革开放以来，中国共产党领导下的中国特色社会主义民主政治建设，推进了两种民主形式的发展、衔接和融合，形成了我国选举民主与协商民主相统一的互契互济式民主发展格局，共同构成了优势显著和特色明显的人民民主政治形态。

2. 社会主义选举民主

社会主义选举民主是人民通过投票进行选举从而行使民主权利的形式。这一民主形式的基本内容是通过票决方式选择公职人员。

社会主义选举民主的优势在于：第一，有利于按照人民的意志和要求选择权力代表和公职人员，委托权力，并且赋予权力机关和公职人员以政治正当性。第二，有利于人民监督权力行使者行使权力，确保权力按照人民的利益和意志运行，有利于防止权力被垄断，防止滥权，真正实现权为民所用，利为民所谋。第三，有利于广泛真实平等实现公民权利，从而成为公民有序政治参与的重要渠道，同时，有利于增强公民的权利意识、强化公民的民主观念、提高公民和候选人的参政能力。第四，有利于凝聚广泛民意，纾解不同社会群体间的对立，促进社会和谐。

中国的选举民主基于中国国情和历史文化传统，集中体现在各级人民代表大会的选举制度和运行中。人民代表大会制度中的选举民主的特点和优势主要体现在如下方面：

第一，人民代表大会制度是全体人民的选举民主制度。我国不仅在法律上规定全体人民都享有选举权与被选举权，而且在选举实践上，也涵盖了社会的绝大部分阶层和利益群体，这是资产阶级选举民主所不能企及的。《中华人民共和国全国人民代表大会和地方各级人民代表大会选举法》总则第二条规定：

全国人民代表大会的代表，省、自治区、直辖市、设区的市、自治州的人民代表大会的代表，由下一级人民代表大会选举。不设区的市、市辖区、县、自治县、乡、民族乡、镇的人民代表大会的代表，由选民直接选举。

第二，人民代表大会制度是国家财力保障的选举民主制度。资产阶级选举民主的弊端之一是社会成本高企，耗资巨大，近似天文数字的资费实际上把广大中下层劳动人民阻挡在选举民主的高墙之外，使选举民主沦为富人的专利。我国的人民代表大会制度采取国家承担选举费用和开支的做法，并对参加选举的投票人与候选人给予适当的误工补贴，从财力上保障了选举民主的公正性，也有效地激发了广大人民群众参加选举活动的积极性。

第三，人民代表大会制度是有利于社会团结与合作的选举民主制度。我国人大制度的另一典型特征是人民代表大会与常务委员会的结合，专职代表与兼职代表的结合。人民代表大会制度保障选举民主的真实性与广泛性，确保人民代表能够代表人民的利益，反映人民的要求，而常务委员会则保证了选举民主实践和运行的效率。

3. 社会主义协商民主

中国特色社会主义协商民主是人民内部各方面在重大决策之前进行充分协商，尽可能就共同性问题取得共识的民主形式，它是在中国共产党领导下，各利益相关方围绕公共领域的重大问题，在决策全程中开展广泛协商，寻找最大共识的民主形式。“在中国社会主义制度下，有事好商量、众人的事情由众人商量，找到全社会意愿和要求的最大公约数，是人民民主的真谛。协商民主是党领导人民有效治理国家、保证人民当家作主的重要制度设计，同选举民主相互补充、相得益彰。”①

社会主义协商民主具有独特优势：第一，有利于扩大公民有序政治参与，通过广泛有序协商，实现人民当家作主的权利，培育人民的民主意识和民主能力，推动以人民为主体的国家政治发展。第二，有利于促进科学民主决策，通过决策前和决策执行过程中的协商，广纳民言、广集众智、广求良策，使党和政府的决策更顺应民意、更切合实际。协商民主与选举民主相辅相成，协商民主可以让各种意见充分表达，在交流讨论中取长补短，避免片面性，

① 习近平：《在中央政协工作会议暨庆祝中国人民政治协商会议成立70周年大会上的讲话》，人民出版社2019年版，第7—8页。

尽可能趋于一致，也有助于把“服从多数”和“尊重少数”统一起来。第三，有利于推进国家治理体系和治理能力现代化，通过协商理念、方法和制度在国家治理实践中的运用，使协商治理成为国家治理的重要途径和方式。通过协商，有利于提高决策效率，降低政治成本。协商民主是求同存异，以政治合作为出发点，最大限度地达成共识，降低利益聚合的社会成本。第四，有利于化解社会矛盾冲突，通过利益诉求的协商表达和解决，促进社会和谐稳定。协商的本质是通过利益交集和“最大公约数”，寻求、保护和实现社会公共利益，同时照顾各方利益，从而在维护和实现公共利益的前提下，统筹兼顾方方面面的利益，促进社会政治稳定和谐发展。第五，有利于巩固和扩大党的执政基础，通过涉及群众切身利益问题的协商，增强党和群众的血肉联系。

协商民主不仅是重要的理论命题，也是实现中国特色社会主义民主政治的独特形式。党的十八大提出，在发展我国社会主义民主政治的进程中，要“完善协商民主制度和工作机制，推进协商民主广泛多层制度化发展”。党的十八届三中全会对如何推进协商民主广泛多层制度化发展作出了具体部署：构建程序合理、环节完整的协商民主体系，发挥统一战线在协商民主中的重要作用，发挥人民政协作为协商民主重要渠道的作用。习近平在庆祝中国人民政治协商会议成立 65 周年大会上的讲话中强调，社会主义协商民主，应该是实实在在的、而不是做样子的，应该是全方位的、而不是局限在某个方面的，应该是全国上上下下都要做的、而不是局限在某一级的。因此，必须构建程序合理、环节完整的社会主义协商民主体系，确保协商民主有制可依、有规可守、有章可循、有序可遵。这从横向和纵向两个维度充分强调了协商民主体系建设的重要性、必要性。2014 年 10 月，习近平在主持召开中央全面深化改革领导小组第六次会议的讲话中指出，“加强社会主义协商民主建设的目标是构建程序合理、环节完整的协商民主体系”，要“有组织、有重点、分层次积极稳妥推进各方面协商”。党的十八届四中全会强调，要加强社会主义协商民主制度建设，推进协商民主广泛多层制度化发展，构建程序合理、环节完整的协商民主体系。2015 年 2 月，中共中央印发的《关于加强社会主义协商民主建设的意见》明确了社会主义协商民主的本质属性和基本内涵，阐述了加强社会主义协商民主建设的重要意义、指导思想、基本原则和渠道程序。党的十九届四中全会通过的《关于坚持和完善中国特色社会主义制度　推进国家治理体系和治理能力现代化若干重大问题的决定》，就坚持和完善中国共产党领导的多党合作和政治协商制度作出了详细规定，是新时代社会主义协商民主建设的纲领性文件。

根据习近平新时代中国特色社会主义思想和党的十八大以来的文件精神，在新时代，坚持和完善协商民主，提高政治协商、民主监督、参政议政水平，主要从以下方面着力：

第一，拓宽协商渠道。现代社会的利益诉求多样，为适应公民有序政治参与的需求，需要拓宽参与渠道，更大程度上吸纳不同利益诉求，从而保持社会政治生活有序稳定运行。党的十八大强调，通过国家政权机关、政协组织、党派团体开展政治协商，高度重视发挥人民政协作为协商民主主渠道作用。党的十八届三中全会强调要拓宽协商渠道，除了国家政权机关、政协组织、党派团体这三个渠道外，还增加了基层组织和社会组织这两个渠道。2014 年 9 月，习近平在庆祝中国人民政治协商会议成立 65 周年大会上的讲话中进一步强调要拓宽中国共产党、人民代表大会、人民政府、人民政协、民主党派、人民团体、基层组织、企事业单位、社会组织、各类智库等协商渠道。2015 年 2 月，中共中央印发的《关于加强社会主义协商民主建设的意见》对十大协商渠道进行充分整合后提炼为政党、政府、政协、人大、人民团体、基层和社会组织这七个协商渠道，并对如何有序发展这七个协商渠道进行具体部署："重点加强"政党协商、政府协商、政协协商，"积极开展"人大协商、人民团体协商、基层协商，"逐步探索"社会组织协商。党的十九届四中全会重申了这些渠道，并且上升到协商民主制度建设的高度予以阐述。由此可见，在实践中，需要进一步拓宽社会主义民主协商渠道，强化其广泛性、有序性和层次性。

第二，丰富协商形式。协商民主建设需要注重和开拓形式的多样性。习近平在庆祝中国人民政治协商会议成立 65 周年大会上的讲话中提出建立健全提案、会议、座谈、论证、听证、公示、评估、咨询、网络等协商形式。中共中央印发的《关于加强社会主义协商民主建设的意见》在以上九种协商形式的基础上又增加了民意调查这种形式，同时强调各类协商要根据自身特点和实际需要合理确定具体的协商形式，不断提高协商民主的科学性和实效性。

第三，扩展多层协商。习近平指出："涉及全国各族人民利益的事情，要在全体人民和全社会中广泛商量；涉及一个地方人民群众利益的事情，要在这个地方的人民群众中广泛商量；涉及一部分群众利益、特定群众利益的事情，要在这部分群众中广泛商量；涉及基层群众利益的事情，要在基层群众中广泛商量。”① 这就要求从全国、地方、基层等多个层面广泛深入推进协商民主建设。绝大多数社会问题与矛盾总是先从基层产生，逐步向更高层面、更大范围蔓延、扩散。习近平特别强调：“要按照协商于民、协商为民的要求，大力发展基层协商民主，重点在基层群众中开展协商。”② 通过推进乡镇、街道的协商，推进行政村、社区的协商，推进企事业单位的协商，释放、激活协商民主在基层的生长空间，尽最大努力把矛盾化解在基层。

第四，完善协商民主制度。坚持和完善协商民主的制度建设，健全政党相互监督、对重大决策部署贯彻落实情况实施专项监督。完善人民政协专门协商机构制度，健全发扬民主和增进团结相互贯通、建言资政和凝聚共识双向发力的程序机制。统筹推进多方协商，构建程序合理、环节完整的协商民主体系，完善协商于决策之前和决策实施之中的落实机制。

在中国特色社会主义民主政治实践及其发展中，我国的选举民主与协商民主相辅相成、相得益彰。实践证明，两者有机统一，既尊重了多数人的意愿，又照顾了少数人的合理要求，最大限度地保障了人民民主的实现，最大程度地实现了公共利益与方方面面利益的均衡协调，最大效度地实现了人民民主与国家有效治理的有机结合。协商民主避免了选举民主与国家治理实践相分离和人民参与政治周期过长的不足，推动人民群众广泛经常有序的政治参与和国家有效治理；弥补了选举民主简单多数的不足，使得所有人的主张都得到尊重和表达，民主权利得到维护和实现，从而最大限度地凝聚共识和提升决策合法性。我国的选举民主推动了国家权力执掌者积极主动协商，避免协商民主运行中出现的“议而不决”、“议而难决”、耗费民众参与热情等现象，从而提升了决策效率，强化了国家治理有效性。

总之，发展社会主义民主政治是中国共产党始终不渝的奋斗目标，积极推进社会主义民主政治建设，必须从我国国情出发，充分考虑我国的社会历史背景、经济发展水平、文化发展状况等重要因素，在发展中国特色社会主义的总

---

① 《十八大以来重要文献选编》中，中央文献出版社 2016 年版，第 73 页。

② 《十八大以来重要文献选编》中，中央文献出版社 2016 年版，第 78 页。

进程中不断深入推进、创造发展。我们完全有信心、有能力把我国社会主义民主政治的优势和特点充分发挥出来，为人类政治文明进步作出充满中国智慧的贡献！①

思考题：

1. 马克思主义民主观的内涵和主要内容是什么？
2. 如何看待西方资本主义民主的历史进步性和局限性？
3. 为什么中国民主政治建设的关键是要把中国共产党的领导、人民当家作主和依法治国有机统一起来？
4. 中国特色社会主义民主具有哪些优势？

拓展资源

本章名词解释

① 参见习近平：《决胜全面建成小康社会　夺取新时代中国特色社会主义伟大胜利——在中国共产党第十九次全国代表大会上的报告》，人民出版社2017年版，第36—40页。

第五章　政党和政党制度

政党自近代产生以来，逐步成为世界各国越来越普遍的政治现象。由于社会制度和国情不同，各国的政党制度存在很大差异。西方国家的政党制度与议会制度、选举制度等，共同构成资本主义的基本政治制度；社会主义国家的政党制度是工人阶级政党代表人民执掌政权，领导人民有效治理国家，实现和发展人民利益的基本政治制度，它与社会主义国家其他政治制度一起，共同构成社会主义政治制度。

第一节　政党概述

一、政党的含义和特征

西方政治学对政党的定义是与资本主义政治生活联系在一起的。归纳起来，这些定义主要有如下几类：

政党是为选举（竞选）而建立的政治组织。如《不列颠百科全书》认为，政党是“由一群人组成的团体，他们通过选举或革命取得政权并行使政权”①。

政党是为了取得权力和控制政府而建立的政治组织。如《国际社会科学百科全书》认为，政党是遵奉某种意识形态或围绕某种特定利益而建构，并以获得政府权力为目标的组织②。

政党通过竞选输送公职人员控制政府机构，并充当联系公众和政府的桥梁和纽带。如《新哥伦比亚百科全书》认为，政党是这样一种组织，它通常是通过它所选出的候选人担当公职，以达到控制政府机构之目的。政党有很多形式，但它们的主要职能都是相同的，这便是：提供担任政府职务的人员；组织这些人员制定和执行国家政策；在个人与政府之间起桥梁作用。③

---

① 中国大百科全书出版社不列颠百科全书编辑部编译：《不列颠百科全书》国际中文版第13卷，中国大百科全书出版社1999年版，第381页。

② David L. Sills ed., *International Encyclopedia of the Social Sciences*, Vol. 11, New York: The Macmillan Company & The Free Press, 1972, p. 429.

③ William H. Harris, Judith S. Levey eds., *The New Columbia Encyclopedia*, New York: Columbia University Press, 1975, pp. 2076-2077.

这些定义虽然从不同的侧面指出了资产阶级政党的某些特征，但是都没有触及政党形成和发展的经济基础和社会根源，回避了政党的阶级性，因而没有揭示政党的本质。

基于唯物史观，马克思主义结合政党的社会基础、组织形态和活动内容，深刻阐明了政党的阶级本质。列宁指出，在通常情况下，在多数场合，至少在现代的文明国家内，阶级是由政党来领导的。① “要想了解政党的真正作用，不要看它的招牌，而要看它的阶级性质和每个国家的历史条件。”②

根据马克思主义经典作家对政党本质的阐述，结合政党现象发展的历史与现实，可以对政党作如下定义：政党是代表一定阶级、阶层或社会集团的根本利益，由这些阶级、阶层或者集团中政治上最积极的成员所组成，具有特定的政治纲领和政策主张，按照特定规则而采取共同的行动，为获取、参与和维护政权而展开活动的政治组织。

在社会政治生活中，政党具有以下基本特征：

第一，政党是阶级、阶层和集团斗争的历史产物。政党是阶级的政治组织，是阶级斗争发展到一定历史阶段的产物。历史上最早出现的政党是资产阶级政党。西方代议制度的确立，为资产阶级政党的产生和发展提供了政治条件，而无产阶级政党是无产阶级反对资产阶级的斗争发展到政治斗争阶段的产物。由此可见，政党作为一种历史现象，是近代社会才出现的。随着社会历史的发展进步，政党也将和阶级、政治国家一样，归于自行消亡。

第二，政党是由阶级、阶层以及其他社会集团中政治上最积极、最活跃的一部分人所组成的。特定阶级、阶层或社会集团成员的社会经济地位和政治意识互不相同，因此，无论是处于统治地位的阶级，还是处于被统治地位的阶级，在追求和实现其阶级的经济利益和政治目标时，都需要而且实际是由其中的积极分子来组织和领导的。在社会政治生活中，政党是特定阶级利益的最高政治代表，代表着特定阶级的根本利益从事政治活动。

第三，政党有自己的组织和党规党纪。政党要发挥领导作用，就必须建立自己的组织体系，并以此汇集全党的力量。否则，政党很难组织和动员本党成员以及更广泛的追随者，也就不可能发挥政党的领导作用并且实现其目标。同

---

① 参见《列宁选集》第 4 卷，人民出版社 1995 年版，第 197 页。

② 《列宁全集》第 23 卷，人民出版社 2017 年版，第 302 页。

时，要使政党具有强大的凝聚力、有效的政治动员力和政治领导力，使政党活动产生重要影响，必须通过一定的党规党纪来规范其成员的行为，以便凝聚全党意志和力量，统一全党的政治行动。参加党的基层组织；投票支持本党提出的候选人；服从本党的决议、指示和领导；在经济上支持政党，如交纳党费或不定期地进行捐款等，都是现代政党的党规党纪要求。资产阶级政党在选举时，组织性显得比较突出。工人阶级政党建立在其成员高度觉悟基础上的严密的组织和严格的党规党纪，是其取得社会主义革命、建设和改革胜利的重要保证。

第四，政党有自己的政治纲领。政治纲领规定了政党的政治信仰、政治目标及其实现路径。政党间的明显政治区别，常常体现为不同政党的政治纲领之间的区别。不同的政党有不同的政治纲领，这是由政党所代表的阶级、阶层、集团的利益和要求决定的。政治纲领又是政党成员结合的基础，恩格斯曾说："一个新的纲领毕竟总是一面公开树立起来的旗帜。"① 政党以特定的政治纲领表达党员的政治信仰、政治目标及其实现途径，明确党的政治任务，以此作为旗帜，凝聚全体党员的政治力量，并且号召、发动和动员群众，争取群众的信任、支持和拥护，展开政治活动。

第五，政党与政权关系紧密。一般说来，政党只有掌握或参与了政权，才能实现其政治纲领。掌握或参与政权是政党的主要目标，这是政党区别于其他社会组织的显著特征。在资本主义社会，执掌政权的政党为执政党，否则是反对党或在野党。在反对资产阶级的斗争中，无产阶级政党也要通过掌握政权来实现其政治纲领，但与资产阶级政党之间的轮流执政不同，它要推翻资本主义制度，建立工人阶级和劳动人民政权，并以此为基础，维护、实现和发展最广大人民的根本利益，建设和发展社会主义和共产主义社会。

政党上述特征是相互联系、不可分割的。这些特征，共同构成了政党区别于其他社会和政治组织的基本标识。

需要指出的是，随着社会政治的发展，一些新兴政党出现在各国政治舞台上。与传统政党相比，这些新兴政党具有一定的特殊性，比如绿党的社会基础相当广泛，并非简单地代表特定阶级和阶层的利益；而跨国政党，如欧洲议会党团、欧洲政党联盟等，可能与特定国家政权的直接关联并不明显。另外，在

① 《马克思恩格斯文集》第3卷，人民出版社2009年版，第415页。

选举政治条件下，部分政党会出现政策趋同倾向，从而有别于传统的政党状况。所有这些，都是政党和政党政治制度发展中的新现象，需要加以关注。

二、政党的产生

1. 资产阶级政党的产生

资产阶级政党最早是伴随着资产阶级革命而出现的。资本主义生产关系的存在和发展，是资产阶级政党产生的经济根源。随着资产阶级革命的进展，资本主义政治制度得以确立，政党和政党政治逐步成为资本主义国家政治生活的重要组成部分。17 世纪 70 年代英国议会中形成的辉格党和托利党，通常被认为是近代资产阶级政党的开端。

研究表明，资本主义国家建立初期，其法律和制度框架内并没有与政党相关的设计，早期资产阶级政党的很多活动方式与既有政治运行机制存在矛盾和冲突，因此，政党一度被排斥在资产阶级国家政治活动范围之外。但是，资本主义的经济社会关系与资本主义政党政治具有内在联系。资产阶级革命解除了封建制度对社会成员的专制政治束缚，需要适应资产阶级的政治统治，创造出新的政治组织和运行机制来整合社会、组织政治活动、制定政策方针和治理国家。在此过程中，资产阶级需要新的政治组织表达和聚合资产阶级不同派系和集团的利益诉求和政治主张，维系这些派系和集团之间的利益平衡，维护资产阶级的整体统治和利益要求。此外，伴随着封建社会政治社会化途径功能的衰落，资产阶级需要有新的途径承担资本主义社会的政治社会化功能，培育适应资本主义政治统治要求的政治人格和政治文化。在这种背景下，政党逐步被资本主义各国的政治生活所接受，政党制度也被逐步纳入各国的政治制度和法律体系。

接受、承认、运行政党和政党政治，成为 20 世纪世界各国政治生活的重要特征。第二次世界大战以后，联邦德国、意大利、法国等先后通过宪法途径对政党的法律地位作出了明确规定。虽然美国、英国的宪法没有明确政党的实际政治角色，但在普通法律或最高法院的裁决中，规定了政党在该国政治体制中的地位和作用。1967 年，联邦德国颁布的《政党法》，对政党的地位、作用、组织、经费等问题作了比较系统和明确的规定。

2. 无产阶级政党的产生

在资本主义社会中，各国工人阶级和劳动人民反抗资产阶级剥削、压迫的斗争，促成了工人阶级政党的产生。工人阶级作为独立的政治力量的成长和成熟，成为工人阶级政党产生的阶级基础。工业革命使整个社会日益分裂为资产阶级和工人阶级两大直接对立的阶级，阶级利益的对立必然导致阶级斗争。在资本主义早期阶段，工人通常把自身的苦难归结为机器大生产，由此掀起了诸如捣毁机器、破坏工具之类的自发工人运动。尖锐、复杂的阶级斗争的发展，使他们意识到有组织斗争的重要性，于是工人俱乐部、工会等团体纷纷成立，开始有组织地为改善劳动条件、缩短工时和提高生活水平而斗争。在长期的斗争中，工人阶级逐步认识到，只有从政治上彻底推翻资产阶级的政治统治，建立工人阶级政权，才可能获得经济、社会和政治上的真正解放，为此，他们组织起工人阶级政党，展开了政治斗争。

工人阶级政党的产生，标志着工人阶级由“自在”到“自为”状态的转变，这一转变，是在科学社会主义理论的指导下完成的。世界上第一个工人阶级政党是1847年成立的共产主义者同盟，马克思和恩格斯为共产主义者同盟撰写了纲领——《共产党宣言》。19世纪后期，欧洲许多国家陆续成立了工人阶级政党。20世纪初，随着俄国十月革命的胜利，世界上第一个共产党领导的社会主义国家建立。此后，世界各国产生了一大批以马克思主义为指导的工人阶级政党。1921年成立的中国共产党是中国工人阶级的先锋队，是中国人民和中华民族的先锋队，领导中国人民进行了艰苦卓绝的斗争，于1949年成立中华人民共和国。

三、群众、阶级、政党、领袖的关系

群众、阶级、政党、领袖之间的相互关系，是社会政治生活中的重要关系，列宁就此指出：“谁都知道，群众是划分为阶级的；……在通常情况下，在多数场合，至少在现代的文明国家内，阶级是由政党来领导的；政党通常是由最有威信、最有影响、最有经验、被选出担任最重要职务而称为领袖的人们所组成的比较稳定的集团来主持的。”① 列宁的这段论述，清晰地阐明了群众、阶级、政党和领袖相互之间的关系：

1. 群众是划分为阶级的

列宁在这里所说的群众，是一个广义的概念，是泛指人群、人们。马克思

① 《列宁选集》第4卷，人民出版社2012年版，第151页。

主义认为，由于在社会生产中的地位不同，尤其是对生产资料的占有关系不同，群众通常是划分为不同阶级的。阶级是与生产资料占有关系和劳动关系紧密联系的社会群体，就此而言，在社会结构意义上，群众是由阶级构成的。

2. 阶级是由政党来领导的

阶级关系和阶级矛盾的发展，促使阶级从“自在”状态向“自为”状态转变，阶级政治意识的觉醒和政治斗争的需要，催生了阶级的政治组织和集中代表——政党。现代意义上的政党是为了反映和代表特定阶级的利益而产生的政治组织，它具有明确的政治目标，也具有特定的组织体系和党规党纪，因此，政党是具有强烈政治属性和巨大政治能量的组织，政党一经产生，就成为特定阶级的政治领导者。近代资产阶级革命以来，资产阶级和工人阶级都有自己的政党，都在各自政党的领导下进行政治活动。

3. 政党是由阶级的政治骨干分子组成的

政党是由各个阶级中具有明确阶级和政治意识、能够清楚体认和辨识自身阶级利益的骨干分子组成的。资产阶级政党是由代表资产阶级利益的核心分子组成的，无产阶级政党则是由无产阶级先进分子组成的。中国共产党是中国工人阶级的先锋队，同时是中国人民和中华民族的先锋队，是中国特色社会主义事业的领导核心，代表中国先进生产力的发展要求，代表中国先进文化的前进方向，代表中国最广大人民的根本利益。

4. 政党是在政党领袖领导下进行活动的

政党领袖通常是政党成员中最有威信、最有影响、最有经验、担任最重要职务的人。每个政党都有自己的政党领袖，政党活动一般是在政党领袖领导下进行的。一方面，政党领袖集中而且忠实地代表本阶级、本政党的利益；另一方面，政党领袖对于本阶级和本政党活动的方向也起着引领和指导的核心作用。政党领袖的作用在当今世界更为突出，无论是资本主义国家还是社会主义国家，政党领袖都在本国政治甚至国际斗争中发挥着重要核心作用。因此，维护政党领袖的核心地位，发挥政党领袖的核心作用，是充分发挥政党政治功能和强化政党政治能力的重要途径。

四、政党的类型

当代世界各国和地区，存在着众多的政党。为了便于认识和了解这些政党，有必要对政党进行基本的分类。根据不同的分类标准，会产生不同的政党类型。

1. 不同阶级和阶层的政党

根据马克思主义对政党本质的分析，对政党的分类应当首先根据其代表的阶级和阶层的属性为标准。以此为标准，可以把当今世界上的政党划分为工人阶级政党和资产阶级政党；又可以运用阶层标准，将资产阶级政党进一步划分为代表中小资产阶级的政党和代表垄断资产阶级的政党等。在社会主义国家，主要的政党是工人阶级政党。

在有些社会主义国家，也存在一些代表不同社会阶层，但是接受共产党领导、具有参政党属性的民主党派。

2. 执政党与在野党

在当代资本主义国家，根据政党是否掌握国家的行政权，可以把政党区分为执政党和在野党。掌握国家行政权的政党被称为执政党，也可称为“在朝党”；不掌握国家行政权的政党被称为“在野党”。虽然日常生活中也有人把在野党称为“反对党”，但二者的含义其实是有区别的。只有在像英国这样的实行两党制的内阁制国家，最大的在野党才能被称为“反对党”。

3. 多数党与少数党

在当代资本主义国家，根据政党是否在议会中占多数席位，可以把政党区分为多数党和少数党。一般来说，在议会中占有的席位超过半数的政党就是多数党，未过半数的都是少数党。在议会中未过半数，但比其他政党的议席都要多的政党并不是多数党，只能被称为“相对的多数党”。

在内阁制国家，内阁是由议会的多数党来组织的，因此，多数党一般就是执政党；但在总统制国家，总统和议会是由选民分别选举产生的，因此多数党和执政党、在野党和少数党之间没有必然的联系。

4. 不同意识形态的政党

在西方国家，人们往往还根据政党所持的不同思想观点、意识形态和政策主张，把政党区分为左派政党、右派政党和中间派政党。极端的左派政党和右派政党，又分别被称为极左派政党和极右派政党。一般来说，左派政党偏重关注平等和社会福利，主张国家干预经济；右派政党更多关注效率和个人自由，要求国家减少对经济活动的干预，重视保障军事、国防和国家安全预算。

五、政党在政治生活中的作用

在政治生活中，政党的作用主要是：

1. 争取、团结和影响民众，进行政治动员

政党是某一阶级、阶层和社会集团的政治领导核心，它们存在和发展的社会基础是其所代表的特定阶级、阶层和社会集团。资产阶级政党代表资产阶级的利益，但资产阶级又可以划分为不同的阶层和社会集团，因而往往又有代表资产阶级不同阶层和社会集团利益的不同政党。而共产党则是代表工人阶级和广大人民根本利益的政党。

作为特定阶级、阶层和社会集团的一部分，政党的首要任务就是争取、动员、团结和影响自己所代表的阶级、阶层、社会集团和社会大众。列宁指出："任何一个代表着未来的政党的第一个任务，都是说服大多数人民相信其纲领和策略的正确。"① 政党如果脱离群众，就如同无源之水，必然最终溃散。一个政党的阶级基础和群众基础的坚实和广泛程度，是这个政党政治力量强弱和社会影响大小的基本前提。

现代资产阶级政党争取群众的直接政治目的在于争取选票和获取执政权。为了在选举中获胜，它甚至不惜采取包括虚假承诺、变相金钱收买在内的种种手段。对于无产阶级政党来说，争取群众支持，主要依靠其信仰、理论、路线、战略、方针、政策切实反映社会发展规律，反映工人阶级和劳动人民的根本利益和要求，依靠广大党员切实维护工人阶级和人民群众利益的自觉行动，同时，依靠党组织和党员在政治实践中动员、宣传、组织、教育和领导群众的能力。因此，人民群众对于政党的政治支持需要通过党的工作来积极争取。"政治家的艺术（以及共产党人对自己任务的正确理解）就在于正确判断在什么条件下、在什么时机无产阶级先锋队可以成功地取得政权，可以在取得政权过程中和取得政权以后得到工人阶级和非无产阶级劳动群众十分广大阶层的充分支持，以及在取得政权以后，能够通过教育、训练和争取愈来愈多的劳动群众来支持、巩固和扩大自己的统治。"② 同时，马克思主义还强调无产阶级政党争取同盟者的重要性。对于无产阶级政党来说，影响和团结广大人民群众，争取和团结尽可能广泛的同盟者，孤立极少数敌人，在取得政权前后，都是至关重要的政治任务。

争取群众与教育群众具有内在联系。资产阶级政党常常不惜重金，通过传

---

① 《列宁专题文集 论社会主义》，人民出版社 2009 年版，第 82 页。

② 《列宁选集》第 4 卷，人民出版社 2012 年版，第 161 页。

媒等宣传工具，鼓吹自己的政治主张，濡化和诱导人民群众接受资本主义社会秩序、政治运行规则和政治文化。而对人民群众进行宣传教育，提高无产阶级的阶级觉悟和广大人民群众的政治觉悟，则是无产阶级政党的重要使命。列宁认为："无产阶级先锋队的作用，即训练、启发、教育工人阶级和农民中最落后的阶层和群众并吸引他们来参加新生活。"① 在掌握政权以前，党教育人民群众的目的是为了动员、凝聚和加强革命力量，展开夺取政权的伟大斗争；在掌握政权以后，党对人民群众的宣传教育，是为了使工人阶级和广大人民群众了解、信任和拥护党的路线、方针、政策，激发人民群众的积极性、主动性和创造性，领导人民正确行使当家作主的权利，有效地治理国家。

2. 集中阶级的意志，聚合和表达其利益要求

政党是实现政治斗争或统治的工具，其重要作用之一就是集中阶级意志。统治阶级的成员在维护其阶级共同和根本利益方面，是高度一致的，但是，在如何进行政治斗争或实现其统治方面，也需要集中统一的共识和意志，这就需要在政党这样的政治组织领导下，凝聚和整合阶级、阶层和集团的意志和要求，选择其从事政治活动的方式，确定相关政策方针主张，从而有效地展开政治活动。

在资本主义社会，政党的主要作用就是反映特定阶级或阶层的利益和意愿，制定自己的纲领和政策。政党在竞选等政治活动中对其纲领、政策进行宣传，争取群众对其纲领、政策的支持和国家权力机关的采纳。选举获胜的政党可以通过执掌政权、制定法律和政策，集中统治阶级或者阶层的意志，并且将其转化为国家意志予以实现。

在社会主义社会，工人阶级和劳动人民当家作主，与此同时，社会主义也存在着各种各样的社会利益差别。为了建设社会主义事业，需要具有先进性、纯洁性的工人阶级和广大人民的先锋队组织，代表工人阶级和广大人民的根本利益，执掌国家政权、运行国家治权，集中和凝聚社会方方面面的利益和意志，制定国家发展的战略方略和政策方针，有效地治理国家，推进生产力和社会的发展，实现人的全面解放和发展。无产阶级政党就是这样的政党。

3. 培养政治骨干

政党不仅聚集本阶级、本社会集团的政治精英和中坚分子，还以其特定的

---

① 《列宁选集》第 4 卷，人民出版社 2012 年版，第 160 页。

理论、纲领、组织原则、党规党纪和活动方式创造特定的政治文化，并以这一政治文化教育党员，增强党组织的凝聚力，提高党员的政治素质，强化党员为本阶级奋斗的政治意识和精神，同时培养党员，特别是政治骨干的实际政治能力。因此，政党通常都会为本阶级培养、准备和提供政治骨干，以便通过这些骨干的政治活动，实现特定的政治和社会目标。

4. 掌握、行使或影响国家权力

在现代国家，特定阶级的意志要上升为国家意志，需要通过国家法定程序和政治过程。所以，政党的重要政治功能是夺取、掌握或参与政权，以行使或影响国家权力。在近现代国家，政治权力的行使大多通过政党政治来实现。政党在组织政府、制定法律和政策、施政、治理国家等方面起着重要作用。

在资本主义国家，政党掌握政权的方式主要有两种：一是操纵议会，即通过取得议会多数席位，使本党的政策、纲领能够通过法定程序成为法律和国家的政策；二是组织政府，即通过法定程序由执政党向政府推荐政务类公务员。此外，主要政党还在调节立法机关和行政机关之间的权力制衡关系、调节中央地方关系和监督政府等方面发挥着重要作用。处于不同地位的政党，与国家政权的关系不一样，行使或者影响国家权力的方式也不一样。执政党是国家政权执掌者，可以直接行使国家权力，将政党的意志上升为国家意志。反对党、在野党不直接行使国家权力，但它们可以通过监督等形式，对国家政权产生重要影响，并积极努力通过竞选上台，以掌握政权并直接行使国家权力。在一些国家，如英国，反对党与国家权力运行的关系非常密切，对国家政策的制定具有重要影响。

无产阶级政党是社会主义国家的领导核心，也是社会主义国家的执政党，它遵循共产党执政规律、社会主义建设规律和人类社会发展规律，通过全面领导全体人民，推进社会主义建设和发展，实现工人阶级和广大人民利益要求，推动社会历史前进和发展。

第二节 政党制度

一、政党制度的含义

政党制度，是指由法律规定或在政治生活现实中形成的，规范政党行使国家权力或参与社会政治生活的政治制度。政党制度是现代国家政治制度的重要组成部分。

政党制度涉及政治生活中各主要要素与政党之间的关系，主要包括政党与政权之间的关系、政党与各国家机构之间的关系、政党之间的关系、政党与社会的关系、政党活动的基本政治法律规范等。政党制度可以体现为法律形式，也可以体现为惯例，无论采取什么样的体现形式，政党制度都是一国政治制度的重要组成部分。有些国家关于政治制度的法律没有明确涉及政党的组织形式、成员类型、纲领章程、活动方式等内容，但在政党政治的条件下，政治生活不可能缺少政党制度方面的实际内容，特定国家即使没有成文的法律规范，也会根据实际政治需要形成某些惯例，并且以此规范政党的运行。

在政治学研究中，“政党制度”与“政党政治”两个概念经常被交叉使用，但是，两者实际上还是有所区别的。一般来说，政党制度是关于政党如何行使或参与国家政权的规范的总和，而政党政治则是指由政党来组织和行使国家政权这样一种政治活动方式。

各国的政党制度存在较大的差异，究其原因，在于政党制度的形成和发展实际上受到多种因素的影响。首先，政党制度体现着一国阶级力量对比的实际状况。政党制度是统治阶级利益要求的体现，只有在力量对比中获得优势的阶级才能上升为统治阶级，代表该阶级利益的政党才有可能执掌国家政权。虽然在某些情况下，被统治阶级也可以建立自己的政党，但其执掌国家政权的机会往往比较少。其次，政党制度与一国的根本政治制度有着密切关系。资本主义国家的政党制度具有多种具体形式，但根本上必须保证执政权掌握在作为统治阶级的资产阶级手中，而社会主义国家政党制度要保证工人阶级和人民群众当家作主的政治形态和权力地位，这就决定了社会主义国家和资本主义国家的政党制度存在着根本区别。同时，同一社会制度的国家政治体制的不同，也会影响到政党制度的差异。比如，英美两国基本政治制度相同，且都实行两党制，但由于内阁制和总统制的区别，两国的政党制度存在诸多不同之处。最后，政党制度也受到各国具体政治规则的影响。比如，选举制度的差异对各国政党制度的影响就非常明显，采取多人选区比例代表制的国家，往往形成多党制，而采取单人选区多数制的国家，往往实行两党制。此外，政党制度还受到不同国家的国情、经济发展水平、文化和政治文化传统、社会保障程度、人口结构等多方面因素影响，因此，不同国家的政党制度往往表现出巨大的差异性。

为了便于辨识各国政党制度，需要对其进行分类。人们往往根据合法从事社会政治活动或者交替执掌政权的政党数量，将西方资本主义国家政党制度划分为一党制、两党制和多党制等类型。不过，也有学者根据政党之间的关系，将西方国家政党制度分为竞争性政党制度和非竞争性政党制度。

在政治学研究中，有些西方学者肯定某种政党制度而贬低其他政党制度。比如有学者认为只有西方的两党制和多党制是与民主政治相适应的政党制度，并以此为价值标准来评判、否定其他国家的政党制度。实际上，这是一种偏见。各国采用什么样的政党制度主要依据其国情而定，各国历史条件和社会环境不同，政党制度也会不同，评价政党制度的标准相应也不同。

二、西方国家政党制度

1. 两党制

所谓两党制，是指资本主义国家中两个主要政党通过竞选取得议会多数席位，或赢得总统选举而轮流执掌政权的一种政党制度。在议会选举中获得多数席位或在总统竞选中获胜的政党，执掌政权，成为执政党；在竞选中失利的政党，成为反对党或在野党。两党制并不意味着这一国家只有两个政党，而是指在众多政党中，有两党居于垄断地位。比如在英国，除了保守党、工党外，还有自由党、共产党等小党。所谓轮流执政，是指两党因任期和选举结果等因素，交替执掌国家行政机关。两党制产生于英国，后传入其殖民地和其他国家，如美国、加拿大、澳大利亚等。目前，两党制有两种基本类型。

（1）以英国为代表的内阁制下的两党制

两党活动围绕下议院选举展开。上议院议员由贵族世袭或国王任命，与政党制度没有直接关系。两党竞选下议院议席，获得多数席位的政党即成为执政党，组织内阁。执政党与反对党在形式上泾渭分明，但“对抗性”活动仅以议会为限。反对党内部也有由各部“大臣”组成的“影子内阁”，领导反对党在下议院中的活动，其“机构设置”与内阁一一对应。当议会就某项政策或法案辩论时，就由负责该事务的“影子内阁”成员代表反对党发言。

两党都有较为严格的党纪。根据内阁制的运作机制，为保证执政党的议案能在下议院顺利通过，政党用严格的党纪约束党员行动。比如，议员必须按党的决定投票；中央和地方组织之间有着直接的联系纽带，政党活动具有连续性；两次大选之间，政党继续各自的工作，包括组织参加地方选举、保持与议会和内阁的接触等。

（2）以美国为代表的总统制下的两党制

两党选举竞争典型表现在总统和议员竞选上。总统选举和参众两院选举分别进行，以总统竞选论胜败，获胜者为执政党，失败者为反对党，两党在议会中席位多少与此没有直接政治相关性。也就是说，执政党不一定是国会中的多数党，反对党也不一定是国会中的少数党。

两党组织结构松散。虽然两党都有从地方到联邦的组织，但与实行联邦制相关，各党基本上是各州和地方委员会的松散联盟，党员没有严格的入党手续，缺乏有力的全国机构或严格的纪律约束。在两院中，两党都有自己的领袖。领袖又各有一名助手，即督导员，共同负责领导、监督本党议员，协调本党议员的行动以推行本党在重大问题上的决策，但党对本党议员不具有强制性的约束，议员主要从选区和选民的角度考虑其政治倾向。

两党制以单人选区多数制为基础。两院的选举都实行简单多数制，总统选举中选举人票的计算，除缅因州和内布拉斯加州之外，各州也一律按简单多数制计票，即“胜者全得”。这种选举制度保证了两党交替执掌政权的垄断地位。

2. 多党制

所谓多党制，就是在资本主义国家中多党并立，由在竞选中获胜的政党或政党联盟执政的政党制度。在多党制国家，获得议会多数席位从而组织政府或所推举的候选人当选为国家元首的政党（或政党联盟）为执政党（或执政联盟），失利的政党作为在野党起监督政府和牵制执政党的作用。实行多党制的主要有西欧、北欧的资本主义国家和一些第三世界国家。

社会结构和利益多元化是党派林立的社会原因。比如德国历史上就长期存在宗教教派之争，在政党制度中，这种状况以政党的面貌出现，如基督教民主联盟、基督教社会联盟；工人阶级与资产阶级的对抗，产生了各种维护和代表工人阶级利益的组织和政党；主张民族统一与代表诸侯国利益的地方主义的矛盾，衍生出许多代表地方利益的小党，如巴伐利亚故乡党、汉诺威党等；生态问题促成了绿党等政党的出现。

议会选举的比例代表制是多党制形成的主要政治制度条件。虽然比例代表制能够比较直接地体现民意，但容易导致组阁困难、经常倒阁等现实问题。这促使不少国家近年来对比例代表制辅以一些限制性措施。比如，在意大利参加竞选的党派或组织一般不下 30 个，但在议会中获得席位的只有 10 个左右；俄罗斯实行比例代表制，但同时规定只有选票超过 5%的政党和选举组织才能参与分配议席。

实行多党制的国家，可分为三种类型：

（1）两极多元格局的多党制

这种政党制度的特点是：政党数量多，力量分散；往往分化成阵线分明的左右两大阵营。这种多党制以德国和当代法国（法兰西第五共和国）为典型。在第五共和国第一届国民议会成立之前，戴高乐实行“单记名多数两轮投票制”，将法国本土划分成 465 个选区，每个选区选出一名议员，在第一轮投票中获得绝对多数票的候选人方能当选，否则须进行第二轮选举，而只有在第一轮选举中得票超过 5%的候选人才有资格进入后一轮角逐，在第二轮中获得相对多数即可当选。这就促使法国政党格局趋向左翼和右翼两极。

（2）多元并存的多党制

在这一制度下，一个政党在选举中很难单独获得绝对多数席位，一般都是组织联合政府，反对派则组成联合阵线与之抗衡。实行这种多党制的国家有意大利、瑞士、芬兰和 1958 年第五共和国成立之前的法国。在多元并存政党制度下，常常形成多党联合执政的局面，由此也使得政府更迭比较频繁。法国经历了第三、第四共和国的频繁倒阁，第五共和国促成了两极多元的政党制度，保证了政局的相对稳定。

（3）一党独大的多党制

在这一制度中，也存在多个政党，但其中一个政党处于明显的优势地位，长期单独执政。典型的例子就是日本的“五五体制”，自由民主党自 1955 年起连续执政达 38 年，直到 1993 年，在多种因素作用下，日本的政党制度才改变成为今天的多党制。除此之外，印度、新加坡等国家也实行类似的政党制度，印度的国大党、新加坡人民行动党、墨西哥革命制度党，也在较长的时期内以类似日本自由民主党的方式发挥过政治作用。

3. 一党制

一党制是指一个国家只有一个合法政党，而禁止其他政党存在和活动的政党制度。一党制的核心特征，不仅仅是一党执政，而且只有一个合法的执政党。20 世纪以来的一党制有两种类型：一种类型的一党制是亚非拉部分民族独立国家的一党制。这些国家长期处于殖民统治之下，经济、文化极端落后，政治上分裂，部族矛盾、宗教矛盾、民族矛盾以及国家间矛盾十分尖锐，长期缺乏民主传统，有鉴于此，实行一党制的集中领导往往是维护国家的政治稳定和经济发展、维护国家的主权独立和有效治理以及推进国家经济和社会发展的要求。另外一类是法西斯国家的一党制，这是一种践踏人民基本权利的极端形态的政党制度，希特勒统治下的德国、墨索里尼统治下的意大利和佛朗哥统治下的西班牙都是这种类型的一党制。随着西班牙成功实现民主转型，这种一党制已经不复存在。

三、社会主义国家政党制度

共产党的领导是社会主义国家政党政治的本质特征。在历史实践中，实行什么样的政党制度来实现共产党领导，是由各社会主义国家不同的历史条件、社会结构和革命进程决定的。

在一些社会主义国家，工人阶级政党作为唯一合法存在的政党执掌国家政权。这些国家工人阶级政党单独执政的形成有多种原因。有的国家是因为工人阶级政党在民主革命或反法西斯战争中是唯一的领导人民斗争的政党，新的政权成立以后，其他政党在人民中失去影响而消失。有的国家的共产党或工人党成为执政党后，由于受各种影响而取缔了其他政党，建立了工人阶级政党单独执政的政权。

苏联是社会主义国家实行共产党单独执政的典型。十月革命后，俄国国内除了布尔什维克，还存在着孟什维克和社会革命党等其他许多小资产阶级性质的政党和团体。列宁从当时各政党和革命的实际情况出发，曾经设想过由多党组成“联合政府”和“分掌政权”。1917 年 11 月，列宁在《俄国社会民主工党（布尔什维克）中央委员会宣言》中指出：“我们曾经建议，而且还在建议左派社会革命党人同我们分掌政权”①，“我们坚持苏维埃政权的原则，即由最近一次苏维埃代表大会上的多数派掌握政权的原则；我们过去同意，并且现在仍旧同意同苏维埃中的少数派分掌政权，但这个少数派必须诚心诚意地服从多数，并执行全俄苏维埃第二次代表大会全体批准的，采取渐进的、然而是坚定不移的步骤走向社会主义的纲领”②。从 1917 年 11 月全俄苏维埃第二次代表大

① 《列宁全集》第 33 卷，人民出版社 2017 年版，第 74 页。
② 《列宁全集》第 33 卷，人民出版社 2017 年版，第 75 页。

会至1920年12月全俄苏维埃第八次代表大会，虽然布尔什维克在代表大会中占绝对优势，但社会革命党、孟什维克等一直都有代表参加，所以，初期的苏维埃政权实际是布尔什维克占多数的"联合政府"。但是，由于十月革命后新生的布尔什维克政权面临复杂的国内外形势，在《布列斯特-立托夫斯克和约》、战时共产主义等问题上，布尔什维克与其他政党产生了分歧，左派社会革命党人退出了政府。第二年又发生了武装叛乱，而后小资产阶级政党就从苏俄历史上消失了。列宁的多党合作设想最终未能实现，布尔什维克成为苏联的唯一执政党。

东欧的一些原社会主义国家也曾经实行工人阶级政党单独执政，比如罗马尼亚、匈牙利、阿尔巴尼亚和南斯拉夫等。阿尔巴尼亚自走上社会主义道路开始就只有劳动党一个执政党。罗马尼亚和匈牙利在革命胜利初期除执政的工人阶级政党外，还保留有若干政党，后来由于受苏联模式的影响，1948年2月，罗马尼亚共产党和社会民主党召开两党联合代表会议，宣布成立统一工人党，1948年6月，匈牙利共产党和社会民主党宣布合并，成立匈牙利工人党，一些小资产阶级政党与农民政党随着民主革命的彻底胜利和向社会主义革命转变，由于种种原因退出了历史舞台，这两个国家逐渐演变为工人阶级政党单独执政。

在一些社会主义国家，除了居于领导地位的执政党外，还有其他政党存在，执政党以与其他政党合作作为实施领导的重要方式。东欧原社会主义国家中的波兰、捷克斯洛伐克、保加利亚、民主德国等都曾经实行这种制度。这些国家有着相似的历史背景。在第二次世界大战中，这些国家的各种民主力量在反对法西斯的斗争中联合起来，共同斗争；取得胜利后，在由民主革命过渡到社会主义革命的过程中，这些国家的民主党派也认识到，工人阶级政党所确立的目标是最具代表性的，需要继续与工人阶级政党合作，从而在新兴社会主义国家中形成了工人阶级政党领导的多党制度。后来，在向社会主义转变的过程中，原东欧这些国家的多党联合执政等形式逐步转变成工人阶级政党领导的多党合作制。保加利亚实际是两党合作制，即保加利亚工人党和农民联盟党的合作；波兰实行的是波兰统一工人党领导下统一工人党、统一农民党和民主党的合作；捷克斯洛伐克是共产党与人民党、自由党等的合作；民主德国是执政的统一社会党与民主农民党等四个小党的合作。

20世纪80年代末90年代初，随着东欧剧变和苏联解体，苏联的各个加盟共和国和东欧原社会主义国家放弃了社会主义制度，普遍推行西方式的多党制，共产党在这些国家都失去了原有的执政地位。目前仍然实行社会主义制度，由马克思主义政党执政的国家主要有中国、朝鲜、古巴和越南等。

第三节　中国的政党和政党制度

一、中国共产党及其领导地位

1. 中国共产党

中国共产党是中国工人阶级的先锋队，同时是中国人民和中华民族的先锋队，是中国特色社会主义事业的领导核心，代表中国先进生产力的发展要求，代表中国先进文化的前进方向，代表中国最广大人民的根本利益。党的最高理想和最终目标是实现共产主义。①

中国共产党以马克思列宁主义、毛泽东思想、邓小平理论、“三个代表”重要思想、科学发展观、习近平新时代中国特色社会主义思想作为自己的行动指南。马克思列宁主义揭示了人类社会历史发展的规律，具有强大的生命力。中国共产党人追求的共产主义最高理想，将在生产力不断发展的基础上逐步实现。社会主义制度的发展和完善是一个长期的历史过程。当前，我国仍处于并将长期处于社会主义初级阶段。

中国共产党在社会主义初级阶段的基本路线是：领导和团结全国各族人民，以经济建设为中心，坚持四项基本原则，坚持改革开放，自力更生，艰苦创业，为把我国建设成为富强民主文明和谐美丽的社会主义现代化强国而奋斗。

中国共产党是按照民主集中制组织起来的统一整体。党的民主集中制的基本原则是：

第一，党员个人服从党的组织，少数服从多数，下级组织服从上级组织，全党各个组织和全体党员服从党的全国代表大会和中央委员会。

第二，党的各级领导机关，除它们派出的代表机关和在非党组织中的党组外，都由选举产生。

---

① 参见《中国共产党章程》，人民出版社 2017 年版，第 1 页。

第三，党的最高领导机关，是党的全国代表大会和它所产生的中央委员会。党的地方各级领导机关，是党的地方各级代表大会和它们所产生的委员会。党的各级委员会向同级的代表大会负责并报告工作。

第四，党的上级组织要经常听取下级组织和党员群众的意见，及时解决他们提出的问题。党的下级组织既要向上级组织请示和报告工作，又要独立负责地解决自己职责范围内的问题。上下级组织之间要互通情报、互相支持和互相监督。党的各级组织要按规定实行党务公开，使党员对党内事务有更多的了解和参与。

第五，党的各级委员会实行集体领导和个人分工负责相结合的制度。凡属重大问题都要按照集体领导、民主集中、个别酝酿、会议决定的原则，由党的委员会集体讨论，作出决定；委员会成员要根据集体的决定和分工，切实履行自己的职责。

第六，党禁止任何形式的个人崇拜。要保证党的领导人的活动处于党和人民的监督之下，同时维护一切代表党和人民利益的领导人的威信。

中国共产党的组织按照三个层次设置，即党的中央组织、党的地方组织、党的基层组织。党的中央组织由党的全国代表大会及其产生的中央委员会和其他机构组成。党的地方组织由省、自治区、直辖市党的代表大会，设区的市和自治州党的代表大会，县（旗）、自治县、不设区的市和市辖区党的代表大会及其产生的委员会和其他机构组成。党的基层组织由企业、农村、机关、学校、科研院所、街道社区、社会组织、人民解放军连队和其他基层单位在具有正式党员三人以上的情况下成立。党的基层组织，根据工作需要和党员人数，经上级党组织批准，分别设立党的基层委员会、总支部委员会、支部委员会。基层组织由党员大会或代表大会及其产生的委员会和其他机构组成。

2. 中国共产党的领导地位

中国共产党是中国特色社会主义事业的领导核心，是最高政治领导力量，是实现中华民族伟大复兴和建成社会主义现代化强国，实现中国特色社会主义共同理想和共产主义远大理想的政治组织。中国共产党的领导是中国特色社会主义最本质的特征，是中国特色社会主义制度的最大优势。

第一，中国共产党的领导是中国现代化历史进程的必然选择。

近代以来，中国现代化进程艰难曲折，多种方案和政治力量进行多种多样的尝试和努力，最终全都宣告失败。而中国共产党的成立，才使得中国人民有了政治主心骨，“中国产生了共产党，这是开天辟地的大事变”①。中国共产党领导人民进行艰苦卓绝的探索和奋斗，才使得中国现代化的历史进程遵循中国的国情和社会发展规律，走上了正确的道路，使中国人民对于国家、民族和社会的全面发展充满希望和信心。

在近百年领导中国革命、建设和改革的光辉历程中，中国共产党坚持把马克思主义与中国国情相结合，与时俱进，开拓创新，团结带领全国人民夺取一个又一个伟大胜利。党的十八大以来，党领导人民统筹推进“五位一体”总体布局、协调推进“四个全面”战略布局，推动中国特色社会主义制度更加完善、国家治理体系和治理能力现代化水平明显提高，为政治稳定、经济发展、文化繁荣、民族团结、人民幸福、社会安宁、国家统一提供了有力保障。② 因此，一部中国现代化的历史，就是中国人民在现代化进程中选择和确定中国共产党领导地位的历史，就是中国共产党领导人民在建设现代化国家的实践中不畏艰辛、深入探索，冲破千难万险而不断走向胜利和辉煌的历史。中国现代化的历史，蕴含着中国共产党领导人民奋斗的必然规律，而中国共产党的领导地位，则是中国现代化历史不断向前发展并且走向胜利的必要前提。

第二，中国共产党的领导是中华人民共和国国体的规定及其实现保障。

《中华人民共和国宪法》第一条规定了中华人民共和国的国体：“中华人民共和国是工人阶级领导的、以工农联盟为基础的人民民主专政的社会主义国家。社会主义制度是中华人民共和国的根本制度。”在社会主义中国，工人阶级的领导地位是通过中国共产党的领导来实现的，工农联盟的基础是通过中国共产党的领导来维护和巩固的，人民民主专政的社会主义国家是通过中国共产党的领导来保障和发展的，中国特色社会主义制度是在中国共产党领导下得以坚持和完善的。因此，只有中国共产党的领导，才能保障工人阶级在国家的领导地位和人民群众当家作主的主人翁地位，才能保障中华人民共和国的国体的切实实现，才能保障国家各项事业的胜利发展。

第三，中国共产党的领导是坚持和发展我国社会主义事业的必然要求。

科学社会主义，是资本主义社会生产力与生产关系、经济基础与上层建

① 《毛泽东选集》第 4 卷，人民出版社 1991 年版，第 1514 页。

② 参见《中共中央关于坚持和完善中国特色社会主义制度　推进国家治理体系和治理能力现代化若干重大问题的决定》，人民出版社 2019 年版，第 2 页。

筑矛盾运动的产物，是人类实现全面解放和发展的必然要求。科学社会主义以工人阶级为物质载体，工人阶级以科学社会主义作为思想武器。在实现社会主义和共产主义的历史进程中，工人阶级以共产党为政治领导力量和根本利益代表，而共产党的领导，则是工人阶级从“自发”状态转向“自觉”状态的政治标志，是工人阶级的阶级属性和觉悟程度的集中体现。由此可见，社会主义是人类社会发展的必然要求，而共产党的领导则是社会主义的本质特征。

社会主义道路是中国共产党领导人民经历无数艰难困苦确定的国家富强、民族复兴和人民解放的道路。历史和现实证明，只有科学社会主义才能救中国，只有中国特色社会主义才能强中国。因此，我国社会和政治发展道路，是科学社会主义的道路，是中国特色社会主义的道路，而不是什么其他的道路。

作为中国工人阶级、中国人民和中华民族的先锋队，中国共产党在领导人民选择社会主义道路，从事社会主义革命、建设和改革的长期历史过程中，无畏艰难险阻，先后取得了新民主主义和社会主义革命和建设的伟大胜利。改革开放以来，中国共产党运用科学社会主义的原理和方法，紧密结合中国国情，领导工人阶级和全体人民艰辛探索，创立了中国特色社会主义道路、理论、制度、文化，坚持和保证了中国特色社会主义国家发展和建设的根本方向，取得了中国特色社会主义的巨大成就。

由此可见，中国共产党与中国社会主义事业在历史渊源、实践逻辑、根本属性和价值取向方面，具有本质的一致性和内在的统一性，因此，中国共产党的领导是中国社会主义建设和发展的政治基础、本质特征和必然要求。

中国共产党的领导也是推进中国社会主义建设和发展的最大优势。作为马克思主义政党，中国共产党的理想和信仰与社会历史发展规律具有高度一致性，立党初心不为一党之私，而是为中国人民谋幸福、为中华民族谋复兴、为人类谋和平与发展；不断加强自身建设，有坚强领导核心，有科学理论引领，有严明纪律规矩，有选贤任能机制，保持了党的稳定性、先进性、纯洁性；既有国家长远发展的战略规划能力，又有具体政策的强大执行能力；与时俱进、开明开放，既不忘本来又吸收外来，具有强大的领导力、凝聚力、组织力和号召力。

中国共产党的这些思想力量、政治能量、组织特质和治国能力，使得中国共产党的领导成为推进中国特色社会主义建设和发展，实现好、维护好和发展好最广大人民根本利益的最大优势。实践证明，只有坚持党的领导，才能充分发挥中国特色社会主义的制度优势，才能坚持以人民为中心，有效推动社会生产力的发展，维护社会公平正义，正确调整和协调各方面的利益关系，不断提高人民生活水平，增进人民福祉，逐步实现全体人民共同富裕，才能最大限度动员和凝聚人民的深厚伟力，实现共产主义远大理想和中国特色社会主义共同理想。

第四，中国共产党的领导是实现中华民族伟大复兴和人的全面发展的现实支柱和未来希望。

实现中华民族的伟大复兴是近代以来无数中华优秀儿女的追求和梦想，中国共产党的成立和发展壮大，才使得中华民族伟大复兴成为实际历史进程。“实现中华民族伟大复兴是近代以来中华民族最伟大的梦想。中国共产党一经成立，就把实现共产主义作为党的最高理想和最终目标，义无反顾肩负起实现中华民族伟大复兴的历史使命，团结带领人民进行了艰苦卓绝的斗争，谱写了气吞山河的壮丽史诗。”①

在新时代，中国共产党是实现中华民族伟大复兴的领导力量和中流砥柱，中国共产党以共产主义作为远大理想，以中国特色社会主义作为共同理想，确定建成中国特色社会主义现代化强国的目标，制定了实现目标的战略和纲领，并且坚定贯彻实施。为此，中国共产党的领导既是实现中华民族伟大复兴和人的全面发展的现实支柱，又是实现社会主义和共产主义美好未来的人民希望所在。只有坚持和加强中国共产党的全面领导，才能保证中国的发展有明确的目标和方向，才能顺利实现中华民族伟大复兴的中国梦，才能遵循现代化建设规律、国家治理规律和人类社会发展规律，实现人的全面发展，到达理想的彼岸。

3. 坚持和加强中国共产党的全面领导

党政军民学、东西南北中，党是领导一切的。在中国特色社会主义新时代，要坚决维护党中央权威，健全总揽全局、协调各方的党的领导制度体系，坚持和加强党的全面领导，坚持党对一切工作的领导，把党的领导落实到国家治理各领域各方面各环节。

---

① 习近平：《决胜全面建成小康社会　夺取新时代中国特色社会主义伟大胜利——在中国共产党第十九次全国代表大会上的报告》，人民出版社2017年版，第13页。

（1）什么是党的全面领导

第一，党的全面领导体现为党对经济、政治、社会、文化和生态等各个领域和各项事业的领导。党的全面领导是把党的领导具体贯彻到改革发展稳定、内政外交国防、治党治国治军等治国理政的全部活动和全部过程之中，坚持创新、协调、绿色、开放、共享的发展理念，领导全国的经济建设、政治建设、文化建设、社会建设和生态文明建设各领域各方面。党是中国特色社会主义事业的领导核心，就必须实现对各个领域各项事业的领导，必须加强党对国家和社会一切工作的集中统一领导。

第二，党的全面领导，就是要在社会主义建设、改革和发展中，确保党总揽全局、协调各方的地位和作用。改革开放以来，中国在取得经济高速发展的同时，社会各个阶层出现了利益分化，不同地区、不同行业、不同层次、不同部门之间也出现了不同利益的分化与冲突。在实现中华民族伟大复兴的关键时刻，坚持和加强党的全面领导就是在党的领导下统一协调各方利益，使全国作为一个整体共同协调发展。坚持和加强党的全面领导，就是要提高党把方向、谋大局、定政策、促改革的能力和定力，确保党始终总揽全局、协调各方。与此同时，党的全面领导，就是要实现科学执政、民主执政和依法执政，要在宪法和法律的范围内，善于运用宪法和法律所作出的制度安排和所赋予的一切资源优势，实现党对国家发展方向的把握和引领。

第三，党的全面领导，至关重要的是要维护党中央的集中统一领导。中国共产党是根据自己的纲领和章程、按照民主集中制原则组织起来的统一整体，党的每个组织、每个党员在党的领导中都发挥着相应的作用，而党的全国代表大会和党的中央委员会则是党的最高领导机关，代表全党发挥着决定性的作用。因此，坚持党的全面领导，关键在于坚持党中央的集中统一领导，全党应该增强“四个意识”、坚定“四个自信”、做到“两个维护”，自觉在思想上政治上行动上同以习近平同志为核心的党中央保持高度一致，坚决把维护习近平总书记党中央的核心、全党的核心地位落到实处。①

（2）为什么要坚持党的全面领导

首先，坚持党的全面领导是由当前中国国情决定的。

---

① 参见《中共中央关于坚持和完善中国特色社会主义制度 推进国家治理体系和治理能力现代化若干重大问题的决定》，人民出版社 2019 年版，第 7 页。

中国是广土众民的巨型国家，国家体量巨大、国情复杂，治理难度世所罕见。改革开放以来，随着社会经济的发展，我国社会不同地区、不同行业、不同部门之间出现了不同程度的利益分化与矛盾。在新时代，社会主要矛盾和多方面矛盾也在不断发展变化，国家治理和现代化建设的任务愈加艰巨。

面对如此复杂多样的情况和艰巨的治理任务，没有系统全面、集中统一、坚强有力的中国共产党的领导，中国将走向分裂和解体。这就需要坚持和加强党的全面领导，以党的全面领导为依托，制定和贯彻正确的战略和方略，有效整合和汇聚各方面的力量，统筹协调方方面面利益要求，有效化解和解决多方矛盾，维护国家和社会的秩序，进而实现创新、协调、绿色、开放、共享发展。因此，坚持党的集中统一领导，坚持党的科学理论，保持政治稳定，确保国家始终沿着社会主义方向前进，是中国特色社会主义制度的显著优势。

中国也是最大的发展中国家。党的十九大报告指出，我国社会主要矛盾的变化，没有改变我们对我国社会主义所处历史阶段的判断，我国仍处于并将长期处于社会主义初级阶段的基本国情没有变，我国是世界最大发展中国家的国际地位没有变。新时代中国的最大国情，是我们仍然处于社会主义初级阶段，仍然是世界上最大的发展中国家。改革开放以来，中国在各个方面都取得了巨大的进步，但是与世界发达国家相比较，我们在很多方面还存在很大的差距。相对于建成社会主义现代化强国的目标，我们在经济、政治、社会、文化和生态文明建设等各个方面还有很长的路要走。在这一过程中，必须充分发挥中国特色社会主义制度的最大优势，需要强大的领导中坚，凝聚各方面意志，荟萃各方面力量，引领浩浩荡荡的现代化建设和发展队伍，有力地推进中国特色社会主义事业的发展。

其次，坚持党的全面领导，是我国新时代贯彻实施中国特色社会主义建设总体布局和战略布局所要求的。

党的十八大以来，我国进入社会主义初级阶段发展的新时代，在这一时代，社会的主要矛盾体现为人民群众日益增长的美好生活需要和不平衡不充分的发展之间的矛盾。针对这一矛盾，以习近平同志为核心的党中央领导制定了“五位一体”总体布局和“四个全面”战略布局。党的十八大以来的实践证明，只有坚持党的全面领导，才能科学有效实施这些布局，促进社会主义现代化事业不断发展，实现“两个一百年”奋斗目标。

最后，坚持党的全面领导，是坚持和完善中国特色社会主义制度，推进国家治理体系和治理能力现代化的事业所决定的。

党的十八届三中全会通过的《中共中央关于全面深化改革若干重大问题的决定》指出，全面深化改革的总目标是坚持和完善中国特色社会主义制度，推进国家治理体系和治理能力现代化。2019 年 10 月 28—31 日，中国共产党第十九届中央委员会第四次全体会议审议通过的《中共中央关于坚持和完善中国特色社会主义制度 推进国家治理体系和治理能力现代化若干重大问题的决定》再次指出："坚持和完善中国特色社会主义制度、推进国家治理体系和治理能力现代化的总体目标是，到我们党成立一百年时，在各方面制度更加成熟更加定型上取得明显成效；到二〇三五年，各方面制度更加完善，基本实现国家治理体系和治理能力现代化；到新中国成立一百年时，全面实现国家治理体系和治理能力现代化，使中国特色社会主义制度更加巩固、优越性充分展现。"①

当前，我国的国家治理体系既包括相关的法律和制度体系，也包括各级党和国家机构及组织，而各级党和国家机构及组织是国家治理体系的主体和基础。从中央到地方到基层，党和国家机构的各个方面，各级党委、人大、监察委员会、政府、法院、检察院、政协、基层社区等构成了国家治理体系的统一整体，国家治理体系现代化意味着它们既要各司其职，又要紧密配合。只有坚持党对这些机构和组织的全面领导，坚持党的领导、人民当家作主、依法治国有机统一，坚持解放思想、实事求是，坚持改革创新，突出坚持和完善支撑中国特色社会主义制度的根本制度、基本制度、重要制度，着力固根基、扬优势、补短板、强弱项，构建系统完备、科学规范、运行有效的制度体系，加强系统治理、依法治理、综合治理、源头治理，把我国制度优势更好转化为国家治理效能，才能实现国家治理能力现代化。② 任何一级党和国家机构和组织，如果不能坚持党的领导，都会陷入各行其是、软弱涣散甚至政治方向错误的困境。即使是基层社区组织，如果脱离了党的领导，也会在城乡基层社区产生大量的不和谐现象和矛盾冲突，极大地威胁党和国家的事业，破坏国家治理现代化的进程。

因此，坚持和加强党的全面领导，是推进国家治理体系和治理能力现代化

---

① 《中共中央关于坚持和完善中国特色社会主义制度 推进国家治理体系和治理能力现代化若干重大问题的决定》，人民出版社 2019 年版，第 5—6 页。

② 参见《中共中央关于坚持和完善中国特色社会主义制度 推进国家治理体系和治理能力现代化若干重大问题的决定》，人民出版社 2019 年版，第 5 页。

的必然要求，是更好地实现党对国家集中统一领导，实现国家长治久安的政治要求。坚持和完善中国特色社会主义制度、推进国家治理体系和治理能力现代化，必须在党中央统一领导下进行，科学谋划、精心组织，远近结合、整体推进，才能确保各项目标任务全面落实到位，从而充分发挥坚持全国一盘棋，调动各方面积极性，集中力量办大事的中国特色社会主义制度的显著优势。①

（3）坚持党的全面领导的途径

坚持党的全面领导，发挥党总揽全局、协调各方的领导核心作用，需要从以下几个方面着手：

首先，坚持和加强党的全面领导，必须坚持党的领导、人民当家作主、依法治国的有机统一。党的领导是人民当家作主和依法治国的根本保证，人民当家作主是社会主义民主政治的本质特征，依法治国是党领导人民治理国家的基本方式，三者统一于我国社会主义民主政治伟大实践。②

坚持和加强党的全面领导，必须不断完善人民代表大会制度、多党合作和政治协商制度等。人民代表大会制度是中国的根本政治制度，中国共产党领导的多党合作和政治协商制度、民族区域自治制度、基层群众自治制度，共同构成了当前中国的基本政治制度，党的全面领导必须通过坚持和完善这些政治制度才能得到实现。

坚持党的全面领导，必须扩大人民有序政治参与，保证人民依法享有广泛权利和自由，完善基层民主制度，保障人民知情权、参与权、表达权、监督权，保证人民依法实行民主选举、民主协商、民主决策、民主管理、民主监督。人民当家作主是党的全面领导的政治基础，只有把人民当家作主落到了实处，党的全面领导的目标才能真正达成，党的全面领导的效果才能真正得到实现。

坚持党的全面领导，必须坚持全面依法治国，维护国家法制的统一、尊严和权威，加强宪法实施和监督，推进合宪性审查工作，维护宪法权威。全面依法治国，就要推进科学立法、民主立法、依法立法，以良法促进发展、保障善治，建设法治政府，推进依法行政，严格规范公正文明执法。全面依法治国是

---

① 参见《中共中央关于坚持和完善中国特色社会主义制度　推进国家治理体系和治理能力现代化若干重大问题的决定》，人民出版社 2019 年版，第 42 页。

② 参见习近平：《决胜全面建成小康社会　夺取新时代中国特色社会主义伟大胜利——在中国共产党第十九次全国代表大会上的报告》，人民出版社 2017 年版，第 36 页。

党的全面领导的政治保障和行动准则，只有真正实现了全面依法治国，才能使全国上下号令统一，真正实现党的集中统一领导，才能真正做到党在宪法和法律的范围内活动，真正实现党要管党治党，全面从严治党。

其次，坚持和加强党的全面领导，需要健全党的全面领导制度，健全总揽全局、协调各方的党的领导制度体系，把党的领导落实到国家治理各领域各方面各环节。这就要从机构设置和职能配置上解决党对一切工作领导的体制机制问题，完善党领导人大、政府、政协、监察机关、审判机关、检察机关、武装力量、人民团体、企事业单位、基层群众自治组织、社会组织等制度，健全各级党委（党组）工作制度，确保党在各种组织中发挥领导作用。完善党领导各项事业的具体制度，把党的领导落实到统筹推进“五位一体”总体布局、协调推进“四个全面”战略布局各方面。完善党和国家机构职能体系，把党的领导贯彻到党和国家所有机构履行职责全过程，推动各方面协调行动、增强合力。① 这就要求，在实践中整体性推进中央和地方各级各类机构改革，重构并健全党的领导体系、政府治理体系、武装力量体系、群团工作体系，系统性增强党的领导力、政府执行力、武装力量战斗力、群团组织活力，重构并健全适应新时代要求的党和国家机构职能体系，使之系统完备、科学规范、运行高效，形成集中统一的党的领导体系，推动人大、政府、政协、监察机关、审判机关、检察机关、人民团体、企事业单位、社会组织等在党的集中统一领导下协调行动、增强合力，全面提高国家治理能力和治理水平。总之，坚持和加强党的全面领导，就是要把党的领导贯彻到党和国家所有机构履行职责全过程，推动各方面协调行动、增强合力。

最后，坚持和加强党的全面领导，需要健全党中央实行全面领导的体制机制，并完善权威高效的执行机制。这就需要完善坚定维护党中央权威和集中统一领导的各项制度，健全党中央对重大工作的领导体制，强化党中央决策议事协调机构职能作用，完善推动党中央重大决策落实机制，严格执行向党中央请示报告制度，确保令行禁止。要强化党的组织在同级组织中的领导地位，健全维护党的集中统一的组织制度，形成党的中央组织、地方组织、基层组织上下贯通、执行有力的严密体系，实现党的组织和党的工作全覆盖。

---

① 参见《中共中央关于坚持和完善中国特色社会主义制度　推进国家治理体系和治理能力现代化若干重大问题的决定》，人民出版社 2019 年版，第 7—8 页。

党的十八大以来，党中央加强中央财经领导小组工作机制，成立全面深化改革、国家安全、网络安全和信息化、军民融合发展等重要领域的决策议事协调机构，加强顶层设计、统筹协调、整体推进和督促落实，对加强党中央对重大工作的领导发挥了重要作用。党的十九届三中全会着力深化党和国家机构改革，从制度安排上适当归并党中央决策议事协调机构，统一各委员会的名称，进一步完善了党中央对重大工作的领导体制。

党的十九届四中全会通过的《中共中央关于坚持和完善中国特色社会主义制度　推进国家治理体系和治理能力现代化若干重大问题的决定》指出，制度的生命力在于执行。要加强党的全面领导，必须把制度的优势转化为治理的效能，这就需要强化制度执行力，加强对制度执行的监督，确保各项制度落地生根。党中央制定的路线方针政策、作出的决策部署，是全党全国各族人民统一思想、统一意志、统一行动的依据，各级组织都要不折不扣地贯彻落实。各地区各部门要优化完善推动党中央重大决策落实机制，制定责任清单，化解部门分歧，消除条块梗阻，切实解决贯彻落实中的困难和问题，确保党中央政令通畅、令行禁止。各级党委和政府以及各级领导干部要切实强化制度意识，带头维护制度权威，做制度执行的表率，带动全党全社会自觉尊崇制度、严格执行制度、坚决维护制度。健全权威高效的制度执行机制，加强对制度执行的监督。①

4. 全面从严治党

习近平指出，中国的事情要办好，首先中国共产党的事情要办好。管党是党的首要领导责任，是党的全面领导的重要内涵。党的领导首先是党对管党治党的领导，全面从严治党的核心是加强党的领导。贯彻新时代党的建设总要求，就是要深化党的建设制度改革，坚持依规治党，建立健全以党的政治建设为统领，全面推进党的各方面建设的体制机制。坚持新时代党的组织路线，健全党管干部、选贤任能制度。规范党内政治生活，严明政治纪律和政治规矩，发展积极健康的党内政治文化，全面净化党内政治生态。坚决同一切影响党的先进性、弱化党的纯洁性的问题作斗争，大力纠治形式主义、官僚主义，不断增强党的创造力、凝聚力、战斗力，确保党始终成为中国特色社会主义事业的

---

① 参见《中共中央关于坚持和完善中国特色社会主义制度　推进国家治理体系和治理能力现代化若干重大问题的决定》，人民出版社 2019 年版，第 42—43 页。

坚强领导核心。①

如果说加强党的全面领导所要解决的是社会主义事业的领导核心，即党在中国特色社会主义事业中的地位和作用的问题，那么，全面从严治党，所要解决的则是党在长期执政条件下保持党的先进性、纯洁性，强化党领导人民有效治理国家的能力，完善党的领导体制和方式、执政体制和方式，巩固和加强党的领导，更好地实现党对中国特色社会主义事业的领导问题。加强党的全面领导，是全面从严治党的目的，而全面从严治党是为了更好地加强党的全面领导。“历史已经并将继续证明，没有中国共产党的领导，民族复兴必然是空想。我们党要始终成为时代先锋、民族脊梁，始终成为马克思主义执政党，自身必须始终过硬。全党要更加自觉地坚定党性原则，勇于直面问题，敢于刮骨疗毒，消除一切损害党的先进性和纯洁性的因素，清除一切侵蚀党的健康肌体的病毒，不断增强党的政治领导力、思想引领力、群众组织力、社会号召力，确保我们党永葆旺盛生命力和强大战斗力。”②

在新时代，坚持全面从严治党，需要加强党和国家监督体系的建设，实践证明，党和国家监督体系是党在长期执政条件下实现自我净化、自我完善、自我革新、自我提高的重要制度保障。必须健全党统一领导、全面覆盖、权威高效的监督体系，增强监督严肃性、协同性、有效性，形成决策科学、执行坚决、监督有力的权力运行机制，确保党和人民赋予的权力始终用来为人民谋幸福。③

在新时代，坚持全面从严治党，需要全体党员，尤其是党的主要领导干部勇于自我革命，不断增强党自我净化、自我完善、自我革新、自我提高的能力，始终保持党同人民群众的血肉联系。全面从严治党，要坚持依规治党、标本兼治，坚持把纪律挺在前面，加强组织性纪律性，在党的纪律面前人人平等。全面从严治党，要强化管党治党主体责任和监督责任，加强对党的领导机关和党员领导干部特别是主要领导干部的监督，不断完善党内监督体系。全面从严治党，还要深入推进党风廉政建设和反腐败斗争，以零容忍态度惩治腐

---

① 参见《中共中央关于坚持和完善中国特色社会主义制度 推进国家治理体系和治理能力现代化若干重大问题的决定》，人民出版社2019年版，第9页。

② 习近平：《决胜全面建成小康社会 夺取新时代中国特色社会主义伟大胜利——在中国共产党第十九次全国代表大会上的报告》，人民出版社2017年版，第16页。

③ 参见《中共中央关于坚持和完善中国特色社会主义制度 推进国家治理体系和治理能力现代化若干重大问题的决定》，人民出版社2019年版，第40页。

败，构建不敢腐、不能腐、不想腐的有效机制。

在新时代，全面从严治党是通过党的建设新的伟大工程来实现的。新时代党的建设的总要求是：坚持和加强党的全面领导，坚持党要管党、全面从严治党，以加强党的长期执政能力建设、先进性和纯洁性建设为主线，以党的政治建设为统领，以坚定理想信念宗旨为根基，以调动全党积极性、主动性、创造性为着力点，全面推进党的政治建设、思想建设、组织建设、作风建设、纪律建设，把制度建设贯穿其中，深入推进反腐败斗争，不断提高党的建设质量，把党建设成为始终走在时代前列、人民衷心拥护、勇于自我革命、经得起各种风浪考验、朝气蓬勃的马克思主义执政党。

在这其中，尤其需要突出党的政治建设的统领地位，党的政治建设是党的根本性建设，决定党的建设方向和效果。党的政治建设的首要任务是保证全党服从中央，坚持党中央权威和集中统一领导。党的政治建设要求全党要坚定执行党的政治路线，严格遵守政治纪律和政治规矩，在政治立场、政治方向、政治原则、政治道路上同党中央保持高度一致。全党要尊崇党章，严格执行新形势下党内政治生活若干准则，增强党内政治生活的政治性、时代性、原则性、战斗性，营造风清气正的良好政治生态。完善和落实民主集中制的各项制度，坚持民主基础上的集中和集中指导下的民主相结合，既充分发扬民主，又善于集中统一。

二、中国的民主党派

1. 中国民主党派的形成

中国民主党派是新民主主义革命时期，在反帝爱国、争取民主和反对独裁专制的斗争中先后建立和形成的，并且都走过了不平凡的历程。中国民主党派的发展是一个高扬爱国主义旗帜、不断追求民主进步的进程，是一个同中国共产党风雨同舟、团结合作的进程。

中国民主党派大多成立于抗日战争时期和解放战争时期。当时，一些民族资产阶级、城市小资产阶级及其知识分子要求反对帝国主义的侵略压迫，反对国民党的反动统治，同时又试图走国共两党之外的“第三条道路”。在中国共产党统一战线政策的影响和争取团结下，各民主党派不断加深对中国共产党的了解，逐步形成亲密合作关系，互相声援、彼此配合，共同致力于民族独立解放和人民解放斗争。面对日本帝国主义入侵，民主党派始终支持中国共产党坚持抗战，坚决反对妥协、分裂、倒退，为抗日战争的胜利作出了重要贡献。面对国民党一党专制，民主党派同中国共产党密切合作、共同行动，积极推动民主运动，为争取民主、反对独裁不懈努力。抗日战争胜利后，国民党反动派发动全面内战，民主党派自觉站在中国共产党一边，主动投身第二条战线，为新民主主义革命的最后胜利而奋斗。特别是1948年中国共产党发布著名的“五一口号”后，民主党派积极响应，纷纷表示“愿在中共领导下，献其绵薄，共策进行，以期中国人民民主革命之迅速成功，独立、自由、和平、幸福的新中国之早日实现”①。在血与火的斗争洗礼和比较选择中，民主党派在政治上实现了从同情和倾向中国共产党到公开表示自觉接受中国共产党领导、走新民主主义道路的根本转变。这一根本转变，充分体现了民主党派的历史进步性，为中国共产党领导的多党合作和政治协商制度的形成奠定了政治基础。1949年9月，中国人民政治协商会议第一届全体会议的召开，标志着这一新型政党制度的正式确立，为各民主党派同中国共产党在更大范围和更深程度上的团结合作提供了制度保障。

2. 中国的各个民主党派

中国的民主党派，历史上是指中国反对国民党独裁统治，以民主为宗旨的各党派。在中国共产党执政后，民主党派指中国共产党以外中国其他的参政党。目前中国有八个民主党派，包括：中国国民党革命委员会、中国民主同盟、中国民主建国会、中国民主促进会、中国农工民主党、中国致公党、九三学社、台湾民主自治同盟。

中国国民党革命委员会（简称民革）。1947年11月，中国国民党民主派和其他爱国民主人士在香港举行第一次联合会议。1948年1月1日，中国国民党革命委员会正式宣布成立。民革以原中国国民党中的左翼人士、长期支持和参与民革革命活动的进步人士、同台湾各界有联系的人士以及其他人士为对象，着重吸收其中有代表性的中上层人士和中高级知识分子。

中国民主同盟（简称民盟）。1941年3月19日在重庆秘密成立，当时名称是中国民主政团同盟。1941年11月16日，中国民主政团同盟公开宣布成立。1944年9月，中国民主政团同盟在重庆召开全国代表会议，决定改名称为中国民主同盟。民盟主要由从事文化教育和科学技术工作的中高级知识分子组成。

---

① 《中国近现代史纲要》（2018年版），高等教育出版社2018年版，第199页。

中国民主建国会（简称民建）。1945 年 12 月 16 日，由爱国的民族工商业者和与之有联系的知识分子发起，在重庆成立。民建主要由经济界人士组成。

中国民主促进会（简称民进）。1945 年 12 月 30 日，由文化、教育、出版界知识分子以及一部分工商界爱国人士在上海正式宣告成立。民进主要由从事文化、教育、出版工作的中高级知识分子组成。

中国农工民主党（简称农工党）。1930 年 8 月 9 日，国民党左派在上海召开了第一次全国干部会议，成立中国国民党临时行动委员会，1935 年 11 月 10 日改名为中华民族解放行动委员会，1947 年 2 月 3 日改名为中国农工民主党。农工党主要由医药卫生界中高级知识分子、人口资源和生态环境领域的代表性人士组成。

中国致公党（简称致公党）。由华侨社团发起，1925 年 10 月在美国旧金山成立。1947 年 5 月，致公党在香港举行第三次代表大会，进行改组，成为一个新民主主义的政党。致公党主要由归侨和侨眷中的中上层人士组成。

九三学社。1944 年年底，一批进步学者为争取抗战胜利和政治民主，继承和发扬五四运动的反帝爱国与民主科学精神，在重庆组织了民主科学座谈会。后为纪念 1945 年 9 月 3 日抗日战争和世界反法西斯战争的伟大胜利，改建为九三学社。1946 年 5 月 4 日，九三学社在重庆正式召开成立大会。九三学社主要由科学技术界中高级知识分子组成。

台湾民主自治同盟（简称台盟）。在台湾人民二二八起义失败以后，由一部分从事反帝爱国民主斗争的台湾省人士于 1947 年 11 月 12 日在香港成立。台盟由台湾省籍人士组成。

3. 中国民主党派的作用

民主党派是我国的参政党，是在中国共产党领导下为人民服务的政党。与西方国家的政党不同，中国民主党派虽然不是执政党，但也不是在野党和反对党，它参加国家政权，参与国家大政方针和国家领导人选的协商，参与国家事务的管理，参与国家方针、政策、法律、法规的制定执行。民主党派所享有的参政权，是西方国家的在野党不可能拥有的。中国共产党与民主党派实行互相监督。这种监督是在坚持四项基本原则的基础上通过提出意见、批评、建议的方式进行的政治监督，是我国社会主义监督体系的重要组成部分。由于中国共产党处于领导和执政地位，更加需要自觉接受民主党派的监督。

在社会主义现代化建设新时期，各民主党派已经成为各自所联系的一部分社会主义劳动者、社会主义事业建设者、拥护社会主义的爱国者、拥护祖国统一和致力于中华民族伟大复兴的爱国者的政治联盟，都是中国共产党领导的为社会主义服务的政治力量。民主党派在当今中国的社会政治生活中担负着重要使命、发挥着重要作用。各民主党派联系着特定方面的社会成员和人民群众。各民主党派的领导机构和广大成员，既代表着他们所联系的那部分人民群众的具体利益与要求，也始终注意关心和研究国家的全局性问题，不断提出许多对国家发展和人民利益有重要价值的意见和建议。在半个多世纪的历史发展中，他们和中国共产党通力合作，互相监督，共同推动了中国的社会主义建设。要支持民主党派根据各自章程规定的参政党建设目标，按照坚持中国共产党的领导、发扬社会主义民主、体现政治联盟特点、体现进步性和广泛性相统一的原则，以思想建设为核心，以组织建设为基础，以制度建设为保障，把自身建设提高到新的水平。

中国特色社会主义进入新时代，多党合作舞台更为广阔，中国共产党要“坚持长期共存、互相监督、肝胆相照、荣辱与共，支持民主党派按照中国特色社会主义参政党要求更好履行职能”①。要用好政党协商这个民主形式和制度渠道，有事多商量、有事好商量、有事会商量，通过协商凝聚共识、凝聚智慧、凝聚力量。②

三、中国的政党制度

中国共产党领导的多党合作和政治协商制度是中国的一项基本政治制度，是中国共产党、中国人民和各民主党派、无党派人士的伟大政治创造，是从中国土壤中生长出来的新型政党制度。③

中国的政党制度之所以是新型政党制度，主要因为：第一，它是马克思主义政党理论同中国实际相结合的产物，能够真实、广泛、持久和有效地代表和

---

① 习近平：《决胜全面建成小康社会 夺取新时代中国特色社会主义伟大胜利——在中国共产党第十九次全国代表大会上的报告》，人民出版社 2017 年版，第 40 页。

② 参见《习近平在看望参加政协会议的民盟致公党无党派人士侨联界委员时强调：坚持多党合作发展社会主义民主政治 为决胜全面建成小康社会而团结奋斗》，《人民日报》2018 年 3 月 5 日。

③ 参见《习近平在看望参加政协会议的民盟致公党无党派人士侨联界委员时强调：坚持多党合作发展社会主义民主政治 为决胜全面建成小康社会而团结奋斗》，《人民日报》2018 年 3 月 5 日。

实现最广大人民根本利益、全国各族各界根本利益，有效避免了旧式政党制度代表少数人、少数利益集团的弊端；第二，它把各个政党和无党派人士紧密团结起来、为着共同目标而奋斗，有效避免了一党缺乏监督或者多党轮流坐庄、恶性竞争的弊端；第三，它通过制度化、程序化、规范化的安排集中各种意见和建议，推动决策科学化民主化，有效避免了旧式政党制度囿于党派利益、阶级利益、区域和集团利益决策施政导致社会撕裂的弊端。它不仅符合当代中国实际，而且符合中华民族一贯倡导的天下为公、兼容并蓄、求同存异等优秀传统文化，是对人类政治文明的重大贡献。①

1. 中国共产党领导的多党合作和政治协商制度的含义和特征

中国共产党领导的多党合作和政治协商制度具有以下含义和特征：

第一，中国共产党的领导是多党合作和政治协商的前提和基础。社会主义国家是无产阶级和劳动人民当家作主的国家，必须由无产阶级和劳动人民的政党来领导。中国共产党以马克思主义作为自己的行动指南，是用先进理论武装起来的政党，掌握社会主义建设规律和人类社会发展规律，是中国工人阶级、中国人民和中华民族的先锋队。同时，中国的国情和国家性质，决定了中国共产党在国家政治生活中的领导地位。中国共产党对民主党派的领导是政治领导，即政治原则、政治方向和重大方针政策的领导，主要通过制定正确的路线方针政策，团结民主党派为实现中华民族伟大复兴的宏伟目标而共同奋斗。中国共产党的基本理论、基本路线、基本纲领得到各民主党派的高度认同，建设中国特色社会主义成为各政党的共同目标。

第二，多党合作是中国共产党领导的多党合作和政治协商制度的基本特征。中国政治生活中，存在八个民主党派。中国共产党与各民主党派在长期的共同奋斗中，形成了亲密的友党关系，具体体现为双方是合作和协商关系，而非互相竞争和反对关系。我国多党合作的主要形式和内容如下：（1）民主党派和中国共产党之间的协商与合作，主要通过民主协商会、谈心会、座谈会、书面建议等方式进行。（2）民主党派在人民代表大会中发挥作用的方式，主要包括：在全国人民代表大会代表、人民代表大会常务委员会组成人员和人民代表大会各专门委员会成员中，民主党派成员都占有适当比例，有相应专长的民主

① 参见《习近平在看望参加政协会议的民盟致公党无党派人士侨联界委员时强调：坚持多党合作发展社会主义民主政治　为决胜全面建成小康社会而团结奋斗》，《人民日报》2018 年 3 月 5 日。

党派成员还可以担任专门委员会顾问；和中共人大党组的沟通；参加关于特定问题的调查。（3）民主党派成员担任行政机关、审判机关和检察机关的领导职务，包括担任国家领导职务、参与重要决策等。（4）民主党派在人民政协中发挥重要作用。

第三，政党政治协商是中国民主政治的重要形式。这一协商表现为各党派团体、无党派人士和各族各界人士对国家和地方的大政方针以及经济、政治、文化和社会生活中的重大问题在决策之前和决策执行过程中进行协商。长期以来，政党政治协商的基本方式主要有两种，即“中国共产党同各民主党派的政治协商”和“中国共产党在人民政协同各民主党派和各界代表人士的协商”。

协商民主是实现党的领导的重要方式，是我国社会主义民主政治的特有形式和独特优势。“人民政协是中国共产党把马克思列宁主义统一战线理论、政党理论、民主政治理论同中国实际相结合的伟大成果，是中国共产党领导各民主党派、无党派人士、人民团体和各族各界人士在政治制度上进行的伟大创造。”① “人民政协是具有中国特色的制度安排，是社会主义协商民主的重要渠道和专门协商机构。人民政协工作要聚焦党和国家中心任务，围绕团结和民主两大主题，把协商民主贯穿政治协商、民主监督、参政议政全过程，完善协商议政内容和形式，着力增进共识、促进团结。加强人民政协民主监督，重点监督党和国家重大方针政策和重要决策部署的贯彻落实。”② 在新时代，要更好地发挥人民政协作为政治组织和民主形式的效能，提高政治协商、民主监督、参政议政水平，更好凝聚共识。完善人民政协专门协商机构制度，丰富协商形式，健全协商规则，优化界别设置，健全发扬民主和增进团结相互贯通、建言资政和凝聚共识双向发力的程序机制。③

第四，宪法和法律是各政党活动的基本准则。中国共产党领导的多党合作和政治协商制度作为社会主义民主的重要内容，是在社会主义法制的框架下设定和运行的。各政党都必须尊重宪法的权威。各民主党派具有宪法规定的权利

---

① 习近平：《在中央政协工作会议暨庆祝中国人民政治协商会议成立70周年大会上的讲话》，人民出版社2019年版，第2页。

② 习近平：《决胜全面建成小康社会　夺取新时代中国特色社会主义伟大胜利——在中国共产党第十九次全体代表大会上的报告》，人民出版社2017年版，第38页。

③ 参见《中共中央关于坚持和完善中国特色社会主义制度　推进国家治理体系和治理能力现代化若干重大问题的决定》，人民出版社2019年版，第11页。

和义务，享有宪法所保障的政治自由、组织独立和法律地位平等，并自主地管理内部事务，独立地开展活动。

2. 中国共产党领导的多党合作和政治协商制度的历史必然性

在中国近现代史上，有人曾把资本主义多党制看成是救国良方，并试图在中国推行。辛亥革命后，中国一度效仿西方的“多党制”，一时间政党林立，最多时达到 300 多个，但最后都以失败告终，未能改变中华民族的悲惨命运。中华人民共和国成立前，一些主张走“第三条道路”的人仍然想实行西方的多党制，但实行专制独裁统治的国民党粉碎了他们的幻想。

中国共产党从成立之日起，就主张团结全国各革命阶级共同为实现民族独立、人民解放和国家富强而奋斗。在大革命时期、土地革命战争时期、抗日战争时期和解放战争时期，中国共产党与民族资产阶级、城市小资产阶级、知识分子和其他爱国分子等各种进步的社会力量团结一致、共同奋斗。各民主党派在抗日战争时期和解放战争时期，积极参加中国共产党领导的抗日民族统一战线和人民民主统一战线，与中国共产党建立了亲密的合作关系，为实现中国的独立、和平、民主而共同奋斗。

在领导新民主主义革命走向胜利的伟大斗争中，中国共产党确立了在中国各种革命力量中的核心领导地位。

1948 年，中国共产党在“五一口号”中提出召开新政治协商会议、成立民主联合政府的主张，得到各民主党派、各人民团体和各族各界人士热烈响应。1949 年 9 月，中国人民政治协商会议第一届全体会议的召开，标志着中国共产党领导的多党合作和政治协商制度的正式确立。1956 年，中国共产党提出了“长期共存、互相监督”的八字方针，明确共产党存在多久，民主党派就存在多久，共产党可以监督民主党派，民主党派也可以监督共产党；由于共产党居于领导、执政地位，主要是民主党派监督共产党。社会主义条件下中国多党合作的基本格局由此确立。

改革开放以后，中国共产党领导的多党合作和政治协商制度作为我国基本政治制度的地位重新得到确立。1979 年 10 月，邓小平首次提出“在中国共产党的领导下，实行多党派的合作，这是我国具体历史条件和现实条件所决定的，也是我国政治制度中的一个特点和优点”①。1982 年 9 月，党的十二大进

---

① 《邓小平文选》第 2 卷，人民出版社 1994 年版，第 205 页。

一步确立了中国共产党同民主党派“长期共存、互相监督、肝胆相照、荣辱与共”的十六字方针。1989年底制定的《中共中央关于坚持和完善中国共产党领导的多党合作和政治协商制度的意见》，明确指出“中国共产党领导的多党合作和政治协商制度是我国一项基本政治制度”，第一次明确把与中国共产党长期合作的民主党派定位为“参政党”。1993年，第八届全国人民代表大会第一次会议将“中国共产党领导的多党合作和政治协商制度将长期存在和发展”写入宪法。1997年，党的十五大把坚持和完善中国共产党领导的多党合作和政治协商制度，提高到建设中国特色社会主义政治的高度，列入社会主义初级阶段基本纲领，并把坚持和完善这一制度作为社会主义民主政治建设和政治体制改革的重要内容之一。2007年，党的十七大强调，支持人民政协围绕团结和民主两大主题履行职能，推进政治协商、民主监督、参政议政制度建设。2017年，党的十九大报告中把发挥社会主义协商民主的重要作用作为健全人民当家作主制度体系、发展社会主义民主政治的重要内容，指出人民政协是具有中国特色的制度安排，是社会主义协商民主的重要渠道和专门协商机构。

3. 中国共产党领导的多党合作和政治协商制度的优越性

中国共产党领导的多党合作和政治协商制度是在中国现代政党发展的基础上，结合中国革命、建设和改革的实际而创立的政党制度。

第一，中国共产党领导的多党合作和政治协商制度是符合中国国情的政党制度。中国目前仍处于并将长期处于社会主义初级阶段，推进社会主义现代化建设是国家的中心任务。这就决定了中国的政党制度必须有利于保持国家政局稳定和社会安定团结，为经济发展创造良好的环境；必须有利于实现人民民主，发挥社会主义制度的优势。实践证明，中国共产党领导的多党合作和政治协商制度，在团结、合作、民主、协商的旗帜下，将各党派、各阶层紧密团结起来共同致力于中国特色社会主义事业，为中国经济社会的快速发展作出了重要贡献。这一制度有利于在改革发展的大局下凝聚各种社会力量，集中力量办大事；有利于协调社会各方面的利益，防止团体利益冲突和内耗发生；有利于充分调动社会各方面的积极性，促进党和政府决策的科学化、民主化，实现经济社会又好又快发展。因此，中国共产党领导的多党合作和政治协商制度是适合中国国情的政党制度。

第二，中国共产党领导的多党合作和政治协商制度以“合作”“协商”为原则确立政党关系及其运行方式，能够防止党派纠纷和恶斗内耗。在西方竞争性政党体制下，竞争往往演变为主要政党和政治力量之间的“内耗”。它们之间的竞争，常常不是为了社会公共利益或选民的实际利益，而是为了党派和政客个人的私利。在中国共产党领导的多党合作和政治协商条件下，各民主党派都有相应的社会基础，联系一部分群众，承担利益代表和矛盾减压阀的政治角色，它们与中国共产党之间、与其他民主党派之间以“合作”与“协商”的方式运行政党政治。同时，各民主党派还发挥着监督和制约作用，有助于执政党依法执政，推动国家机关规范执法、依法行政，有效避免了西方竞争型政党政治导致的无休止内耗和无谓纷争等弊病。

第三，中国共产党领导的多党合作和政治协商制度创造了新的政党政治形式。从西方资本主义国家的政治实践看，政党政治的基本组织形式是“执政—在野（反对）”，而中国共产党领导的多党合作和政治协商制度的政治形式则是“执政—参政”。“执政—在野（反对）”形式的政党政治是“零和游戏”，即“一方所得同时就是另一方所失”，即在选举中获胜的政党“上台”，选举失利的政党则成为反对党或在野党。“执政—参政”形式的政党政治则是一种“双赢”的选择：在中国政治制度框架下，各民主党派可以以参政党的身份参与国家政权，在政治生活中发挥积极作用，也可以在国家政权中获得相当的政治地位。“执政—参政”的政党政治形式，是对民主政治的一种创新性发展，是协商民主在政党制度方面的典型体现。在中国共产党领导的多党合作和政治协商制度下，不同的政治力量可以通过协商的形式解决国家政治发展中的各种问题。

第四，中国共产党领导的多党合作和政治协商制度开创了新型政党监督机制，有利于相互监督。西方在野党的一个重要功能就是监督执政党，但是这种监督是本着一己之私的监督。在中国特色的政党制度下，我国各民主党派对执政党的监督是以实现人民根本利益为宗旨，从协调和实现各方面的利益出发，帮助中国共产党更好地执政，提高执政水平。这种监督是通过提出意见、批评、建议的方式进行，其监督的内容是：国家宪法和法律法规的实施情况，中国共产党和政府重要方针政策的制定和贯彻执行情况，中国共产党各级党委的工作和中共党员领导干部履行职责、为政清廉等方面的情况。我国政党制度的基本特征就是制度设计中的“合作”“协商”机制，政党组织已不再是通常意义上相互冲突的不同利益的代言人，执政党与参政党之间的关系是人民根本利益一致基础上的通力合作与政策协调。

4. 中国新型政党制度的价值与意义

中国的新型政党制度，与资本主义政党制度相比，具有鲜明的特点：一是以科学的理论为指导。中国共产党以历史唯物主义的立场和态度对待政党现象，把政党看成阶级利益的代表者和实现者，看成一种社会历史现象，这就为中国政党制度提供了正确的理论和认识基础。二是传承中国优秀的政治协商文化。从赓续中国优秀政治文化传统出发，注重和而不同的协商政治理念的价值，在选举之前先行协商，在中国政党制度建设和运行中，充分吸取了中国传统优秀文化要素。

中国的新型政党制度，与其他社会主义国家政党制度也不同。中国共产党在长期的革命斗争实践中深切地体会到多党合作的重要性，将“统一战线”视为革命成功的三大法宝之一。在全国执政之后，党从中国社会的阶级、阶层结构的实际出发，从党领导的“伟大事业”长远目标出发，从中国政治协商的文化传统出发，没有取法苏联式的“一党制”，而是采用了中国共产党领导的“多党制”。当然，这个“多党制”，不是西方竞争型的“多党制”，而是协商合作型的“多党制”，是有执政党和参政党之分的多党制。

中国的新型政党制度来源于新民主主义革命，是中国共产党人在新民主主义革命中的政治创造。在新民主主义革命斗争中，中国共产党人运用马克思主义立场观点和方法，立足于新民主主义革命中的基本国情，清醒认识当时社会复杂的阶级、阶层结构及其与中共领导的新民主主义革命斗争的关联性，并且基于这样的基本认识制定了正确的革命战略和策略，团结一切可以团结的力量，建立最为广泛的统一战线，领导人民取得了新民主主义革命的胜利。

中国的新型政党制度为中国社会主义现代化建设和中华民族伟大复兴提供了强有力的政党制度保障。中国特色社会主义现代化建设和中华民族伟大复兴的宏伟目标和艰巨任务，需要动员和凝聚各方面力量共同奋斗。新型政党制度的重要政治功能，在于通过更广泛、更有效的政党政治，最大限度地凝聚共识、凝聚人心、凝聚智慧、凝聚力量，动员激励全体中华儿女不断奋进，凝聚起同心共筑中国梦的磅礴力量，建设现代化强大国家。社会主义新中国建设、发展和改革开放的伟大成就，充分证明了中国新型政党制度的巨大优越性和强大的政治保障功能。

中国的新型政党制度为丰富发展人类政治文明贡献了中国智慧、中国经验和中国方案。新型政党制度的形成，提供了政党制度发展的中国范例，彰显了新型政党制度的中国优势，拓展了世界政党政治的新的理论向度，给世界上那些既希望加快发展又希望保持自身独立性和政局稳定性的国家和民族提供了新的政党制度模式选择。新型政党制度的理论与实践表明，世界上不存在完全相同的政治制度，也不存在适用于一切国家的政治制度模式。各国国情不同，每个国家的政治制度都是独特的，都是由这个国家的人民决定的，都是在这个国家历史传承、文化传统、经济社会发展的基础上长期发展、渐进改进、内生性演化的结果，只有扎根于本国土壤的政治制度才能行得通、有生命力、有效率。

第四节　中国的统一战线

一、统一战线的形成

中国特色政党制度与统一战线具有内在联系。统一战线是中国特色政党制度的重要运行方式，也是中国政党制度的特殊性所在。

统一战线是指中国共产党领导的、以工农联盟为基础的，包括全体社会主义劳动者、社会主义事业建设者、拥护社会主义的爱国者、拥护祖国统一和致力于中华民族伟大复兴爱国者的联盟。统一战线是中国共产党凝聚人心、汇聚力量的政治优势和战略方针，是夺取革命、建设、改革事业胜利的重要法宝，是增强党的阶级基础、扩大党的群众基础、巩固党的执政地位的重要法宝，是全面建成小康社会、加快推进社会主义现代化、实现中华民族伟大复兴中国梦的重要法宝。①

统一战线是马克思主义的一个基本战略策略问题。马克思和恩格斯在《共产党宣言》中就提出全世界无产者联合起来，并强调共产党人到处努力争取全世界民主政党之间的团结和协调。列宁在领导俄国革命的实践中也反复强调，要利用一切机会来获得大量的同盟者，这对于无产阶级夺取政权以前和以后的时期都是同样适用的；谁不懂得这一点，谁就是丝毫不懂得马克思

① 参见《中国共产党统一战线工作条例（试行）》，人民出版社 2015 年版，第 1—2 页。

主义。中国共产党人把马克思主义基本原理与中国具体实际相结合，始终把统一战线作为中国革命、建设、改革的一个基本问题，在实践中创造性地提出了一系列具有中国特色的统一战线理论和政策。这些理论和政策主要包括：统一战线是中国革命、建设和改革事业取得胜利的重要法宝，是中国共产党执政兴国的重要法宝；统一战线的永恒主题是大团结大联合；高举爱国主义、社会主义旗帜，建立包括两个联盟在内的占全民族人口绝大多数的最广泛的统一战线；坚持党对统一战线的领导权；区分中国资产阶级为官僚资产阶级和民族资产阶级，并采取不同的策略；实行又联合又斗争的基本原则；统一战线工作坚持原则性和灵活性相结合；实行中国共产党领导的多党合作和政治协商制度。这些理论和政策是中国革命和建设的思想财富，也是中国革命、建设和改革的经验总结。

中华人民共和国成立前，统一战线是中国共产党进行革命斗争的重要武器。大革命时期的革命统一战线以国共合作为核心，联合各革命阶级，以反帝反封建为主要内容，推动了轰轰烈烈的国民革命。大革命失败后，中国共产党及时总结经验教训，制定了土地革命和武装反抗国民党反动派的方针；建立起包括工人、农民和小资产阶级，以反对封建压迫和国民党反动统治为主要目标的工农民主统一战线。抗日战争时期，在民族存亡的危急关头，中国共产党团结各党派和无党派人士、各中间阶级联合抗日，推动国共第二次合作，建立起抗日民族统一战线。解放战争时期，中国共产党领导建立了包括工人、农民、城市小资产阶级、民族资产阶级、各民主党派、开明绅士、其他爱国分子、少数民族同胞和海外侨胞在内的广泛的人民民主统一战线。

中国人民政治协商会议的召开，标志着统一战线进入新的历史时期。社会主义改造完成之前，通过由工人、农民、城市小资产阶级、民族资产阶级和其他爱国民主分子组成的统一战线，实现了各族人民大团结，促进了国民经济恢复发展和政权巩固。社会主义改造期间，统一战线在团结民族资产阶级等方面发挥了重要作用。1956 年，“长期共存、互相监督”方针的提出，为统一战线确定了新的发展目标。改革开放以后，统一战线实现历史性转折，进入一个新的发展阶段，成为工人阶级领导的、工农联盟为基础的全体社会主义劳动者和拥护社会主义的爱国者以及拥护祖国统一的爱国者的广泛联盟。1982 年，中国共产党进一步确定与民主党派“长期共存、互相监督、肝胆相照、荣辱与共”的方针，中国共产党领导的多党合作和政治协商制度进一步完善。

根据新时代中国特色社会主义的形势与任务，中国共产党明确提出，统一战线是党的事业取得胜利的重要法宝，必须长期坚持。要高举爱国主义、社会主义旗帜，牢牢把握大团结大联合的主题，坚持一致性和多样性统一，找到最大公约数，画出最大同心圆。坚持长期共存、互相监督、肝胆相照、荣辱与共，支持民主党派按照中国特色社会主义参政党要求更好履行职能。深化民族团结进步教育，铸牢中华民族共同体意识，加强各民族交往交流交融，促进各民族像石榴籽一样紧紧抱在一起，共同团结奋斗、共同繁荣发展。全面贯彻党的宗教工作基本方针，坚持我国宗教的中国化方向，积极引导宗教与社会主义社会相适应。加强党外知识分子工作，做好新的社会阶层人士工作，发挥他们在中国特色社会主义事业中的重要作用。构建亲清新型政商关系，促进非公有制经济健康发展和非公有制经济人士健康成长。广泛团结联系海外侨胞和归侨侨眷，共同致力于中华民族伟大复兴。①

二、新时代统一战线的基本内容

在新时代，巩固和发展最广泛的爱国统一战线，要坚持大统战工作格局，坚持一致性和多样性统一，完善照顾同盟者利益政策，做好民族工作和宗教工作，健全党外代表人士队伍建设制度，凝聚港澳同胞、台湾同胞、海外侨胞力量，谋求最大公约数，画出最大同心圆，促进政党关系、民族关系、宗教关系、阶层关系、海内外同胞关系和谐。② 新时代统一战线工作被赋予新的内容，主要体现在统一战线的基本任务、发展目标、工作重点以及主要载体等方面。

1. 统一战线的指导思想和主要任务

统一战线工作的指导思想和主要任务是：在中国共产党领导下，以马克思列宁主义、毛泽东思想、邓小平理论、“三个代表”重要思想、科学发展观、习近平新时代中国特色社会主义思想为指导，坚定不移走中国特色社会主义道

① 参见习近平：《决胜全面建成小康社会 夺取新时代中国特色社会主义伟大胜利——在中国共产党第十九次全国代表大会上的报告》，人民出版社 2017 年版，第 39—40 页。

② 参见《中共中央关于坚持和完善中国特色社会主义制度 推进国家治理体系和治理能力现代化若干重大问题的决定》，人民出版社 2019 年版，第 12 页。

路，紧紧围绕“五位一体”总体布局和“四个全面”战略布局，高举爱国主义、社会主义旗帜，坚持大团结大联合的主题，坚持正确处理一致性和多样性关系的方针，积极促进政党关系、民族关系、宗教关系、阶层关系、海内外同胞关系和谐，巩固和发展最广泛的爱国统一战线，为实现“两个一百年”奋斗目标、实现中华民族伟大复兴的中国梦服务，为维护社会和谐稳定、维护国家主权、安全、发展利益服务，为保持香港澳门长期繁荣稳定、实现祖国完全统一服务。①

2. 统一战线的基本原则和发展目标

长期以来，党在统一战线工作中形成了一系列基本原则，主要有：坚持党对统一战线的领导，坚持为党和国家的中心任务服务，坚持高举爱国主义、社会主义两面旗帜，坚持大团结大联合的主题，坚持发扬社会主义民主，坚持求同存异、体谅包容，坚持“团结—批评—团结”，坚持以人为本、照顾同盟者利益等。新时代统一战线必须始终不渝地遵循和贯彻这些原则。

新时代统一战线的发展目标，是全面加强新时代统一战线建设，推动统一战线事业蓬勃发展，使中国共产党同各民主党派和无党派人士的团结更加巩固，各民族的关系更加和谐，社会各阶层的关系更加协调，宗教与社会主义社会更加适应，大陆同胞和港澳同胞、台湾同胞、海外侨胞的联系更加密切，努力建设具有强大凝聚力和可持续发展的统一战线，为增强党的执政能力、提高国家综合实力、激发社会创造活力提供广泛支持和有力保障。

3. 统一战线的工作范围和对象

在中国特色社会主义新时代，统一战线工作范围进一步扩大，主要包括：各民主党派成员，无党派人士，党外知识分子，少数民族人士，宗教界人士，非公有制经济人士，新的社会阶层人士，出国和归国留学人员，香港同胞、澳门同胞、台湾同胞及其在大陆的亲属，华侨、归侨及侨眷，其他需要联系和团结的人员等方面，呈现出空前的广泛性、巨大的包容性、鲜明的多样性和显著的社会性。统一战线工作对象为党外人士，重点是其中的代表人士。②

4. 统一战线的组织形式和领导机构

我国宪法规定：“中国人民政治协商会议是有广泛代表性的统一战线组

---

① 参见《中国共产党统一战线工作条例（试行）》，人民出版社2015年版，第2页。
② 参见《中国共产党统一战线工作条例（试行）》，人民出版社2015年版，第2—3页。

织。”《中国人民政治协商会议章程》规定：“中国人民政治协商会议是中国人民爱国统一战线的组织，是中国共产党领导的多党合作和政治协商的重要机构，是我国政治生活中发扬社会主义民主的重要形式。”中国人民政治协商会议是统一战线发展的产物，是统一战线的组织形式。在中国人民政治协商会议诞生之前，统一战线是党领导革命斗争的重要政治策略。中华人民共和国成立后，随着中国人民政治协商会议的诞生，统一战线也上升为国家政治制度的重要组成部分。从某种意义上讲，中国人民政治协商会议是统一战线思想、原则的制度化体现。在实践中，中国人民政治协商会议是开展统一战线活动的重要政治舞台，是社会各方面团结合作、协调关系的重要场所。

在新时代，我国的统一战线已经发展成为全体社会主义劳动者、社会主义事业的建设者、拥护社会主义的爱国者、拥护祖国统一和致力于中华民族伟大复兴的爱国者的最广泛的联盟。中国人民政治协商会议以组织上的广泛代表性和政治上的巨大包容性，囊括了统一战线各方面的代表人士。政协 34 个界别包括了各党派和无党派人士，主要人民团体、社会各界别和各方面的代表人士，以及新的社会阶层代表。中国人民政治协商会议将统一战线的各方面人士团结在社会主义和爱国主义的旗帜下，在民主和协商原则下广泛参加国家的政治生活，最大限度地实现人民的民主权利。

统一战线工作在党的领导下进行，统战部是党委主管统一战线工作的职能部门，承担了解情况、掌握政策、协调关系、安排人事、增进共识、加强团结等职责，中央和县级以上地方党委设置统战部。统一战线工作任务重的乡（镇、街道）党组织应当明确专人负责统一战线工作。统一战线工作任务重的中央和省市两级党委派出机构，统一战线工作任务重的高等学校、科研院所党委，应当设置统一战线工作机构。统一战线工作任务重的大型国有企业党委应当明确机构和人员负责统一战线工作。①

三、新时代统一战线的主要任务

统一战线是中国共产党夺取革命、建设、改革事业胜利的重要法宝，是实现祖国完全统一和中华民族伟大复兴的重要法宝。在新时代，壮大爱国统一战线，促进政党关系、民族关系、宗教关系、阶层关系、海内外同胞关系的和

---

① 参见《中国共产党统一战线工作条例（试行）》，人民出版社 2015 年版，第 3—5 页。

谐，对于增进团结、凝聚力量具有不可替代的作用。这五大关系，是政治领域和社会领域中涉及党和国家工作全局的一些重大关系。促进这些关系的和谐发展，也是新时代统一战线的主要任务。

1. 正确认识和处理中国共产党和民主党派的关系

巩固和发展我国社会主义政党关系，实现我国政党关系长期和谐，根本在于坚持走中国特色社会主义政治发展道路，关键在于坚持和完善中国共产党领导的多党合作和政治协商制度。在统一战线工作中，既要坚持中国共产党的领导，又要促进多党派团结合作；既要提高中国共产党的执政能力，又要提高民主党派的参政议政能力，发挥民主党派参政议政的作用；既要重视做好民主党派的思想引导工作，又要真诚接受他们的民主监督；既要全面推进党的建设新的伟大工程，又要积极支持民主党派加强自身建设，使执政党建设与参政党建设相互促进，更好地统一于多党合作、共创伟业的历史进程中。

中国共产党领导的多党合作和政治协商制度是我国的一项基本政治制度。中国共产党同各民主党派实行长期共存、互相监督、肝胆相照、荣辱与共的基本方针。要加强中国特色社会主义政党制度建设，健全相互监督特别是中国共产党自觉接受监督、对重大决策部署贯彻落实情况实施专项监督等机制，完善民主党派中央直接向中共中央提出建议制度，完善支持民主党派和无党派人士履行职能方法，展现我国新型政党制度优势。发挥人民政协作为政治组织和民主形式的效能，提高政治协商、民主监督、参政议政水平，更好凝聚共识。完善人民政协专门协商机构制度，丰富协商形式，健全协商规则，优化界别设置，健全发扬民主和增进团结相互贯通、建言资政和凝聚共识双向发力的程序机制。① 民主党派的基本职能是参政议政、民主监督，参加中国共产党领导的政治协商。政党协商主要采取会议协商、约谈协商、书面协商等形式。

中国共产党和各民主党派实行互相监督。中国共产党处于领导和执政地位，更需要自觉接受民主党派的监督。民主党派和无党派人士的民主监督是指在坚持四项基本原则的基础上，通过提出意见、批评、建议的方式对中国共产

---

① 参见《中共中央关于坚持和完善中国特色社会主义制度 推进国家治理体系和治理能力现代化若干重大问题的决定》，人民出版社 2019 年版，第 11 页。

党进行的政治监督。

2. 正确认识和处理各民族特别是汉族和少数民族的关系

在争取中华民族独立解放和繁荣发展的过程中，中国共产党团结带领全国各族人民走出了一条中国特色民族发展道路，形成了平等、团结、互助、和谐的社会主义民族关系。这种民族关系，体现了中华民族多元一体的基本格局，体现了中华民族大家庭的根本利益。在推进中华民族伟大复兴的新时代，正确认识和处理我国民族关系，最根本的就是要始终不渝地坚持民族平等，加强民族团结，推动民族互助，促进民族和谐。

我们要坚定不移走中国特色解决民族问题的正确道路，坚持中国共产党的领导，坚持中国特色社会主义道路，坚持维护祖国统一，坚持各民族一律平等，坚持和完善民族区域自治制度，坚持各民族共同团结奋斗、共同繁荣发展，坚持打牢中华民族共同体的思想基础，坚持依法治国，加强各民族交往交流交融，促进各民族和睦相处、和衷共济、和谐发展，巩固和发展平等、团结、互助、和谐的社会主义民族关系，依靠各民族共同力量实现中华民族伟大复兴。围绕促进民族团结，改善民生，推动民族地区经济社会发展，提高民族地区就业水平和基本公共服务水平。

要全面深入持久开展民族团结进步创建活动，积极培育中华民族共同体意识，增进各族群众对伟大祖国、中华民族、中华文化、中国共产党、中国特色社会主义的认同。反对大民族主义主要是大汉族主义，反对狭隘民族主义。尊重少数民族风俗习惯，反对一切形式的民族歧视。依法处理涉及民族因素的矛盾和纠纷，同一切分裂祖国的行为作坚决斗争，维护国家统一、民族团结和社会稳定。①

3. 正确认识和处理信教群众和不信教群众、信仰不同宗教群众之间的关系

我国是一个多宗教的国家。处理好信教群众和不信教群众、信仰不同宗教群众之间的关系，引导宗教与社会主义社会相适应，是统一战线工作的重要任务。要坚持历史唯物主义的基本立场，以科学的历史的观点看待宗教，全面认识宗教产生和存在的深刻历史根源、社会根源、心理根源，全面认识宗教在社会主义社会将长期存在的客观现实，全面认识宗教问题同政治、经济、文化、民族等方面因素相交织的复杂状况，全面认识宗教对相当一部分群众有较大影

① 参见《中国共产党统一战线工作条例（试行）》，人民出版社2015年版，第14—15页。

响的社会现象，既不能用行政手段压制宗教，也不能放弃对宗教事务的管理，而是要更加扎实地做好党的宗教工作，把广大信教群众紧紧团结在党和政府周围，共同为全面建成小康社会而奋斗。

党的宗教工作基本方针是：全面贯彻党的宗教信仰自由政策，依法管理宗教事务，坚持独立自主自办原则，积极引导宗教与社会主义社会相适应。

尊重和保护公民信仰宗教和不信仰宗教的权利。坚持政教分离，禁止以行政力量消灭或者发展宗教，禁止利用恐吓、欺骗等手段传播宗教，禁止利用宗教进行破坏社会秩序、损害公民身体健康、妨碍国家教育制度、制造民族矛盾、破坏祖国统一的活动。坚持保护合法、制止非法、遏制极端、抵御渗透、打击犯罪。健全宗教事务管理法规和制度，依法处置涉及宗教因素的矛盾和问题。防范外国势力干预和支配我国宗教团体和宗教事务。支持宗教界在独立自主、平等友好、互相尊重的基础上开展对外交往。防范和抵御境外势力利用宗教进行渗透。支持和引导宗教界人士对宗教教义作出适应时代进步要求的阐释。发挥宗教界人士和信教群众在促进经济社会发展中的积极作用。

4. 正确认识和处理社会各阶层的关系

改革开放以来，我国社会阶层结构发生了深刻变化：包括知识分子在内的我国工人阶级队伍不断扩大、整体素质普遍提高，广大农民日益成为社会主义新型农民，同时我国出现了大量非公有制经济人士等新的社会阶层。这是改革开放特别是社会主义市场经济发展的必然结果，也是中国特色社会主义事业蓬勃发展的重要体现。新的社会阶层人士工作是党的群众工作的新领域，是统一战线工作新的着力点。统一战线工作的重要任务，就是正确认识和处理新形势下我国社会各阶层关系，科学分析和准确把握我国社会阶层结构发生的深刻变化，在发挥我国工人、农民、知识分子、干部、军人推动社会发展的主体作用的同时，正确处理和协调非公有制经济人士等新的社会阶层的利益诉求，全面兼顾和实现社会各阶层群众的利益，充分发挥社会各阶层在推动经济社会发展中的作用，努力使整个社会更加生机勃勃，更加和谐融洽。

在新时代，要更加注重协调各阶层的利益关系，促进各阶层共享改革开放的成果。完善政府、工会、企业共同参与的协商协调机制，构建和谐劳动关系。坚持按劳分配原则，完善按要素分配的体制机制，促进收入分配更合理、更有序。鼓励勤劳守法致富，扩大中等收入群体，增加低收入者收入，调节过高收入，取缔非法收入。坚持在经济增长的同时实现居民收入同步增长、在劳动生产率提高的同时实现劳动报酬同步提高。拓宽居民劳动收入和财产性收入渠道。履行好政府再分配调节职能，加快推进基本公共服务均等化，缩小收入分配差距。①

5. 正确处理大陆同胞和港澳同胞、台湾同胞、海外侨胞的关系

处理好大陆同胞和港澳同胞、台湾同胞、海外侨胞的关系，对保持香港、澳门长期繁荣稳定，推动两岸关系和平发展，团结全体中华儿女共同致力于实现祖国的完全统一和中华民族的伟大复兴，具有十分重要的意义。统一战线工作的一项重要任务，就是坚持“一国两制”，保持香港、澳门长期繁荣稳定，促进祖国和平统一显著优势；必须全面准确贯彻“一国两制”、“港人治港”、“澳人治澳”、高度自治的方针；健全中央依照宪法和基本法对特别行政区行使全面管治权的制度；坚定推进祖国和平统一进程，推动两岸就和平发展达成制度性安排。② 同时，发挥统一战线各界人士的积极性和主动性，运用各种资源，开辟各种渠道，抓住各种机会，灵活多样地开展对台工作；以凝聚侨心、汇集侨智、发挥侨力为目标，坚持把维护海外侨胞和归侨侨眷的根本利益作为侨务工作的出发点和落脚点，鼓励和支持他们关心和参与祖国现代化建设，为祖国建设引进资金、技术、人才牵线搭桥，鼓励和支持他们传承和传播中华民族优秀文化，鼓励和支持他们为遏制“台独”分裂势力及其活动、促进祖国和平统一贡献智慧和力量，鼓励和支持他们为增进中国人民和各国人民的友谊作出贡献。

香港、澳门回归祖国以来，“一国两制”实践取得举世公认的成功。事实证明，“一国两制”是解决历史遗留的香港、澳门问题的最佳方案，也是香港、澳门回归后保持长期繁荣稳定的最佳制度。在新时代，必须坚持依法治港治澳，维护宪法和基本法确定的宪制秩序，把坚持“一国”原则和尊重“两制”差异、维护中央对特别行政区全面管治权和保障特别行政区高度自治权、发挥祖国内地坚强后盾作用和提高特别行政区自身竞争力结合起来。完善特别行政区同宪法和基本法实施相关的制度和机制，坚持以爱国者为主体的“港人治港”“澳人治澳”，提高特别行政区依法治理能力和水平。同时，必须严格依照

---

① 参见习近平：《决胜全面建成小康社会　夺取新时代中国特色社会主义伟大胜利——在中国共产党第十九次全体代表大会上的报告》，人民出版社 2017 年版，第 46—47 页。

② 参见《中共中央关于坚持和完善中国特色社会主义制度　推进国家治理体系和治理能力现代化若干重大问题的决定》，人民出版社 2019 年版，第 36—37 页。

宪法和基本法对香港特别行政区、澳门特别行政区实行管治，坚定维护国家主权、安全、发展利益，维护香港、澳门长期繁荣稳定，绝不容忍任何挑战“一国两制”底线的行为，绝不容忍任何分裂国家的行为。①

解决台湾问题、实现祖国完全统一，是全体中华儿女共同愿望，是中华民族根本利益所在。必须继续坚持“和平统一、一国两制”方针，推动两岸关系和平发展，推进祖国和平统一进程。一个中国原则是两岸关系的政治基础。体现一个中国原则的“九二共识”明确界定了两岸关系的根本性质，是确保两岸关系和平发展的关键。

我们坚决维护国家主权和领土完整，绝不容忍国家分裂的历史悲剧重演。一切分裂祖国的活动都必将遭到全体中国人坚决反对。我们有坚定的意志、充分的信心、足够的能力挫败任何形式的“台独”分裂图谋。我们绝不允许任何人、任何组织、任何政党、在任何时候、以任何形式、把任何一块中国领土从中国分裂出去!②

思考题：

1. 什么是政党？现代政党的主要特征有哪些？
2. 政党在现代政治生活中有什么重要作用？
3. 西方国家有哪几种主要的政党制度？
4. 中国的政党制度是什么？为什么我国必须坚持中国共产党领导的多党合作和政治协商制度，而不能搞西方的多党制？
5. 论述坚持和加强党的全面领导的必要性和必然性。
6. 什么是统一战线？统一战线的主要内容是什么？
7. 我国的“一国两制”的内涵是什么？如何全面准确贯彻“一国两制”？

拓展资源

本章名词解释

① 参见《中共中央关于坚持和完善中国特色社会主义制度　推进国家治理体系和治理能力现代化若干重大问题的决定》，人民出版社 2019 年版，第 36 页。

② 参见习近平：《决胜全面建成小康社会　夺取新时代中国特色社会主义伟大胜利——在中国共产党第十九次全体代表大会上的报告》，人民出版社 2017 年版，第 55—57 页。

第六章 政治参与

政治参与是现代国家政治生活的重要组成部分，是实现公民政治权利的重要途径。在社会主义制度下，人民成为国家的主人，真正拥有了平等政治参与的权利和条件。进一步扩大人民有序政治参与，广泛动员和组织人民依法管理国家和社会事务、管理经济和文化事业，是中国特色社会主义民主政治建设的重要任务。

第一节 政治参与概述

一、政治参与的含义和特征

政治参与是政治学的重要概念。学者们从不同视角对这一概念的含义作了不同的界定。西方政治学者主要根据资本主义社会的政治实践界定政治参与的含义。比如说，认为政治参与是“平民试图影响政府决策的活动”①，是“全国或地方、个人或集体支持或反对国家结构、权威和（或）有关公益分配决策的行动”②，是“平民或多或少以影响政府人员的选择及（或）他们采取的行动为直接目的而进行的合法活动”③，等等。

可见，西方政治学者对于政治参与概念的理解存在明显差别，这些差别在于：一是关于参与的主体是否包括职业政治人士，二是关于参与的类型是否包括动员参与，三是关于参与的途径是否包括非法手段，四是关于参与的行为是否包括政治心理和态度。不过，这些不同的政治参与观点之间也具有共同特点，这就是回避了政治参与的阶级属性和内涵，排除了政治参与的阶级意义。

政治参与是马克思主义政治学说的重要内容。马克思主义经典作家从价值追求、内容实质、现实批判和建设路径等层面阐明了马克思主义关于政治参与

---

① ［美］塞缪尔·亨廷顿、琼·纳尔逊：《难以抉择——发展中国家的政治参与》，汪晓寿等译，华夏出版社1989年版，第5页。

② ［美］帕特里克·J. 孔奇：《政治参与概念如何形成定义》，王胜明、范云萍译，《国外政治学》1989年第4期。

③ ［美］格林斯坦、波尔斯比编：《政治学手册精选》（下卷），储复耘译，商务印书馆1996年版，第290页。

的思想。

马克思和恩格斯认为，政治权力是统治阶级用来实现经济利益的手段，而政治参与是一定的集团、阶层或阶级谋求利益的工具，竞选、游说、罢工、游行、示威等，都是阶级阶层谋求利益的途径。马克思和恩格斯充分肯定了巴黎公社所实行的人民普选制，认为这是使公社领导人成为人民的公仆，能够代表人民利益执掌政权的制度形式。他们主张实行“议行合一”制度，赋予公民广泛的普选权与监督权；赋予人民言论、出版、集会与结社自由的权利，使人民能通过这些途径参与、影响和制约国家的管理，并监督国家机关及公职人员。他们还强调要为每一个公民创造政治参与的平等条件。

在列宁看来，政治参与是人民“参与国家事务，给国家定方向，确定国家活动的形式、任务和内容”①。列宁高度赞扬巴黎公社的人民参与国家管理实践的尝试，认为人民直接管理是苏维埃政权继承巴黎公社事业的表现，实现了国家政权为人民所掌握，从而为人民参与国家政治生活提供了必要的前提。列宁指出，社会主义国家的建立为公民广泛参与国家生活的管理提供了前提条件，但是，社会主义国家由于经济、社会和文化等落后而不得不采取间接民主制；而在实行间接民主制的同时，应当为直接民主管理创造必要的条件。只有这样，人民才能有效地参与国家事务的管理。

根据马克思主义经典作家的论述，总结社会主义国家政治参与的实践经验，可以将政治参与定义为：政治参与是指公民个人、社会团体或组织参加公共政策的制定与执行，管理国家事务和社会事务，管理经济和文化事务的行为。②

根据这个定义，政治参与具有如下基本特征：

第一，政治参与的主体是公民个人、社会团体或组织。比如，在我国各级人民代表大会代表的选举过程中，只要是符合法定条件的公民个人，都享有选举权和被选举权，可依法参加各级选举，而不受民族、种族、性别、职业、家庭出身、宗教信仰、教育程度、财产状况、居住期限的限制。

第二，政治参与的内容与范围涉及公共决策（政策的制定与执行）、公共管理（国家事务、社会事务、经济和文化事务的管理）以及公共服务的提供。

---

① 《列宁全集》第 31 卷，人民出版社 2017 年版，第 128 页。

② 一个可以参照的定义：《中国大百科全书 · 政治学卷》（1992 版）将政治参与界定为“公民自愿地通过各种合法方式参与政治生活的行为”。

政治参与不仅包括政治选举、政治投票行为，而且还包括公民参与各级政府公共决策、公共管理以及公共服务的提供等各种其他活动。

第三，政治参与主要指实际行为，而不包括政治心理、态度、认知等主观因素。只要是符合上述条件的参与行为，都应归于政治参与的范畴。

二、政治参与的类型

政治参与的行为多种多样，根据不同的标准，可以划分为不同的类型。主要有：

1. 个人参与和组织参与

以参与主体的特征为依据，可以将政治参与划分为个人参与和组织参与。个人参与是指公民以个体的身份进行政治参与的活动。比如在我国，公民可以参与各类政治选举，参与基层村级组织、社区组织的管理，还可以通过信访、行政听证等方式与公职人员接触。在西方国家，公民还可以通过捐赠政治资金等多种形式进行个人参与。组织参与是指与他人合作以特定的团体形式参与政治的活动。组织参与主要包括政党、政治性社团等的政治参与。在西方国家，政党以参与政治为主要方式，代表特定的阶级和阶层。政党为取得政权和维护政权而进行活动，在不执掌政权的情况下，也竭力推荐本阶级或阶层的成员介入政治过程，对执政党形成相关政治压力。

2. 主动参与和被动参与

以参与者的主观态度为依据，可以将政治参与划分为主动参与和被动参与。主动参与是在自愿基础上影响政府的活动，而被动参与则并非出于参与者的自愿，而是在他人影响下参与政治的活动。两者的主要差别在于参与主体本身是否具有影响政府政策和人选的意图，前者的行为主体具有明确的行为意图，后者的行为主体可能不理解或不明确自己的行为意图。

3. 直接参与和间接参与

以参与者是否通过中间环节来影响政治过程为依据，可以将政治参与划分为直接参与和间接参与。这实际上是公民和公民团体参与国家管理的两种基本形式。直接参与是参与者不通过任何中介直接介入政治过程的行为，包括参与选举，对国家法律的创制、复决以及对一些重大问题的全民公决，与政府公职人员或政治家个别接触等。间接参与则是参与者通过特定中介影响政治生活或者政府过程的行为。最为常见的间接参与方式包括通过代表参与、理论宣传和舆论参与等。

除了上述三种主要的划分方式外，关于政治参与的类型还有别的划分方式。例如，以参与的实际效果为标准，将政治参与划分为有效参与和无效参与；以参与的方式为标准，将政治参与划分为和平参与和暴力参与，等等。

三、政治参与的作用

政治参与是当代民主政治不可或缺的组成部分，也是实现民主的重要途径。在现代国家政治生活中，作为实现公民政治权利的主要途径，政治参与对于整个政治—社会系统的运转发挥着不可替代的重要作用。一般而言，政治参与的主要作用是：

1. 促进公民政治素质的提高

公民政治素质包括政治知识、政治技能、政治经验、政治效能、参与意识等相互关联的多方面内容。获取这些知识和技能，既需要政治学习，更需要政治实践。公民通过政治参与实践，逐渐关心政治、注重他人的利益和立场，更加善于理解和包容他人，不断提高对政治体制的认同感，这都有助于民主政治文化的形成，有利于政府治理的有效运转。

2. 推进公共决策的民主化、科学化

政治参与能够促进政策制定和实施过程的民主化和合理化，有利于提高政策的科学性和有效性。政策制定和实施是一种基本的政治过程，同时也是政治体系实现其功能的重要途径。政策制定和实施的科学性、有效性是政治体系能力的标志，也是政治体系追求的一个价值目标。政策制定和实施的过程在很大程度上是一种社会利益的协调与整合过程，与政策相关的公民积极参与政策制定、政策执行、政策评估、政策监控和政策终结等各政策环节，充分表达自身的利益和意愿，比如参与听证、提出政策意见和建议、监督政策执行情况等，能有效地提高政策制定和实施的科学性、合理性，防止政策失误，保证政策目标的成功实现。

3. 监督政治系统的运转

权力的正常运行必定需要有力的监督，失去制约和监督的权力必然导致腐败。政治参与能为政治系统的运行提供外部监督，这是政治权力正常运转必不可少的基本条件。政治参与的这种监督功能，可以防止政治系统对公众利益的背离，克服各种政治机构的官僚主义和权钱交易，遏制腐败。

当然，政治参与在发挥积极作用的同时，如果未能得到有效的规范，或者与政治体制不相适应，也可能带来负面影响。过度的或不足的政治参与，可能产生消极的后果。例如，政治参与在一定时期的迅速扩大，如果超过社会的承受能力，就会使大量非制度化的参与蔓延，容易导致对政治体制的破坏，甚至引发骚乱。又如，政治剧烈转型或动荡时期容易发生参与“爆炸”，这种参与的极端和盲目扩大会大大削弱政府权威，导致无政府主义泛滥，最终对经济发展和社会稳定造成破坏。因此，要增强政治参与的有序性，应当不断提高政治参与的制度化水平，引导公民和社会组织积极有序地参与政治，使政治参与程度与政治体制相适应、与民主政治建设的发展相适应。

第二节　西方国家的政治参与

一、西方国家政治参与的形式

西方国家的政治参与是随着西方民主的发展而发展的。在资本主义早期，人民并没有多少政治参与权利。自 17、18 世纪资产阶级革命以来，西方国家开辟了多种政治参与渠道，以从形式上体现其所标榜的民主精神。其中最普遍、最主要的参与方式就是政治选举，西方国家每逢政府换届，一般都伴有激烈的竞选活动和大规模的投票表决。此外，西方国家的政治参与还有其他方式，包括政治合作活动和个别接触等。

1. 投票表决

投票表决是公民个人在相互竞争的政策或候选人之间表示其偏好的行为，是参与人数较多的主要政治参与形式之一。

投票行为有着悠久的历史，古代氏族成员就已对氏族重大事务进行投票表决。在西方国家的政治实践中，投票表决的方式多种多样。根据投票人意愿公开的程度，可分为公开投票、半公开投票、秘密投票三种。根据投票人的投票自由度，可分为强制性投票和自由投票。根据投票人是否亲自到投票点，可分为出席投票和缺席投票。

在当代西方国家的投票实践中，所采用的投票规则主要有如下几种：(1) 全体一致规则，即全体投票人一致同意的规则；(2) 多数规则，是指获得投票人支持最多的方案获胜的规则；(3) 过半数规则，是指至少有超过 1/2 的投票人支持的方案才算有效的规则。在西方投票实践中，过半数规则还出现了一些变异形式和替代形式，如孔多塞标准、博尔达计数、淘汰投票、赞成投票等。

2. 政治选举

政治选举是公民（或选民）对政治候选人表示偏好的行为。政治投票与政治选举的差别在于：一方面，投票只是选举的一个重要环节，除此之外，选举还包括划分选区、选民登记、计票等环节；另一方面，政治投票却是比政治选举适用范围更加广泛的政治行为，政治投票不仅决定政府或议会成员组成，而且决定国家重大政策，政治选举只是表达选民对政治候选人的偏好。

在西方，政治参与的演化实际上是围绕着政治选举展开的。西方国家的选举活动可以划分为多种类型。以选举对象来划分，有国家代表机关的代表选举，也有国家元首、政府首脑和公职人员选举；以选举方式来划分，有直接选举和间接选举（前者是指由选民按选区直接投票选举产生担任职务者；后者是指由选民选出代表，再由代表投票选举产生担任职务者）；以选举范围来划分，有全国性选举和地方性选举；以选举程序来划分，有预选、补选和正式选举等。在资本主义国家的实际操作中，这些选举类型常常相互交叉、彼此重叠，共同构成资本主义选举活动的形式。除投票外，选举活动还包括拉选票、向候选人和政党捐资或进行募捐活动、协助开展竞选活动等。

近代以来，西方选举权的发展历史是在工人阶级和劳动人民不断斗争下，资产阶级被迫逐步取消经济条件、教育程度、种族和性别等限制，从而使得享有选举权的人数逐步提高，使政治参与逐步扩大和发展的过程。西方国家的选举大多经历了严格限制选举权，逐步放宽选举权（包括逐步取消经济条件、教育程度、种族和性别等限制），其后从形式上确立普选权等发展阶段。

3. 合作行动

合作行动又称社团活动、结社活动或地区活动，指公民以组织成员身份（不是以私人身份）参与除选举外的政治活动。合作行动与选举的主要区别在于，它是由普通公民而不是权力机关组织发起的。合作行动可以因该团体所关切的任何类型问题而发生，它可以是正式组织内部的活动，也可以是公民之间的非正式合作行为。

参加政党活动是公民政治参与的重要内容。美国政治科学协会 2005 年所做的一个关于政治参与的调查报告指出，公民对政党事务的参与可以划分为三个层次：参与政党的活动，给政党做义工，成为政党活动委员会的成员或者政党机构中的专职人员。

作为资产阶级民主制度的产物，利益集团被视为西方国家公民政治参与的重要渠道。特别是20世纪以来，形形色色的利益集团在西方各主要资本主义国家大量涌现，其力量也迅速壮大。

现代西方国家中比较普遍的合作行动，当属形形色色的利益集团活动。利益集团便是在利益多元化的社会中，由具有相似观点或利益要求的人们组成，企图通过参与政治过程影响公共政策，实现或维护其利益的社会群体。利益集团化在西方国家的政治生活中已具有决定性意义，而政府决策就是一系列利益集团的调节过程。在资本主义国家，为实现自己的利益要求，各个利益集团总是竭尽所能动用各种手段来参与政治过程，或是引诱（如贿赂）或是逼迫（如罢工）政府作出符合他们利益的决策。目前利益集团较常用的政治参与手段主要有：游说、公开运动、和平示威、影响选举、停止合作等。

4. 个别接触

个别接触又称个人接触、政治接触或主动接触，是指公民或者特定组织主动接触政府官员或其他公职人员，表达政治意愿，进而试图影响决策的行为。

个别接触是公民个人因为自己的特殊利益而主动与政治官员接触，陈述自己所关心的问题，表达个人的意向。个别接触需要公民很强的积极性和参与性。

在西方国家，院外活动是政治接触的一种典型形式。院外活动是指个人或团体通过与政府官员、议员或政治领导人进行接触，试图对其施加影响的活动（例如，为支持或反对某项立法提案或行政决定而进行的接触活动）。在美国，为影响某项重大立法提案或政府决策，往往出现频繁的院外游说活动，试图通过影响议员的投票倾向来支持或反对某个提案。

随着经济全球化和信息化时代的来临，各国的政治、经济、社会和文化领域发生新变化，尤其是受网络技术的发展、第三部门的崛起、政府信任危机的加深、传统官僚制的失效等因素的影响，西方国家的公民政治参与出现了一些新的趋势：

一是公民在公共决策和公共行政活动中的地位和作用得到强化，公民在政治参与过程中，大量使用关键公众接触和官民个别接触、公民听证或咨询委员会、民意调查和公众舆论、公民论坛等民意表达和收集技术。

二是非营利组织积极参与政治。传统的政治参与主要通过投票、加入政党或参加压力团体等形式进行，这些形式的主要特征是以政府为中心进行政治参与。近年来，非营利组织相对独立地开展活动或与政府合作来提供环保、慈善等公共服务，促进社会、经济的健康发展，防止环境退化，并承担了先前很少被人关注或存在政府和市场双重失灵的其他服务职能。在西方，最常见的公益性志愿服务是环保宣传与环保行动。环保志愿者的集结甚至形成了一股不可轻视的政治力量。

三是网络及数字化技术的广泛应用开辟了政治参与的新空间。随着互联网、物联网、大数据和云计算等信息通信技术以及智能技术的发展，人类社会进入信息社会的更高阶段，迈进网络化、数据化和智能化的新时代。① 网络及数字化技术作为信息社会的载体和信息交流的一种手段，凭借其开放性、便利性、互动性以及信息的丰富性和服务的多样性，以惊人的速度在全球扩展，并迅速渗透社会生活的方方面面，对政治领域产生了深刻的影响，为公民实现政治参与提供了更加广阔的平台，使公民的政治参与方式发生了新的变化。韦斯特在《下一次浪潮》一书说：一个由数字技术驱动的社会与政治创新浪潮以及民主政治的新时代即将来临，"人们能够利用数字技术提高透明度、促进公共参与和推动民主协作。而政治领袖们可以通过与私营部门的合作，推动多个政策领域的创新浪潮"②。基于网络和数据技术的公民政治参与新形式包括网络民意调查、网络选举、虚拟社区、网络公共论坛等。

二、西方国家政治参与的特征与实质

1. 西方国家政治参与的特征

西方国家虽然以宪法形式确认了公民形式上享有平等管理国家的政治权利，但由于其建立在私有制基础上，管理国家的真正权力掌握在占有生产资料的资产阶级手中。因此，无产阶级和广大劳动人民并未真正得到广泛而平等的政治参与权利，其政治参与形式虽然随着时代发展有一定的变化，但仍未能摆

① 参见陈振明：《政府治理变革的技术基础——大数据与智能化时代的政府改革述评》，《行政论坛》2015年第6期，第2页。

② ［美］达雷尔·M. 韦斯特：《下一次浪潮：信息通信技术驱动的社会与政治创新》，廖毅敏译，上海远东出版社2012年版，第2页。

脱其本质的局限性。综观西方国家的政治参与，主要呈现出以下特征：

（1）政治参与的表面形式不可能解决资本主义社会深刻的阶级对立

在资本主义社会，由于资本主义生产方式的根本矛盾，使得资产阶级与无产阶级存在根本利益上的对立，他们政治参与的利益诉求也存在根本分歧。实践证明，资产阶级与无产阶级之间的这种分歧不可能通过形式上的公民或者组织的政治参与活动来解决。实际上，这是资本主义社会阶级矛盾不可调和的政治体现。

（2）政治以资本为基础，公民之间实质上不平等

尽管资产阶级一贯标榜其政治上的民主与平等，宣称其开放的政治体系可让每个普通公民和各种社会势力平等地进入政治过程。然而，在以生产资料私有制为基础的资本主义社会，公民的政治地位实质上取决于其对生产资料和社会财富占有的多寡；资本实力的差异决定了政治权利在不同的社会阶级、阶层和集团之间的分配和实现程度，个人政治参与的机会和效能也由此而定。因此，资本主义貌似平等的参政形式下，掩盖着以资本实力差异为基础的实质不平等。

事实证明，在西方国家，越是能够主导国民经济的巨型垄断组织或财团，越是能够通过全方位参与政治过程，对政治体系施加重要的影响。如历届美国总统的竞选活动，幕后都有一些如石油、军火行业实力雄厚的财团对候选人鼎力相助；候选人竞选成功后，必然要利用其总统职位特别照顾这些财团的利益。以大财团、大公司为背景的院外游说活动往往左右着政府的重大决策，对关系国计民生的重大事务产生决定性影响。而一些地位不高、势单力薄的利益集团受种种制约，只能选择一些影响力不大的参与形式来介入政治过程。至于一般人民群众，虽然形式上也有政治参与的权利，但实际上不会对政府行为产生根本性影响，因此，所谓“参与权”仅有名义上的意义。

由此可见，西方国家的政治参与在表面平等的背后，实质上是以资本实力作为后盾的不平等，这样的政治参与主要受少数财大气粗的资本家所左右。

（3）利益取向的狭隘性和片面性

西方国家政治参与的动力通常源于对个人利益最大化的追求与维护，是以私人利益为出发点和归宿的。即便是以各种团体为主体的集体参与，这些团体大多也是为了维护个人利益聚合而成的。尽管西方国家利益群体繁多，但它们都是为了维护本集团的特殊利益。显然，维护社会公共利益不是西方国家众多参政主体的主要目标。利益集团的构成受到行业、职业、地域、种族、宗教等

因素的影响，它们所追求的利益及其社会影响也就相当地狭隘和片面。

这种政治参与狭隘性和片面性的客观存在，造成特殊利益集团在参与过程中行贿受贿、营私舞弊的行为屡禁不绝，不同特殊利益集团彼此不断钩心斗角，严重损害了政府决策的公共性和独立性。在这种情况下，普通公民的利益得不到重视，人民大众的利益往往为某些强势集团所牺牲，这也造成了人民在很大程度上的政治冷漠。

（4）政治参与以公民个人行动为主要形式

西方国家的政治参与在形式上以个人参与居多，这一方面是由于西方世界所盛行的个人主义的影响，另一方面是由于其政治参与大多围绕个人利益。集体行动的协调成本较高，个人行动则要方便许多，而且行动目的可直接指向参与主体的意愿。因此，虽然集体参与力量一般都比个人大，但个人参与仍然是政治参与的第一选择，只有当个人行动实在无法达到目的时，才会积极寻找同盟者，或者组织起来进行集体参与。

（5）政治参与的效果或影响力相当有限

在西方国家，公民虽然可以通过政治参与的途径去影响政府的决策，如在美国的一些州，公民能对法案直接投票（宪法修正案必须提交选民投票通过，公债和税率的增加必须直接由选民投票等）。但是，在西方代议民主制度下，公民的政治参与及对公共政策的影响是有限的。正如詹姆斯·E. 安德森所指出的："即使在民主国家，公民参与决策的活动也是非常脆弱的。许多人在选举中弃权，不加入政党的活动，不参加压力团体，甚至对政治不很感兴趣。此外，调查研究表明，当选民对竞选公职的候选人投票时，他们很少受政策考虑的影响。"①

2. 西方国家政治参与的实质

虽然当代西方国家的政治参与出现了一些新的发展变化，但从本质上讲，它仍然只是资产阶级政治统治前提下的政治参与，是资产阶级实现和维护政治统治的工具。西方国家所标榜的广泛、平等、有效的政治参与，实际上不可能得到真正实现。"当代西式民主在很大程度上已经异化为金钱政治和民粹主义政治。西方'竞争式'的选举民主，最近几十年已经劣质化为不同集团攫取权力的零和游戏。"②

---

① ［美］詹姆斯·E. 安德森：《公共决策》，唐亮译，华夏出版社1990年版，第56页。

② 韩震：《中国才是当今世界最大的民主国家》，《求是》2017年第22期。

在资产阶级革命时期，资产阶级提出“自由”“民主”“平等”等口号，具有一定的历史进步意义，也激发了广大人民群众推翻封建统治的热情。然而，资产阶级夺取政权以后，却没有兑现其鼓吹的广泛而充分的民主权利、平等参与。尽管西方资本主义各国的宪法或选举法大都规定了普遍、平等的选举原则，但在实际的选举过程中，公民仍然受到财产、居住地、教育、性别、职业等条件的限制。即使在今天，由于资产阶级居于统治地位、掌握着各种资源以及高昂的选举费用等诸多因素的影响，西方国家的政治参与仍然是形式上平等而实质上不平等的。

在资本主义社会，选举权在相当长时间内只是统治阶级的专利，统治阶级在普选形式下对公众的政治参与设置了种种障碍。随着无产阶级和人民群众政治斗争的不断发展，人民群众的选举权利才逐步扩大。在“光荣革命”后最早取得资产阶级民主革命胜利的英国，直到 1867 年，仍然只有“户主”才能够参与投票。1885 年，英国所有成年男子在理论上获得了选举权，但直到 1918 年，才有约 60%的人进行了选民登记。妇女的选举权问题更为突出，直到 1918 年，英国 30 岁以上的妇女才获得选举权，10 年后年龄限制才降低到 21 岁。美国妇女直到 1920 年宪法第 19 条修正案通过后才获得选举权。而法国直到 1945 年，瑞士直到 1971 年，妇女才获得与男子平等的选举权。在这一历史过程中，资产阶级通过公民参与选举来缓和社会矛盾，同时以多数当选的表面形式，取得所谓组阁执政的合法性基础，为国家政治权力的平稳交接提供了制度保障。

利益集团在西方国家大量存在，而且绝大部分都由财力雄厚的资本家控制。西方国家一般都允许大部分利益集团参与政治，借此在立法与行政过程中权衡政策方案，从而协调不同资本集团之间的利益分配；同时注意通过不同集团的相互竞争和彼此牵制，削弱其整体力量，防止利益集团势力的过分膨胀而危及政治秩序的稳定。由此可见，西方国家的政治参与的着眼点是维持资产阶级政治统治，而并非实现人民权利、维护人民利益。

第三节　社会主义中国的政治参与

一、政治参与是社会主义民主的重要内容

人类社会从奴隶社会、封建社会发展到资本主义社会，政治文明成果不断

积累，水平不断提高，体现为政治文明由低级形态向高级形态发展的轨迹。近代资产阶级革命举起了自由、平等、民主、人权的旗帜，开启了现代政治文明的进程。尽管如此，奴隶社会、封建社会和资本主义社会的政治仍然是少数剥削者对广大人民群众的统治，是少数人对绝大多数人的统治。只有在社会主义社会，人民当家作主的政治制度得以确立，才实现了人类历史上政治文明的飞跃。社会主义制度的确立为实现人民当家作主提供了基本条件和坚实基础，具有强大的生命力和显著优势。随着社会主义社会的建设发展，社会主义民主也会逐步发展和不断完善。在中国，实现人民当家作主是前无古人的事业，必然要经历艰苦的探索，逐步完善其实现方式。要实现人民当家作主，就必须扩大公民政治参与，广大人民群众只有在政治参与的过程中才能表达政治愿望和利益要求，参与政策制定和决策产生的过程，使政策和决策体现人民的意志，符合人民的愿望和需要。因此，政治参与是实现人民当家作主的重要环节，是社会主义民主政治发展的本质要求。

中国共产党人坚持并发展了马克思主义政治参与思想，始终将人民政治参与作为社会主义民主的重要内容。毛泽东历来强调要相信群众、依靠群众、组织动员群众，调动一切积极因素，进行革命和建设。早在五四时期，毛泽东就设想由“工人农民办理政治”，后来提出“唤起工农千百万，同心干”，充分肯定了人民群众参与社会变革、参与政治生活的重要作用。以毛泽东同志为核心的党的第一代中央领导集体确立了我国政治参与的制度框架，以保障人民群众当家作主的民主权利。改革开放以来，党和国家领导人对政治参与的内涵和实质作了进一步概括和提炼，强调社会主义国家政治参与的实质是人民当家作主。邓小平指出，在社会主义国家，政治参与的内涵就是“同人民一起商量着办事”①。江泽民指出，要坚持和完善社会主义民主制度，扩大公民有序政治参与，保证人民依法实行民主选举、民主决策、民主管理和民主监督，享有广泛的权利和自由。胡锦涛指出，要坚持国家一切权力属于人民，从各个层次、各个领域扩大公民有序政治参与，最广泛地动员和组织人民依法管理国家事务和社会事务、管理经济和文化事业，并提出必须保证人民群众的知情权、参与权、表达权和监督权。

习近平新时代中国特色社会主义思想中包含着十分丰富的政治参与的重

① 《邓小平文选》第3卷，人民出版社1993年版，第268页。

要论述，包括坚持走中国特色社会主义政治发展道路，用制度体系保证人民当家作主，推动协商民主广泛多层制度化发展，扩大人民有序政治参与等。习近平强调，发展社会主义民主政治就是要体现人民意志、保障人民权益、激发人民创造活力，用制度体系保证人民当家作主。他指出，要改进党的领导方式和执政方式，保证党领导人民有效治理国家；扩大人民有序政治参与，保证人民依法实行民主选举、民主协商、民主决策、民主管理、民主监督；保证人民依法享有广泛权利和自由；保障人民知情权、参与权、表达权、监督权。①

由此可见，在发展社会主义民主政治进程中，社会主义国家的人民政治参与处于非常重要的地位。从根本上说，这种地位是由社会主义政治的本质及人民政治参与的作用决定的。社会主义国家的一切权力属于人民，社会主义政治本质上是广大人民的事业，只有广大人民的积极参与，才能坚持人民主体地位，体现人民当家作主这一社会主义民主政治的本质和核心。

中国共产党始终坚持全心全意为人民服务的宗旨，新中国成立后，积极扩大人民群众的政治参与。我国宪法明确规定：中华人民共和国的一切权力属于人民；人民依照法律规定，通过各种途径和形式管理国家事务，管理经济和文化事业，管理社会事务。党的十九大报告指出，坚持以人民为中心。人民是历史的创造者，是决定党和国家前途命运的根本力量。必须坚持人民主体地位，坚持立党为公、执政为民，践行全心全意为人民服务的根本宗旨，把党的群众路线贯彻到治国理政全部活动之中，把人民对美好生活的向往作为奋斗目标，依靠人民创造历史伟业。我国确立和发展了人民代表大会制度、中国共产党领导的多党合作和政治协商制度、民族区域自治制度、基层群众自治制度等政治制度，从而为实现公民的政治参与提供了根本制度保证。各级信访制度、各种咨询制度、新闻舆论监督等，都赋予人民群众越来越多样化、越来越通畅的利益表达渠道和影响政治系统决策、保护自己合法权益的渠道。我国社会主义民主是维护人民根本利益的最广泛、最真实、最管用的民主。随着政治参与的不断扩大，社会主义民主化程度也不断提高。由此可见，建立在人民当家作主基础上的公民政治参与，是推动社会主义民主政治发展的主要途径，也是社会主

---

① 参见习近平：《决胜全面建成小康社会　夺取新时代中国特色社会主义伟大胜利——在中国共产党第十九次全国代表大会上的报告》，人民出版社2017年版，第37页。

义民主政治发展的重要内容。

二、中国政治参与的发展

政治参与是一个历史范畴，其发展变化受到具体历史条件的影响。新中国成立后，我国迅速确立了政治参与的基本框架。这个框架体现了社会主义民主政治的实质，显现出新型民主制度的巨大活力。新时期的政治参与是在我国社会主义现代化建设和改革开放的历史进程中逐步发展完善的。党和政府在坚持以经济建设为中心的同时，加强社会主义民主政治建设，深化政治体制改革，逐步形成政治参与有序化、法制化的制度环境。2002 年党的十六大作出了“扩大公民有序的政治参与”的战略决策，党的十七大、十八大和十九大一如既往地强调要从各个领域和不同层次扩大人民有序政治参与。党的十九届四中全会强调坚持和完善人民当家作主制度体系，发展社会主义民主政治，完善党委领导、政府负责、民主协商、社会协同、公众参与、法治保障、科技支撑的社会治理体系，完善群众参与基层社会治理的制度化渠道，建设人人有责、人人尽责、人人享有的社会治理共同体。

与此同时，社会主义市场经济的发展，人民权利意识的增长，也推动了政治参与的内容、形式不断扩展，塑造了富有中国特色的政治参与制度。综观改革开放以来中国公民权利的成长过程，在政府立法保障和主体实践的双重推动之下，中国公民权利成长形态呈现出民事权利、政治权利和社会权利之间相互作用、交叉推进的显著特点。①我国政治参与的进展及成就主要表现在：

1. 人民政治参与意识不断增强

改革开放 40 余年来，我国经济社会持续快速发展，社会主义市场经济体制逐步完善，社会主义民主政治建设不断推进，人民群众的物质生活得到极大改善，社会的利益分化日益明显，引起了深刻的社会变革。公民保护和发展自身利益的意愿越来越强，开始关注实现自身利益的社会政治环境，社会责任感和主人翁意识不断增强，关心政治、投身改革、参政议政的热情日渐高涨，形成了新中国成立以来前所未有的公民积极参与政治的新局面。同时，社会成员政治参与能力也逐步增强。《人民论坛》问卷调查中心的调查表明：公众对于

---

① 参见肖滨、方木欢：《扩大公民有序政治参与的双轨路径——基于中国改革开放以来实践经验的理论分析》，《政治学研究》2017 年第 4 期，第 29 页。

与个人利益相关的公共事务的参与意愿最强，而对于以公共利益为导向的公共事务，则参与意识较弱。因此，对于政府来说，要通过动员公众有序政治参与，培养政治参与观念，增强主体意识；对于公众来说，要积极参与公共事务，提高政治参与技巧，积累政治参与经验。①

2. 政治参与主体日趋多样化

随着社会主义市场经济体制的逐步建立与完善，利益主体日益多样化，"出现了民营科技企业的创业人员和技术人员、受聘于外资企业的管理技术人员、个体户、私营企业主、中介组织的从业人员、自由职业人员等社会阶层"②。中国社会各阶层在根本利益一致的前提下，又有着各自相对独立的利益要求，必然希望将自己的意愿输入政治系统，以影响政府的决策。同时，社会组织的发展及其对公共事务管理和公共服务提供的广泛参与，也是新时期我国政治参与主体日趋多样化的一个重要表现。通过培育和发展的社会组织，可以及时反映民意，平衡各方利益诉求，促进政府与社会之间的良性互动。

3. 政治参与逐步制度化

改革开放以来，人民代表大会制度、中国共产党领导的多党合作和政治协商制度、民族区域自治制度、信访和举报制度不断发展完善，基层群众自治制度逐步建立和完善；依法治国理念逐步深入人心，政治选举、政治结社和政治表达等政治参与方式逐步被纳入法制轨道，政治参与日益有序化、制度化、法律化。为适应社会主义民主政治发展要求，我国还建立了政治参与的新制度，包括信息公开制度、重大事项的社会公示制度、听证制度、社会协商对话制度、政府新闻发布会制度、舆论参与和监督制度、人民建议征集制度等。例如，在信息公开制度方面，2010 年国务院在原来的《中华人民共和国政府信息公开条例》（2007 年 4 月公布，2008 年 5 月 1 日实施）以及《国务院办公厅关于施行〈中华人民共和国政府信息公开条例〉若干问题的意见》的基础上，发布《关于加强法治政府建设的意见》，基本确立起政务公开的制度体系，朝着建设法治社会、推进民主政治的目标迈进了一大步。同时，我国还着力提高公民政治参与的组织化程度，加强公民自我管理公共事务的能力，在互相支持和积极合作中显示了政府和人民群众协调互动的良性关系。

---

① 参见人民论坛问卷调查中心：《中国公众的政治参与观念调查报告（2016）》，人民论坛网，2016 年 7 月 9 日。

② 《江泽民文选》第 3 卷，人民出版社 2006 年版，第 286 页。

4. 政治参与渠道日益多样化

人民群众通过政治选举、政治结社、政治表达、基层群众自治、政治接触、舆论监督等多种多样的途径或形式来实现政治参与。例如，通过基层群众自治制度，公民参与自治组织（村民委员会、居民委员会等）的选举以及乡镇政府的直接选举试点，并参与乡村和城市社区的民主决策、民主管理、民主监督以及自我管理和自主服务。2010 年全国人大常委会通过了新修订的《村民委员会组织法》，把农村村民自治和民主管理提高到一个新水平。在新时期，党和政府拓展了政治参与的途径或渠道，尤其是越来越重视拓展政治参与的直接渠道，力求做到“重大事情让人民知道”“重大法律经公众讨论”。2000 年出台的《中华人民共和国立法法》明确规定重要法律的制定必须经过听证程序，2015 年修改该法，进一步拓宽了公民有序参与立法的途径；2005 年，国务院就明确规定各级政府制定重大政策必须经过听证。在信访方面，不断畅通和拓宽如领导信箱、短信投诉、视频接访等渠道，近年来网上信访逐步成为公民表达诉求的主渠道。

虽然目前我国的政治参与已取得长足进步，但仍然有诸多不足或问题。主要表现在：一是人民群众的政治参与意识与社会主义民主政治制度发展的要求还不适应。从总体上看，人民群众政治参与意识仍显不足，不同的阶层、群体和不同职业者乃至不同地域的人们政治参与的要求存在较大差别。二是在政治参与的扩大和主体多样化的过程中，伴随着较为明显的参与不平衡。经济发展水平的不平衡以及教育文化发展水平的不平衡，决定了我国的政治参与总体上呈现出不平衡的特征。三是当前我国社会中仍然存在某些以无序方式表达利益诉求的现象。比如，一些非法集会、静坐，尤其是围攻政府机关和执法者等行为，在一定程度上影响了法治建设和社会稳定。四是我国政治参与的体制机制还不够完善和健全。例如，在选举制度方面，目前尚不够完善，在投票机制、人选确定、选举程序上还存在一些不足；在参与机制方面，一些地区在实际操作过程中带有某些随意性和偶然性，导致政治参与行为的无规则性。另外，我国政治参与的渠道还需要进一步拓展，参与方式还需要进一步丰富。

三、中国政治参与的体制、机制及方式

1. 政治参与的体制

新中国建立了一系列人民行使国家权力和管理国家事务的制度，包括人民

代表大会制度、中国共产党领导的多党合作和政治协商制度、民族区域自治制度、基层群众自治制度等。这些制度保证了政治参与的广泛性和真实有效性，使人民群众、各个政党和社会团体能够通过选举，参与调查、检查活动，提出提案等方式参与国家事务。

随着政治体制和行政管理体制改革的不断发展和深化，我国逐步形成了丰富多样的政治参与机制，主要包括：职工代表大会制度、工会制度、社情民情反映制度、重大事项社会公示制度、社会协商对话制度、社会听证制度、专家咨询制度、信访制度、举报制度、民主评议制度、行政公开制度、政府新闻发布会制度等，使广大人民群众能够直接或间接地参与涉及自身利益的公共事务，极大地调动了广大人民群众的积极性和创造性。

改革开放以来，我国政治参与逐步向多层次、多维度、多渠道有序拓展。协商民主是我国社会主义政治发展与政治参与的一个重要途径和独特优势。民主协商渠道既包括政党协商、人大协商、政府协商、政协协商、人民团体协商，也包括基层协商和社会组织协商。

随着社会主义民主政治的不断发展，基层民主政治建设不断推进。村民自治制度在农村普遍推行，村级民主建设全面推进，特别是《村民委员会组织法》经 2010 年修订之后，选举机构的产生、差额选举制、无记名投票制等程序和规则更加完善；城市社区建设不断完善，城市居民自治进一步健全。与此同时，社会组织作为沟通政府和群众的重要桥梁，为政府管理与基层群众自治的良性互动发挥了积极的作用。党和政府引导社会团体健康有序发展，不断扩大人民政治参与。我国宪法规定公民有结社自由；党的十七大报告将社会组织建设纳入了基层民主自治的范围，提出要“发挥社会组织在扩大群众参与、反映群众诉求方面的积极作用，增强社会自治功能”；党的十九大报告把与社会组织的协商作为推动协商民主广泛、多层和制度化发展的一项基本内容。1989 年国务院制定并在 1998 年修订通过的《社会团体登记管理条例》和《民办非企业单位登记管理暂行条例》（1998 年实施）等法规对社会组织的管理作出了规定。近年来，我国的社会组织迅速发展，截至 2018 年年底，我国共有社会组织达到 81. 7 万个，其中社会团体 36. 6 万个，基金会 7 034 个，民办非企业单位 44. 4 万个。”①

---

① 参见《2018 年民政事业发展统计公报》，民政部网站，2019 年 8 月 15 日。

2. 政治参与的机制及方式

我国政治参与的主要机制及方式有政治选举、政治结社、民意表达、协商对话、信访制度等。

（1）政治选举

选举权和被选举权是我国公民的基本政治权利。参与政治选举是公民主要的政治参与方式。我国现行的《中华人民共和国宪法》和《中华人民共和国全国人民代表大会和地方各级人民代表大会选举法》保障了公民的选举权和被选举权。1953 年，我国颁布了《中华人民共和国全国人民代表大会及地方各级人民代表大会选举法》，确立了普遍、平等的选举权原则。1979 年通过了新的《中华人民共和国全国人民代表大会和地方各级人民代表大会选举法》，此后又经过 1982 年、1986 年、1995 年、2004 年、2010 年和 2015 年 6 次修改和补充而不断完善（2015 年通过的《关于修改〈中华人民共和国全国人民代表大会和地方各级人民代表大会选举法〉的决定》，增加了对当选代表的资格条件、选举程序及破坏选举等违法行为的审查的条款）。我国的政治选举主要有直接选举和间接选举两种方式。其中乡镇和县两级人民代表大会代表由选民直接选举产生。参加定期性政治选举，是人民当家作主的具体体现，也相应提高了公民政治参与的自觉性。公民个人按照各种投票规则（全体一致规则、多数规则、过半数规则等），采取无记名投票方式、举手表决方式或者其他方式进行表决。例如，近年来，投票这一表决方式在基层民主选举和领导干部选拔中得以广泛运用。

（2）政治结社

政治结社主要是指公民通过参加政党和政治社团，包括加入中国共产党和各民主党派，参加人民团体（如工会、共青团、妇联、工商联、个协、科协、文联、记协等）以及社会团体（如环保组织）的活动，以团体或组织的方式，代表各种利益要求和愿望，向党和政府提出意见和建议，对党和政府部门进行监督制约，参与协调各种矛盾和利益冲突，服务社会和社团成员等。政治结社能够整合较为分散的个体意志，增强政治参与力度，在一定程度上使政治参与的方式和途径更加多元，参与的内容和领域也得到进一步拓展和深化。

（3）民意表达

民意表达指的是公民通过各种途径或渠道向政府表达自己的利益、愿望和要求，或提出批评、建议和意见，以改进公共决策和公共管理，保障公民利益。民意表达的途径和方式多种多样，例如，通过所在单位反映愿望和要求；通过人大代表、政协委员、政党系统和人民团体等反映愿望和要求；通过新闻传媒表达诉求；通过法定的言论、结社、集会、示威、游行等方式来表达诉求，等等。

（4）协商对话

协商对话机制有两层含义：一是在“长期共存、互相监督、肝胆相照、荣辱与共”原则指导下的中国共产党领导的多党合作和政治协商制度。主要是各民主党派、无党派人士和人民团体及其成员参与国家的公共政策制定与公共事务管理以及国家机构领导人选的协商，并对中国共产党及其领导下的国家机关的工作实行监督。二是指在公共政策制定与公共事务管理中，党政机关及其工作人员与利益相关者之间的对话、沟通与协商的机制及方式。近年来，这种协商对话机制在地方及基层政府的管理中越来越显示出其重要性和生命力。例如，听证制度就是建立在协商对话基础上的一种政治参与方式。这一制度是指国家机关在行使公共权力时，通过一定的形式，让利益相关的人民群众发表意见，国家机关必须对这些意见给予高度重视和回应。2003 年，《中华人民共和国行政许可法》明确规定了行政许可管理领域的听证制度，为人民有序政治参与提供了新的平台，成为政治民主化建设的重要标志之一。听证会主题一般涉及教育、市政、交通等各个领域，有效激发了人民有序政治参与的热情，充分提高了公民有序政治参与的意识。

（5）信访制度

信访制度是指公民、法人、其他组织采用书信、电话、电子邮件和走访等形式向国家机关反映情况，提出建议、意见和要求，依法由有关国家机关处理的制度。自 1951 年我国确立信访制度以来，这一制度已成为公民依法进行利益维护与表达的重要途径。《中华人民共和国宪法》规定：中华人民共和国公民对于任何国家机关和国家工作人员，有提出批评和建议的权利；对于任何国家机关和国家工作人员的违法失职行为，有向有关国家机关提出申诉、控告或者检举的权利，但是不得捏造或者歪曲事实进行诬告陷害。这是信访制度及公民信访的法律依据。改革开放以来，党和政府进一步完善了信访制度，充实了信访工作机构，确定了有关信访工作的具体政策。1995 年 10 月 28 日国务院发布《信访条例》，2005 年正式实施修订后的《中华人民共和国信访条例》。各级人民政府通过来信和来访，切实了解基层的实际状况，减少制定和执行法律、政策的盲目性。同时，信访也是对政府工作及政府公职人员行为进行监督的重要渠道，有助于揭露个别部门的不正之风，提高办事效率，克服官僚主义。信访活动除了就群众的生活福利、民事纠纷等问题寻求解决之外，还涉及国家与社会的重大政治问题，如政治体制改革、政府廉洁、法制建设、统一战线等方面，这也从一个侧面反映了信访在公民政治参与中的重要作用。

3. 政治参与方式的创新

随着我国社会主义民主政治建设的推进以及公民政治参与体制和机制的不断完善，人民政治参与的渠道和方式不断得到拓展。近年来，形成了政治参与的许多新方式：

一是不少地方积极探索人民有序政治参与的新渠道，建立各种各样、形式新颖的参与平台。许多城市开设“市长热线”，一些地方和单位实行领导干部定期接待群众制度，让领导干部直接听取群众的反映和意见。“在很多地方，市委书记、县委书记通过微信群直接了解民情民意。譬如反映路上少了个井盖，三个小时后问题井盖就盖上了。更多地方开始推行网格化治理，以党建带动居民探索社区自治，许多问题在基层得以化解。”①许多地方或部门对于涉及群众切身利益的重要事项举行听证会，公开信息、发布新闻，以获得群众的支持；有些基层政府开设“市民中心”一类的机构，在为辖区居民提供公共服务的同时，引导居民开展自我服务。

二是由人民群众及社会团体发起并实施的政治参与行动逐步增多，人民群众直接政治参与的途径及范围逐步拓展。这种政治参与行动最初表现为群众个人自身的利益表达（如投诉、申诉、诉讼、抗议等），进而表现为各群众团体有组织的诉求。与此同时，“志愿者”活动、慈善基金会、“希望工程”等由人民群众及社会团体发起并实施的公益事业及公共服务等公民政治参与活动也不断发展。

三是以协商对话为基础的新型政治参与方式的出现，为我国的社会主义民主政治建设注入了新鲜血液。例如，有些地方通过“参与式预算”（或“基层预算民主”）、“民主恳谈”、“市民论坛”等方式，探索建立了决定基层公共事务的协商制度。干部与群众面对面交流，既听取了群众意见，又增加了政府工作的透明度，实现了和群众的互信互动等。这些新渠道的开辟，为公民多层

---

① 陈融雪：《当我们谈论“民主”时，在谈些什么?》，求是网，2019 年 8 月 30 日。

次、多方位地参与政治创造了条件。

四是网络参与空间的拓展。网络化、数据化和智能化时代的来临为我国政治参与开辟了新的空间。信息通信技术加速了信息流动，扩大了公共领域。网络参与拉近了政府与民众之间的距离，拓展了公民参与的范围和方式。随着互联网的飞速发展，人民群众有序的网络政治参与热情不断提高，为社会主义民主政治发展提供了新的平台和渠道。可以说，网络政治参与已成为现阶段我国政治参与的新形式。近年来，我国党和国家领导人高度重视人民群众通过网络进行政治参与，通过网络平台倾听民意，了解民生状况。各地政府官员也纷纷通过网络与网友进行交流。

四、扩大人民有序政治参与

1. 人民有序政治参与的含义和特征

所谓人民有序政治参与，是指在中国共产党的领导下，在宪法和法律的规则框架下，我国人民群众通过各种理性和合法的途径、渠道和方式，循序渐进地参与政治生活，以对国家公共事务的管理及决策施加影响的行为。

人民有序政治参与必须在中国共产党领导下进行，需要以完备的法制来规范和保障，需要统筹规划、协调配套，有秩序、有步骤地进行，需要在实践中不断认识、掌握和运用客观规律。

人民有序政治参与的基本特征体现在三个方面：一是有序性。表现为人民群众参与各种政治活动时认同现有的政治制度和政治秩序，注重在政治参与时行使权利与履行义务的统一，既要表达和争取自身利益，同时又充分尊重他人权益。二是理性自主。表现为人民群众在行使政治权利时，有一定的政治知识，能够独立地进行价值判断，不因外界干扰改变个人主张与立场，并充分理解公共决策结果，同时采用的方式是非暴力的。三是行为适度。主要表现为在个人层面，人民按照法律和制度的规定，围绕影响政府决策的必要性和可行性参与政治；在国家和社会层面，人民政治参与的力度要与社会承受力相适应。

因此，准确理解人民有序政治参与的含义，应把握好以下四点：

首先，人民有序政治参与是中国共产党领导下的政治参与。政治参与是人民当家作主的基本权利，党的领导是人民当家作主的根本保证，有序的政治参与只有在党的领导下才能实现。

其次，人民有序政治参与是依法实施的政治参与。有序性意味着遵从法定的程序，在宪法和法律的规则框架下活动；而有序的政治参与，是人民群众在我国宪法和法律所赋予的民主权利范围内进行的政治活动。

再次，人民有序政治参与是合理的政治参与。所谓“合理”，就是人民群众在实现政治参与时，注意权利与义务的统一，维护基本道德准则和社会规范。有序的政治参与应不违背社会公共利益，不违背社会公德、职业道德，不影响其他公民的利益，或者说，人民群众应该以理性、合理合法的程序、途径和方式参与国家的公共事务管理活动。

最后，人民有序政治参与是一个循序渐进的过程。从一个国家政治发展的内在要求看，参与不足与参与过度都是有害的。参与不足的直接后果是民主政治基础的弱化与消解；而参与过度的后果，则是无序，给政治体系造成过大压力。人民有序政治参与必须是一个循序渐进、逐步扩大、动态发展的过程。

2. 扩大人民有序政治参与的必要性

扩大人民有序政治参与是由我国国家本质决定的。我国是人民民主专政的社会主义国家，其本质和核心是人民当家作主，政治参与是人民当家作主的应有之义。我国宪法规定：中华人民共和国的一切权力属于人民；人民依照法律规定，通过各种途径和形式，管理国家事务，管理经济和文化事业，管理社会事务。人民是民主的享有者，是国家政权的主人，享有管理国家的权力，人民有序的政治参与是国家根本性质的要求。人民当家作主，既是社会主义现代化建设所要达到的重要目标之一，同时又是实现社会主义现代化的重要手段。人民群众对公共事务参与的范围与程度不断扩大和加深，是社会主义现代化建设的重要政治条件，是社会主义制度优越性的重要体现。

扩大人民有序政治参与既是中国社会主义民主政治建设的基本内容，也是中国特色社会主义事业发展的必然要求。中国特色社会主义事业是一项伟大而艰巨的事业，调动广大人民参政议政的积极性，使广大人民积极投身于这一伟大事业，为社会主义建设出谋划策，有助于推动社会主义事业不断向前发展。改革开放以来，我国社会经济迅速发展，人民生活水平普遍提高，社会利益格局发生深刻变化，广大人民群众的民主参与愿望日益增强。这就要求党和国家必须适应新情况，扩大人民群众的民主参与，引导人民更多更好地依法管理国家和社会事务。特别要把从制度上保证人民民主权利的实现，作为改进党的执政方式的根本取向和坚实基础，最大限度地组织和支持人民群众依法行使管理国家和一切社会事务的民主权利。

扩大人民有序政治参与是一个动态的发展过程，是参与的广度、深度、途径及方式不断拓展或扩大的过程。一方面，随着现阶段我国经济、社会和政治的发展特别是社会主义民主政治建设的推进，人民要求更广泛的政治参与，党和政府则要为这种广泛的参与创造条件。党和政府要通过法律及制度建设为公民广泛的政治参与作出实体性和程序性的政治安排，增强政府的开放性和透明度，拓展各种制度化的参与途径、渠道和方式，保障公民权利，并使政治系统能够及时有效地吸纳人民群众的利益诉求，调整各种利益关系。另一方面，人民政治参与的范围、广度和深度既受到经济社会发展水平的制约，也受到人民群众自身素质以及民主参与能力的制约。政治参与本身是人民群众学习和实践民主并提高自身能力的过程，而政治参与的学习和实践教育能使人民群众形成正确、科学的政治认知，增强人民群众的权利义务观念，培养人民群众的政治兴趣、政治责任感和政治竞争意识以及法律意识，也有助于培养人民群众的自信心、自制力和正确表达思想的能力。因此，在现阶段，既要逐步扩大人民的政治参与，又要保证参与的有序性。

3. 扩大人民有序政治参与的途径

党的十九大报告强调保证人民依法通过各种途径和形式管理国家事务，管理经济文化事业，管理社会事务，巩固和发展生动活泼、安定团结的政治局面，为我国扩大人民有序政治参与的进一步发展指明了方向。党的十九届四中全会进一步强调，在坚持中国特色社会主义根本制度、基本制度和重要制度的前提下，不断完善人民政治参与的制度建设，使各方面制度和国家治理更好体现人民意志、保障人民权益、激发人民创造，确保人民依法通过各种途径和形式管理国家事务，管理经济文化事业，管理社会事务。

（1）加强政治参与的制度建设

制度问题带有根本性、全局性、稳定性和长期性。邓小平指出："制度好可以使坏人无法任意横行，制度不好可以使好人无法充分做好事，甚至会走向反面。"①习近平强调："用制度体系保证人民当家作主。"②扩大人民有序政治参与，必须适应经济体制和政治体制改革的需要，加强政治参与的制度建设，增强吸纳广泛参与的能力。一是坚持和完善社会主义政治制度，包括人民代表大

---

① 《邓小平文选》第2卷，人民出版社1994年版，第333页。

② 习近平：《决胜全面建成小康社会　夺取新时代中国特色社会主义伟大胜利——在中国共产党第十九次全国代表大会上的报告》，人民出版社2017年版，第36页。

会制度、中国共产党领导的多党合作和政治协商制度、民族区域自治制度和基层群众自治制度等。二是完善政治参与的具体制度，拓宽人民有序政治参与的制度化渠道。特别是要完善选举制度、信息公开制度、决策论证制度、听证制度、社会公示制度、公众批评与建议制度以及社团组织制度，并加强传媒对制度建设的参与，充分运用好大众媒体，促进人民群众有序地通过舆论渠道进行直接参与。三是建立和健全申诉、控告、信访、陪审等民主参与制度，使人民通过对立法、行政、司法各环节的充分参与，更好地实践当家作主的民主权利，从制度上促进公民有序政治参与。

（2）拓宽和畅通政治参与渠道

要不断开辟新的参与渠道，从各个层次、各个领域扩大公民有序政治参与。善于发现和总结适合我国人民当家作主的民主形式，拓宽人民群众依法管理公共事务和经济文化等各项事业的渠道，更广泛地组织和吸引人民群众参与民主实践。推进协商民主建设，坚持有事、遇事、做事多商量，在涉及改革发展稳定的重大问题和事关人民群众切身利益问题的决策上进行充分协商。逐步实行城乡按相同人口比例选举人民代表大会代表；支持工会、共青团、妇联等人民团体依照法律和各自章程开展工作，参与社会管理和公共服务。扩大基层群众自治范围，完善民主管理制度，着力推进基层直接民主制度化、规范化、程序化。拓宽人民群众反映意见和建议的渠道，畅通和规范群众诉求表达、利益协调、权益保障通道，完善信访制度，完善人民调解、行政调解、司法调解联动工作体系，健全社会心理服务体系和危机干预机制，完善社会矛盾纠纷多元预防调处化解综合机制。全心全意依靠工人阶级，健全以职工代表大会为基本形式的企事业单位民主管理制度，探索企业职工参与管理的有效方式，保障职工群众的知情权、参与权、表达权、监督权，维护职工合法权益。

（3）发展和完善政府信息公开制度

信息公开也称为政府信息公开或政府资讯公开，是指将行政权力运行的依据、过程和结果向公众公开，使公众知悉。信息公开是现代民主政治的应有之义，是公众政治参与的重要方面。在实际社会政治生活中，中央政府和地方政府进行了政府信息公开的有益探索，推出政务公开、村务公开、厂务公开、电子政务、新闻发言人、行政服务中心等多种形式，引入了诸如公开招标、公开竞争、公开招考、公开数据、公开配额、公开办事制度与结果等信息公开制度。

（4）构建基层社会治理新格局

完善群众参与基层社会治理的制度化渠道。健全党组织领导的自治、法治、德治相结合的城乡基层治理体系，健全社区管理和服务机制，推行网格化管理和服务，发挥人民团体、社会组织作用，发挥行业协会商会自律功能，实现政府治理和社会调节、居民自治良性互动，夯实基层社会治理基础。加快推进市域社会治理现代化。推动社会治理和服务重心向基层下移，把更多资源下沉到基层，更好提供精准化、精细化服务。

（5）加强政治文化建设

政治文化对人民有序政治参与有着深刻的影响，它制约着担任各种政治角色的人的行为以及他们的政治要求和对法律的反应。积极培养参与型公民，离不开参与型政治文化的营造。一要坚持社会主义先进文化的前进方向，弘扬我国优秀的政治文化，汲取其他国家文化的积极因素，加强政治知识的学习教育，提高干部群众的政治知识水平；二要积极培养人民群众的政治意识和能力，提高政治参与效能感，增强参与积极性；三要注意培养人民群众的政治情感，珍惜、鼓励和引导公民的政治热情，将其转化为扩大人民有序政治参与的内在动力，增强公民的政治责任感。

总之，扩大人民有序政治参与是我国社会主义民主政治建设的重要组成部分。我国人民有序政治参与的扩大和深化，要充分发挥中国特色社会主义制度的显著优势，要与当前体制改革和社会转型的进程相互配合、相互适应、渐进发展，在维护改革、发展、稳定大局的前提下，在坚持和完善中国特色社会主义制度、推进国家治理体系和治理能力现代化历史进程中，不断提高人民有序政治参与水平，促进中国特色社会主义民主政治的发展。

思考题：

1. 什么是政治参与？政治参与有哪些基本类型？
2. 如何看待西方国家政治参与的实质？
3. 简述新中国公民政治参与的发展历程。
4. 我国公民政治参与的主要机制及方式有哪些？
5. 现阶段应当如何扩大我国公民的有序政治参与？

拓展资源

本章名词解释

第七章　政治文化

政治文化是在人们政治实践中产生并影响政治实践的精神因素，是社会心理和意识的重要组成部分，其存在与发展受到政治实践的深刻影响，同时对其产生能动的反作用。在中国特色社会主义现代化建设中，政治文化建设发挥着重要的支撑作用。中国特色社会主义政治实践赋予中国特色社会主义政治文化以本质特征，社会主义核心价值体系是中国特色社会主义政治文化的核心内容。

第一节　政治文化概述

一、政治文化的含义与特征

文化是分析一个社会、一个民族和一个政治共同体不可忽略的重要因素。作为一种特殊的文化，政治文化在一定程度上决定了政治行为模式，进而影响社会政治生活。随着人类社会政治发展和政治研究的深入，政治文化的作用日趋突出。

1. 文化与政治文化

把握政治文化的含义，首先需要了解什么是文化。从汉语词源上看，“文”原指纹理，“化”指变易、生成。“观乎天文，以察时变；观乎人文，以化成天下。”（《易・贲卦・传》）在这里，“天文”是指天道自然规律，“人文”是指人与人之间的人伦关系。通过观察人文，以文教化，使天下人达到文明状态，是汉语中“文化”一词的最初含义。在西方语言中，“文化”一词起源于拉丁语的“cultura”，意指对土地耕耘、加工和改良。由此可见，无论是在古代中国，还是在古代西方，“文化”一词都突出了“教化的”或“人为的”特征，都是指人改造自然与提升人的文明状态的过程及其成果。

一般而言，文化有广义和狭义之分。广义的文化是指人类在社会历史发展进程中所创造的物质财富和精神财富的总和，大致可以分为物质文化、制度文化和精神文化三种基本形态。其中，物质文化指的是人类从事生产活动创造的物质文明总和，制度文化指的是人类出于自身生存和社会发展需要而创制构建的组织性规范体系，精神文化则是指人类基于生产实践而创造的精神产品和意识形态总和，狭义的文化即精神文化。毛泽东在这个意义上使用过文化的概念，他指出，“一定的文化（当作观念形态的文化）是一定社会的政治和经济的反映，又给予伟大影响和作用于一定社会的政治和经济”①。

政治文化是人们在社会政治实践中形成和创造的关于政治现象的精神产品。在社会政治生活中，人们自发形成的政治心理、自觉构建的政治意识等，都属于政治文化范畴。

自古以来，政治文化现象就备受关注。古希腊时期，柏拉图高度重视政治理想，亚里士多德则考察了涉及政体和政治制度变迁的公民道德，等等；文艺复兴以来，马基雅弗利、孟德斯鸠、黑格尔、托克维尔、埃德蒙·伯克等西方思想家都深入探讨了与政治、法律等相关的社会习俗、道德和民族精神等现象。在中国，古代先哲十分关注与政治统治相关的民心道德问题，其中对于道德教化的强调，关于天下为公、兼容并蓄、集思广益、求同存异等治理天下的理念，都是中国传统政治文化的精髓内容。

尽管如此，通常认为，政治文化作为政治学的专门研究领域，却是始于 20 世纪 50 年代。为了表述“政治行为的倾向性”，美国政治学者加布里埃尔·A. 阿尔蒙德在《比较政治体系》一文中使用了“政治文化”这一术语，用以替代“政治价值”“意识形态”“民族特征”等概念。② 在随后的《比较政治学：体系、过程和政策》中，阿尔蒙德将政治文化定义为“一个民族在特定时期流行的一套政治态度、信仰和感情”③。随着研究的深入，政治文化逐步发展为政治科学的重要分支。

虽然学者对于政治文化含义的看法莫衷一是，但是，人们通常都把政治文化确认为一种特殊的文化。概括起来，关于政治文化的含义，主要有以下理解和阐释：其一，从社会文化发展史视角着眼，认为政治文化是特定社会长期发展和传承的政治思想和政治观念。这一理解，大体把政治文化等同于政治思想和政治观念。其二，从政治心理和行为模式出发，把政治文化定位于政治心理

① 《毛泽东选集》第 2 卷，人民出版社 1991 年版，第 663—664 页。

② Gabriel A. Almond, “Comparative Political System”, *The Journal of Politics*, Vol. 18, No. 3, 1956, p. 396.

③ ［美］加布里埃尔·A. 阿尔蒙德、小 G. 宾厄姆·鲍威尔：《比较政治学——体系、过程和政策》，曹沛霖等译，上海译文出版社 1987 年版，第 29 页。

层次，政治文化由此成为群体政治心理的代名词。其三，从社会政治的精神层面入手，把政治文化解释为社会政治的精神现象，认为政治文化是人们在特定国家社会历史传统和现实政治生活基础上形成的，对人们的政治行为产生持久影响的政治心理、政治思想和政治价值观的总称。

马克思主义经典作家一贯重视政治文化现象，他们对于意识形态进行过系统研究。在《德意志意识形态》中，马克思、恩格斯深刻阐述了意识形态的社会政治特性，揭示了其作为观念体系为一定阶级利益服务的本质。在《路易·波拿巴的雾月十八日》中，马克思深刻地分析了法国小农生活方式所表现出的阶级特性和政治文化特点。列宁则明确地使用了政治文化这一概念。《在全俄省、县国民教育局政治教育委员会工作会议上的讲话》中，列宁指出，“政治文化、政治教育的目的是培养真正的共产主义者”①，从政治教育层面论述了政治文化对于培养共产主义者的重要意义。

马克思主义认为，社会结构由经济基础与上层建筑构成，上层建筑不仅包括政治法律等制度和组织形态，而且包括意识形态，即哲学、宗教、文学、艺术等文化观念形态。政治文化是社会文化观念形态中有关政治的部分，是社会政治实践在社会成员意识和心理层面的体现和反映，是政治生活的精神内容。

根据马克思主义原理，可以对政治文化概念做如下界定：政治文化是社会政治领域的精神现象，是一定的阶级、民族或其他社会群体的人们在长期的社会政治实践中形成的政治心理、政治思想和政治价值观等构成的有机体系。

政治文化的这一定义，包含如下要点：

第一，政治文化的主体是一定社会中的群体，如民族、阶级、阶层等社会群体。政治文化研究虽然也关注个体的政治心理、政治意识和行为方式，但主要着眼点通常是一定群体的政治心理和观念等精神现象。

第二，社会存在决定政治文化，政治文化是由现实的经济政治关系决定的。在这其中，社会政治关系与政治实践是政治文化形成的前提和基础。在社会政治生活中，政治文化对于社会政治关系和政治实践具有反作用。

第三，政治文化的形成和发展是一个渐进的过程。一个国家、民族的政治文化的形成和发展具有长期性，政治心理经过长期积淀，形成特定的心理定式；政治思想经过长期发展，形成政治思想体系和传统；政治价值观经过长期

---

① 《列宁专题文集 论社会主义》，人民出版社 2009 年版，第 174 页。

发育，形成特定的核心价值理念和价值体系。而长期形成的政治文化，也会对社会成员的政治倾向和行为方式产生持久的影响。

第四，政治文化是由政治心理、政治思想、政治价值观等要素构成的有机整体。政治文化通过一定的政治思想和政治心理途径，影响人们的政治行为。

2. 政治文化的特征

政治文化具有鲜明的阶级性、历史继承性和相对独立性等特征。

（1）鲜明的阶级性

“在阶级社会中，每一个人都在一定的阶级地位中生活，各种思想无不打上阶级的烙印。”① 任何政治文化都不会与相应的阶级利益相分离，变成抽象的概念、原则、口号和心理。在阶级社会中，阶级和阶级关系是经济基础的社会体现，因此，在阶级和阶级关系基础上形成和发展起来的政治上层建筑和社会意识形态，必然具有鲜明的阶级属性。政治文化作为社会意识形态的重要组成部分，更是如此。首先，政治文化由一定的阶级利益决定，并反映一定的阶级利益。政治文化和阶级利益之间不可割裂，“‘思想’一旦离开‘利益’，就一定会使自己出丑”②。其次，在阶级社会中，统治阶级的政治文化占据主导地位。“统治阶级的思想在每一时代都是占统治地位的思想。这就是说，一个阶级是社会上占统治地位的物质力量，同时也是社会上占统治地位的精神力量。”③ 最后，新旧社会形态更替的过程也是新旧政治文化交锋的过程。新的阶级统治取代旧的阶级统治，总是预先进行政治思想舆论的准备，在文化更替意义上，政治文化发展的历史，就是基于生产力和生产关系的矛盾运动，体现先进政治关系和政治制度的新政治文化代替旧政治文化的历史。

（2）历史继承性

任何一个国家或民族的政治文化都不是凭空产生的，而是在已有的政治文化基础上，通过政治实践不断发展、创新和创造出来的。马克思指出：“人们自己创造自己的历史，但是他们并不是随心所欲地创造，并不是在他们自己选定的条件下创造，而是在直接碰到的、既定的、从过去承继下来的条件下创造。”④ 这种“承继”既包括本国和本民族的历史传承，也包括吸收其他国家、

① 《毛泽东选集》第1卷，人民出版社1991年版，第283页。

② 《马克思恩格斯文集》第1卷，人民出版社2009年版，第286页。

③ 《马克思恩格斯文集》第1卷，人民出版社2009年版，第550页。

④ 《马克思恩格斯文集》第2卷，人民出版社2009年版，第470—471页。

民族政治文化的成果。政治文化的历史继承性不仅使政治文化发展呈现历史延续性，而且使不同国家、民族的政治文化具有鲜明的个性特征。当然，任何社会政治意识都是“历史的、暂时的产物”，也就必然随着现实社会的变化而变化、发展而发展。

（3）相对独立性

政治文化的发展水平与经济社会发展水平之间并非简单的对应关系。从社会历史和政治文化的发展状况来看，政治文化可以具有超前性，也可能具有滞后性。当历史上的思想积累把握了时代发展提供的可能，政治文化超前也就成为可能。恩格斯指出：“经济上落后的国家在哲学上仍然能够演奏第一小提琴：18 世纪的法国对英国来说是如此（法国人是以英国哲学为依据的），后来的德国对英法两国来说也是如此。”① 18 世纪末，法国的政治思想就超越了当时经济上更为发达的英国，19 世纪中叶，经济上相对落后的德国产生了先进的马克思主义思想，这些都是政治文化先进发展的体现。另一方面，文化生产由于历史传统等因素的作用，往往受到旧思想、旧观念残余的影响，这使得政治文化具有特定时空意义上的滞后性，“因为在一切意识形态领域内传统都是一种巨大的保守力量”②。例如，作为封建主义政治文化残余的官本位思想以及小农经济条件下形成的政治等级观念等，仍不同程度地存在于我国现当代社会，成为新时代中国特色社会主义事业和政治发展的思想观念障碍。

二、政治文化的要素与类型

1. 政治文化的构成要素

从基本构成来看，政治文化主要包含政治心理、政治思想和政治价值观等要素。一般而言，政治心理是政治文化的表层部分，政治思想和政治价值观是政治文化的深层部分。

（1）政治心理

政治心理是社会心理的重要组成部分，是社会政治生活的直接反映，是社会成员在社会政治实践中对社会政治关系及各种政治现象的自发的、直观的心理感受和反应，具体表现为人们的政治认知、政治情感、政治动机、政治态

① 《马克思恩格斯文集》第 10 卷，人民出版社 2009 年版，第 599 页。
② 《马克思恩格斯文集》第 4 卷，人民出版社 2009 年版，第 312 页。

度等。

政治认知是指政治主体对政治生活各个方面及其发展的认识、判断和评价。按发展的不同过程，政治认知通常又可分为政治知觉、政治印象和政治判断等要素。政治知觉是社会成员对于特定政治现象的综合反映而形成的心理观念；政治印象是社会成员在政治知觉的基础上对于政治现象的成像反映，通过这一过程，社会成员形成较为固定的政治记忆；政治判断是社会成员根据政治知觉和政治印象，对于政治现象形成的评价和推断。

政治情感以社会成员的政治认知为基础，是对社会政治现象的内心体验和感受。在现实政治生活中，政治情感体现为社会成员对于各种政治现象的好恶、爱憎、亲疏、美丑、信疑等心理反应。

政治动机是在政治认知和政治情感基础上形成并激励社会成员从事政治活动的内在动力，包括社会成员的政治需求和政治目标两个方面。社会成员的政治需求是他们对于特定政治形态、政治地位、政治制度和政治价值的心理欲求；社会成员的政治目标则是其在心理上所欲求的相关政治对象。

政治态度是社会成员对政治现象的综合性心理反应，表现为对特定政治现象的肯定或否定、赞成或反对的心理倾向和趋势。政治态度通常由政治认知、政治情感和政治动机综合构成。这些政治心理成分的不同组合和配置构成了政治态度的不同内容和不同状况。因此，政治态度是综合性的政治心理，是在其他政治心理要素基础上形成的。当政治心理以特定的政治态度表现出来时，就已不是单独的政治心理要素，而是包括政治认知、政治情感和政治动机在内的有机整体。

（2）政治思想

政治思想是社会成员在政治实践基础上将政治感性认识予以升华的理性认识，是对政治现象内在联系及其发展规律的抽象认识。政治思想常常体现为系统、完整和缜密的政治思维和意识形态体系。一般而言，政治思想包括政治理想、政治信仰和政治理论等。

政治理想是社会成员对社会政治发展趋向目标的把握和设定。政治理想体现着社会成员的政治期望和价值取向，常常构成特定社会和政治活动的精神支柱和激励动机，在社会政治生活中直接影响和支配着社会政治行为及其发展的方向和程度。

政治信仰是社会成员对特定政治目标、政治学说、政治价值或政治理念的信奉和接受。政治信仰具有持久而坚定的作用，具有强大的凝聚力和向心力，能够赋予特定社会政治活动以意义和价值，确定社会政治活动的性质和方向。

政治理论是政治思维的理性逻辑形式，它以抽象、精巧和系统的方式，提供特定的政治取向和认识工具，建构系统的理论和观念，反映和维护特定阶级、阶层或者集团的利益要求。

（3）政治价值观

政治价值包括一系列互相联系的价值范畴，诸如自由、平等、民主、法治、正义、公平、效率、安全等。政治价值观则是对这些政治价值的系统认识。政治价值观直接影响着政治行为主体的政治信念、信仰和态度。

在政治价值观中，特定阶级、政党、国家和民族在政治实践中对自身根本利益和要求的深刻认识，对自身发展道路、战略方略和目标任务的理性概括，对自身理想信念和行为规范的集中表达，构成了该阶级、政党、国家和民族的核心价值体系。政治核心价值体系是一定阶级或民族政治价值观的集中体现，是社会意识形态的主体和灵魂，在所有价值目标中处于主导和支配地位，对社会意识和社会思潮具有强大的引领和整合功能。特定阶级、政党、国家和民族的政治核心价值体系关系阶级、政党、国家和民族的发展方向、发展目标和根本利益，具有十分重大的政治意义。

在社会政治文化中，政治价值观居于核心地位，是特定政治文化的精粹凝练。政治价值观形成于特定阶级、政党、国家和民族的政治心理和政治思想，是政治心理和政治思想中价值取向的集中体现。政治价值观的感性基础是政治心理，其理性结晶则是政治思想。政治价值观，尤其是核心价值观一经形成，就会对政治生活产生重要影响和作用。政治价值观对社会成员的政治心理，尤其是政治情感、政治动机和政治态度具有重要的定向性影响；对包括政治理想、政治信仰和政治理论在内的政治思想，则具有深远的指导性意义。不仅如此，政治价值观还对政治生活和实践具有价值选择和价值评价的功能，对政治目标、政治战略、制度运行、政策方针和政治发展都会产生重要的选择、评价甚至支配性的影响。

政治文化的现实形态，常常表现为政治思潮。正确认识和引导政治思潮，是当今政治文化发展和研究需要面对的重大实践课题。

2. 政治文化的类型

文化的多样化是当代世界的重要特征，文化的多样化必然意味着政治文化的多样化。不同类型的政治文化有着不同的作用。基于政治文化的总体特点，大体可以对政治文化类型作如下划分。

第一，根据政治文化的特性，可分为狭隘型政治文化、顺从型政治文化和参与型政治文化。

狭隘型政治文化主要存在于比较原始阶段的社会中。这些社会政治文明发育程度低、政治结构缺少分化，政治角色分工并不十分明确。同时，社会成员缺乏明确的政治认知、情感和价值取向，更谈不上对政治决策实施主动影响。

顺从型政治文化是指社会成员对政治生活中的角色、结构、权威、规范等方面具有较明确的认知、情感和价值取向，但其与政治之间的关系实质上是一种被动的服从关系。这种类型的政治文化一般存在于集权型社会政治之中。

参与型政治文化是指社会成员对政治体系各方面都有强烈而明确的认知、情感和价值取向，并对自己作为社会政治成员的权利、能力、责任及政治行为的效能具有明确的认知。一般而言，参与型政治文化和民主政治高度相关。

第二，根据政治文化的结构，可划分为冲突型政治文化、协调型政治文化和混合型政治文化。

冲突型政治文化，也可称之为极端型政治文化。不同阶级、民族和集团之间矛盾和对立严重，各种政治力量冲突激烈，社会内部纷争不断，并极有可能导致政治分裂。在此背景下，极为容易产生冲突型政治文化。这种政治文化的典型特质在于，社会政治价值严重极端化，政治心理与思想中充斥着对抗和冲突倾向，不同的政治心理和政治思想缺乏相互理解，在政治文化中缺乏政治妥协和宽容的余地。

协调型政治文化，也可称之为同质型政治文化。社会各阶层、民族和集团之间相互协调融洽，社会存在政治共识，这种协调和共识一般产生和存在于沟通广泛、流动频繁、信息对称的社会，社会成员和团体之间容易产生合作，社会秩序基本稳定，能为共识一致性政治决策提供心理文化、理论逻辑和政治价值支持。

混合型政治文化，也可称之为多元型政治文化。社会各阶层、民族和集团的界限不是十分明显，政治文化发展也不充分。这种类型的政治文化一般产生于社会成员意见分散的社会，不同地域、阶层和集团的人们具有多重甚至截然不同的看法，人们难以达成共同的政治认识，使得政治社会呈现多元化和碎片化倾向。

第三，根据政治文化的发展进程，可划分为传统政治文化和现代政治文化。

从历史发展的进程来看，政治文化是一定社会物质关系的产物，其形成和发展是一个长期的演进过程。因此，从历史发展的眼光来看，可以将社会政治文化划分为传统政治文化和现代政治文化。传统政治文化与传统的经济社会政治关系及其发展相适应，现代政治文化则是现代经济社会政治关系及其发展的必然产物。

除此之外，政治文化还可以划分为目标型政治文化与工具型政治文化、凝聚型政治文化与吸收型政治文化，等等。

三、政治文化的结构与功能

1. 政治文化的结构

任何一个社会的政治文化都具有复杂的结构。

第一，从社会结构来看，政治文化与社会结构的构成密切相关。首先，社会可以划分为领导与大众，因此，政治文化相应地由领导性政治文化和大众性政治文化构成。领导性政治文化是政治领导阶层对于政治活动、政治体系、政治思想的认知、情感、价值取向和态度信仰；大众性政治文化则是一般社会成员对这些政治现象的认知、情感、价值取向和态度信仰。两者相互作用，构成了政治文化的垂直结构。其次，各个社会中存在不同职业、年龄、团体的人群，存在不同种族、部族和民族。相应地，特定社会中也就存在着与这些不同职业、年龄、团体、种族、部族、民族密切联系的政治文化，这些政治文化，通常被称为社会的政治亚文化。

第二，从政治体系来看，政治文化可以划分为体系文化、过程文化和政策文化。体系文化代表着维持和调节政治体系的社会政治倾向；过程文化体现着社会成员在政治过程中的自我意识与其他因素的关系；政策文化体现着社会成员对公共政策的政治倾向。三者涵盖了政治体系的文化内容。

第三，从自身构成因素看，政治文化包含政治心理、政治思想和政治价值。这些因素代表着人们对于政治制度和政治活动的心理、思考和价值取向。

2. 政治文化的功能

政治文化在社会生活中具有强大的功能，概括起来，其主要包括：

第一，塑造政治主体的观念和行为。从根本上说，政治主体的政治行为是由社会经济关系和特定的利益所决定的，但经济关系和其他社会条件往往通过特定的政治心理、政治思想和政治价值观念，来影响和支配政治主体的政治行为。因此，政治文化成为影响政治主体行为的重要因素。政治文化对政治主体行为的塑造需要通过多种途径和形式予以实现，如政治价值和政治信念影响着政治主体的行为方向，政治伦理道德和政治观念规范约束着政治主体的行为方式，政治情感和政治期望支配着政治主体的行为动机和选择等。

第二，影响政治制度的创立和发展。一个社会的政治制度的形成和发展是由社会经济基础所决定的，而社会政治文化也在其中发挥着重要作用。政治制度是由社会成员建构、维护和改变的，这些活动既需要从政治实践中探索，又需要从政治文化传统中汲取政治智慧。研究表明，当社会成员在价值评价、情感认同上与既有政治制度一致时，他们就会维护既有政治制度；当社会成员对既有政治制度的认同下降甚至破灭时，他们就会要求改革或变革政治制度。

第三，影响政治发展的道路和进程。一个国家政治发展道路的选择和实际进程，不仅取决于社会生产力发展水平、社会经济关系发展阶段，而且与这个国家的政治文化传统、政治思想和政治价值观密切相关。世界历史表明，各个国家的政治发展道路和进程呈现出多样性，各个民族的政治发展又表现出鲜明的民族性，这种现象的重要的文化原因就在于政治文化的多样性和民族性。

第二节　政治社会化

一、政治社会化的含义

政治文化具有延续性，需要通过政治社会化予以传承。政治文化的延续性使得政治文化具有代际和人际相传的必要性和可能性，从而使得政治文化呈现长期的发展性和历史的差异性。

“社会化”是社会学和文化人类学提出的概念，进入政治学领域之后，成为政治社会学的基本概念。简单来说，“社会化”就是指人从“自然人”转变为“社会人”的过程，政治社会化则是人从“自然人”转变为“政治人”的过程，也就是人通过学习和参与社会政治实践获得相关政治知识和行为规范，认识自身的政治角色、地位和责任，形成特定的政治人格与行为特征的过程。

自古以来，政治心理和思想养成的过程，就深受思想家们的关注。例如，柏拉图在《理想国》中就深刻论述了早期教育对个人政治价值取向的关系，亚里士多德则关注了人成为“政治的动物”的因素，等等。在中国的儒家学说中，“修身、齐家、治国、平天下”（《礼记·大学》），“大学之道，在明明德，在亲民，在止于至善”（《礼记·大学》），都明确了政治思想和价值的养成取向。近代以来，博丹、卢梭等对人们获取知识的方式、过程与政治制度、政治结构的关系作了进一步论述。

20世纪50年代以来，人们开始对政治社会化展开系统的专门研究。从戴维·伊斯顿、罗伯特·赫斯的《政治社会化研究中的若干问题》和赫伯特·海曼的《政治社会化：政治行为的心理研究》发轫，学者对政治社会化进行了深入探讨。在他们看来，政治社会化是人们学习政治知识和技能的过程；政治社会化是社会塑造其成员政治心理和政治思想的过程；政治社会化是政治文化代代相传的过程和传播方式；政治社会化是政治文化形成、维持和改变的过程，如此等等。这些看法从个体和社会两个层面界定政治社会化的含义：一方面是将政治社会化看作社会成员通过学习获取已有政治文化，成为“政治人”的过程，这是政治社会化的“微观路径”；另一方面则将政治社会化看作社会通过各种途径传播政治思想，塑造成员政治心理，在代际形成中维持或改变政治价值观的过程，这是政治社会化的“宏观图景”。两者共同构成了政治文化传播的维度。

但是，人从自然人成长为拥有独特政治心理、政治思想和政治价值取向的“政治人”，并不是一个机械的过程，而是一个具有创造性的能动的实践过程。

按照辩证唯物主义的思想方法，第一，人的主观意识是其实践的产物，因此，研究政治社会化，必须确定实践第一的观念，确认人们的政治心理和政治思想是以政治实践为基础的。第二，人的主观意识是能动的。在政治实践中，人的主观意识不仅仅是物质实在的简单反映，更是根据一定的目的计划，选择性地确定“反映什么、怎么反映”的能动过程。同时，意识活动具有创造性，意识的反映活动不是简单的模仿，而是能动的实践性和创造性活动。这样的活动不仅能反映现实，而且能认识规律、预测未来。第三，人的主观意识具有指导实践、改造客观世界的作用，人不仅会在实践中反映现实，形成一定的思想观念，而且能够在一定思想观念指导下改造现实世界，并在改造现实世界过程中改变思想观念本身。因此，政治社会化不仅仅是社会成员学习和获得已有政治文化，或者社会用已有政治文化培养、训练成员并塑造其政治人格的过程，更是社会成员能动地学习获取政治文化的过程，也即社会成员会基于综合社会条件和个体差异，有选择地接受政治文化，形成特定政治行为与政治人格特征的过程。同时，社会也会不断适应其发展变化，继承和发展原有政治文化，并以此训练、培养其成员，塑造其政治人格。正是由于人的主观意识的能动性，才使社会政治生活与政治文化不断发展，同时也使政治社会化呈现为个体与社会复杂的互动过程。

据此，我们可以对政治社会化的含义作如下界定：政治社会化是社会成员通过政治生活与实践能动地获取社会政治知识和思想，从而逐渐成为"政治人"的过程，也是社会按照其发展的要求，通过各种途径传播政治文化，塑造社会成员政治心理、政治意识与政治价值观，实现政治文化在代际的继承与变迁的过程。

马克思主义经典作家十分注重政治人格养成和政治教育。在恩格斯看来，共产主义必然实现的三大措施之中，教育是第一位的。"显而易见，社会成员中受过教育的人会比愚昧无知的没有文化的人给社会带来更多的好处。"① "教育"可以克服"根深蒂固的习惯和风气"，从而培育社会主义新人，使工人阶级从自发阶级转变为自为、自觉的阶级。列宁则进一步指出："政治文化、政治教育的目的是培养真正的共产主义者，使他们有本领战胜谎言和偏见，能够帮助劳动群众战胜旧秩序，建设一个没有资本家、没有剥削者、没有地主的国家。"② 此外，政治教育要取得真正的效果，就必须坚持在结合群众利益的基础上，历史地、联系地、辩证地、发展地进行思想政治教育，提高思想政治教育的针对性、有效性，等等。

二、政治社会化的类型

在特定社会政治生活中，政治社会化具有不同的特点。根据这些不同的特点，可以将政治社会化划分为不同的类型。

1. 按照不同社会政治形态来划分

迄今为止，人类社会经历了原始社会、奴隶社会、封建社会、资本主义社会和社会主义社会等形态，相应地，政治社会化也可以划分为原始社会的政治

---

① 《马克思恩格斯全集》第 2 卷，人民出版社 1957 年版，第 614 页。

② 《列宁专题文集　论社会主义》，人民出版社 2009 年版，第 174 页。

社会化、奴隶社会的政治社会化、封建社会的政治社会化、资本主义社会的政治社会化和社会主义社会的政治社会化。

原始社会后期，人们开始进行以学习、模仿为主要方式的简单政治社会化。在奴隶社会，人们第一次有意识、有目的地开展政治社会化。在封建社会，封建统治阶级以维护封建专制合法性为价值取向开展政治社会化。在资本主义社会，资产阶级将社会成员纳入资本主义政治秩序，塑造掩盖资产阶级政治统治的政治文化，“为了达到自己的目的不得不把自己的利益说成是社会全体成员的共同利益”，并把它们描绘成“唯一合乎理性的、有普遍意义的思想”。① 社会主义社会以“人民当家作主”为社会主义民主政治的本质特征，以人民利益为最大价值取向，努力培养担负社会主义建设重任的时代新人。同时，社会主义社会还大力完善公共文化服务体系，为政治社会化提供充分的物质保障和制度环境。

2. 按照人的年龄阶段来划分

政治社会化的过程伴随着人的一生，由于人在不同年龄阶段知识积累与认识能力的差别，其政治社会化的方式和内容也具有不同的特征。根据这一维度，可将政治社会化划分为儿童时期的政治社会化、青年时期的政治社会化和成年时期的政治社会化。这种划分实际上也可视为个体政治社会化的成长过程。

（1）儿童时期的政治社会化

由于这一时期人的生理心理发育特点，儿童时期的政治社会化主要以家庭和学校为主要途径，以直观、感性、形象的政治行为和政治事务为学习对象，以模仿和服从为主要学习方式，以政治服从、政治忠诚等感性色彩的政治认知和情感养成为主要内容。在儿童时期，人的政治知识和政治行为有限，处于政治文化形成发展的初期，但这一时期的政治社会化过程对人未来政治人格的形成具有奠基作用。

（2）青年时期的政治社会化

青年时期是人的生理、心理快速成长发展的时期。这一时期，人的政治认知能力快速发展，政治社会化以学校和社会为主要途径，以学习政治思想、政治规范，形成政治人格，成为社会政治角色为主要内容，以理论学习与社会实

① 《马克思恩格斯文集》第1卷，人民出版社2009年版，第552页。

践为主要方式。青年时期，人们会树立政治理想、政治价值观，形成政治人格与政治行为特征，是政治社会化的关键时期。

（3）成年时期的政治社会化

成年时期是前两个时期的继续。这一时期，随着生理心理的不断成熟，虽然学习还是重要任务，但人主要是通过各种传媒获取信息，社会实践已成为主要政治活动。由于成年人的政治理念、政治价值观与政治人格已经基本成型，政治社会化的内容主要是丰富政治知识、提高政治技能、完善政治人格。更为重要的变化是，成年人已不再仅仅是政治社会化的客体，由于社会地位与社会责任的变化，他们也会以自身的政治理想、政治价值观和政治行为影响他人。

3. 按照政治社会化的方式来划分

按照政治社会化的方式，政治社会化可以划分为直接的政治社会化和间接的政治社会化。

（1）直接的政治社会化

直接的政治社会化是指人们通过公开、直接、明确的方式接受政治训练，获得政治认知，并形成政治人格。主要包括政治模仿、政治教育和政治训练等形式。

（2）间接的政治社会化

间接的政治社会化是指人们通过间接的，甚至非政治性的方式，把其他社会心理、思想和价值行为转移到政治生活的过程。主要包括人际转移、价值转移、规则转移等形式。

三、政治社会化的途径

政治社会化的途径是指社会传播政治文化，塑造成员政治心理、政治意识、政治价值观，实现政治文化代际传承的渠道和载体。

政治社会化的根本途径是政治实践。“生活、实践的观点，应该是认识论的首要的和基本的观点。”① 实践是联系客观世界与主观世界的桥梁，是认识的源泉，又是检验认识正确与否的唯一标准。在实践中由亲身体验直接获得的认识，要比通过学习间接获得的认识深刻得多。人们正是在政治实践—政治认识—再实践—再认识的过程中，形成和发展了自己的政治心理和政治思想，逐渐在

① 《列宁专题文集 论辩证唯物主义和历史唯物主义》，人民出版社 2009 年版，第 49 页。

“政治熔炉”中形成了政治自我，完成了政治社会化的过程。

在政治实践的过程中，家庭、学校、社会组织、大众传媒等是政治社会化实践的主要载体。

1. 家庭是政治社会化的基础载体

作为非正式的“初级团体”，家庭是政治社会化最原初和最直接的功能结构。家庭在政治社会化中的作用主要表现在两个方面：一是父母和其他家庭成员对子女的教育。父母是子女的第一任老师，父母和其他家庭成员通过言传身教，不断把他们已有的政治知识、政治规范和政治价值观传递给子女。二是家庭关系和家庭生活对子女的影响。家庭关系和家庭成员的行为可以潜移默化地影响子女的行为方式，帮助其形成政治性格。作为社会的细胞，家庭对政治文化和政治社会化具有基础意义。

2. 学校是政治社会化的系统机构

学校是传播系统化文化知识的专门机构，是对青少年进行教育的重要场所。在政治社会化过程中，学校不仅通过系统的文化知识的传授，教育学生接受既有的政治规范、政治情感、政治道德等政治文化要素，而且通过集体生活，使学生初步参与体验社会政治生活，获取对政治生活的感性认知。由于学生时期是世界观、人生观、价值观的形成时期，是政治社会化过程的重要阶段，它直接影响甚至决定了人未来的政治心理、政治思想和政治价值观。在社会生活中，学校在政治社会化中具有十分重要的地位和作用。

3. 社会组织是政治社会化的重要渠道

社会组织分为专门性政治组织和一般性社会组织。专门性政治组织主要是政党和社会政治团体，一般性社会组织则包括各种社会、经济、文化组织等。现代社会中，专门性政治组织对政治社会化起着至关重要的作用，其中政党和政治社会团体的政治社会化作用尤为突出。在当代中国，中国共产党、国家机关、武装力量、企事业单位、社会组织和基层社会自治组织等，都发挥着强大的政治社会化作用，特别是机关、企事业单位、乡村（社区）等基层单位直接负有培养社会主义新人的责任，是政治社会化的重要载体和渠道。

4. 大众传媒是政治社会化的现代工具

大众传媒主要包括报刊书籍、广播电视、互联网等媒体。随着经济发展和社会进步，大众传媒越发显示出其在政治社会化过程中的重要作用。而随着网络和自媒体的日益发展，大众传媒对于政治社会化的作用和影响更加显著和强烈。

大众传媒的作用主要表现在三个方面：一是传播政治信息。政治信息的传播可以使人们获取大量政治知识，培养人们对政治问题的兴趣，提高关心政治的程度。政治信息中所包含的倾向性内容，很大程度也会影响人们的政治态度和价值取向。第二，宣传政治舆论。政治体系中各个团体都直接或间接利用大众传媒宣传某种政治思想观点、政治态度和政治理想，形成一定的舆论，影响和控制人们的政治态度、政治情感和政治行为。第三，灌输政治意识。通过文学、艺术等各种非政治形式潜移默化地进行政治意识灌输，往往比直接的政治宣传效果更大。在政治社会化过程中，大众传媒不仅可以维系社会政治文化，而且能使政治文化得到更新和发展，进而影响政治发展和社会稳定。

除此之外，特定的政治符号和政治仪式也在政治社会化中起着重要的传递作用，通过反复的心理刺激，造成特定的心理影响，从而使得国旗、国歌、政治肖像等政治符号，庆典、宣誓等政治仪式具有特定的象征意义，成为一定政治文化中的精神标识。

第三节　中国特色社会主义政治文化

一、中国特色社会主义政治文化的主要内容

任何社会进步和政治发展都离不开先进政治文化的指引。先进政治文化以自身所展现的新价值、新理想和新观念，对社会进步和政治发展起引导和促进作用。

作为人类在资本主义社会、地主社会和官僚社会压迫下创造出来的全部知识合乎规律的发展，[①] 无产阶级政治文化是人类思想的重要结晶。中国特色社会主义政治文化继承和发扬了无产阶级政治文化，是中国共产党领导中国人民在长期的革命、建设和改革的历史进程之中，立足现实、植根实践，坚持以马克思主义为指导，坚守中华文化立场，继承中华民族政治文化的优秀传统，发扬革命文化和社会主义先进文化，吸收世界政治文明有益成果，通过创造性转化和创新性发展而形成的。

---

① 参见《列宁专题文集　论无产阶级政党》，人民出版社 2009 年版，第 281 页。

中国共产党一贯高度重视政治文化建设，特别是中国特色社会主义理论体系的创立，继承和发展了马克思主义、列宁主义和毛泽东思想，极大地丰富了中国特色社会主义政治文化。进入新时代，习近平坚持和发展马克思主义，坚持和发展新时代中国特色社会主义文化自信，确认文化自信是更基本、更深沉、更持久的力量，阐发了一系列推进政治文化发展的重要论述并付诸实践，为新时代中国特色社会主义政治文化建设提供了强大的理论指导和行动指南。

中国特色社会主义政治文化，源自中华优秀传统文化，熔铸于党领导人民在革命、建设、改革中创造的革命文化和社会主义先进文化，植根于中国特色社会主义伟大实践，通过创造性转化和创新性发展，形成了社会主义政治意识和政治心理、社会主义核心价值体系、社会主义民主政治思想、社会主义法治文化、中国共产党党内政治文化等。

1. 社会主义政治意识和政治心理

人们的政治文化不是先天形成的，而是政治实践和不断学习的结果。在中国特色社会主义建设和改革伟大实践中，人们经历了共同的政治社会化过程，形成了共同的政治意识和政治心理。例如，人们可以在“鞋子合不合脚，自己穿了才知道”中感悟到中国特色社会主义制度的特点和优势；在“有事好商量”“众人的事情由众人商量”中领悟到中国特色社会主义人民民主的真谛；在“全面落实司法责任制”中感受到公平正义；在“谋求最大公约数，画出最大同心圆”中不断铸牢中华民族共同体意识，共同致力于中华民族伟大复兴。

2. 社会主义核心价值体系

社会主义核心价值体系主要包括马克思主义指导思想、共产主义远大理想、中国特色社会主义共同理想；包含以爱国主义为核心的民族精神和以改革创新为核心的时代精神、社会主义荣辱观、社会主义核心价值观等，这些内容涵盖政治信仰、政治理想、政治道德、政治价值观等多个层面。中国共产党是马克思主义政党，中国革命、建设、改革的全部成就都是在马克思主义和马克思主义中国化成果指引下取得的，由此决定了我国意识形态领域的指导思想必然是马克思主义。马克思主义是社会主义核心价值体系的灵魂，作为社会主义社会的指导思想，决定了社会主义核心价值体系的根本性质和科学逻辑；共产主义远大理想和中国特色社会主义共同理想，是历史发展规律在社会主义核心价值体系方面的发展方向和方位定准，集中体现着中国共产党人和中国人民的政治信仰和精神支柱；民族精神和时代精神相互交融，共同构筑的中国精神，是社会主义核心价值体系的精髓；社会主义荣辱观是社会主义核心价值体系的基础，是人们日常行为和社会评价的标尺性规范。

对一个民族、一个国家而言，核心价值观的力量尤为持久和深层。社会主义核心价值观是社会主义核心价值体系的内核，是社会主义核心价值体系的高度凝练和集中表达，是引领文化建设制度的重要指引，为人们提供了根本价值取向和价值准则。社会主义核心价值体系体现了中国特色社会主义社会发展规律和制度本质属性，只有在政治文化建设中自觉实现社会主义核心价值体系的引领作用，才能不断加强社会主义政治文化的主导地位，发挥社会主义政治文化的积极作用。

3. 社会主义民主政治思想

社会主义民主是人类历史上最高类型的民主，是最真实、最广泛、最管用的民主。人民民主是社会主义的生命，是社会主义与封建主义、资本主义等其他一切剥削制度最根本的区别。社会主义民主的必然要求是党的领导、人民当家作主和依法治国的有机统一。社会主义民主的实现有赖于道路和制度的选择，这就需要不断增强中国特色社会主义道路自信、理论自信、制度自信、文化自信，既要“不忘本来”和“吸收外来”，更要“面向未来”。坚定不移地走中国特色社会主义政治发展道路，加强人民当家作主的制度保障，坚持人民民主专政的国体，不断坚持和完善人民代表大会制度、中国共产党领导的多党合作和政治协商制度、民族区域自治制度、基层群众自治制度。

4. 社会主义法治文化

法治文化是在建立法治社会的过程中形成的一种文化形态和社会生活方式，核心在于确立社会主义法治理念和法治思维，建立和运行相应制度和组织机构。它不仅是法治国家建设的社会文化基础，也是文化软实力的重要组成部分。社会主义法治文化植根于优秀传统法律文化，生成于中国特色社会主义法治建设实践。社会主义法治文化坚持中国共产党对于法治国家、法治政府、法治社会一体建设和依法治国、依法执政、依法行政共同推进的领导，坚持法治与德治的有机结合。社会主义法治文化既包括坚持宪法法律至上的法治理念和法律面前人人平等的保障机制，也包括公民法治素养和全民法治信仰等。社会主义法治文化是指导中国特色社会主义法治建设的文化思想基础，反映了社会主义法治的性质、功能和价值取向，是我国立法、执法、司法、守法和法律监督的内在逻辑，是社会主义法治思想的精髓和灵魂。

5. 中国共产党党内政治文化

中国共产党党内政治文化，是以马克思主义为指导、以中华优秀传统文化为基础、以革命文化为源头、以社会主义先进文化为主体、充分体现中国共产党党性的文化，具有强烈的政治性、坚定的人民性、良好的传承性和开放性等鲜明特征，具有价值导向、形象塑造、政治教化、激励约束等重要政治功能。党内政治文化是坚持党的指导思想和奋斗目标，坚持党的性质和宗旨、贯彻党章和党规、加强和规范党内政治生活的文化基础，它与党内政治生活、政治生态相辅相成。推进全面从严治党，保持党的先进性和纯洁性，不断提高党的执政能力和领导水平，必须高度重视党内政治文化建设，不断培育良好的政治生态土壤，以党内政治文化建设强党兴党，实现思想建党、制度治党、文化强党相得益彰。

二、中国特色社会主义政治文化的基本特征

中国特色社会主义政治文化顺应历史潮流，反映时代精神，代表国家和民族的发展方向，体现以人民为中心的政治理念，具有以下鲜明的特点。

1. 科学性

中国特色社会主义政治文化是以马克思主义为指导的先进文化。马克思主义是人类历史迄今最先进、最科学的思想体系，它以辩证唯物主义和历史唯物主义的世界观和方法论，深刻揭示了人类社会发展的普遍规律，为人们观察政治现象、分析政治问题、推动政治发展提供了科学基石和思想武器。中国特色社会主义政治文化秉持了马克思主义的理论品格，以共产主义作为远大理想，以中国特色社会主义作为共同理想，以科学的态度和博大的胸襟积极学习和借鉴世界各国人民创造的一切有价值的政治文明成果，同时，坚持古为今用、洋为中用，综合创造、推陈出新，实现了继承和创新的统一。马克思主义指导思想是中国特色社会主义政治文化的核心和灵魂。坚持以马克思主义为指导，紧密联系中国特色社会主义建设和改革伟大实践，遵循政治文化建设自身的发展规律，在中国特色社会主义政治实践中不断创新发展，就一定能够促进社会主义政治文化繁荣健康发展。

2. 民族性

中国特色社会主义政治文化缘起于中华民族五千年文明的沃土，体现着中华民族世世代代在生产生活中形成和传承的优秀的世界观、人生观、价值观、

审美观等，其中最核心的内容已经成为中华民族优秀文化基因。五千年的历史进程中，中华民族形成了以爱国主义为核心的民族精神和以改革创新为核心的时代精神，两者结合在一起，通过中国特色社会主义政治实践实现了创造性转化和创新性发展，构成了具有独特政治优势的中国精神。中国精神是我们凝心聚力的兴国强国之魂，也是我们砥砺前行、实现中华民族伟大复兴的强大精神动力。在新时代，中国特色社会主义政治文化的创造性转化和创新性发展，就是要在马克思主义指导下，把中华优秀传统文化发扬光大。

3. 大众性

中国特色社会主义政治文化坚持以人民为中心的价值导向和最高准则，始终站在人民大众的立场上，坚持为人民服务、为社会主义服务的方向，这些是社会主义政治文化与封建主义、资本主义政治文化的本质区别，也是社会主义政治文化先进性的根本体现。中国特色社会主义政治文化始终把实现好、维护好、发展好最广大人民的根本利益作为出发点和落脚点，同时，不断完善公共文化体系，通过政治文化大众化，切实增强人民群众的政治认同、思想认同、情感认同，不断巩固马克思主义在意识形态领域的指导地位，夯实全党全国人民团结奋斗的共同思想基础。

4. 导向性

任何政治文化都由特定的物质活动和阶级利益所决定，无产阶级政治文化也不例外，体现了鲜明的阶级利益和艰巨的历史使命。作为无产阶级政治文化的继承和发扬，中国特色社会主义政治文化具有鲜明的政治导向。中国特色社会主义政治文化坚持中国共产党全面领导与以人民为中心的高度一致性和根本方向性，坚持社会主义核心价值观的思想引领和社会主义民主法治的制度塑造，充分体现了当代无产阶级杰出代表对社会主义的执着追求，体现了当代中华民族优秀分子实现远大理想和共同理想的不懈追求。

三、新时代中国特色社会主义政治文化建设的基本内容

中国国家制度和国家治理体系具有坚持共同的理想信念、价值理念、道德观念，弘扬中华优秀传统文化、革命文化、社会主义先进文化，促进全体人民在思想上精神上紧紧团结在一起的显著优势。

随着社会主义市场经济体制的建立完善和社会主义民主政治建设的稳步推进，人民群众的民主法治意识日益增强，政治参与程度日益提高，维护自身合

法权益的要求日益强烈，这些都对中国特色社会主义政治文化建设和政治发展提出了新的更高的要求。在坚持和完善中国特色社会主义制度，推进国家治理体系和治理能力现代化的历史进程中，发展中国特色社会主义政治文化是其重要内容。

总起来看，这些内容主要包括：

第一，坚定文化自信，坚持马克思主义在意识形态领域指导地位，牢固掌握意识形态工作领导权、管理权和话语权。

在中国共产党领导人民坚持和完善中国特色社会主义制度，推进国家治理体系和治理能力现代化的进程中，党和人民在具有坚定的道路自信、理论自信、制度自信的同时，具有坚定的文化自信。在这些自信中，文化自信是更基础、更广泛、更深厚的自信，是一个国家、一个民族发展中更基本、更深沉、更持久的力量。增强文化自觉和文化自信，是坚定道路自信、理论自信、制度自信的题中应有之义，一个民族、一个国家，如果没有文化自觉、文化自信，没有自己的精神支撑，就等于没有灵魂，就会失去生命力、创造力、感召力。

坚定文化自信，首要的是加强理论武装，推动习近平新时代中国特色社会主义思想深入人心，牢固掌握意识形态工作领导权。坚定文化自信，必须牢牢把握社会主义先进文化前进方向，围绕举旗帜、聚民心、育新人、兴文化、展形象的使命任务，更好构筑中国精神、中国价值、中国力量。

面对社会思想观念日益多样、社会价值取向日益多元、意识形态领域思潮纷涌的复杂情况，必须毫不动摇地坚持和巩固马克思主义在意识形态领域的指导地位，牢固掌握意识形态工作领导权。首先，必须坚持马克思主义在意识形态领域指导地位的根本制度，牢固树立共产主义远大理想和中国特色社会主义共同理想，培育和践行社会主义核心价值观，不断增强意识形态领域主导权和话语权。其次，牢固掌握意识形态工作领导权，需要深化马克思主义理论研究和建设，加快构建中国特色哲学社会科学，推动哲学社会科学大发展大繁荣。再次，牢固掌握意识形态工作领导权，需要随着实践的不断深化，不断推进理论创新。这就要求深入研究当代中国马克思主义蕴涵的丰富的政治文化思想，深入总结中国特色社会主义政治建设的新鲜经验，不断以新思想、新观点、新论断来充实、丰富和发展中国特色社会主义政治文化；要加强对中国传统文化中优秀政治文化遗产的发掘，推动中华优秀传统文化创造性转化和创新性发展，为中国特色社会主义政治文化建设提供丰富的资源；要以马克思主义为指导，立足中国特色社会主义建设的实践，深入研究西方政治文化和政治思想，研究广大发展中国家的政治文化成果，取其精华，去其糟粕，从而不断丰富和发展中国特色社会主义政治文化，为中国特色社会主义政治建设提供强有力的理论支撑。最后，牢固掌握意识形态工作领导权，需要落实意识形态工作责任制，注意区分政治原则问题、思想认识问题、学术观点问题，旗帜鲜明地反对和抵制各种错误观点。

第二，坚持社会主义核心价值体系，推进社会主义核心价值观建设。

社会主义核心价值体系是中国特色社会主义政治文化建设的基石。新时代，要把积极开展社会主义核心价值体系的宣传教育作为政治文化建设的首要任务，坚持不懈地用马克思主义中国化最新理论成果武装全党、教育人民，用中国特色社会主义的共同理想凝聚意志和力量。坚持以社会主义核心价值观引领文化建设制度。推动理想信念教育常态化、制度化，用民族精神和时代精神鼓舞斗志，用社会主义荣辱观引领社会风尚，不断增强人们团结奋斗的共同思想基础，弘扬民族精神和时代精神，加强党史、新中国史、改革开放史、社会主义发展史学习教育，加强爱国主义、集体主义、社会主义教育，实施公民道德建设工程，推进新时代核心价值观建设。

培育和践行社会主义核心价值观是进行伟大斗争、建设伟大工程、推进伟大事业、实现伟大梦想的铸魂工程。加强核心价值观建设，要从国家、社会和个人三个层面，积极倡导富强、民主、文明、和谐的价值目标，倡导自由、平等、公正、法治的价值取向，倡导爱国、敬业、诚信、友善的价值准则，强基固本、凝魂聚气、铸魂育人，把“培育和弘扬社会主义核心价值观”和“培养担当民族复兴大任的时代新人”结合起来。一方面，把培育和践行社会主义核心价值观融入国民教育全过程；另一方面，把培育和践行社会主义核心价值观落实到经济发展和社会治理的实践之中。

坚持把社会主义核心价值体系教育融入政治文化建设的全过程，融入政治建设各个领域和各个方面，融入法治建设和社会治理，体现到国民教育、精神文明创建、文化产品创作生产全过程。特别是要把习近平新时代中国特色社会主义思想作为主心骨、定盘星、度量衡，转化为人们的情感认同和行为习惯，使之成为全体社会成员普遍理解接受、自觉遵守奉行的价值理念，成为全民族奋发向上和团结和睦的精神纽带。

第三，深入开展社会主义民主法治教育，提高公民政治意识和政治素养。

民主法治教育是实施依法治国的重要基础，也是建设社会主义法治国家的基础性工作。在新时代，主要有以下要求：树立社会主义民主法治理念，坚持党的领导、人民当家作主、依法治国的有机统一，扩大社会主义民主，建设社会主义法治国家，发展社会主义政治文明；树立社会主义自由平等理念，坚持在社会主义民主制度下，人民依法享有广泛的权利和自由，享有平等的政治地位和社会地位，在法律面前人人平等，尊重和保障人权；树立社会主义公平正义理念，坚持全社会成员依法享有平等参与、平等发展的权利，在自由平等的条件下，为每一个人创造全面发展的机会；树立宪法和法律至上的理念，任何组织或者个人都不得有超越宪法和法律的特权，都必须遵守宪法和法律，在宪法和法律范围内活动；树立权利义务相一致的理念，坚持权利义务的一致性，每个公民既是权利的享有者，又是义务的履行者，不断提高公民政治意识和政治素养。此外，民主法治也离不开道德的支撑，强化道德对法治文化的支撑作用，实现法律和道德相辅相成、法治和德治相得益彰，涵养积极进取开放包容理性平和的国民心态。

第四，深入开展党内政治文化建设，营造风清气正的良好政治生态。

在新时代，党内政治文化建设，首要的是弘扬忠诚老实、公道正派、实事求是、清正廉洁等价值观，坚决防止和反对个人主义、分散主义、自由主义、本位主义、好人主义，坚决防止和反对宗派主义、圈子文化、码头文化。加强党内政治文化建设，既要坚持正面引导，又要祛除沉疴毒瘤。坚决抵制和反对关系学、厚黑学、官场术、“潜规则”等庸俗腐朽的政治文化，反对当面一套、背后一套的两面人做派，反对拉帮结派的圈子文化、码头文化，反对明哲保身的“官场哲学”，自觉抵制商品交换原则对党内生活的侵蚀，不断涤荡歪风邪气。深入开展党内政治文化建设，营造风清气正的良好政治生态，不断增强党自我净化、自我完善、自我革新、自我提高的能力，始终保持党同人民群众的血肉联系，是党的政治建设的重大任务和崭新课题。

第五，深入推动宣传思想工作，创新思想政治教育。

思想政治工作是经济工作和其他一切工作的生命线，是中国共产党和社会主义国家的重要政治优势。越是发展经济，越是改革开放，越要重视思想政治教育和思想政治工作，不仅要引导人们分清正确与谬误、文明与愚昧、真善美与假恶丑，同时也要在党内政治生活中加强思想教育和理论武装。在新时代，要特别重视共产主义远大理想和中国特色社会主义共同理想的教育，引导人们树立正确的世界观、人生观和价值观，倡导一切有利于发扬爱国主义、集体主义、社会主义的思想和精神，倡导一切有利于民族团结、社会进步、人民幸福的思想和精神，倡导一切有利于改革开放和现代化建设的思想和精神，倡导一切用诚实劳动争取美好生活的思想和精神。在大力发展先进文化、支持健康有益文化的同时，要努力改造落后文化，坚决抵制腐朽文化，努力把这些政治意识和思想道德转变为人们自觉的社会政治心理，使人们把思想统一到建设中国特色社会主义伟大事业之中。

完善坚持正确导向的舆论引导工作机制。坚持党管媒体原则，坚持团结稳定鼓劲、正面宣传为主，唱响主旋律、弘扬正能量。构建网上网下一体、内宣外宣联动的主流舆论格局，建立以内容建设为根本、先进技术为支撑、创新管理为保障的全媒体传播体系。改进和创新正面宣传，完善舆论监督制度，健全重大舆情和突发事件舆论引导机制。建立健全网络综合治理体系，加强和创新互联网内容建设，落实互联网企业信息管理主体责任，全面提高网络治理能力，营造清朗的网络空间。

四、新时代中国特色社会主义政治文化的重要作用

“文化是一个国家、一个民族的灵魂。文化兴国运兴，文化强民族强。”[①]政治文化尤为如此。政治文化是政治生活的灵魂，对政治生态具有潜移默化的影响。在新时代，中国特色社会主义政治文化对中国特色社会主义政治建设具有重要的作用。这种作用主要表现在以下方面：

第一，凝聚政治资源，保障中国特色社会主义政治体系顺利运行。

文化一旦形成，就会在人们的内心深处沉淀，成为人们的思维和心理定式，可以为政治制度和政治活动提供有力的文化支撑。中国封建制度能够维系两千多年，一个很重要的原因就是传统政治文化发挥了维系政治体系和社会稳定的强大力量。新中国成立后，社会主义政治文化发挥的作用十分明显。特别是中国特色社会主义政治文化形成以来，政治文化增强了人民群众对社会主义制度的认同，强化了人民群众对社会主义建设和改革的正确认知、深厚情感和积极评价，坚定了人民群众投身社会主义现代化建设和改革的政治价值取向，

① 习近平：《决胜全面建成小康社会　夺取新时代中国特色社会主义伟大胜利——在中国共产党第十九次全国代表大会上的报告》，人民出版社2017年版，第40—41页。

对社会主义制度的维系和运行及国家治理发挥起着重要作用。进入新时代，中国特色社会主义更加需要政治文化作用的发挥，更加需要精神的引领、价值观的指引。

第二，破除思想障碍，规范社会主义社会中人民群众的价值取向。

作为一种内化的政治行为规范，政治文化规定着人们的政治倾向，影响着人们对政治的关心程度和争取民主权利的行为力度，支配着人们对政治行为方式的选择。积极的政治文化可以促进社会政治发展，健康的政治文化可以维护社会稳定；反之，落后的、颓废的政治文化则会阻碍社会政治发展。因此，建构积极向上、团结和谐并且富有凝聚力的社会主义政治文化，有助于破除消极落后的思想障碍，培育政治正能量，促进人民群众养成现代政治素养、掌握现代政治知识、熟悉政治参与方法，切实实现当家作主的地位和权利。文化既是凝聚人心的精神纽带，又是增进民生福祉的关键因素。中国特色社会主义政治文化坚持以人民为中心，践行全心全意为人民服务的根本宗旨，把人民对美好生活的向往作为奋斗目标，鼓励人们积极有序地参与政治生活，掌握政治知识和价值规范，塑造自身政治人格，提高政治素养和政治能力，营造和谐的政治文化氛围，使国家意志能够真正体现最广大人民群众的意志，国家利益能够最大程度地体现最广大人民的根本利益。

第三，增进社会共识，促进中国特色社会主义政治发展和社会进步。

政治文化蕴含着对政治发展前景的期望和渴求。如果这种政治期望符合政治发展规律，就会通过人们的政治实践推进政治发展；反之，则会阻碍政治发展。社会主义政治体制改革的顺利进行，必须得到人民群众的支持和认同，使人民群众对国家路线、方针、政策有着比较清晰的了解，使得政治体制改革和发展的运行符合人民群众的愿望要求、意志认知和态度行为。中国特色社会主义政治文化作为一种先进的政治文化，能够提高人们支持和参与政治体制改革的意愿，营造有利于社会主义民主政治发展的良好氛围，有效促进社会主义政治文明建设。同时，政治文化是建立在一定经济社会基础之上的，经济社会发展一定程度上也受到政治文化发展的影响和制约。先进的政治文化可以为经济发展和社会进步提供强大的精神动力和智力支持；相反，落后的政治文化则会对经济社会发展起遏制和阻碍作用，使经济发展陷入复杂的矛盾之中。在新时代，中国特色社会主义政治文化坚持以人民为中心，在解放和发展生产力，适应现代化经济体系的基础上，为实现国家治理现代化，实现“两个一百年”奋斗目标，实现中华民族伟大复兴的中国梦，实现共产主义远大理想和中国特色社会主义共同理想提供坚实的思想政治保障。

总之，中国特色社会主义政治文化的发展是一个渐进的、长期的、复杂的过程，需要在全面推进社会主义现代化建设进程中不断探索和总结，只有这样，中国特色社会主义政治文化才会不断地在实践中焕发出新的更加旺盛的生命力。

思考题：

1. 什么是政治文化？政治文化是由哪些要素构成的？
2. 政治文化具有哪些重要功能？
3. 什么是政治社会化？政治社会化的主要途径有哪些？
4. 新时代中国特色社会主义政治文化建设的主要内容有哪些？新时代中国特色社会主义政治文化建设的基本特征和主要途径是什么？

拓展资源

本章名词解释

第八章　政 治 发 展

政治发展是人类社会发展的重要组成部分，也是社会政治不断趋向文明的体现。政治发展受诸多要素影响，但总体来看，主要受历史文化传统和现实经济社会发展要求及水平的影响，有其客观的发展规律。坚持共产主义远大理想和中国特色社会主义共同理想，坚持和完善中国特色社会主义制度，推进国家治理体系和治理能力现代化，实现中华民族伟大复兴，实现社会的全面进步和人的全面发展，是中国特色社会主义政治发展的客观要求，也是中国政治发展的根本目标。

第一节　政治发展的含义与理论

一、政治发展的含义

政治发展，是指国家政治上层建筑与经济社会文化发展相互作用中发生的，有助于巩固和完善国家政权，优化国家治理，发展人民权利，有助于推进经济、文化、社会和生态文明发展进步的政治变化及过程。

人类政治生活内容广泛，形式多样，因此，反映一国发展状况的政治发展内涵也相当丰富。综合起来，从政治变化的结果来看，观念更新、制度完善、法治严明、决策科学、信息公开、社会稳定等，构成了一国政治发展的主要内容；从政治变化的过程来看，政治革命和政治改革通常被视为政治发展的主要形式。

按照马克思主义的观点，从人类社会的发展规律来看，政治发展具有如下基本特点：

1. 政治发展是普遍存在的

它不仅存在于现代，而且存在于前现代；不仅存在于发展中国家，而且存在于发达国家。从人类社会发展的历史长河看，政治发展存在于人类社会政治文明形态的历史演进过程之中，存在于政治制度与政治生活逐步从低级形态向高级形态进化和变革的过程之中。

2. 政治发展与社会其他方面具有系统联系

任何社会都处在不断运动、变化和发展之中，是发展着的活的机体；生产力与生产关系、经济基础与上层建筑之间的相互作用和相互促进推动着社会发展。因而，政治发展不是孤立的历史现象，而是历史进步与发展的普遍的内在要求，是在与经济和社会发展相互作用中形成和进行的。

3. 政治发展是多种多样的

世界是丰富多彩的，人类文明是多种多样的。政治发展也要受到各国的历史、社会和文化条件的制约，不同国家的政治发展道路是不同的。

4. 政治发展是积极的、进步的

它基于现实的经济与社会发展对政治体系的要求而形成，或是体现为创造新制度的革命，或是体现为完善制度和体制的变革。政治发展不断推动人类社会政治制度和政治活动趋向于政治文明和进步。因此，政治革命、政治改革是政治发展；而反革命、复辟不是政治发展，是政治倒退。

此外，政治发展还具有实践性、自主性等特点。一国社会经济文化的变化具有客观必然性，这些变化终究会反映到政治生活领域，引起各方力量的博弈，进而对既有政治秩序构成不同形式和程度的挑战。为了应对变化和挑战，人们在政治实践中不断寻求应对方案。政治发展既是这样的实践过程，也是从本国国情出发进行的政治探索及其成果积累过程。

政治发展作为一个专门概念是学者于20世纪50年代提出来的。但是，西方学者所确认的政治发展，是以西方政治制度为模板来界定其内涵的。进入20世纪70年代后，“政治发展”概念和政治发展研究在西方广泛兴起，其推动力量主要有两个：一是第二次世界大战（简称“二战”）后区域研究的快速发展。“二战”前，西方政治学主要关注西欧、北美以及苏联和共产主义问题研究；“二战”后，随着亚洲、非洲、拉丁美洲的殖民地民族国家纷纷独立，西方政治学的关注点随之转向这些地区和国家，并试图用西方国家制度模式和发展道路来影响这些地区和国家的政治发展。二是20世纪五六十年代美国在比较政治学领域展开的行为主义革命，对西方政治学研究方法产生了深刻影响。行为主义强调，政治学研究应该采用实证主义方法，以统一的概念和分析框架，对不同地区或国家的政治生活进行比较研究，由此形成和验证理论结论。政治发展概念就是在这一背景下得到运用的。

在西方政治学中，政治发展概念主要是指20世纪50年代以来，所谓“传统国家”在迈向现代化的过程中，以实现西方政治民主化为取向的政治变迁。西方学者主要是从西方资本主义发达国家的发展经验和发展中国家走西方民主道路所面临的问题中，抽象出政治发展的基本特性和基本目标。这样的政治发展观念，带有明显的西方政治本位和意识形态色彩，从而使得政治发展研究不是关注政治发展的本质和规律，而是关注如何使发展中国家采用西式政治制度，走上西方政治发展道路。但是，实践表明，西方国家向发展中国家输出其民主模式是不成功的，任何国家的政治发展研究都应该从本国实际出发，着力探求符合社会发展规律和本国国情的政治发展道路。

二、马克思主义政治发展理论

马克思主义从人类社会发展的基本规律把握政治发展，把政治发展看作由社会基本矛盾运动决定的经济社会发展的客观要求。马克思主义政治发展理论主要包括以下内容：

1. 经济社会发展决定政治发展

马克思主义将社会看作发展着的有机结构，该结构由经济基础和上层建筑构成。政治上层建筑和意识形态的发展受物质生活的生产方式即生产力和生产关系发展的决定和制约，同时对生产力和生产关系的发展具有能动的反作用。经济发展对政治发展的决定作用，既通过经济发展所带来的人们之间物质关系的变化影响政治关系和政治过程，也通过经济发展所带来的人们之间社会关系的变化来影响政治关系与政治过程。这意味着经济发展对政治发展的决定作用，实际上是在经济发展、社会发展与政治发展的辩证互动中展开的。

2. 政治发展为经济社会发展服务

政治发展取决于经济社会发展，反过来，任何经济社会发展都需要相应的政治发展提供支持和保障。所以，政治发展服务于经济社会发展，在一定条件下，政治发展对经济社会发展具有决定性作用。基于经济社会发展向政治体系提出的要求，政治体系会主动或者被动地进行改革，以便提供适应经济社会发展的政治条件，因此，政治发展的目的是为经济社会发展服务。这就要求政治发展和经济社会发展形成良性互动关系，否则，政治变革不仅会妨碍经济社会发展，而且会大大限制政治建设本身，进而使国家政权面临危机。

3. 政治发展的核心问题是国家政权问题

列宁认为："政治中最本质的东西即国家政权的机构。"① 政治发展的核心

① 《列宁选集》第2卷，人民出版社2012年版，第323页。

在于国家政权的确立、巩固与完善，在于使国家政权更好地适应经济社会发展需要。从人类社会历史进程来看，这首先体现为国家政权从阻碍生产力发展的阶级手中向解放生产力的阶级手中转移，其次体现为国家政权按生产力发展和社会进步要求进行自我健全与完善。历史发展表明，任何政权的建设和巩固，除了取决于政权本身所拥有的政治力量和职能作用外，还取决于民众对政权的认同和支持。这决定了政治建设一方面需要政权进行自我健全和完善，另一方面要根据统治阶级利益和意志培育与国家政权相适应的政治文化和政治人格。只有这样，才能实现人与制度的有机统一，才能有效运行和巩固政权，治理国家。

4. 政治建设是政治发展的必然要求

马克思主义认为，人是创造历史的主体，人寻求在经济社会和政治领域的自主和解放，最终推动了历史的发展。现代化开辟了人类文明发展的新进程，要求实现国家治理现代化。因而，在政治革命以后，尤其在现代化进程中，政治建设成为现代化发展的必然要求。从政治建设和民主发展的历史进程看，社会主义民主是比资本主义民主更高形态的民主，它不仅追求人们在政治领域获得解放，而且追求全体人民在经济社会领域获得解放。党的十八大以来，以习近平同志为核心的党中央，以人的全面发展为宗旨，推进新时代的政治建设，推动了中国特色社会主义政治发展。

5. 社会—历史—文化等条件影响政治发展的方式与途径

经济发展决定政治发展的方向、性质、任务和进程，但各国的社会历史、文化传统、社会心理、民族特性、自然和地理条件等因素，对政治发展的具体方式、途径和价值取向的选择也都有不同的影响。所以，政治发展是相当复杂的历史过程。在不同历史时期和不同社会条件下，经济因素和上述各种因素的合力都会对政治发展发生作用。然而，在不同国家独特的历史、社会、文化等因素影响下，同一类型的经济基础对政治所产生的作用各不相同，这直接决定了同一类型经济基础上的各国政治发展也会有各种不同的目标、方式和途径。

总之，政治发展是国家政治形态的变迁、成长和完善，它体现为政治革命、政治改革、政治建设等发展形式，具有不以人的主观意志为转移的客观规律性。由于不同社会发展阶段、不同国家和民族政治发展的具体任务、环境和条件不同，政治发展的具体内容、性质、方向、道路、模式是多种多样的。历史证明，不同社会类型和不同国家的政治发展包含某些相同、相似之处或某种共性，但是，在它们之间没有、也不可能存在普遍适用、定于一尊的政治发展模式，不同的国家有不同的政治发展道路。

第二节 政治发展的动力与途径

一、政治发展的动力

政治发展的根本动力植根于经济社会发展之中。在现代化进程中，各国的经济社会发展不是孤立的，而是深受经济全球化的影响，这就决定了经济全球化对各国的政治发展也会产生深刻影响。就各国政治发展的具体实践来说，推动政治发展付诸实践并持续产生作用的动力因素，主要包括以下几个方面：

第一，政治发展的根本动力在于经济基础与上层建筑的矛盾运动。习近平论述我国改革发展的动力时深刻指出，“经济基础决定上层建筑。经济体制改革对其他方面改革具有重要影响和传导作用……在全面深化改革中，我们要坚持以经济体制改革为主轴，努力在重要领域和关键环节改革上取得新突破，以此牵引和带动其他领域改革，使各方面改革协同推进、形成合力”①。

第二，社会发展特定时期的主要矛盾，是社会政治发展的直接动力。在阶级社会，对立阶级之间的矛盾是社会主要矛盾，因此，阶级矛盾的变化推动政治发展。为了协调矛盾、缓和冲突，统治阶级必须调整既有的权力结构和相关的制度安排，以适应变化的社会结构与阶级关系。因此，在阶级对立的社会中，阶级间的冲突和斗争是政治发展的直接动力。

在社会主义社会，随着剥削阶级的消灭，阶级矛盾和阶级斗争不再是社会的主要矛盾。与此同时，新的生产关系和上层建筑的确立，为生产力发展提供了巨大空间。在这个时期，为满足社会成员的需要而发展生产力，成为社会生活的主要内容，社会成员的需要与生产力发展之间的矛盾上升为社会主要矛盾，由此赋予这个时期政治发展以直接动力。在我国，中国特色社会主义进入新时代后，生产力发展基础上的社会发展，使得“人民美好生活需要日益广泛，不仅对物质文化生活提出了更高要求，而且在民主、法治、公平、正义、

---

① 《习近平谈治国理政》第1卷，外文出版社2018年，第94页。

安全、环境等方面的要求日益增长”①，新时代的社会主要矛盾转化为人民日益增长的美好生活需要同不平衡不充分的发展之间的矛盾。因此，新时代我国政治发展的直接动力，来自人民群众对于美好的政治生活和社会生活的需要与政治发展不充分不均衡的矛盾。显然，坚持以经济建设为中心，在社会政治生活中切实贯彻新发展观，是解决新时代社会政治生活主要矛盾的途径。

第三，政治制度的自我完善和发展，是政治发展的体制机制改革动力。任何国家在根本和基本政治制度确立后，都需要随着经济社会文化发展，不断完善体制机制，以实现根本制度、基本制度和重要制度的价值取向和内涵，根本制度、基本制度和重要制度与体制机制的矛盾运动，构成了政治发展中制度改革和变迁的动力。因此，1980 年，邓小平总结“文化大革命”的教训时就指出：“领导制度、组织制度问题更带有根本性、全局性、稳定性和长期性。”②新中国 70 年取得的历史性成就充分证明，中国特色社会主义政治制度是当代中国政治发展进步的根本保证。另一方面，“我们的民主法治建设同扩大人民民主和经济社会发展的要求还不完全适应，社会主义民主政治的体制、机制、程序、规范以及具体运行上还存在不完善的地方，在保障人民民主权利、发挥人民创造精神方面也还存在一些不足，必须继续加以完善”③。中国特色社会主义政治制度与政治体制机制之间的矛盾，要求以坚持和完善中国特色社会主义制度、推进国家治理体系和治理能力现代化为主轴，深刻把握我国发展要求和时代潮流，把制度建设和治理能力建设摆到更加突出的位置，继续深化各领域各方面体制机制改革，推动各方面制度更加成熟更加定型，推进国家治理体系和治理能力现代化。

第四，经济社会全球性交往和全球治理的发展是各国政治发展的外部动力。马克思主义认为，人类社会的历史是人类交往不断扩大的历史，在这个过程中，“各民族的原始封闭状态由于日益完善的生产方式、交往以及因交往而自然形成的不同民族之间的分工消灭得越是彻底，历史也就越是成为世界历史”④。基于新的工业的产生以及由此所带来的人类社会交往方式的深刻变化，

---

① 习近平：《决胜全面建成小康社会　夺取新时代中国特色社会主义伟大胜利——在中国共产党第十九次全国代表大会上的报告》，人民出版社 2017 年版，第 11 页。

② 《邓小平文选》第 2 卷，人民出版社 1994 年版，第 333 页。

③ 《习近平谈治国理政》第 2 卷，外文出版社 2017 年版，第 289 页。

④ 《马克思恩格斯文集》第 1 卷，人民出版社 2009 年版，第 540—541 页。

"把一切民族甚至最野蛮的民族都卷到文明中来了"①，并"迫使它们在自己那里推行所谓的文明"②，从而使"未开化和半开化的国家从属于文明的国家"③。这就形成了经济社会全球交往和全球治理的态势，并对各国政治发展产生重要影响，推动着各国政治与全球治理互动发展。在此需要清楚认识到，人类社会文明的种类和表现形式是多种多样的，这决定了当代世界各国的政治发展在与全球治理的互动过程中，并非只有接受或搬用资本主义"文明制度"一条出路。当代中国坚持推进中国特色社会主义事业，就是要在推进社会主义现代化的过程中，以马克思列宁主义、毛泽东思想、邓小平理论、"三个代表"重要思想、科学发展观、习近平新时代中国特色社会主义思想为指导，继续探索和创造超越资本主义文明的社会主义文明，在发展道路、理论、制度和文化各方面，为推动人类社会政治发展、全球治理和世界文明进步贡献中国智慧。

二、政治发展的途径

一般来说，社会政治发展有两条基本途径，即政治革命和政治改革。

1. 政治革命

政治革命，是指以阶级为政治主体，以夺取国家政权为目标，旨在推翻另一个阶级的政治统治，并以新的政治制度、政治关系和政治秩序取代旧的政治制度、政治关系和政治秩序的激烈的政治变革。政治革命是政治制度的质变，是原有政治体系的全面变革。政治革命只有在既有的政治体系无法适应现实的经济社会发展要求，并成为阻碍力量，而且能够改变这种状况的进步政治力量已经形成的条件下才会发生。换言之，政治革命是有条件的，并不是所有以夺取国家政权为目标的政治斗争都可能演化为政治革命，只有社会主要矛盾发展及解决矛盾的条件已经成熟的时候，为了创建新的政治体系以适应新的经济与社会发展要求的政治斗争才会演化为政治革命。

作为政治发展的质变形式，政治革命具有如下特征：第一，政治革命是以代表先进生产力的新兴阶级为主体的政治活动，是革命阶级推翻反动统治阶级的政治活动。第二，政治革命的首要目标是夺取国家政权，并运用国家政权推进政治发展和经济社会发展。第三，政治革命是包括政治制度、政治结构、政

---

① 《马克思恩格斯文集》第2卷，人民出版社2009年版，第35页。
② 《马克思恩格斯文集》第2卷，人民出版社2009年版，第35页。
③ 《马克思恩格斯文集》第2卷，人民出版社2009年版，第36页。

治关系、政治秩序、政治文化等在内的政治体系的全面、深刻的根本性变革。第四，由于政治革命是政治体系的质变，要迫使旧的统治阶级退出历史舞台，必然会遇到它们的疯狂拼死反抗，因此，政治革命往往不得不采取暴力手段，但不排除在一定条件下以和平形式进行的可能。

马克思主义认为，革命是历史前进的火车头，是推动解决社会基本矛盾即生产力与生产关系、经济基础与上层建筑的矛盾的根本手段。在阶级社会中，阶级斗争是政治发展的动力，革命是阶级斗争的最高形式。从政治革命与政治发展的关系考察，政治革命的根本作用是：通过破旧立新的政治制度变革，解放生产力，确立和巩固新的生产关系；通过国家政权建设，创立和巩固新的政治制度以及与之相关的一系列政治组织方式、国家和社会管理体制等，同时在政治思想、政治价值观念、意识形态方面进行全面更新，为新的政治体系奠定坚实基础，为政治发展开辟新的道路。

2. 政治改革

政治发展的另一基本途径是政治改革。所谓政治改革，是这样一个过程，即统治阶级中的政治领导集团依据社会发展要求、变化了的社会矛盾和各阶级阶层的利益关系状况，有计划、有步骤、有目标地局部调整和改变政治关系、国家权力格局和社会利益关系，改进政治体制、健全政治功能、完善政治制度，以巩固和加强其政治统治。

政治改革具有不同于政治革命的特征。主要表现在：第一，主体不同。政治改革的主体通常是政治领导层，是由政治领导层决定实行的自上而下的政治变革。第二，目标诉求不同。政治改革不是要推翻现有的政治统治、破坏现有的基本政治制度，而是旨在通过调整政治关系、兴利除弊、完善政治制度，保障和促进经济社会发展，以巩固现有的政治统治。第三，实现方式不同。政治改革通常以非暴力的和平方式进行。同时，政治改革通常在政治领导层的主导和控制之下，有序、稳妥地进行。

与政治革命一样，政治改革的动因也在于生产力与生产关系、经济基础与上层建筑的矛盾运动。一方面，随着生产力和经济社会的发展，当政治上层建筑中的某些方面和环节出现与经济基础不相适应的矛盾时，就会出现政治改革的要求。另一方面，社会基本矛盾必然会在阶级、阶层关系中表现出来，当统治阶级内部各阶层之间或者统治阶级与被统治阶级之间出现利益格局和力量对比的变化，或者随着经济社会发展出现了具有新的利益要求的新阶层、新力量时，就会出现政治改革的要求。要使政治改革得以顺利进行，必须具备一定的条件：首先，政治上层建筑总体上与经济基础相适应，只是在某些方面和具体环节上不适应经济发展的要求，这是政治改革的前提条件。如果政治上层建筑与经济基础完全不相适应，已经没有任何改进和回旋的余地，那么政治改革就难以奏效，就有可能爆发政治革命。其次，形成了有利于改革的价值观念、意识形态、大众心理基础等政治文化因素。再次，有一个改革意识和改革能力兼备、能够把握改革方向和进程的政治领导阶层。最后，有相对稳定、有利于改革的政治环境，能够得到社会大多数人的认同和支持。这些因素构成政治改革的基本条件，政治改革要取得成功，这些条件缺一不可。

与政治改革的目标诉求相联系，政治改革的基本内容可以从以下三个方面把握：第一，新增的内容，即政治体系积极主动地回应经济社会发展对政治发展提出的要求，在政治体系内部原有的结构、体制、机制之外增设相应的建置和措施，创设新的制度，以应对经济社会发展构成的挑战。第二，调整的内容，即对社会各阶级、阶层之间现有利益关系、政治权力和权利关系格局的适度调整，以适应经济社会发展的需要。第三，革除的内容，即对原有政治体制和机制的弊端进行革除，去除那些已经不合时宜的体制规定和机制环节，以保障政治系统的健康和效能，充分发挥基本政治制度的活力、作用和潜在功能。

政治改革在政治发展中具有重要的地位和作用，对于缓解社会利益矛盾，维护政治稳定，提高治理效能，推动经济、政治、社会、文化和生态文明建设全面协同发展具有重要意义。对于社会主义国家来说，政治改革是社会主义政治制度的自我完善和自我发展。

现当代中国政治变迁为政治发展方式提供了实践典范。中国共产党领导中国人民通过新民主主义革命，实现国家独立，确立了社会主义基本制度，为社会主义革命和建设奠定了根本政治前提和制度基础。改革开放以来，为适应以经济建设为中心，党领导人民深化政治体制改革，实现了从计划经济条件下的机构职能体系向社会主义市场经济条件下的机构职能体系的重大转变。党的十八大以来，党领导人民坚持和完善中国特色社会主义制度，不断推进国家治理体系和治理能力现代化。当代中国政治变迁，体现出政治革命与政治改革有机衔接，执政党自我革命与社会革命辩证统一，推进我国政治不断适应经济社会发展，不断适应人民需求的社会主义现代化政治发展逻辑。

三、政治发展与政治稳定

政治发展的基本任务是创立和完善政治体系，使政治成为推动现实经济社会发展的积极途径。政治有序稳定是政治发展的必要条件。然而，在政治发展过程中，社会变化对旧体制的冲击以及对新目标的追求所激发的政治参与或社会运动，往往会引发秩序混乱，从而导致政治不稳定。因此，政治发展与政治稳定具有密切关系。

从政治发展的角度看，所谓政治稳定，就是政治体系在持续回应经济社会发展要求的过程中将国家与社会保持在秩序的范围内。政治稳定具有三个基本特点：第一，政治有序，即国家与社会不存在政治暴力、政治分裂和武装冲突。第二，治理有效，即国家政权和政治制度能够积极回应经济社会发展要求，有效贯彻国家治理战略和政策，推动经济社会的进步发展。第三，持续发展，即政治发展不发生中断，保持持续发展和不断进步状态。这些特点决定了政治稳定既是评判一个国家政治发展的重要标准，也是评判一个国家政治制度、治理体系和治理能力的重要标准。

政治发展与政治稳定之间存在着辩证关系。一方面，政治发展构成政治稳定的基础，政治稳定只有在政治发展中才能真正达到并获得保障。因此，政治稳定是一种积极稳定而非消极稳定，是一种动态稳定而非静态稳定。另一方面，政治稳定构成一定时空中政治发展的前提，常态下的政治发展必须以政治稳定为前提，并努力使政治发展时刻保持在政治稳定状态。在政治发展与政治稳定的辩证关系中，政治发展是决定性的。对于政治发展来说，政治稳定既是政治发展必须追求的目标，也是政治发展的重要条件。这就要求任何一个国家的政治发展，不仅要确立符合政治发展规律的合理政治目标，而且要选择确定切实可行的发展路径。

在实际历史进程中，政治发展与政治稳定的关系主要表现为政治参与、政治民主与政治稳定之间的关系。政治民主的发展必然会扩大政治参与，政治参与的实现有赖于政治发展所创造的制度条件和民主空间。历史表明，当政治发展无法有效回应政治民主发展的趋势，政治制度建设无法满足不断增长的政治参与要求的时候，就可能面临政治不稳定的挑战。所以，政治发展不仅要积极回应经济社会发展对民主建设提出的要求，而且要正确回应经济社会发展所激发的政治参与要求，主动积极展开政治建设和制度建设，才能保持政治发展与政治稳定的动态平衡。

第三节 中国特色社会主义政治发展道路

一、中国特色社会主义政治发展道路的形成和发展

中国特色社会主义政治发展道路，是近代以来中国人民在求得民族独立和人民解放，实现国家繁荣富强和人民共同富裕这两大历史任务的奋斗中形成的，是新的时代条件下中国必须继续坚持和发展的正确道路。

中华民族有五千年的文明历史，创造了灿烂的中华文明，为人类作出了卓越贡献，成为世界上伟大的民族。1840 年鸦片战争后，中国陷入内忧外患的黑暗境地，中国人民经历了战乱频仍、山河破碎、民不聊生的深重苦难。为了民族复兴，无数仁人志士不屈不挠、前仆后继，进行了各式各样的尝试，但终究未能改变旧中国的社会性质和中国人民的悲惨命运。

1921 年，中国共产党成立，确定共产主义是党的最高理想和最终目标，肩负起实现中华民族伟大复兴的历史使命，团结带领人民进行了艰苦卓绝的斗争，努力探索符合中国国情的政治发展道路。第一次国内革命战争时期，为了实现党的最低纲领、争取人民当家作主的权利，党大力发动和组织工农运动，投入反帝反封建的斗争，工人运动和农民运动在全国迅速发展。大革命失败后，以毛泽东为主要代表的中国共产党人开辟了农村包围城市、武装夺取政权的道路。1931 年 11 月，在江西瑞金召开了中华苏维埃共和国第一次全国代表大会，成立了中华苏维埃共和国临时中央政府。会议通过的《中华苏维埃共和国宪法大纲》强调，苏维埃政权属于工人、农民、红色战士及一切劳苦民众。抗日战争时期，在根据地建立了中国共产党领导下的各革命阶级联合的抗日民主政权，明确提出要保证一切抗日人民的人权、政权、财权及言论、出版、集会、结社、信仰、居住、迁徙之自由权。抗日民主政权还规定了政权机关中各阶层人员比例按照共产党员、非党的左派进步分子和不左不右的中间派各占1/3的“三三制”原则加以分配，从政权建设上体现了党的抗日民族统一战线政策。解放战争时期，随着革命形势发展和阶级关系变化，解放区革命政权转变为工人阶级领导的、以工农联盟为基础的，人民大众的，反对帝国主义、封

建主义和官僚资本主义的人民民主专政。

新中国成立以后，中国共产党团结带领人民完成社会主义革命，确立社会主义基本制度，推进社会主义建设，完成了中华民族有史以来最为广泛而深刻的社会变革。在社会政治层面，从1953年下半年开始，根据选举法在全国范围内开展了我国历史上第一次真正是广大劳动人民参加的最广泛的民主选举。1954年9月，第一届全国人民代表大会第一次会议的召开，标志着人民代表大会制度正式建立。会议通过的《中华人民共和国宪法》规定中华人民共和国是工人阶级领导的、以工农联盟为基础的人民民主专政国家，这是新中国国家的根本性质；人民代表大会制度是中华人民共和国的根本政治制度。在确立人民民主专政的国体和人民代表大会制度政体的同时，中国共产党领导各族人民建立了中国共产党领导的多党合作和政治协商制度、民族区域自治制度，构建了我国社会主义民主政治的基本框架，开始了一场中国历史上规模空前的民主实践。

改革开放以来，中国共产党深刻总结正反两方面历史经验，团结带领人民进行改革开放新的伟大革命，破除阻碍国家和民族发展的一切思想和体制障碍，开辟了中国特色社会主义政治建设的新时期，确定了中国特色社会主义政治发展道路。坚持从社会主义初级阶段的实际和中国国情出发，围绕不断推进的社会主义经济建设、文化建设和社会建设，进一步完善了人民代表大会制度、中国共产党领导的多党合作和政治协商制度、民族区域自治制度。结合新的社会条件和政治建设实践，探索形成了基层群众自治制度。积极推进政治体制改革，人民民主的内容不断扩大，形式不断丰富，实践不断深化，社会主义法制不断健全，党和政府的活力、人民群众的积极性创造性充分发挥，促进了生产力持续发展、社会全面进步，保持了国家政局稳定和社会安定和谐，社会主义民主政治展现出旺盛的生命力。党的十八大后，中国特色社会主义进入新时代，中国特色社会主义政治也进入新的历史阶段。在全面从严治党的过程中，不断提高中国共产党的长期执政能力和领导水平，在全面深化改革进程中，坚持和完善中国特色社会主义制度，推进国家治理体系和治理能力现代化，成为中国政治发展的重要内容。

二、中国特色社会主义政治发展道路的内涵

中国特色社会主义政治发展道路，是近代以来中国人民长期奋斗的历史逻

辑、理论逻辑、实践逻辑的必然结果，是坚持党的本质属性、践行党的根本宗旨的必然要求。

中国特色社会主义政治发展道路，就是在中国共产党领导下，坚持人民主体地位，健全民主制度，丰富民主形式，拓宽民主渠道，依法实行民主选举、民主协商、民主决策、民主管理、民主监督，使各方面制度和国家治理更好体现人民意志、保障人民权益、激发人民创造，确保人民依法通过各种途径和形式管理国家事务，管理经济文化事业，管理社会事务。

中国特色社会主义政治发展道路的内涵包括以下方面：

第一，高举人民民主的旗帜，实现人民民主是中国特色社会主义政治发展道路的根本方向，也是与资本主义民主的根本区别。人民民主是社会主义的生命，是维护人民根本利益的最广泛、最真实、最管用的民主，是以人民为中心的中国特色社会主义政治发展的根本目标。社会主义制度的建立，为人民民主的发展，为人民实现当家作主创造了根本前提和制度基础。发展社会主义民主政治的关键，就是不断扩大人民民主，保障人民权益，最大限度地发挥人民的积极性、主动性、创造性。发展社会主义民主政治就是要健全民主制度，丰富民主形式，拓宽民主渠道，依法实行民主选举、民主协商、民主决策、民主管理、民主监督，使各方面制度和国家治理更好体现人民意志、保障人民权益、激发人民创造，确保人民依法通过各种途径和形式管理国家事务，管理经济文化事业，管理社会事务。

第二，坚持党的领导、人民当家作主、依法治国有机统一。党的领导、人民当家作主和依法治国有机统一，是“社会主义政治发展的必然要求”①。党的领导是中国特色社会主义政治发展中人民当家作主和依法治国的根本保证，是中国特色社会主义最本质的特征，是中国特色社会主义制度的最大优势；人民当家作主是社会主义民主政治的本质特征，也是政治发展的根本目标；依法治国是党领导人民治理国家的基本方式。

党的领导、人民当家作主和依法治国有机统一，根本基础在于三者的本质一致性。在新时代中国特色政治发展过程中，党性、人民性和法治性，归根结底是人民的根本利益性和共同利益性：党的事业本质上是亿万人民

① 习近平：《决胜全面建成小康社会　夺取新时代中国特色社会主义伟大胜利——在中国共产党第十九次全国代表大会上的报告》，人民出版社2017年版，第22页。

的事业，人民民主是党的领导的政治目标，依法治国则是党的领导和人民民主的法律规则及其运行的方式体现，三者的本质一致性，在于以人民为中心。

党的领导、人民当家作主和依法治国有机统一，实现途径在于党领导人民有效依法治理国家的伟大政治实践。在实践中，全面从严治党与坚持党的全面领导有机统一，优化和改进党的执政方式与丰富和发展人民民主实现形式、完善和发展中国特色社会主义法治体系有机统一，集中体现了中国特色社会主义政治发展的人民性、独特性和优越性。

第三，坚持和完善中国特色社会主义政治制度。发展社会主义民主政治就是要体现人民意志、保障人民权益、激发人民创造活力，用制度体系保证人民当家作主。因此，坚持和完善中国特色社会主义政治制度，是坚持中国特色社会主义政治发展道路，发展中国特色社会主义民主政治的基本途径。必须坚持和完善人民代表大会制度、中国共产党领导的多党合作和政治协商制度、民族区域自治制度和基层群众自治制度。这些政治制度是人民民主的主要实现形式，是中国特色社会主义根本、基本和重要政治制度，必须坚持。同时，需要根据中国经济、文化和社会的发展，根据中国特色社会主义民主政治实践的发展，根据人民群众对社会主义民主发展的要求，不断改革、完善和发展社会主义政治体制，充分发挥我国社会主义政治制度显著优势，为中国特色社会主义事业兴旺发达、党和国家长治久安提供政治和法律制度保障。

第四，坚持马克思主义指导地位，坚持和发展社会主义核心价值观为主体的中国特色社会主义政治文化。坚持以马克思列宁主义、毛泽东思想、邓小平理论、“三个代表”重要思想、科学发展观、习近平新时代中国特色社会主义思想为指导。坚持社会主义核心价值观，富强、民主、文明、和谐作为国家层面的价值目标，自由、平等、公正、法治作为社会层面的价值取向，爱国、敬业、诚信、友善作为公民个人层面的价值准则，共同构成了社会主义核心价值观的基本内容。坚持和弘扬社会主义核心价值观既是中国特色社会主义政治发展道路的条件，也是中国特色社会主义政治发展的内容。要发挥社会主义核心价值观对国民教育、精神文明建设、精神文化产品创作与传播的引领作用，把社会主义核心价值观融入社会发展各方面，转化为人们的情感认同和行为习惯。同时，继承和发展革命文化、社会主义先进文化，深入挖掘中华优秀传统文化中的思想观念、人文精神、道德规范，在新时代的背景下进行创造性转化和创新性发展，为加快社会主义民主政治建设提供精神指引。

三、坚定不移地走中国特色社会主义政治发展道路

政治发展的根本问题，是选择和确定政治发展道路问题。“以什么样的思路来谋划和推进中国社会主义民主政治建设，在国家政治生活中具有管根本、管全局、管长远的作用。……中国是一个发展中大国，坚持正确的政治发展道路更是关系根本、关系全局的重大问题。”①

中国特色社会主义政治发展道路，是党带领人民通过长期实践找到的正确政治发展道路，是科学社会主义与中国政治实践的紧密融合，是科学社会主义理论逻辑和中国社会发展历史逻辑的辩证统一，是得到中国社会政治革命和政治建设实践与发展反复验证的唯一正确选择。“中国特色社会主义政治发展道路是符合中国国情、保证人民当家作主的正确道路”②，也是实现社会主义现代化、创造人民美好生活的必由之路。这一发展道路有利于发挥社会主义制度的特点和优势，发展人民民主，促进经济社会发展，维护国家统一、民族团结、人民安康、社会和谐，实现中华民族伟大复兴。要继续坚定不移地沿着这条道路走下去，并在实践中不断加以完善和发展。

第一，坚持以马克思列宁主义、毛泽东思想、邓小平理论、“三个代表”重要思想、科学发展观、习近平新时代中国特色社会主义思想为指导。坚持解放思想、实事求是、与时俱进、求真务实，坚持辩证唯物主义和历史唯物主义，紧密结合新的时代条件和实践要求，以全新的视野深化对共产党执政规律、社会主义建设规律、人类社会发展规律的认识，牢固树立共产主义远大理想和中国特色社会主义共同理想，培育和践行社会主义核心价值观，不断增强意识形态领域主导权和话语权，推动中华优秀传统文化创造性转化、创新性发展，继承革命文化，发展社会主义先进政治文化，不忘本来、吸收外来、面向未来，更好构筑中国精神、中国价值、中国力量。

第二，坚持中国共产党的全面领导。中国共产党领导是中国特色社会主义

---

① 《十八大以来重要文献选编》中，中央文献出版社 2016 年版，第 59 页。
② 《十八大以来重要文献选编》中，中央文献出版社 2016 年版，第 62 页。

最本质的特征，是中国特色社会主义制度的最大优势，因此，党的领导是新时代中国特色社会主义政治发展的必然要求和政治前提。党是最高政治领导力量。必须坚持党政军民学、东西南北中，党是领导一切的，坚决维护党中央权威，健全总揽全局、协调各方的党的领导制度体系，把党的领导落实到国家治理各领域各方面各环节。

坚持党对一切工作的领导，自觉维护党中央权威和集中统一领导。系统构建和有效运行党全面领导的治国治政治军体系和治理社会体系，以此为国家治理现代化的体系凭借，并且以此为基础，通过制度建设，进一步优化党的执政方式，提高党的执政能力。与此同时，治国必先治党，必须进一步全面从严治党，加强党的长期执政能力，保持先进性和纯洁性，以党的政治建设为统领，全面推进党的政治、思想、组织、作风和纪律建设，以坚定理想信念宗旨为根基，以调动全党积极性、主动性、创造性为着力点，贯彻党内制度建设，优化党内政治生态，深入推进反腐倡廉，确保长期执政的党的先进性和纯洁性。

第三，坚持从中国国情出发，这是中国特色社会主义政治发展的必然要求。社会主义民主政治是中国政治发展的目标，实现这一目标的任何阶段性方案，都必须从中国国情出发，充分考虑中国的社会历史文化背景、经济发展水平、社会共识程度、中国所处的国际环境等重要因素。走中国特色社会主义政治发展道路，必须立足于我国仍处于并将长期处于社会主义初级阶段这一基本国情，保持政治发展进程同我国经济社会发展阶段相适应，同生产力发展水平相适应，同生产关系变革相适应。推动政治发展进程，既要尽力而为，又要量力而行；既要高度重视，不断增强自觉性、紧迫性，又要清醒地认识到政治建设的长期性、复杂性、艰巨性。

第四，坚持发展社会主义民主，这是中国特色社会主义政治发展始终不渝的奋斗目标。人民民主是社会主义的生命，人民当家作主是社会主义民主政治的本质特征。没有民主就没有社会主义，就没有社会主义现代化。人民民主是中国共产党始终高扬的一面旗帜，也是中国共产党从成立以来就明确提出并不懈追求的一个目标。在革命、建设、改革各个历史时期，中国共产党为争取民主、维护民主、保障民主、发展民主，做了大量卓有成效的工作。在新时代，中国特色社会主义政治发展必须以人民为中心，更高地举起人民民主的旗帜，坚持党的领导、人民当家作主、依法治国的有机统一，坚持和完善中国特色社会主义民主政治制度建设，建设中国特色社会主义法治国家，最广泛地动员和组织人民依法管理国家事务和社会事务、管理经济和文化事业，更好地保障人民民主权利、维护社会公平正义。

第五，坚持和完善中国特色社会主义制度，把坚持中国特色社会主义根本政治制度、基本政治制度和重要政治制度，与改革完善政治体制机制有机结合。在改革创新中，坚持循序渐进、逐步深化改革。改革开放以来，中国共产党一直强调要积极稳妥地推进政治体制改革，实现社会主义民主政治的制度化、规范化、程序化。政治属于上层建筑，政治的发展必须与经济基础尤其要与生产力发展水平相适应。因此，走中国特色社会主义政治发展道路，必须尊重上层建筑与经济基础相适应的客观规律，坚持中国特色社会主义根本、基本、重要政治制度，同时，积极稳妥，循序渐进，总体规划，分步推进，有领导、有步骤、有秩序地进行。对于那些条件已经具备或经过努力可以做到的事情，要积极去做；对于那些条件尚不具备、一时难以做到的事情，既要正确把握时机，抓紧在政治体制机制的重要领域和关键环节迈出改革步伐，又要从实际出发，循序渐进推进改革，不超越历史发展的阶段。

第六，坚持在中国特色社会主义总体布局和战略布局中推进政治发展。这是中国特色社会主义政治发展的战略安排。发展社会主义民主政治是一个长期历史过程，需要坚持不懈的努力。政治建设都是在特定的历史和社会背景下展开的。中国特色社会主义政治建设是在经济建设、政治建设、文化建设、社会建设、生态文明建设“五位一体”总体布局和“四个全面”战略布局中展开的，需要根据这些布局的总进程统筹和协调推进，以实现相互促进、共同发展。

第四节 坚持和完善中国特色社会主义政治制度推进国家治理体系和治理能力现代化

一、国家治理体系和治理能力的含义

政治制度是一个国家政治得以运行和发挥功能的制度和体制安排，涉及政

治运行的组织体系、功能结构、工作机制和程序安排。“国家治理体系和治理能力是一个国家制度和制度执行能力的集中体现。”① 具体而言，国家治理体系是指党领导下管理国家的制度体系，包括经济、政治、文化、社会、生态文明和党的建设等各领域体制机制、法律法规安排，也即一整套紧密相连、相互协调的国家制度。换言之，国家治理体系就是实现国家治理所必需的一套规范“国家生活”的制度体系和行为规范。在现代社会，这样的制度体系和行为规范在对象上涉及各种行为主体，包括作为组织的政党、政府、社团组织等和作为个体的公职人员及普通公民，在内容上涉及国家建设、政党建设、政府建设、经济建设、社会建设、文化建设和军事建设等不同领域方方面面的规则和规章。国家治理体系现代化意味着上述领域的制度体系和行为规范按照中国特色社会主义现代化的原则要求，实现和保持系统性、一致性和协调性，保障人民共有、共治、共享。

国家治理能力则是“运用国家制度管理社会各方面事务的能力”②，是党领导人民运用国家制度和规则，管理国家经济、政治、社会、文化以及军事和外交等事务，应对国内外需求，解决国家面临的现实问题、化解国家面临的种种危机和风险的能力，也就是制度执行力。这种能力体现在改革发展稳定、内政外交国防、治党治国治军等各个方面。基于不同的分类标准，国家治理能力可以得到多种分类阐释。但是，归根到底，国家治理终究依赖于治理主体的能力，而治理主体主要体现为执政党及各类政党社团组织、承担各种公共角色的政治领袖和公职人员，以及以各种方式参与公共事务的普通公民。因此，治理能力的关键是人的素质，也就是公共事务决策者、执行者和参与者的素质。提高治理能力的关键是全面提高这三者的思想道德素质和科学文化素质，特别是建设适应社会发展要求的高素质决策者和执行者队伍。

国家治理能力包括国家统一的防务能力、国家基础设施的建设能力、国家法律的贯彻和实施能力、国家政策的创新和执行能力、公民权利的保障能力、社会矛盾的化解能力、国家对外关系的协调能力、国家经济社会

---

① 《习近平谈治国理政》第 1 卷，外文出版社 2018 年版，第 91 页。

② 《习近平谈治国理政》第 1 卷，外文出版社 2018 年版，第 91 页。

发展的推动能力、自然和社会灾难的应对能力、社会自主自助的自治能力等。

国家治理体系和治理能力是一个紧密联系、相辅相成的有机整体，是一个国家的治理水平和综合实力的重要标志。习近平指出："有了好的国家治理体系才能提高治理能力，提高国家治理能力才能充分发挥国家治理体系的效能。"①

二、坚持和完善中国特色社会主义政治制度 推进国家治理体系和治理能力现代化的目标

在社会政治实践和发展中，"衡量一个社会制度是否科学、是否先进，主要看是否符合国情、是否有效管用、是否得到人民拥护"②。在政治实践中，以国家的科学先进有效治理和人民民主的平等、真实实现作为标准，检测和甄别国家政治制度、治理体系和治理能力，确定坚持哪些根本政治制度、基本政治制度和重要政治制度，完善哪些体制机制，如何提升国家治理能力，就是为了对国家政治运行的组织体系、功能结构、工作机制和程序安排进行巩固、调整和变革，为了提升运用政治制度治理国家的能力。因此，坚持和完善中国特色社会主义政治制度，推进国家治理体系和治理能力现代化，是充分发挥中国特色社会主义政治制度的显著优势，优化政治运行机制和实际效能的根本着力点。

新中国成立 70 年来，我们党领导人民创造了世所罕见的经济快速发展奇迹和社会长期稳定奇迹，中华民族迎来了从站起来、富起来到强起来的伟大飞跃。实践证明，中国特色社会主义政治制度和国家治理体系是以马克思主义为指导、植根中国大地、具有深厚中华文化根基、深得人民拥护的制度和治理体系，是具有强大生命力和巨大优越性的制度和治理体系，是能够持续推动拥有近十四亿人口大国进步和发展、确保拥有五千年文明史的中华民族实现"两个一百年"奋斗目标进而实现伟大复兴的制度和治理体系。我国国家政治制度和

① 《习近平谈治国理政》第 1 卷，外文出版社 2018 年版，第 91 页。

② 习近平:《坚持、完善和发展中国特色社会主义国家制度与法律制度》,《求是》2019 年第 23 期。

国家治理体系具有多方面的显著优势。①因此，对于实践证明具有显著优势的我国的根本、基本和重要政治制度，必须长期毫不动摇地予以坚持和执行。

在新时代，世界正经历百年未有之大变局，我国正处于实现中华民族伟大复兴的关键时期。顺应时代潮流，适应我国社会主要矛盾变化，统揽伟大斗争、伟大工程、伟大事业、伟大梦想，不断满足人民对美好生活新期待，战胜前进道路上的各种风险挑战，必须进一步着力坚持和完善中国特色社会主义制度，推进国家治理体系和治理能力现代化。

坚持和完善中国特色社会主义制度、推进国家治理体系和治理能力现代化的总体要求是：必须坚持以马克思列宁主义、毛泽东思想、邓小平理论、“三个代表”重要思想、科学发展观、习近平新时代中国特色社会主义思想为指导，坚持党的领导、人民当家作主、依法治国有机统一，坚持解放思想、实事求是，坚持改革创新，突出坚持和完善支撑中国特色社会主义制度的根本、基本和重要政治制度，构建系统完备、科学规范、运行有效的制度体系，加强系统治理、依法治理、综合治理、源头治理，把我国政治制度优势更好转化为国家治理效能，为实现“两个一百年”奋斗目标、实现中华民族伟大复兴的中国梦提供有力保证。

坚持和完善中国特色社会主义政治制度、推进国家治理体系和治理能力现

① 党的十九届四中全会通过的《关于坚持和完善中国特色社会主义制度 推进国家治理体系和治理能力现代化若干重大问题的决定》指出，我国国家制度和国家治理体系具有多方面的显著优势，主要是：坚持党的集中统一领导，坚持党的科学理论，保持政治稳定，确保国家始终沿着社会主义方向前进的显著优势；坚持人民当家作主，发展人民民主，密切联系群众，紧紧依靠人民推动国家发展的显著优势；坚持全面依法治国，建设社会主义法治国家，切实保障社会公平正义和人民权利的显著优势；坚持全国一盘棋，调动各方面积极性，集中力量办大事的显著优势；坚持各民族一律平等，铸牢中华民族共同体意识，实现共同团结奋斗、共同繁荣发展的显著优势；坚持公有制为主体、多种所有制经济共同发展和按劳分配为主体、多种分配方式并存，把社会主义制度和市场经济有机结合起来，不断解放和发展社会生产力的显著优势；坚持共同的理想信念、价值理念、道德观念，弘扬中华优秀传统文化、革命文化、社会主义先进文化，促进全体人民在思想上精神上紧紧团结在一起的显著优势；坚持以人民为中心的发展思想，不断保障和改善民生、增进人民福祉，走共同富裕道路的显著优势；坚持改革创新、与时俱进，善于自我完善、自我发展，使社会始终充满生机活力的显著优势；坚持德才兼备、选贤任能，聚天下英才而用之，培养造就更多更优秀人才的显著优势；坚持党指挥枪，确保人民军队绝对忠诚于党和人民，有力保障国家主权、安全、发展利益的显著优势；坚持“一国两制”，保持香港、澳门长期繁荣稳定，促进祖国和平统一的显著优势；坚持独立自主和对外开放相统一，积极参与全球治理，为构建人类命运共同体不断作出贡献的显著优势。这些显著优势，是我们坚定中国特色社会主义道路自信、理论自信、制度自信、文化自信的基本依据。

代化的总体目标是：到我们党成立一百年时，在各方面政治制度更加成熟更加定型上取得明显成效；到二〇三五年，各方面制度更加完善，基本实现国家治理体系和治理能力现代化；到新中国成立一百年时，全面实现国家治理体系和治理能力现代化，使中国特色社会主义政治制度更加巩固、优越性充分展现。

三、坚持和完善中国特色社会主义政治制度 推进国家治理体系和治理能力现代化的实际内容

第一，坚持和完善党的领导制度体系，提高党科学执政、民主执政、依法执政水平。

建立不忘初心、牢记使命的制度。完善坚定维护党中央权威和集中统一领导的各项制度。健全党的全面领导制度。完善党领导人大、政府、政协、监察机关、审判机关、检察机关、武装力量、人民团体、企事业单位、基层群众自治组织、社会组织等制度。健全为人民执政、靠人民执政的各项制度。巩固党执政的阶级基础，厚植党执政的群众基础。贯彻党的群众路线。健全提高党的执政能力和领导水平制度。坚持民主集中制，完善发展党内民主和实行正确集中的相关制度，提高党把方向、谋大局、定政策、促改革的能力。健全决策机制，加强重大决策的调查研究、科学论证、风险评估，强化决策执行、评估、监督。改进党的领导方式和执政方式，增强各级党组织政治功能和组织力。完善担当作为的激励机制，促进各级领导干部增强学习本领、政治领导本领、改革创新本领、科学发展本领、依法执政本领、群众工作本领、狠抓落实本领、驾驭风险本领，发扬斗争精神，增强斗争本领。完善全面从严治党制度，完善和落实全面从严治党责任制度。坚决同一切影响党的先进性、弱化党的纯洁性的问题作斗争，大力纠治形式主义、官僚主义，不断增强党的创造力、凝聚力、战斗力，确保党始终成为中国特色社会主义事业的坚强领导核心。

第二，坚持和完善人民当家作主制度体系，发展和完善社会主义民主政治。

坚持人民主体地位，坚定不移走中国特色社会主义政治发展道路，健全民主制度，丰富民主形式，拓宽民主渠道，依法实行民主选举、民主协商、民主决策、民主管理、民主监督，使各方面制度和国家治理更好体现人民意志、保障人民权益、激发人民创造，确保人民依法通过各种途径和形式管理国家事务，管理经济文化事业，管理社会事务。坚持和完善人民代表大会制度这一根本政治制度，坚持和完善中国共产党领导的多党合作和政治协商制度，巩固和

发展最广泛的爱国统一战线，坚持和完善民族区域自治制度，健全充满活力的基层群众自治制度。

第三，坚持和完善中国特色社会主义法治体系，提高党依法治国、依法执政能力。

坚定不移走中国特色社会主义法治道路，全面推进依法治国，坚持依法治国、依法执政、依法行政共同推进，坚持法治国家、法治政府、法治社会一体建设，加快形成完备的法律规范体系、高效的法治实施体系、严密的法治监督体系、有力的法治保障体系，加快形成完善的党内法规体系，全面推进科学立法、严格执法、公正司法、全民守法，推进法治中国建设。

健全保证宪法全面实施的体制机制，完善立法体制机制，健全社会公平正义法治保障制度，加强对法律实施的监督。各级党和国家机关以及领导干部要带头尊法学法守法用法，提高运用法治思维和法治方式深化改革、推动发展、化解矛盾、维护稳定、应对风险的能力。

第四，坚持和完善中国特色社会主义行政体制，构建职责明确、依法行政的政府治理体系。

建设人民满意的服务型政府。完善国家行政体制。以推进国家机构职能优化协同高效为着力点，优化行政决策、行政执行、行政组织、行政监督体制。健全部门协调配合机制；优化政府职责体系。完善政府经济调节、市场监管、社会管理、公共服务、生态环境保护等职能，实行政府权责清单制度，厘清政府和市场、政府和社会关系。深入推进简政放权、放管结合、优化服务，改善营商环境，激发各类市场主体活力。健全以国家发展规划为战略导向，以财政政策和货币政策为主要手段，就业、产业、投资、消费、区域等政策协同发力的宏观调控制度体系。完善国家重大发展战略和中长期经济社会发展规划制度。完善标准科学、规范透明、约束有力的预算制度。严格市场监管、质量监管、安全监管，加强违法惩戒。完善公共服务体系，推进基本公共服务均等化、可及性。建立健全运用互联网、大数据、人工智能等技术手段进行行政管理的制度规则。推进数字政府建设。优化政府组织结构；健全充分发挥中央和地方两个积极性体制机制，构建从中央到地方权责清晰、运行顺畅、充满活力的工作体系。

第五，坚持和完善发展社会主义先进政治文化的制度，巩固全体人民团结奋斗的共同思想基础。

坚定文化自信，牢牢把握社会主义先进政治文化前进方向，围绕举旗帜、聚民心、育新人、兴文化、展形象的使命任务，更好构筑中国精神、中国价值、中国力量。坚持马克思主义在意识形态领域指导地位的根本制度，坚持以社会主义核心价值观引领政治文化建设制度，健全人民文化权益保障制度。完善坚持正确导向的舆论引导工作机制。

第六，坚持和完善共建共治共享的社会治理制度，保持社会稳定、维护国家安全。

加强和创新社会治理，完善党委领导、政府负责、民主协商、社会协同、公众参与、法治保障、科技支撑的社会治理体系，建设人人有责、人人尽责、人人享有的社会治理共同体，确保人民安居乐业、社会安定有序，建设更高水平的平安中国。完善正确处理新形势下人民内部矛盾有效机制。完善社会治安防控体系，增强社会治安防控的整体性、协同性、精准性。健全公共安全体制机制。构建统一指挥、专常兼备、反应灵敏、上下联动的应急管理体制，优化国家应急管理能力体系建设。构建基层社会治理新格局。完善群众参与基层社会治理的制度化渠道。健全党组织领导的自治、法治、德治相结合的城乡基层治理体系，健全社区管理和服务机制，推行网格化管理和服务，发挥群团组织、社会组织作用，发挥行业协会商会自律功能，实现政府治理和社会调节、居民自治良性互动，夯实基层社会治理基础。完善国家安全体系。坚持总体国家安全观，统筹发展和安全，完善集中统一、高效权威的国家安全领导体制，健全国家安全法律制度体系。提高防范抵御国家安全风险能力，高度警惕、坚决防范和严厉打击敌对势力渗透、破坏、颠覆、分裂活动。

第七，坚持和完善“一国两制”制度体系，推进祖国和平统一。

坚持“一国”是实行“两制”的前提和基础，“两制”从属和派生于“一国”并统一于“一国”之内。严格依照宪法和基本法对香港特别行政区、澳门特别行政区实行管治，坚定维护国家主权、安全、发展利益，维护香港、澳门长期繁荣稳定，绝不容忍任何挑战“一国两制”底线的行为，绝不容忍任何分裂国家的行为。全面准确贯彻“一国两制”、“港人治港”、“澳人治澳”、高度自治的方针。健全中央依照宪法和基本法对特别行政区行使全面管治权的制度。坚定推进祖国和平统一进程。

第八，坚持和完善独立自主的和平外交政策，推动构建人类命运共同体。

统筹国内国际两个大局，高举和平、发展、合作、共赢旗帜，坚定不移维护国家主权、安全、发展利益，坚定不移维护世界和平、促进共同发展。健全党对外事工作领导体制机制。完善全方位外交布局。推进合作共赢的开放体系建设。积极参与全球治理体系改革和建设。高举构建人类命运共同体旗帜，秉持共商共建共享的全球治理观，倡导多边主义和国际关系民主化，推动全球经济治理机制变革，推动构建更加公正合理的国际治理体系。

第九，坚持和完善党和国家监督体系，强化对权力运行的制约和监督。

健全党统一领导、全面覆盖、权威高效的监督体系，增强监督严肃性、协同性、有效性，形成决策科学、执行坚决、监督有力的权力运行机制，确保党和人民赋予的权力始终用来为人民谋幸福。健全党和国家监督制度。完善党内监督体系，落实各级党组织监督责任，保障党员监督权利。完善权力配置和运行制约机制。坚持权责法定，坚持权责透明，坚持权责统一，压减权力设租寻租空间。构建一体推进不敢腐、不能腐、不想腐的体制机制。

第十，加强党对坚持和完善中国特色社会主义制度、推进国家治理体系和治理能力现代化的领导。

坚持和完善中国特色社会主义制度、推进国家治理体系和治理能力现代化，是中国政治发展的重大战略任务。必须在党中央统一领导下进行，科学谋划、精心组织，远近结合、整体推进。强化制度执行，健全权威高效的制度执行机制，加强对制度执行的监督。加强制度理论研究和宣传教育。推进全面深化改革，既要保持中国特色社会主义制度和国家治理体系的稳定性、延续性，又要抓紧制定国家治理体系和治理能力现代化急需的制度、满足人民对美好生活新期待必备的制度，推动中国特色社会主义政治制度不断自我完善和发展、永葆生机活力。

思考题：

1. 在马克思主义政治发展观中，政治发展的基本规律是什么？
2. 政治发展的动力有哪些？它们之间有什么关系？
3. 基于政治革命和基于政治改革的政治发展有何联系与区别？
4. 中国特色社会主义政治发展道路的基本内容是什么？
5. 什么是政治制度？我国政治制度显著优势的机理是什么？
6. 如何推进中国特色社会主义国家治理现代化？

拓展资源

本章名词解释

第九章　民族与宗教

民族与宗教问题是人类社会发展中的重大问题，关系社会生活、国家建设与人类发展。当代世界存在着许多民族问题与宗教问题，它们同政治、经济、文化等方面历史和现实的矛盾相交错，具有特殊复杂性。科学认识民族与宗教问题，是正确理解与把握当今人类政治生活的重要途径。

第一节　民族与宗教的含义

一、民族的含义与特征

生产是人类社会存在和发展的基本前提。人的生产活动构建了双重关系：一是人与自然的关系；二是人与人的关系，即社会关系。社会关系基于个人之间的交往与合作，这种交往与合作，在不同的历史时期，就形成不同的人群共同体，如部落、民族等。在马克思主义看来，作为一种人类生活的共同体，民族是人们社会交往的产物；而每一个具体的民族，都是在同其他民族的交往中形成和发展起来的。当今世界，每个人都属于特定的民族共同体，而民族则成为现代世界的基本组成单位之一。

一般来说，民族是人类在发展过程中形成的具有特定称谓和自我意识的人群共同体。但是，民族的种类繁多、各具特色并处于演变的过程之中，要对其作出科学的界定并非易事。从不同的角度认识与理解民族，就会对民族形成不同的定义。有学者从民族构成的客观要素出发，把民族看作基于特定的地理空间所形成的共同体，或者看作基于独特文化所形成的共同体；而有学者从作为民族构成主体的人的角度出发，认为民族的存在基于其主体对民族这个共同体的认同，一旦认同消失，民族这个共同体也就失去了存在的前提与基础。斯大林针对资本主义上升时期的民族指出："民族是人们在历史上形成的一个有共同语言、共同地域、共同经济生活以及表现在共同文化上的共同心理素质的稳定的共同体。"① 本尼迪

① 《斯大林选集》上卷，人民出版社 1979 年版，第 64 页。

克特·安德森认为：民族“是一种想象的政治共同体”①。

马克思主义认为，对民族的内涵和特征的界定，必须坚持历史唯物主义立场和方法，从人类社会发展运动的规律出发，系统考察和研究各民族经济社会发展的历史与现状，考察和研究其文化、语言、社会、生活背景等各方面的形态与特点。根据这些原则要求，可以确定民族具有以下一些特征：

第一，民族是在历史上形成的。民族是一个历史范畴，是人类发展到一定阶段的产物。“从部落发展成了民族和国家”②，这是马克思主义关于人类历史上最初形成民族的基本原理。在民族形成之前，人类以血缘关系为纽带，结成氏族、部落，过着集体群居、共同劳动、平均分配的原始共产主义生活。随着生产发展，人口逐渐增加，部落越来越多，亲属部落之间就结成了部落联盟。部落联盟是向民族形成跨出的第一步。从部落发展成为民族要经历一个漫长的历史过程。民族并不是一旦形成就固定不变的，由几个民族中分化出来的一部分人，长期生活在一起便形成特定的群体文化，这样的文化又将这个人群共同体塑造为一个新的民族，这是民族形成的规律。

第二，民族具有共同的语言、地域、经济生活和共同的心理素质。在长期的共同生活中，民族内部由于沟通、交流的需要会逐渐形成共同的语言。同一民族具有同一种语言，但使用同一语言的共同体并不一定就是同一民族。英格兰人和爱尔兰人使用同一语言，却是不同民族。这主要是由于他们生活在不同的地域。由于历史的变迁，不少民族分布在不同的国家和地区，并没有共同的地域。但从民族形成的最初阶段看，它们曾经生活在共同的地域。单有共同的地域和语言还不足以形成民族。要形成民族，还必须要有内部的经济联系把本民族的成员结合为一个整体。有了共同的经济生活，自然就渐渐形成了共同的习俗、宗教等，进而形成表现在共同文化上的共同心理素质。民族的心理素质不是一成不变的，它随着生活条件的变化而变化，但这种变化具有很强的继承性，历史上基于特定的心理因素形成的习俗与信仰，往往会直接影响今天民族成员的心理结构和行为方式。

第三，民族是相对稳定的人群共同体。民族共同体是人类存在的必然形式。迈出民族社会后，人类的所有个体都逐渐被纳入民族并具有了民族的身

---

① ［美］本尼迪克特·安德森：《想象的共同体：民族主义的起源与散布》，吴叡人译，上海人民出版社 2003 年版，第 5 页。

② 《马克思恩格斯文集》第 9 卷，人民出版社 2009 年版，第 557 页。

份。民族共同体是一定地域内形成的具有特殊历史文化联系、稳定经济活动特征和心理素质的民族综合体。民族共同体不同于氏族、部落共同体，后者以血缘为纽带，前者以地缘为基础。民族共同体不同于种族，后者以生理特征为主要标志，前者以语言、地域、心理等综合因素为特征。民族共同体一旦形成，就具有相对稳定性，其各方面的特征会长期保持。

第四，民族有其形成、发展、消亡的过程。马克思主义认为，民族不是人类与生俱来的现象，而是人类历史发展到一定时期才产生的；同样，在人类历史发展到一定时期时，随着人们交往的进一步发展，民族就会消亡。这是不以人们的意志为转移的客观规律。在世界历史上，一些民族经过战争、迁移和长期的发展，相互竞争，相互学习，相互交流，取长补短，许多方面逐渐趋于相同，有的民族逐渐消失、融合了；在现代社会，随着人们交往日益广泛，特别是市场经济和经济全球化的发展，原来民族所具有共同的语言、地域、经济生活和共同的心理素质等特征，有的逐渐趋于模糊或者相同。特别是将来随着共产主义在全世界的实现，阶级消亡、国家消亡以后，全世界和各民族的经济、文化高度发展、繁荣，并趋于一致，一种世界范围的新的共同语言代替了各民族语言，各民族的民族特征和民族差别已经消失的时候，世界各民族就会融为一体。

民族的上述特征并不是孤立的存在，而是不可分割地结合在一起的。“并没有什么唯一的民族特征，而只有各种特征的总和。在把各种民族拿来作比较的时候，显得比较突出的有时是这个特征（民族性格），有时是那个特征（语言），有时又是另一个特征（地域、经济条件）。民族是由所有这些特征结合而成的。”① 因此，民族是上述各项特征的综合体。

二、宗教的含义与特征

宗教是人类历史发展到一定阶段的产物。不同的民族在各自的发展历程中，创造了属于本民族信仰系统的宗教，并成为一个民族共同心理素质的重要文化基础。在西方，宗教一词由希腊文“religare”一词演化而来，它的含义是人对神的信仰，相信是神创造了人和整个世界。中国古代典籍很早就对宗教现象进行过探讨，如《易经》中有“圣人以神道设教，而天下服矣”的表述。

---

① 《斯大林选集》上卷，人民出版社1979年版，第67页。

宗教是人们精神与观念运动的产物，那么，人们为什么创造宗教呢？关于宗教的起源，存在着各种各样的解释。许多解释都从不同的角度、在不同程度上揭示了宗教产生的原因，但由于世界观和方法论的局限，并没有对宗教的起源给出真正科学的解释。马克思主义从唯物主义世界观出发，认为宗教的起源基于两个客观条件：其一是早期人类社会落后的生产力水平；其二是阶级社会中的阶级压迫。

首先，宗教起因于原始社会落后的生产力状况，反映了生产力水平极其低下时人们对自然现象的神秘感。如恩格斯所说："在原始人看来，自然力是某种异己的、神秘的、压倒一切的东西。在所有文明民族所经历的一定阶段上，他们用人格化的方法来同化自然力。正是这种人格化的欲望，到处创造了许多神。"① 由于原始社会中人类认识自然的能力极其低下，因而不可避免地对一些自然现象，如风雨雷电等产生了惊奇与敬畏的心理，并随之形成了相应的宗教禁忌及宗教仪式。所以，人的认识局限，以及由此而产生的异己力量，是宗教产生的重要根源。

其次，阶级社会中不合理的社会制度是宗教产生的又一原因。在阶级社会，剥削制度作为又一种异己力量给劳动者造成巨大苦难。被剥削阶级"对物质上的得救感到绝望，就去追寻灵魂得救来代替，即追寻思想上的安慰，以免陷入彻底绝望的境地"②。宗教正是这种对现实世界的替代，它反映了人们对现实社会处境的不满和无奈，以及对美好的"另一个世界"的向往。因此，阶级社会中的阶级压迫制度，是宗教产生的社会根源。

宗教并不是永恒的。作为一种社会历史现象，它必然会经历一个产生、发展、消亡的过程。恩格斯在论及宗教消亡的问题时说："只有当实际日常生活的关系，在人们面前表现为人与人之间和人与自然之间极明白而合理的关系的时候，现实世界的宗教反映才会消失。"③ 这就表明，一方面，随着科学的进步，人类对自然的认识与支配能力不断提高，宗教产生的自然因素会不断减少。同时，随着剥削制度被消灭，宗教产生的社会根源也会逐渐消失。在作为异己力量的自然及社会条件都消失之后，宗教也会最终走向消亡。另一方面，宗教作为一种复杂的文化现象，它已内化为人们精神生活的一部分，已成为人

---

① 《马克思恩格斯文集》第9卷，人民出版社2009年版，第356页。
② 《马克思恩格斯文集》第3卷，人民出版社2009年版，第598页。
③ 《马克思恩格斯文集》第5卷，人民出版社2009年版，第97页。

们日常交往关系的一种形式。所以，即便最初产生宗教的条件消失了，宗教本身也不会很快消失，它的消亡将是一个十分漫长的过程。

那么，到底什么是宗教呢？马克思主义认为："一切宗教都不过是支配着人们日常生活的外部力量在人们头脑中的幻想的反映，在这种反映中，人间的力量采取了超人间的力量的形式。"① 这一重要思想指出了宗教现象的如下特征：

第一，宗教是人们头脑中的幻想的反映，具有虚幻性。人们之所以要创造这种虚幻的世界，是因为当他们无法在现实中把握现实与自身的时候，力图在幻想所形成的虚幻世界中把握现实与自身。正如马克思所说："宗教是还没有获得自身或已经再度丧失自身的人的自我意识和自我感觉。"② 在这种虚幻的自我意识和自我感觉中，"人们把自己的经验世界变成一种只是在思想中的、想像中的本质"③。在这种虚幻的世界中，人们获得的不是现实的幸福，而是虚幻的幸福。

第二，宗教是人们对"人间力量"超人间化的幻想，具有麻痹性。为了在宗教虚幻的世界中建构一个在现实中不可能实现的世界，所有的宗教将那种力图改变现实的愿望，幻化成为神的力量，从而将所有的希望寄托在这种力量之上，并力图借助这种力量来改变现实的命运。在这样的幻想与寄托中，人失去了自我，人们创造的宗教也因此成为麻痹人们、控制人们的力量。在人的这种自我异化中，人越是将"人间力量"超人间化，宗教越是通过超人间化的力量控制着人自身。换句话说，当人们把希望与幸福寄托在超人间的力量上的时候，也就逐渐失去了主宰自己希望和幸福的可能。从这个意义上讲，"宗教是人民的鸦片"④。

第三，宗教是人们对"支配着人们日常生活的外部力量"⑤ 的反映，具有相对性。尽管任何宗教都会以绝对力量的面目出现，但实际上，任何宗教都是相对的，因为宗教不决定于它自身，而决定于现实以及现实中的人。宗教的发展历史说明了这一点。恩格斯就指出："古代一切宗教都是自发的部落宗教和

---

① 《马克思恩格斯文集》第 9 卷，人民出版社 2009 年版，第 333 页。
② 《马克思恩格斯文集》第 1 卷，人民出版社 2009 年版，第 3 页。
③ 《马克思恩格斯全集》第 3 卷，人民出版社 1960 年版，第 170 页。
④ 《马克思恩格斯文集》第 1 卷，人民出版社 2009 年版，第 4 页。
⑤ 《马克思恩格斯文集》第 9 卷，人民出版社 2009 年版，第 333 页。

后来的民族宗教，它们从各民族的社会条件和政治条件中产生，并和这些条件紧紧连在一起。宗教的这种基础一旦遭到破坏，沿袭的社会形式、传统的政治设施和民族独立一旦遭到毁灭，那么从属于此的宗教自然也就会崩溃。”① 不仅如此，一旦人从彼岸世界回到现实世界，宗教与人的关系就会发生根本的变化。所以，“宗教只是虚幻的太阳，当人没有围绕自身转动的时候，它总是围绕着人转动”②。相反，当人回到自身，作为理性的人来思想、行动、建立自己的现实性的时候，宗教也就失去了“虚幻的太阳”的光芒。

三、民族与宗教问题在政治生活中的地位与作用

民族与宗教是人类社会普遍存在的社会历史现象。当今世界的大小民族有数千个之多，交错分布在200多个国家和地区。每个民族、每个国家都有自己的宗教，宗教至今仍影响着全世界约80%的人口。在现实政治生活中，民族问题与宗教问题具有深刻的内在联系，并在一定条件下相互影响、相互转化。这就决定了在一定条件下民族问题的解决，往往离不开宗教问题的解决，同样，宗教问题的解决往往也离不开民族问题的解决。所以，在国内政治和国际政治中，都必须高度重视民族与宗教问题，并努力从民族与宗教的内在关系中寻求民族问题与宗教问题的共同解决，实现民族的平等与团结，宗教的共存与和谐。

1. 民族问题在政治生活中的地位和作用

民族问题是指由民族差别、民族矛盾和民族对立而引起的一系列问题。这些问题是在民族交往中产生的，表现在经济、政治、历史、宗教、生活方式和风俗习惯等各个方面。民族问题关系一个国家、一个地区甚至整个人类社会的稳定与发展，因此不仅是各个国家，而且是整个人类社会普遍关注的问题。民族问题解决得好，可以成为社会进步、经济发展、政治稳定的重要保证；处理不好，就会导致社会动荡、民族分裂、国家危机。

民族问题随着民族的产生而出现，在不同的历史时期和不同的条件下，具有不同的形式和内容。民族问题在不同时期体现着不同的利益，并且有各种不同的色彩。在阶级社会，不论是国际范围还是多民族国家内部，民族问题的实

---

① 《马克思恩格斯文集》第3卷，人民出版社2009年版，第597页。

② 《马克思恩格斯文集》第1卷，人民出版社2009年版，第4页。

质和内容是民族压迫、民族歧视和民族之间的不平等。民族压迫的根源在于剥削制度。在社会主义社会，由于废除了阶级压迫和剥削制度，民族内部消除了阶级对抗，为实现民族平等和民族团结奠定了基础，民族关系不再表现为民族压迫和不平等，而是表现为促进各民族人民之间的团结、共同进步与发展。因此，社会主义时期民族问题的实质和内容，是缩小和消除由于历史原因所带来的各民族发展不平衡问题，是坚持民族平等、加强民族团结、实现各民族共同发展共同繁荣的问题。

在阶级社会，一定民族的统治阶级，为了自身的利益，借助其拥有的政治与经济优势，剥削和压迫本民族劳动者和其他弱小民族。这决定了民族问题的解决要以阶级问题的解决为前提，阶级问题的解决可以为民族问题的根本解决创造有利条件。马克思和恩格斯指出："人对人的剥削一消灭，民族对民族的剥削就会随之消灭。民族内部的阶级对立一消失，民族之间的敌对关系就会随之消失。"①

民族问题虽然与阶级问题有着紧密的关系，然而，并不是任何民族问题都属于阶级问题。民族问题比阶级问题的内容更广泛、更复杂。实际上，并不是所有的民族问题都是由阶级压迫引起的，民族自身的特点和差异性也可能引发民族问题，而且由此所引发的民族问题并不会随阶级差别的消失而立即消失。列宁说："民族的恶感不会很快消失；被压迫民族对压迫民族的憎恨（也是完全正当的）暂时还会存在；只有社会主义胜利以后，在各民族间彻底确立了完全的民主关系以后，它才会消散。"② 需要指出的是，虽然阶级问题的解决不能直接使民族问题获得全面解决，但它却是民族问题得以最终解决的必要条件。因为，只有阶级剥削和压迫消除了，维护民族平等、尊重民族特点、促进民族发展才有可能，民族问题的最终解决才有必要的经济与社会基础。

民族问题的性质决定了它是社会政治发展总问题的一部分，因而民族问题既决定于现实社会发展的历史阶段，也在一定程度上决定着现实社会和政治发展的历史进程。"民族问题不能认为是什么独立自在的、一成不变的问题。民族问题只是改造现存制度总问题的一部分，它完全是由社会环境的条件、国家政权的性质并且总的说来是由社会发展的全部进程决定的。"③ 这也就意味着民

---

① 《马克思恩格斯文集》第 2 卷，人民出版社 2009 年版，第 50 页。
② 《列宁全集》第 28 卷，人民出版社 2017 年版，第 50 页。
③ 《斯大林选集》上卷，人民出版社 1979 年版，第 118 页。

族问题的解决不能脱离社会发展的现实条件，同时，现实的社会发展必须高度重视民族问题，在现实的政治、经济与社会发展中，促进民族问题的解决。

民族问题的核心是民族的平等。要实现民族平等，首先就必须反对民族压迫，压迫其他民族的民族是不能获得解放的。列宁指出："冲破一切封建桎梏，打倒一切民族压迫，取消一个民族或一种语言的一切特权，这是无产阶级这个民主力量的义不容辞的责任，是正在为民族纠纷所掩盖和妨碍的无产阶级阶级斗争的绝对利益。"① 其次，民族平等意味着尊重和保障每一个民族的基本权利。具体而言，就是要坚持世界上各个民族不论大小、强弱，一律平等，无优劣、贵贱之分；反对任何民族特权，保护弱小民族的权利；帮助落后民族发展经济、社会与文化，逐渐消灭民族之间存在的事实上的不平等；消灭阶级剥削和阶级压迫，实现人与人之间、民族与民族之间的平等。

2. 宗教问题在政治生活中的地位和作用

宗教是人类在一定历史条件下创造的精神文化现象，它随着人类社会的发展而不断变化。作为一种精神文化现象，宗教是人类文明发展的重要组成部分；作为一种意识形态，它影响着人类的思想与现实的政治、经济与社会发展。

宗教基于人的信仰而存在，并直接影响人的思想和行动以及人的现实生活状态。所以，宗教在现实生活中的存在是一个相当复杂的社会现象，它既作为一种意识形态存在，也作为社会行动和社会组织而存在，是构成社会生活的重要组成部分。作为一种意识形态，宗教通过其哲学、教义以及宗教的戒律和道德观念等影响现实的社会思想和观念形态；作为一种社会行动，宗教通过宗教生活以及各种宗教仪式影响社会生活，并构成一定社会生活习惯或风俗的重要组成部分；作为一种社会组织，宗教通过教职人员、信教群众以及宗教团体或机构，成为社会的组织力量，并参与各种社会活动，承担社会事务。所以，只要宗教存在，就必然对社会产生深刻而广泛的影响。宗教与社会生活的高度关联性，决定了宗教在影响社会的同时，也力图保持与现实社会发展的适应性。事实表明，宗教并不是静止不变的，相反，它是随着现实社会的发展而变化的。正是这种与社会相适应的变化，保障了宗教的发展，维持了宗教的影响力。古代最早的宗教都是自发的部落宗教和后来的民族宗教。罗马帝国时代，

---

① 《列宁全集》第24卷，人民出版社2017年版，第137页。

出现了“新的世界宗教，即基督教”①。在中世纪，随着封建制度的发展，基督教形成一种同它相适应的、具有相应的封建教阶制的宗教。到了近代，为了适应市民社会的发展，宗教进行了改革，从而走出中世纪形态，并以新的形态继续发挥作用。马克思深刻地揭示了其中的变化和发展：“路德战胜了虔信造成的奴役制，是因为他用信念造成的奴役制代替了它。他破除了对权威的信仰，是因为他恢复了信仰的权威，他把僧侣变成了世俗人，是因为他把世俗人变成了僧侣。他把人从外在的宗教笃诚解放出来，是因为他把宗教笃诚变成了人的内在世界。他把肉体从锁链中解放出来，是因为他给人的心灵套上了锁链。”②

在人类历史的发展过程中，宗教曾作为阶级统治的手段，与政权建立了紧密的联系，从而不仅在精神上统治民众，而且在政治上统治民众。到了近代，资产阶级革命使得政权与宗教分离，并在资本主义民主政治中确立了政教分离的原则。根据这个原则，国家政权不干预宗教自由，同时，宗教力量和宗教活动不介入国家政权和国家政治生活。但在资本主义国家的实际政治生活中，这种分离并不彻底。资产阶级政权普遍利用宗教的力量来巩固资产阶级统治，为其意识形态服务；同时，在许多国家，宗教作为一种强大的社会力量，依然直接或间接地影响国家政治生活，包括选举活动、权力运行和政策决定等。

社会主义和共产主义以人类的解放为发展目标，实现人的自由全面发展是社会主义和共产主义社会的价值追求。所以，在社会主义社会的政治生活中，宗教既不是意识形态的基础，也不是社会治理的工具，而仅仅作为一种民众信仰现象而存在。宗教的消亡是历史的必然，但是需要一个漫长的历史过程，而且这个过程是自然消亡的过程。所以，马克思主义明确反对任何用行政手段或暴力方式取消宗教。恩格斯在批评杜林提到在社会主义社会禁止一切宗教的主张时明确指出：“迫害是巩固不良信念的最好手段！有一点是毫无疑义的：在我们的时代唯一能替神帮点忙的事情，就是把无神论宣布为强制性的信条。”③列宁也强调：“大声疾呼向宗教宣战是一种愚蠢的举动”，“这样宣战是提高人们对宗教的兴趣、妨碍宗教真正消亡的最好手段”④。因此，社会主义社会在追求和推进人的全面发展的同时，尊重人们的宗教信仰自由，并积极引导宗教与

① 《马克思恩格斯文集》第 4 卷，人民出版社 2009 年版，第 309—310 页。
② 《马克思恩格斯文集》第 1 卷，人民出版社 2009 年版，第 12 页。
③ 《马克思恩格斯文集》第 3 卷，人民出版社 2009 年版，第 362 页。
④ 《列宁专题文集　论无产阶级政党》，人民出版社 2009 年版，第 172 页。

社会主义社会相适应，发挥宗教在社会主义社会建设中的积极作用。

马克思主义认为，既不能夸大宗教的影响力，也不能忽视其对现实社会发展的作用。宗教的特性决定了宗教对社会发展的作用具有两面性，既有积极作用，也有消极作用。不过，宗教的社会作用并不是一成不变的。宗教具体发挥什么样的作用，要看其所处的社会及其与社会的关系。在当代中国发挥宗教的正面作用，关键是要积极引导宗教与社会主义社会相适应，并成为促进社会协调和稳定的积极力量。习近平指出："关键是要在'导'上想得深、看得透、把得准，做到'导'之有方、'导'之有力、'导'之有效，牢牢掌握宗教工作主动权。"① 为此，在实际政治生活中，应该重视积极引导和调动宗教中的积极因素为社会发展和稳定服务。例如，在国家引导和管理下，宗教组织可以从事一些有益于社会发展的公益、慈善活动；可以研究和开发宗教文化中有益社会进步的精华；可以发挥宗教道德中弃恶扬善的内容，鼓励信教群众追求良好的道德要求；可以发挥宗教对信教群众的心理慰藉作用，为调节群众的心理和稳定群众的情绪服务；等等。

第二节　当代世界的民族与宗教问题

一、当代世界的民族问题

当代人类文明的发展，使得各个民族、各个国家都作为世界的一部分而存在，世界的变化与发展都将直接或间接地引发各种民族与宗教问题，相应地，任何民族与宗教问题也都可能成为一种世界性问题。随着经济全球化的不断深入，民族问题与宗教问题在世界范围内相互作用，深刻地影响着人类社会的发展与当代世界的和平。

当今世界200多个国家与地区中，绝大多数国家都生活着多个民族，只有20多个国家由单一的民族组成。有的多个民族存在于一个国家，有的同一个民族存在于多个国家。比如俄罗斯，除了俄罗斯民族外还存在很多民族，是一个典型的多民族国家。同时，俄罗斯民族不仅存在于俄罗斯，也广泛存在于东欧和中亚的一些国家。在俄罗斯，俄罗斯民族是主体民族，但在其他国家它则是

① 《习近平谈治国理政》第2卷，外文出版社2017年版，第302页。

少数民族。民族问题十分复杂而敏感。由于国家与国家之间、民族与民族之间、国内民族与国外民族之间的问题往往相互交织在一起，如果处理不当，国家内部的、地区性的或国际性的民族问题，都可能引发世界民族问题。

民族问题是在民族交往与民族活动过程中发生的，它随着社会的发展而发展变化，在不同的历史时期有不同的内容和表现形式。从整个世界范围来看，当代世界民族问题的变化与发展，经受了三次大的冲击：一是“二战”后民族独立与解放运动的冲击。亚非拉掀起了空前高涨的民族解放运动，帝国主义的殖民体系土崩瓦解，民族国家纷纷独立。民族解放运动的高涨，第三世界的崛起，成为反对帝国主义和霸权主义、维护世界和平的重要力量，这是当代世界历史的一个突出特点。二是两极格局冷战的冲击。冷战开始后，世界范围内的民族问题被纳入东西方两大阵营的对峙之中，被冷战的大格局所掩盖，更多地转化为两大阵营之间政治形态、制度形态、意识形态之间的矛盾与冲突。三是全球化浪潮的冲击。冷战格局的解体以及随之而来的新一轮全球化浪潮，使民族主义在经济、政治与文化领域内重新活跃，并演化出各种新的全球问题。在经济全球化时代，人与人之间、民族之间以及国家之间的交往越来越密切的同时，世界的民族问题与特定国家国内民族问题之间的相互影响也日益突出。

当今世界的民族问题，在空间分布上存在着多层面性。首先是全球性的民族问题。这个问题与当今世界存在着不公正不合理的政治经济秩序有关，西方大国推行的霸权主义和强权政治对其他民族利益、国家主权的侵害以及由此而引发的各种反抗和斗争，是全球性民族关系的主题。其次是跨国性的民族问题，如泛斯拉夫主义、泛突厥主义、泛阿拉伯主义等，以及某些国家之间的跨界民族问题。最后是一国之内的民族关系问题，如主体民族和少数民族之间、本地居民和外来移民之间、大民族和小民族之间，以及各个不同民族之间的关系问题。这些不同层次的民族问题往往相互渗透、交错纠缠，在现实社会和政治生活中呈现为极其复杂的民族关系和民族问题。综合考察这些层面的民族关系与民族问题，可以概括出四个基本特点：

1. 民族问题在世界各国普遍存在

当今世界，民族问题不仅存在于发展中国家，而且存在于发达国家。民族问题的背后是民族的利益问题，这与民族生存和发展的实际状态有直接关系。所以，相对而言，民族问题在发展中国家表现得更加普遍和突出。发展中国家的民族问题在三个层面同时存在，即世界范围内与发达国家关系的问题，国际或地区范围内发展中国家之间的民族关系与民族问题，发展中国家内部的民族关系与民族问题。在不同层面，发展中国家的民族问题又有不同的表现：有反全球化的民族主义，有民族国家之间的边界问题与历史问题，有国家内部的部族冲突，有少数民族的独立活动，等等。同时，发达国家的民族问题依然存在，有的还比较突出，比如，在美国仍存在印第安人问题；加拿大魁北克省等地长期存在要求独立的风潮；在法国巴黎、尼斯和科西嘉等地，“科西嘉民族解放阵线”实施了多起爆炸事件；在比利时，瓦隆人、佛拉芒人之间的紧张关系也在发展；在意大利，南蒂罗尔人也出现了分离主义倾向；在西班牙，有巴斯克人、加泰罗尼亚人和加利西亚人要求自治的民族主义者在活动；在西欧各国，还有一股令人瞩目的排外浪潮，特别是1989年东欧剧变以来，大量难民涌入西欧，激起当地人民的不满和极右势力的抬头，导致排外浪潮的出现。实际上，发达国家的民族问题与发展中国家的民族问题，彼此并非相互孤立，都是当代世界民族问题的重要组成部分，二者之间存在着直接与间接的相互作用、相互影响的关系。

2. 民族问题与宗教问题紧密相关

宗教信仰是形成民族传统、民族文化和民族心理的重要因素之一。民族问题往往与宗教问题交织在一起，民族问题因宗教因素而受到激发，宗教问题因民族因素得到强化。如波黑冲突交织着天主教、东正教、伊斯兰教之间的冲突；阿以冲突交织着犹太教和伊斯兰教的矛盾；西欧的种族排外趋向又渗透着天主教、基督新教和伊斯兰教的矛盾；英国北爱尔兰问题交织着天主教和基督新教的矛盾；加拿大魁北克问题交织着天主教和基督新教的冲突；等等。民族问题与宗教问题的高度关联性，决定了当今世界民族问题的解决，离不开宗教问题的解决。从人类发展与世界和平的高度来看，追求国家之间、民族之间以及宗教之间的和谐共存，构建人类命运共同体，应该是各个国家、各个民族的共同选择。

3. 世界性的民族主义浪潮持续不断

从人类政治发展的角度看，当代世界历史的主要内容之一是民族国家纷纷建立和发展，民族主义从一开始就伴随着这个历史发展过程，并形成相应的政治与社会运动。但在不同的历史时期，民族主义浪潮所具有的时代意义是完全不同的。20世纪以来，先后出现过三次民族主义浪潮：第一次民族主义浪潮出现在第一次世界大战时期，主要体现为欧洲一些国家为了从传统的帝国体系下独立出来而进行的斗争，如当时波兰的民族独立运动等。第二次民族主义浪潮出现在第二次世界大战之后，主要是亚非拉许多民族从殖民体系下解放出来，实现民族解放与国家独立，建立自己的民族国家。第三次民族主义浪潮出现在冷战结束后，是由东欧剧变、苏联解体而引发的新一轮的民族主义浪潮。在这次浪潮中，苏东地区原有的若干国家纷纷解体，出现了新的民族独立国家。苏联解体，产生了 15 个新国家。随后的捷克与斯洛伐克从统一的捷克斯洛伐克分裂出来，形成两个国家。南斯拉夫也解体分裂为 6 个国家。

冷战的结束在引发新的民族国家形成的同时，所带来的国际形势和世界格局变化也引发了民族分裂主义和大民族主义的抬头。民族分裂主义引爆了波黑冲突和巴尔干半岛民族纠纷，在一些东欧、中亚国家埋下了民族分裂与民族冲突的“种子”，如俄罗斯的车臣问题。与此同时，东欧剧变、苏联解体之后不久产生的新一轮全球化浪潮，催生了与民族分裂主义相对应的大民族主义的浪潮，如近年来在中亚地区出现的泛突厥主义。当今时代，不论是民族分裂主义还是大民族主义，都直接影响到民族国家的稳定以及世界的和平与发展。

4. 民族问题深刻影响着国际政治、经济与文化的发展

民族问题是当今国际社会面临的一大现实难题，由民族问题所产生的各种冲突，对全球的稳定与安全有直接的影响，并且加剧了一些国家和地区的局势动荡和紧张；同时，这种民族冲突也直接影响有关国家的社会经济发展，从而对世界经济的发展和地区合作形成一定的挑战。另外，西方势力常常使得民族问题人权化，进而以民族问题作为干涉他国内政的重要借口。因此，民族问题在相当长时间里，都将成为影响全球化时代国际政治、经济与文化关系的重要因素。

二、当代世界的宗教问题

宗教自产生以来，就与人类生活形成了紧密关系。随着社会的不断进步和人类文明程度的不断提高，宗教对人类现实生活的影响在整体上有所降低，但宗教依然深刻地影响着人类生活。世界人口中的大多数信仰宗教，其中有些宗教更是有关民族几乎全民信仰的宗教。宗教信仰的广泛性，决定了宗教问题的世界性。由宗教内部的矛盾、宗教与宗教之间的矛盾、宗教与社会生活各个方面的矛盾所引发的宗教问题，也是当今世界必须面对的一大难题。人类社会发展到现代社会，现代文明发展所产生的科学与民主的力量，直接或间接地影响

着世界宗教的发展，从而使当代世界的宗教在整体上已不同于传统的宗教，具体体现在以下三个方面：

第一，宗教宽容与信仰自由已成为许多国家奉行的原则。宗教宽容是指不同宗教或教派之间、宗教与世俗社会之间相互尊重、相互对话，并在此基础上实现和保障宗教自由与宗教信仰自由。宗教宽容是宗教信仰自由的前提条件，只有以宗教宽容为基础，个人才有可能自由地选择自己的信仰。

第二，宗教信仰多元化，宗教教派林立。宗教信仰的多元化是宗教宽容的必然产物。所谓多元化，就是多种宗教并存发展、整个宗教格局呈现出种类繁多、教派林立的状况。当代资本主义国家宗教的多元化已发展为极其复杂的局面，新宗教新教派层出不穷。以西方的基督教新教为例，新教组织极其分散，各种独立教派多达600多个。

第三，宗教日益趋向世俗化与理性化。“世俗”是针对“神圣”而言的。世俗化一方面表现为宗教日益关心世俗世界的日常生活，而不仅仅是关心“上帝天国”或彼岸世界；另一方面体现为教徒的宗教活动日益生活化。与宗教世俗化相伴的是宗教的理性化。宗教理性化体现在：一是宗教为了自身的存在与发展，努力适应现实社会的变化与发展，积极进行自我的变革与发展，在宗教观点、宗教生活以及宗教功能上进行一些创新与变革；二是宗教向科学让步，逐步承认某些科学原理、改善与科学工作者的关系，并鼓励教徒从事科学研究；三是教徒对宗教的一些教义不再完全相信。

然而，当今世界的宗教发展，依然面临着许多令人忧虑的问题。这些问题在很大程度上成为国家、地区乃至整个世界政治不稳定的诱因。主要表现在以下几个方面：

第一，宗教激进主义相当活跃，并引发一系列新的宗教与政治问题。宗教的世俗化是人类文明发展的必然。在政教分离和信教自由的现代社会大背景下，宗教的世俗化必然使宗教在现实社会与政治生活中的地位从中心走向边缘。面对这样的历史大趋势，不同的宗教有不同的选择：有的选择适应、变革与转型，使世俗化的宗教在变化了的社会中重新发挥其功能，保持其地位；有的选择否定、对抗与复兴，即否定宗教的世俗化，反对宗教生活的世俗化，要求复兴宗教的原始教义与精神，从而形成宗教激进主义运动。极端宗教组织的恐怖活动已成为当今人类世界和平与发展的一个重大威胁。

第二，宗教之间的冲突明显增加。20世纪末期，一度被冷战中两大阵营对峙掩盖的民族、宗教问题开始重新凸显，宗教之间的冲突持续发生，无论是在欧洲的南联盟、北爱尔兰和俄罗斯，还是在亚洲的阿富汗、印度、印度尼西亚、菲律宾和伊拉克，都发生了宗教冲突所造成的政治和社会冲突。宗教冲突的根源，很大程度上还是国家和地区社会发展不平衡所带来的政治与经济利益的冲突。为了缓和宗教之间的冲突，使日益极端化的宗教教义趋于理性化，国际社会和平力量开始呼吁不同宗教之间加强对话和沟通，强调通过对话消除对抗，共同维护国家稳定与世界和平。

第三，借宗教之名有恃无恐推行霸权政治。冷战结束后，大规模的东西方意识形态对抗告终，西方一些大国为了维护其对世界的主导地位，更多地借助人权与宗教问题来实施其霸权行径。在这样的战略下，这些大国往往打着人权的旗号，以实现所谓“宗教自由”为借口，就宗教自由状况对别国肆意进行攻击，在双边关系上不断制造麻烦，在多边场合不停发难，甚至武力干涉他国内政。但是，霸权主义不但没有缓和当今世界宗教问题中存在的矛盾和冲突，反而严重激化了当代世界的宗教矛盾与冲突，成为影响当代世界和平发展的一大祸害。

三、当代世界民族、宗教问题的根源

冷战结束以后，两极格局瓦解，经济全球化和世界多极化深入发展，民族、宗教问题在世界范围内日益凸显。总体上讲，当今世界民族、宗教问题突出的根源主要有以下方面：

第一，冷战体制的瓦解，客观上使长期被冷战格局抑制的民族宗教矛盾得到释放。冷战结束后，两极格局瓦解，新的格局尚未形成，这一发展特点客观上为一些国家和地区的民族、宗教情绪的释放提供了契机。冷战遗留下来的地缘政治的真空，成为各种力量争夺的焦点。从巴尔干到中东，再到高加索、中亚、南亚、东南亚，都可以看到各种各样打着民族宗教旗帜的政治力量在活动。这些地方历来是东西方交往的通道，各种文化在此交汇，民族宗教分布极为复杂，加上历史上帝国更迭频繁，有很多历史遗留问题，现实中又有各种利害关系难以调和，种种矛盾汇集，这些矛盾释放出来后具有很强的能量，很快形成世界性影响，成为世界性的民族与宗教问题。

第二，经济全球化的加速，进一步扩大了南北国家发展上的差距。经济全球化是当代世界经济发展的必然趋势，但由于现存国际政治经济秩序的不合

理，经济全球化在推动世界经济快速发展的同时，也进一步加剧了不同国家之间发展的不平衡。南北国家在经济发展上的差距，以及南方国家在通向现代化过程中出现的两极分化和地区差异，都成为各种矛盾滋生的催化剂。民族、宗教矛盾的激化在某种意义上实际是经济鸿沟拉大的直接后果之一。如苏联和南斯拉夫的解体，表面上是民族、宗教问题的激化，深层次原因则是不同民族地区经济利益的不一致和发展的巨大差距。历史与现实表明，经济的深层次矛盾一旦与历史恩怨、领土归属及现实的政治斗争相联系，往往导致民族、宗教问题走出国门，成为影响国际政治发展的热点问题。

第三，一些宗教力量试图利用冷战后留下的空间以及经济全球化所形成的新的世界发展趋势，扩大势力范围，追求自身的全球性扩展。经济全球化在其实际展开过程中，也逐渐把政治和文化领域纳入全球化浪潮。各种宗教形态借助经济全球化的推力，以前所未有的姿态扩展各自的势力范围。宗教全球发展趋势的出现，以及不同宗教派别在传播上的相互交错，一定程度上重现了历史上不同文明之间的价值观冲突。占据优势地位的西方基督教价值观的扩张，以及美国等西方大国以西方政治制度“改造”发展中国家的企图，必然激起其他宗教的强烈反应。借助现代网络信息技术，这种全球范围的宗教竞争更加激烈，其影响更加广泛而深刻。宗教问题与民族问题的紧密联系，决定了这种宗教冲突往往借助民族问题，使宗教问题转化为民族问题，并形成宗教问题与民族问题相互激荡的复杂格局。

第四，西方国家插手民族宗教问题，借机干涉别国内政，谋取政治利益。一方面，“二战”结束后，基于殖民主义战略考虑，西方国家通过所谓“民主输出”或有政治目的的经济援助，插手发展中国家的政治事务和民族宗教问题，从而加剧了新兴民族国家的政治不稳定性和国内民族宗教问题的复杂性。冷战结束后，随着东西方阵营对立的结束，这种干预和插手更加频繁，在一些地区使得民族和宗教冲突演变为国家分裂和内战。另一方面，一些国家的民族分裂势力积极谋求与国外分裂势力的合流和西方国家的支持，他们将自身谋求民族分裂的目标，与西方国家分化、瓦解战略对手的目标结合起来，在努力使国内的民族宗教问题国际化的同时，也肆意使国内的民族宗教问题极端化。为此，他们不断制造事端，扩大事态，与境外的分裂势力加紧勾结，为西方国家插手本国事务提供口实。事实表明，正是西方国家的干预和插手，使得冷战结束后各国的民族宗教问题更加复杂，更加极端，成为世界不稳定的重要根源。

进入21世纪，在和平与发展的时代主题下，世界追求和平发展的力量不断增长。个别地区、个别国家还在出现各种问题和冲突，民族、宗教矛盾也会在局部地区激化，但是，人类追求和平发展的力量，必然随着人类社会发展而得到加强和扩大，世界范围内的民族和宗教矛盾也将随之逐步趋向缓和与解决。

第三节 中国的民族与宗教问题

一、中国的民族与宗教概况

中国有着辽阔的疆域和五千年的文明发展史，历史上形成了众多的民族群体，众多的民族又形成和信仰不同的宗教。因此，中国既是一个多民族的国家，也是一个多宗教的国家。在复杂的民族构成和宗教构成基础上形成的民族问题和宗教问题，对国家和社会具有重要的影响。因此，积极稳妥地应对民族与宗教问题，对于国家的统一、稳定与发展具有重要的战略意义。

曾经登上过中国历史舞台的诸多民族群体，在长期交往交流交融的过程中凝聚成了中华民族这个统一的共同体，另一方面又形成今天的56个民族。56个民族共同组成中华民族。中华民族和各民族的关系是一个大家庭和家庭成员的关系，各民族的关系是一个大家庭里不同成员的关系。中华民族是一个“多元一体”结构，一体包含多元，多元组成一体，一体离不开多元，多元也离不开一体。但是，各个民族有自己的文化和利益要求，民族问题难以避免并将长期存在。处理好民族问题、做好民族工作，是关系祖国统一和边疆巩固的大事，是关系民族团结和社会稳定的大事，是关系国家长治久安和中华民族繁荣昌盛的大事。

中国共产党和中国政府历来重视民族问题。新中国成立以来，为了有效促进民族平等与民族团结，各级政府大力推进少数民族地区的发展，取得了很大成绩，各少数民族地区的面貌发生了历史性的变化。但由于历史、社会以及地域等多方面的原因，少数民族地区的经济基础总体还比较薄弱，经济社会发展水平还相对落后。改革开放和社会主义现代化建设提升了少数民族地区的发展水平，但是还没有根本消除少数民族地区与其他地区之间的差距。所以，中国民族问题的关键，就是在平等处理民族关系的前提下，加快少数民族地区的经济社会发展，实现包括少数民族在内的整个中华民族的繁荣与复兴。

中国是一个多宗教的国家，目前主要有佛教、道教、伊斯兰教、天主教和基督教，信教群众有1亿多人。宗教具有长期性、复杂性的特征，相当一部分宗教还具有民族性和跨国性特征。新中国成立后，我国宪法明确规定保障宗教信仰自由与合法的宗教活动，保障各宗教地位平等及相互之间和谐相处。政府制定和实施了宗教信仰自由政策，建立了符合中国国情的宗教关系。首先，宗教压迫和宗教剥削已经不复存在。在旧中国，宗教是阶级统治的一部分，宗教组织内部也存在着等级压迫。伴随着社会主义制度的确立，我国对宗教制度进行了改革，废除了宗教中的剥削压迫制度，使广大信教群众翻身做了国家的主人。宗教界人士积极参与社会主义建设，宗教组织内部成立了生产劳动组织，宗教职业者也从事各种社会服务劳动，成为自食其力的宗教活动者。其次，办教的宗旨和目的发生了变化。在社会主义条件下，宗教的基本办教宗旨是，团结广大信教群众和宗教界人士，弘扬爱国主义精神，独立自主办教，坚持社会主义道路，协助政府贯彻宗教信仰自由政策，积极参加社会主义现代化建设事业和保卫世界和平的运动。这就使宗教把爱国、爱教与爱社会主义有机地结合了起来，并摆脱了外国宗教势力的控制，独立自主、自办教会，信教群众自己管理宗教事务，开展正常的宗教活动。最后，宗教具有稳定社会秩序的特定功能。在社会主义条件下，宗教不再作为阶级统治的工具，宗教在拥护社会主义、拥护共产党领导的前提下，发挥着稳定社会秩序、巩固安定团结的特殊作用。

但由于多方面复杂原因，目前我国的宗教领域还存在一些不容忽视的问题，如宗教事务管理有待改善和加强；某些非法宗教组织同国外宗教组织勾结，争夺信教群众，培植势力；一些民族分离主义分子以宗教为掩护，煽动民族仇恨，制造宗教狂热，进行分裂国家的活动。对于这些问题，应当遵照国家宪法和法律，依据党的宗教政策，加以积极引导和有效管理，变不利因素为有利因素，使宗教为中国特色社会主义现代化建设服务，为实现中华民族伟大复兴服务。

二、中国的民族政策

中国的民族政策是中国共产党在领导中国人民进行新民主主义革命、社会主义革命和建设的过程中逐渐形成和发展起来的，体现了社会主义与人民民主主义的原则，符合中国的历史特点和现实国情。1949 年，中华人民共和国成立前夕，中国人民政治协商会议第一届全体会议通过的《中国人民政治协商会议共同纲领》明确规定，中华人民共和国境内各民族一律平等，实行团结互助，使中华人民共和国成为各民族友爱合作的大家庭，反对大民族主义和狭隘民族主义，禁止民族间的歧视、压迫和分裂各民族团结的行为。各少数民族聚居的地区，应实行民族区域自治。1953 年，中国共产党又提出了过渡时期党在民族工作方面的任务，这就是：巩固祖国统一和民族团结，共同来建设伟大祖国这个大家庭；在统一的祖国大家庭内，保障各民族在一切权利方面的平等；在祖国的共同事业发展中，与祖国的建设密切结合起来，逐步发展各民族的政治、经济、文化，消灭历史上遗留下来的各民族间事实上的不平等，并且使少数民族得到迅速顺利发展。这些法律和方针构成了中国民族政策的法律基础与政治基础。

中国的民族政策，主要是有关汉族与少数民族关系的政策，其实质是促进各民族平等和民族团结、发展进步和共同繁荣。这些政策是正确认识和处理民族问题的行为准则，是国家政策体系的重要组成部分。在中国，民族平等是指各民族不论人口多少、居住地域大小、经济社会发展程度高低、风俗习惯和宗教信仰异同，社会地位一律平等，享受相同的权利，承担相同的义务；汉族和少数民族一律平等，各少数民族之间也一律平等；任何民族都没有特权。民族团结是指各民族在长期的社会生活和交往中形成的和睦、友好和互助、联合的关系。民族团结要求在反对民族压迫和民族歧视的基础上，维护和促进各民族之间和民族内部的团结，牢固树立汉族离不开少数民族、少数民族离不开汉族、各少数民族之间也相互离不开的思想，各民族人民齐心协力，共同促进国家的发展繁荣，反对民族分裂，维护国家统一。民族平等是民族团结的前提和基础，没有民族平等，就无法实现民族团结；民族团结则是民族平等的必然结果，是促进各民族真正平等的保障。

中国的民族政策是一个完整的政策体系，包括民族平等和民族团结政策，民族区域自治政策，少数民族干部政策，发展少数民族地区经济政策，发展少数民族教育科技文化卫生事业政策，尊重和发展少数民族语言文字政策，尊重少数民族风俗习惯和宗教信仰自由政策，等等。民族政策的基本目标是，巩固和发展平等团结互助和谐的社会主义民族关系，铸牢中华民族共同体意识，加强各民族交往交流交融，促进各民族像石榴籽一样紧紧抱在一起，实现共同团结奋斗、共同繁荣发展。

中国民族政策得以有效落实的制度基础，是中国共产党根据马克思主义的基本原理和中国各少数民族之间杂居共存的现实，创造性构建的民族区域自治制度。民族区域自治制度，是指在国家的统一领导下，各少数民族聚居的地方实行区域自治，设立自治机关，行使自治权。其前提是国家的集中统一，核心是自治机关行使自治权，关键是帮助自治地方发展经济、改善民生，根本目的是实现各民族共同团结奋斗、共同繁荣发展。

中国的民族自治地方分为自治区、自治州、自治县（旗）三级。民族自治地方的建立有以下类型：（1）以一个少数民族聚居区为主建立的自治地方，如新疆维吾尔自治区等；（2）以两个少数民族聚居区联合建立的自治地方，如青海省海西蒙古族藏族自治州等；（3）以多个少数民族聚居区联合建立的自治地方，如广西龙胜各族自治县等；（4）在一个大的少数民族自治地方内，人口较少的少数民族聚居区建立自治地方，如广西壮族自治区恭城瑶族自治县等；（5）一个民族在多处有聚居区的，建立多个自治地方，如宁夏回族自治区、甘肃省临夏回族自治州、河北省大厂回族自治县等。目前，全国共建立了 155 个民族自治地方，包括 5 个自治区、30 个自治州、120 个自治县。

总体而言，中国的民族区域自治制度具有如下特点：

第一，坚持统一与自治相结合。团结统一是国家最高利益，是各民族人民共同利益，是实行民族区域自治的前提和基础。没有国家团结统一，就谈不上民族区域自治。民族区域自治是国家统一领导下的自治，民族自治地方是统一多民族国家的组成部分。各民族自治地方的自治机关都是中央政府领导下的一级地方政权，服从中央集中统一的领导，必须维护国家的统一。同时，要在确保法律和政令实施的基础上，保证民族自治地方依法行使自治权，保障少数民族合法权益，支持和帮助民族地区加快发展，不断提高各族群众生活水平。实行国家统一与民族区域自治相结合，既能维护国家的统一和各民族的团结，又能保障少数民族的权益，发挥其参加管理国家事务，管理本民族内部事务的主动性、积极性，促进国家的发展稳定和少数民族地区的繁荣发展。

第二，坚持民族因素与区域因素相结合。民族区域自治，既包含了民族因素，又包含了区域因素。民族自治地方，建立于少数民族聚居的行政区域，并根据少数民族聚居的特点、各民族关系、经济发展条件、历史传统等因素，确定自治地方的区域范围和行政地位；既有一个民族在聚居区域内实行的自治，也有几个民族在同一个区域内实行的自治。在各少数民族自治地方，都有汉族居民或其他民族居民，有的地区汉族人口甚至占多数。民族区域自治不是某个民族独享的自治，民族自治地方更不是某个民族独有的地方。实行民族自治与区域自治相结合，既有利于保障少数民族管理本民族内部事务的权利，又能够保障各民族平等团结互助和谐；既有利于实行自治的民族的发展进步，又有利于实现各民族共同繁荣。

第三，拥有和运行国家法律赋予的双重权力。民族自治地方的自治机关既行使同一级地方国家机关的职权，又行使自治权。首先，上级国家机关制定各项政策和计划，进行国家经济文化建设，必须充分考虑各民族地区的具体情况和需要，动员各方面的力量予以帮助和支持。其次，民族自治地方的自治机关在行使地方国家职权的同时，依照《中华人民共和国宪法》和《中华人民共和国民族区域自治法》的规定，还行使民族自治地方立法权、根据实际情况执行权、财政经济自主权、少数民族干部培养使用权、文化语言文字自主权等。

第四，实行单一制国家结构下的民族区域自治。世界上有些民族国家实行联邦制，我国实行的是单一制国家结构下的民族区域自治。在我国民族区域自治制度下，中央政府拥有并专享国家主权，全国只有一部宪法、一个中央政府、一个最高立法机关。各民族自治地方是不享有独立主权的地方行政单位。实行中央统一集权，地方政府的权力由中央政府授予，接受中央政府统一领导，中央政府行使统一的外交权，地方政府不具有对外的独立性。我国遵循了解决民族问题的民族平等和民族团结的原则，在单一制的国家结构下创造出有中国特色的民族区域自治。

总之，民族区域自治制度，是中国的一项基本政治制度，具有鲜明的中国特色，具有坚持各民族一律平等，铸牢中华民族共同体意识，实现共同团结奋斗、共同繁荣发展的显著优势。民族区域自治制度，体现了民族因素与区域因素、政治因素与经济因素、历史因素与现实因素、制度因素与法律因素的统一，有利于把国家的集中、统一与民族的自主、平等结合起来，有利于把党和国家总的路线、方针、政策与民族自治地方的具体实际、特殊情况结合起来。实行民族区域自治，对于充分发挥各族人民当家作主的积极性，巩固和发展平等团结互助和谐的社会主义民族关系，巩固国家的统一，促进民族地区的发展和繁荣，增强中华民族的凝聚力和向心力，具有重大的现实意义。在新时代，需要坚定不移走中国特色解决民族问题的正确道路，坚持和完善民族区域自治制度，实现中华民族伟大复兴。

三、中国的宗教政策

今天的中国，公民依法享有宗教信仰自由，宗教团体、宗教活动场所和信教公民的合法权益及正常的宗教活动受到法律保护。我国的综合性行政法规《宗教事务条例》明确规定了宗教团体和信教公民在举行宗教活动、开办宗教院校、出版宗教书刊、管理宗教财产、开展对外交往活动等方面的诸多权利，同时规范了政府有关行政管理部门的行政行为，依法确保信仰宗教的公民、宗教团体和宗教活动场所的合法权益不受侵害。各宗教实行独立自主自办的方针，同时在平等友好的基础上积极与世界各国宗教组织进行交往和联系。

尊重和保护宗教信仰自由，是中国政府在对待宗教问题上的基本政策。这是一项长期政策，关系民族团结、国家和社会稳定，关系社会主义现代化建设。党的十九大报告将宗教工作纳入“健全人民当家作主制度体系，发展社会主义民主政治”这一决胜全面建成小康社会，开启全面建设社会主义现代化强国新征程的重要内容中，明确提出了新时代党的宗教工作的基本要求是：“全面贯彻党的宗教工作基本方针，坚持我国宗教的中国化方向，积极引导宗教与社会主义社会相适应。”①

中国坚持马克思主义宗教观，从国情和宗教具体实际出发，汲取正反两方面经验和教训，制定了完整的宗教政策，主要包括以下方面：

1. 全面正确地贯彻宗教信仰自由政策

宗教信仰自由是宪法赋予公民的一项基本权利，宗教信仰自由政策是中国共产党在社会主义时期处理宗教问题的一项基本政策。实行宗教信仰自由政策的出发点和落脚点，是最大限度团结广大信教和不信教的群众，把他们的力量凝聚到建设中国特色社会主义这个共同目标上来。全面正确地贯彻宗教信仰自由政策，一方面，要求尊重每个公民宗教信仰的自由。每个公民既有信仰宗教的自由，也有不信仰宗教的自由；有信仰这种宗教的自由，也有信仰那种宗教的自由；在同一宗教里面，有信仰这个教派的自由，也有信仰那个教派的自

---

① 习近平：《决胜全面建成小康社会　夺取新时代中国特色社会主义伟大胜利——在中国共产党第十九次全国代表大会上的报告》，人民出版社2017年版，第40页。

由；有过去不信教而现在信教的自由，也有过去信教而现在不信教的自由。任何国家机关、社会团体和个人不能强制公民信仰宗教或不信仰宗教，不得歧视信仰宗教的公民或不信仰宗教的公民。在多数群众不信教的地方要注意尊重和保护少数信教群众的权利，在多数群众信教的地方，要注意尊重和保护少数不信教群众的权利，从而使信教群众和不信教群众之间以及信仰不同宗教和不同教派的群众之间彼此尊重，互相团结，和睦相处，共同致力于社会主义现代化建设事业。另一方面，要求坚持权利和义务的统一。宗教信仰自由不等于宗教活动可以不受任何约束。宗教界人士和信教群众首先是中华人民共和国的公民，要把国家和人民的根本利益放在首位，承担遵守宪法、法律法规和方针政策的义务。

2. 依法管理宗教事务

依法管理宗教事务，就是要切实保障宗教信仰自由，保证正常宗教活动有序进行，保护宗教团体的合法权益。我国实行政教分离的原则，任何宗教都没有超越宪法和法律的特权，都不能干预国家行政、司法、教育等国家职能的实施，任何人不得利用宗教反对党的领导和社会主义制度，宗教活动不得妨碍社会秩序、工作秩序和生活秩序。我国现行宪法明确规定："任何人不得利用宗教进行破坏社会秩序、损害公民身体健康、妨碍国家教育制度的活动。"依法管理宗教事务的要旨是，保护合法，制止非法，抵御渗透，打击犯罪。我国宗教方面的矛盾主要是人民内部矛盾，但也存在某些敌我性质的矛盾。要严格区分、妥善处理两类不同性质的矛盾。对于人民内部矛盾，务必正确而慎重地处理，防止矛盾激化。要依法保护正常的宗教活动和宗教界的合法权益，制止利用宗教进行的非法活动，抵御境外利用宗教进行的渗透，打击利用宗教进行的违法犯罪活动。

3. 坚持独立自主自办的原则

坚持独立自主自办的原则，是基于我国曾经长期遭受帝国主义侵略和掠夺、有的宗教被帝国主义控制和利用的历史事实，是我国信教群众作出的自主选择，为我国社会各界所欢迎，并得到世界许多国家宗教组织和人士的理解和支持。我国现行宪法规定，"宗教团体和宗教事务不受外国势力的支配"，这就表明，中国不允许任何国家和任何势力利用宗教活动来控制和干涉本国的宗教事务，任何宗教活动都要尊重中国国家主权。当然，独立自主办教，并不等于宗教对外实行封闭。随着我国对外开放的扩大，中国宗教界与世界各国宗教界的平等而友好的交往和联系也会日益频繁。要继续鼓励和支持宗教界在独立自主、平等友好、互相尊重的基础上开展对外交往，增进与各国人民及宗教界的相互了解和友谊，为维护世界和平作出积极贡献。

4. 积极引导宗教与社会主义社会相适应

在社会主义中国，宗教是在社会主义条件下存在和活动的，必须与社会主义社会相适应。这既是社会主义社会对我国宗教的客观要求，也是我国各宗教自身存在的客观要求。积极引导宗教与社会主义社会相适应，不是要求宗教界人士和信教群众放弃宗教信仰，而是要引导信教群众热爱祖国、热爱人民，维护祖国统一，维护中华民族大团结，服从服务于国家最高利益和中华民族整体利益；拥护中国共产党领导、拥护社会主义制度，坚持走中国特色社会主义道路；积极践行社会主义核心价值观，弘扬中华文化，努力把宗教教义同中华文化相融合，深入挖掘教义教规中有利于社会和谐、时代进步、健康文明的内容，对教规教义作出符合当代中国发展进步要求、符合中华优秀传统文化的阐释；遵守国家法律法规，自觉接受国家依法管理；投身改革开放和社会主义现代化建设，为实现中华民族伟大复兴贡献力量。

思考题：

1. 什么是民族问题？马克思主义关于民族问题的基本主张是什么？
2. 为什么说民族区域自治制度是中国的一项重要政治制度，它对促进中华民族大团结起到什么作用？
3. 马克思主义是如何从宗教的起源来把握宗教的本质及其特征的？
4. 如何引导宗教与社会主义社会相适应，发挥宗教在社会建设中的积极作用？
5. 中国宗教政策的基本内容是什么？
6. 民族问题与宗教问题的基本关系是什么？在当今世界，它们之间是如何相互作用和影响的？

拓展资源

本章名词解释

第十章　国际政治与中国对外政策

国际政治是政治学研究的重要领域。当今时代，国家与国际社会的联系日趋紧密，国内政治与国际政治的互动影响日益频繁，任何国家的发展都与国际政治的发展变化息息相关。“世界正处于大发展大变革大调整时期，和平与发展仍然是时代主题。世界多极化、经济全球化、社会信息化、文化多样化深入发展。”① 与此同时，世界面临的不稳定性不确定性突出，威胁人类生存发展的全球性问题蔓延。

当前，中国已经进入全面建成小康社会，实现中华民族伟大复兴的关键阶段，中国与世界的关系正在发生深刻变化。在这一背景下，要全面认识当今时代的政治问题，必须深入了解错综复杂的国际政治，深刻把握国际政治的发展趋向，统筹国内与国际两个大局，大力推进新时代中国特色社会主义建设事业。

第一节　国际政治

一、国际政治的内涵

国际政治，是指国际社会的各种力量从自身利益出发，相互联系和相互作用而形成的政治关系的总和。作为一个历史范畴，国际政治是随着人类历史的演变而形成和发展的。在古代和中世纪，世界各国、各地区的发展处于相对隔离状态，不存在现代意义上的国际政治。欧洲三十年战争的结束和《威斯特伐利亚和约》的签署，首次确认了主权平等、领土主权等国际政治准则，拉开了近代国际关系史的帷幕。

19 世纪末 20 世纪初，随着垄断资本主义国家对世界的瓜分，亚洲、非洲、拉丁美洲都被纳入资本主义世界经济体系，全球范围的国际政治逐渐形成。

1. 国际政治的基本内容

国际政治基本内容主要包括以下方面：

---

① 习近平：《决胜全面建成小康社会　夺取新时代中国特色社会主义伟大胜利——在中国共产党第十九次全国代表大会上的报告》，人民出版社 2017 年版，第 58 页。

（1）国际政治行为体

国际政治行为体是国际政治的基本构成要素，是为了实现特定的利益和主张，具备国际行为能力而参与国际社会活动的实体，它通常包括主权国家和国际组织等非国家行为体。

国际政治行为体一般具有以下特征：

第一，国际政治行为体具有特定的利益要求，这是它们参与国际政治的根本动机与主要目标。在国际政治中，不同的政治行为体有不同的意志、要求和利益，这些意志、要求和利益支配着国际政治行为体的目标制定与价值取向，决定其行为方式。因此，利益既是国际政治行为体活动的动机，也是国际政治行为体追求的目标。

第二，国际政治行为体具有特定的组织实体形态。一般说来，国际政治行为体包括主权国家、国际组织、政党、政治团体等，都具有相对稳定的组织形态。这些组织的形式、组织之间的相互关系、组织的行为与行为方式，共同构成国际政治的内容。与此同时，国际政治中也存在着特定的个人行为体，但这些特定的个人常常是以特定组织代表的身份出现和进行活动的。

第三，国际政治行为体具有一定的行为能力。国际政治行为体的行为能力，是指国际政治行为体参与国际社会交往，表达、实现自身利益并且影响其他国际社会行为体等方面的能力。这种行为能力是其成为国际政治行为体的必要因素。

（2）国际政治行为体之间的政治关系

国际政治行为体之间的互动关系错综复杂，其中，政治关系构成国际政治的基本内容。

按照国际政治行为体的差异，国际政治关系可以划分为基本政治关系和派生政治关系。基本政治关系，是主权国家之间的政治关系。这是因为国家是国际政治最重要的行为体，国家之间的政治关系在国际政治中具有根本性的地位和作用，影响和决定着其他政治行为体之间的关系。派生政治关系，是国家之间的政治关系派生或衍生而来的政治关系，或者围绕国家关系而产生的政治关系，如国际组织之间的政治关系。

按照国际政治行为体之间关系的内容，政治关系可以分为利益关系、力量对比关系和相互作用关系三个层次。

第一，利益关系是国际政治的基本动力，而国家利益则是国际政治中持久的动力，是国家对外行为的基本动因。国际政治行为体之间的利益关系具有双重属性，即利益矛盾性与利益同一性。不同的国际政治行为体之间具有利益差异引起的利益矛盾性，同时，也具有利益相同形成的利益同一性。在经济全球化的今天，人类面临的许多共同问题，促成了国际社会人类共同利益的发展。

第二，力量对比关系是指不同的国际政治行为体基于各自实力所形成的相互联系状态。实力是一个综合性概念，既包含有形的硬实力，也包含无形的软实力。国家实力通常被称为“综合国力”，是衡量国家的国际地位和作用的尺度，又是维护其国家利益，实现其对外目标的手段。力量对比关系和利益关系是紧密联系在一起的：利益关系是力量对比关系的出发点，而力量对比关系是保障利益关系建立和实现的凭借。

第三，相互作用关系是不同的国际政治行为体通过对外行为形成的相互影响。国际政治行为体为了实现自身利益，需要制定并实施对外战略和对外政策。不同国际政治行为体之间的对外行为过程相互影响、相互作用，形成竞争、冲突、战争、和平、合作、协商等不同的关系。其中，国际冲突和国际合作是最基本的互动关系形式。

（3）国际社会政治关系的总和

作为国际政治的活动舞台，国际社会是一个运动着的大系统，处于不断演变之中，具有自身的一般特征和发展规律。国际社会并不是各种行为体的简单相加，也不是各种政治关系的简单相加，而是国家和非国家行为体以相互依赖为基础、受国际政治基本准则和国际法制约的、相互联系而又相互作用的有机整体。国际社会是个多元化的社会，国家行为体和非国家行为体数量众多，各个国家的历史传统、国家实力、发展水平不尽相同，却没有一个以世界政府形式实行权威性统一管理的机构。无政府状态的国际社会之所以能够呈现出有序的特点，行为体之间的相互依赖和共同遵循的基本规范缺一不可。因此，国际政治的基本内容，不仅仅是多元化的国际政治行为体及其相互之间的政治关系，而且包括国际社会不同历史发展阶段或时代的特点、国际社会各构成要素之间的相互作用以及相互关系的结构状态、国际社会的运行机制等。

2. 国际政治与国内政治的关系

国际政治与国内政治具有密切关系，国内政治是国际政治的基础，国际政治是各国国内政治在国际层面的延伸和相互作用。在经济全球化时代，国际政治与国内政治的互动关系越来越密切，国内政治国际化和国际政治国内化的现象日益显著。离开了各国国内政治的基础，难以深刻理解国际政治的特点。反过来，对国内政治及其变化发展的认识，也无法脱离对国际政治及其发展趋势的把握。

（1）国际政治与国内政治是相互区别的

其一，两者的行为体不同。国际政治行为体包括主权国家、国际组织、跨国公司等，其中，主权国家是最重要的行为体，而国内政治的行为体主要是政府、政党、政治团体等。

其二，两者的涉及范围不同。当今国际政治的涉及范围具有广泛性，国际政治行为体可以参与双边、多边、区域和全球各领域的国际事务，而国内政治的范围则具有国别性，它通常特指某一国家范围内的政治关系。

其三，两者的效力依据不同。国际政治形成发展的基础是国际社会，而国际社会本质上处于无政府状态，主权国家之间在法律上是平等的，不存在统一的世界政府，没有凌驾于主权国家之上的权力和权威，国际政治的结果是各行为体平等协商、相互制衡的结果。而国内政治一般存在统一的政治权威，这一政治权威具有权力的至上性、强制性和普遍性。从这个意义上而言，国内政治是权威、管理和法律的领域，国际政治是权力、斗争与和解的领域。①

（2）国际政治与国内政治是紧密联系和相互影响的

一方面，国内政治是国际政治形成和发展的基础。从历史的逻辑来看，在资本主义生产方式确立后，相互隔绝的各国国内政治才逐渐形成相互联系的国际政治。国家是最重要的国际政治行为体，国家之间政治联系和活动构成国际政治的最基本内容。一国的国内政治状况决定着该国在国际政治中的地位和作用。国内政治的政党力量、政府能力、政治体制机制、意识形态、核心价值和政治文化等政治状况直接影响一个国家的综合国力，而综合国力状况决定着一国在国际政治中的活动、行为和地位。国家的对外政策和对外行为是根据国内政治需要而制定的，同时也是国际政治的逻辑前提。世界各国国内政治性质的不同，决定着国际政治体系的基本特征。马克思主义认为，国家的本质是阶级统治的机器，国内政治是统治阶级意志和利益的表现。一国的统治阶级为了维护和实现本阶级的利益，不仅需要对内履行政治统治和社会管理的职能，而且

---

① 参见［美］肯尼斯·华尔兹：《国际政治理论》，信强译，上海人民出版社 2003 年版，第 149 页。

需要制定对外政策，在国际政治中为本国和本阶级谋求利益。一国在国际政治中的利益，实际是该国统治阶级意志和利益在对外关系中的体现。

另一方面，国际政治作为外在环境，对于国内政治具有重大影响。在经济全球化背景下，一国国内政治发展对国际社会的依赖大大加深，国际政治的任何变动，都会直接或间接对国内政治产生影响。国际政治环境在一定程度上制约着国内政治的发展方向和水平，决定着国家对外联系的目标选择和行为方式，甚至可能对国内政策制定与实施产生重大影响。一国在国际政治活动中的成败，会直接影响该国国内统治和治理的稳定性和有效性。一国在国际政治活动中的成功，意味着本国特定意志和利益得到实现，进而会巩固统治阶级和集团的地位。相反，一国在重大国际政治活动中的失利，会使得国内统治阶级和集团的权威面临重大挑战。在极端情况下，国际政治活动的失败甚至会引发国内政治的动荡或者重大变革。

二、国际政治行为体

在长期的发展中，国际政治行为体经历了从一元到多元的演变过程。20 世纪以前，国际政治主要表现为民族国家之间的互动关系。20 世纪之后，尤其是第二次世界大战结束以来，随着科学技术的进步，国际间交往的频繁，新的行为体不断涌现，国际社会呈现以主权国家为主、多种行为体并存的状态。一般来说，国际政治行为体可以分为国家行为体和非国家行为体两大类。国家行为体是独立的主权国家，非国家行为体不拥有确定领土和固定居民，不具有主权国家地位，但是，它们在国际社会和政治活动中都具有广泛影响，这些主体包括国际组织、跨国公司等。

1. 主权国家

主权国家是国际政治中最重要的行为体，是国际政治的主导力量。主权国家具有以下基本特征：

第一，固定的领土。国家领土是主权国家存在的物质载体，是一国居民赖以生存和发展的物质基础。领土包括领陆、领水、领空和底土。在国家领土范围内，一国政府享有领土主权。

第二，一定数量的定居居民。居民是主权国家存在的必要条件。只有拥有一定数量的定居居民，才能形成相对持久稳定的社会，才能构成一定的政治、经济、社会和文化关系，开展社会生产和生活，才能构成国家。

第三，统一的政权机构。政权机构是国家权力及其运行的承载者和依托者，是国家意志和利益的实现和发展的组织体系。就现代国家来说，一国的政权机构主要包括国家元首、立法机关、行政机关、监察机关和司法机关等。

第四，国家主权。国家主权是国家的基本属性，是一个国家独立自主地处理内外事务的最高权力。具体而言，对内主权是国家对其管辖范围内的一切人、事、物享有的最高管辖权。对外主权是国家在国际社会中的独立权、平等权和自卫权，它意味着国家无论大小强弱贫富，都是独立的主权国家，都有平等参与国际事务的权力。在遭受外来侵略时，国家有行使单独或集体自卫的权利。

以上四方面要素的结合，使国家成为独立的国际政治行为体。拥有固定的领土和居民，使得国家成为政治经济实体并具有国家利益；在此基础上，一定的政权机构提供承担国家对内对外职能的物质和组织载体；而国家主权对于国家参与国际政治生活具有前提性和决定性意义。当然，在当今国际政治中，随着非国家行为体的活跃和全球化进程的加速，传统的国家主权原则面临着巨大挑战。然而，主权国家仍然是国际政治的基本行为体，尊重主权原则仍然是国家和国际政治的基本原则。

2. 国际组织

国际组织是一种跨越国界的机构，是国际政治中最重要的非国家行为体。一般说来，凡是两个以上的政府、民间团体或个人基于特定的非营利性目的，以一定的协议形式建立起来的跨国机构，都可以称为国际组织。

作为 19 世纪世界政治经济发展到一定阶段的产物，国际组织的出现打破了传统国际政治以国家间关系为单一内容的局面。19 世纪后半叶，国家间联系的增多，使得临时性国际会议协调已不能满足发展的需要，国际组织应运而生。这一时期的国际组织主要是一些以专门性的、技术性的国际协作为职能的机构，所涉及的也都是行政技术事务，如国际电报联盟、邮政总联盟等，因此，这批组织被统称为“国际行政联盟”。20 世纪是国际组织的兴盛时期，第一次世界大战后成立的国际联盟，是第一个全球性的政府间国际组织，其发展为国际组织的演变积累了经验与教训。联合国是第二次世界大战的产物。它的建立标志着国际组织进入成熟的发展时期，在战后形成了以联合国为中心的形式多元化、职能多样化的国际组织体系。冷战结束后，国际组织经历了新的变革和调整，在国际政治中的地位更加突出。

国际组织具有如下基本特征：

（1）跨国性

国际组织的成员至少来自两个以上的不同国家，根据自愿的原则通过一定的协议结成一个共同体。参加者可以是代表国家的政府和官员，也可以是民间团体或个人。国际组织的宗旨目标也是跨国性的，它服务于成员的共同利益，权力来源于成员的授予。

（2）制度性

一般而言，国际组织应当具备常设的正式机构以处理连续性日常事务，其章程必须明确规定该组织的宗旨原则、主要机构、职权、活动程序和范围以及成员国的权利与义务，这使得国际组织区别于国际会议。但是，现实中的七国集团、八国集团、二十国集团等，通过定期会议和协商系统的制度化运作模式，在国际政治中发挥着越来越重要的作用，逐步被国际社会认可为没有常设机构的论坛型国际组织。

（3）目的性

国际组织拥有一定自主权。国际组织建立在各成员对共同利益的认同基础之上，国际组织本身的利益体现出一种超国家性，这使得国际组织拥有不同于其成员的特定自主权和行为能力，能够独立运作。

国际组织数量众多、宗旨有别、形式各异。依据不同的分类标准，可以对它们进行多种分类。

根据行为体构成情况，国际组织可以分为政府间国际组织和非政府间国际组织。政府间国际组织的成员是参与国的政府或其他代表国家的官方机构，以国家的资格享受权利并承担义务。由于它们能对成员国产生直接影响，在国际政治中的地位十分重要。非政府间国际组织具有民众性、自愿性、专业性的特点，是当今国际政治中不可忽视的力量。

根据成员的来源是否受地域限制来看，国际组织可分为全球性国际组织和区域性国际组织。前者成员数量有多寡之别，但不论国家的社会制度、地理位置或其他因素如何，向所有国家开放，如联合国及其下属的专门机构向所有主权国家开放。后者在成员构成、活动范围等方面都有特定限制，往往由地理位置相邻、文化传统相近、经济结构和发展水平相似的国家组成，如欧洲联盟、东南亚国家联盟、非洲联盟等，成员之间的共同性，使其比较容易达成共识和采取共同行动。

根据国际组织活动的目的、任务和职能不同，国际组织可以分为一般政治性国际组织和专门性国际组织。前者的宗旨、活动领域和职权范围比较广泛，涉及政治、经济、社会、文化各个方面，也被称为综合性国际组织，活动内容与国际关系密切相关。后者一般只具有专门的职能，以进行科技、文化、体育、卫生等专门技术活动为主，对国际政治的影响和作用相对较小。

虽然国际组织具有不同类型和不同的国际政治作用，但是，它们在国际政治中发挥作用的基本特征是一致的。一方面，国际组织的建立基础是各成员对相互间共同利益的认同，这就使国际组织往往能够发挥单个国家或成员难以发挥的作用。另一方面，国际组织的权力来源于成员的授予，相对缺乏执行决策的有效物质手段和强制机关，其决策和执行过程常常出现“议而不决，决而不行”的现象，从而使得国际组织在参与国际政治运行时，呈现一定的局限性。

3. 其他非国家行为体

（1）跨国公司

跨国公司，是指在两个或两个以上国家同时进行经营活动的公司企业，它包括母公司及其在国外设立的分公司，是世界经济舞台上集投资、贸易、金融、服务等经济功能于一身的特殊主体。跨国公司拥有影响国际政治的巨大经济资源，它资本雄厚，科技开发水平先进，生产和销售网络遍及世界各地，并且拥有良好的信誉。一些巨型跨国公司拥有的经济实力远超过许多中小主权国家，其跨国界经营活动打破了民族国家界限。在世界经济与国际政治相互渗透的全球化时代，跨国公司不仅促进了国际分工、国际贸易、国际金融的发展和经济全球化进程，而且影响母国与东道国的对外决策与相互关系，从而影响国际政治的发展。

（2）政党

在当代，政党不仅是国内政治的主要力量，而且是国际政治的重要参与者。对于执政党来说，由于掌握了国家政权，能够将党的意志上升到国家意志，把政党的纲领与国家对外战略和政策结合起来，从而可以在国际政治中发挥巨大影响。对于非执政党来说，参与国际政治活动是提高政党自身地位、实现政党意志和利益的有效途径。同时，政党之间的关系是国际政治关系的重要内容。在参与国际政治生活的过程中，不同的政党之间、政党与其他国际政治行为体之间建立起各种联系，这些联系构成了国际政治关系的重要内容。此外，不同国家的那些性质相同、目标接近的政党，为了协调关系、统一行动、争取国际支持而组成国际性政党组织，如自由党国际、社会党国际、基督教民主党国际、国际民主联盟等，对国内政治和国际政治都能产生一定的影响。

总之，非国家行为体形式多样、数量众多，在国际事务中能够发挥独特的作用。尽管如此，在当代国际政治中，国家是唯一享有充分主权的行为体，非国家行为体的作用实际上受到主权国家不同程度的制约。

三、国际政治基本准则及国际法

国际政治发展的历史表明，国际社会没有规则，就会危机丛生，摩擦不断。为了国际社会生活有序和稳定进行，国际政治行为体在相互交往中逐步形成了共同的行为规范，这些规范主要体现为国际政治的基本准则和国际法。

当前，包括主权国家在内的国际政治行为体，在实施对外行为、处理对外关系时，普遍遵循国际政治的基本准则及国际法，推动国际政治日益走向有序化、规范化。

1. 国际政治基本准则

国际政治基本准则是指国际政治行为体在参与国际政治、处理对外关系时应遵循的基本行为规范。它既体现为国际法、国际条约等有形规则，也体现为在国际社会和政治生活中长期发展形成并得到多数国家认可的国际惯例等无形规则。

国际政治基本准则是一个历史范畴。古代社会是国际政治基本准则的萌芽时期，局部的、个别的国家间交往形成了有限的行为规范。进入资本主义时代，世界不同地区和国家之间的经济文化往来和民间交流逐渐频繁，欧洲各国之间的交往开始遵循共同的国际行为准则。其后，经过殖民扩张，资本主义的触角延伸到世界各地，以欧洲为中心的国际社会逐步成型。但是，由于国际社会组织化程度低，国际政治的运行具有很大的盲目性和无序性，赤裸裸的“弱肉强食”“优胜劣汰”观念长期统治国际政治领域。第二次世界大战以后，《联合国宪章》的宗旨和原则革新了成员国共同遵循的国际政治基本准则。科技革命带来的巨大进步，使各国的空间距离大大缩小，相互交流和沟通进一步加深，国际社会呈现出密切的联动性，世界由此进入一个相互依存的时代。在此背景下，政治、经济、社会、文化等各个领域的国际行为规范以前所未有的速度蓬勃发展，国际政治基本准则日益走向民主化。冷战结束后，经济全球化浪潮兴起，从广度和深度上促进了国际政治基本准则的进一步规范。

国际政治基本准则具有以下特征：

第一，普遍性。普遍性是指国际政治基本准则的适用范围具有普遍性，这些准则既适用于一切国际政治行为体，包括主权国家、国际组织及其他行为体，也适用于国际政治的一切领域，指导国际政治各个方面的具体实践。

第二，共识性。国家间关系的发展是国际政治基本准则产生发展的直接动因。国际政治基本准则的形成源于国际政治行为体之间的共识，国际政治基本准则的维护和实施同样有赖于国际政治行为体之间的共识。

第三，约束性。国际政治基本准则对国际政治行为体具有约束性。一方面，作为国际政治行为体普遍认可的行为规范，国际政治基本准则具备国际道德和国际舆论力量，在大多数情况下受到行为体自发的尊重和遵循。另一方面，当国际政治行为体违反国际政治基本准则时，不仅要承担违背义务的责任，而且可能承受国际社会的强制性制裁措施。

《联合国宪章》奠定了国际政治基本原则的基础。其中，第 2 条关于联合国基本原则的 7 项规定，是《联合国宪章》贯穿始终的精髓，成为国际政治的基本行为规范。具体包括：国家主权平等原则，善意履行国际义务原则，和平解决国际争端原则，禁止使用武力或武力威胁原则，不干涉内政原则，等等。“二战”后，联合国基本原则在国际政治实践中表现出强大的生命力，对处理各种纷繁复杂的国际事务发挥了积极的指导作用，为世界各国普遍接受和尊重，并且在许多重要的国际法律文件中得到进一步重申。

20 世纪 50 年代，由中国首先提出，并与印度、缅甸共同倡导的和平共处五项原则，符合《联合国宪章》宗旨和原则，也是国际公认的国际政治基本原则的重要组成部分。互相尊重主权和领土完整、互不侵犯、互不干涉内政、平等互利、和平共处五项原则是一个科学体系，构成了一整套完整的国际政治行为规范。通过五项原则的有机结合，和平共处五项原则突出了国家权利与义务的统一，使国家间关系的发展真正建立在主权平等的基础上，是中国等发展中国家对国际政治基本原则的重大贡献。

2. 国际法

国际法是以法律形式表现出来的国际关系，是主要调整国家之间关系的有法律拘束力的原则、规则和制度的总称。

国际法与国际政治既有区别又有联系。具体而言，两者都以主权国家作为主要研究对象，前者重点分析国家间法律规范，后者侧重于国家间政治关系，在广泛意义上，国际法是国际政治的组成部分；国际政治的正常运行需要国际法的规范，否则就会陷入无政府的混乱状态，而国际法的作用则受到国际政治现实的制约；国际法主体，是指国际法上权利和义务的直接享有者和承担者，并不完全等同于国际政治行为体，在这其中，非政府组织和个人的国际法主体地位存在争议。

国际法与国内法是两个有密切联系的法律体系。国际法是国际社会的行为规则，在国际关系中必须予以遵守，但国际法不能任意干预国家在其主权范围内制定的国内法。国内法应根据其承担的国际义务，通过国内立法确保国际法的有效执行，不能破坏公认的国际法。与国内法相比，国际社会并没有权威的立法机关来制定法律，也没有统一的行政机关和司法机关来执行法律。因此，国际法的直接渊源主要是国际条约和国际习惯，国际条约是指国家之间所缔结的、以国际法为准则的国际书面协定，国际习惯是不成文的、被各国共同遵守的行为习惯。此外，国际组织的决议、国际司法判例和公法家学说，是确定国际法律原则的辅助手段。“二战”结束以来，联合国大会下设的国际法委员会负责主持国际法的编纂工作，推动了国际法的法典化。

国际法对维护世界和平与安全、促进国际合作与发展具有重要意义。当今世界，没有任何国家公开宣称不遵守国际法，相反，世界各国都承认国际法是对国家有约束力的法律，并且都积极运用国际法来维护自身利益。“国际政治和国际法之间的关系是一种相互强化和相互渗透的关系。”① 国际法主要通过如下途径影响国际政治：

第一，国际法为国际政治行为体的权利和义务提供法律依据。从国际法的内容来看，它明确规定了主权国家、政府间国际组织等行为体在国际政治中的权利和义务。在国际政治中，国家是国际法上权利和义务的主要行为体。除了主权固有的独立、平等、自卫、管辖和国家主权豁免等基本权利与义务，国家在国际政治关系中还享有缔结国际条约、接受和派遣正式外交使节、对违反国

① ［美］熊玠：《无政府状态与世界秩序》，余逊达、张铁军译，浙江人民出版社 2001 年版，第 268 页。

际法的行为提出申诉等具体的权利。

第二，国际法为国际政治关系的维持提供基本准则，确立正确的行为规范。国际法是国际政治基本准则的基石，是维护国际社会有序、稳定运行的保障。国际法的各项基本原则，是在长期的国际政治实践中总结和归纳出来的，被国际社会和世界各国所公认，能够指导主权国家和其他国际政治行为体的对外行为和互动关系。国际法的各个分支，是国家等行为体在政治、经济、文化等领域交往所享有的权利和应承担的各项义务的法律依据，在国际关系和国际政治运行中，指导和规范着国际社会的活动，维持着国际政治正常秩序，纠正国际不法行为，避免大量矛盾冲突的产生和激化。

第三，国际法为和平解决国际争端提供法律依据。国际政治行为体之间的矛盾和冲突不可避免，国际争端是国际社会中的常见现象。和平解决国际争端是一项国际法基本原则。面对形形色色的国际争端，国际法不仅为国际社会通过谈判、协商、调查、斡旋、调解、和解等政治方法解决问题提供了法律依据，而且为国际社会提供了一定的国际司法程序、制度和机构，如常设仲裁法院、国际法院等，通过仲裁和司法判决的法律方法来解决国际争端。尽管国际法上并未完全排除使用强制的方法解决国际争端，但和平解决国际争端既是国家的义务，也是国家的权利，国家有权根据自己的意愿，根据争端的具体情况，选择和决定合适的争端解决方法。

国际法在国际政治中具有重要作用。由于缺乏超越国家之上的强制机关，国际法在传统意义上被视为“软法”“弱法”。事实上，国际法是具备特定强制性的。其强制性的实现，主要依靠相关国家本身的行动。根据《联合国宪章》第 42 条，安理会在断定存在任何对和平的威胁、对和平的破坏或侵略行为时，可以采取必要的空、海、陆军行动；根据《联合国宪章》第 51 条，国家在受到武力攻击时，单独和集体的自卫是国家的固有权利。“二战”结束以来，尤其是冷战结束以后，随着国际社会全球化、组织化、民主化趋势的加强，国际法的原则和内容越来越朝着民主化、平等化的方向发展，过去国际法是大国为其垄断利益服务的工具，现在广大中小国家也逐渐把国际法作为反对强权政治、参与国际事务、维护自身利益和国际正义的重要武器。总的说来，国际政治与国际法有着密切的相互关系。平等互利的国际政治关系有助于国际法的成长，而强权政治霸权主义则会制约国际法的生机。和平、发展、公平、正义是人类永恒的追求，与国际法的价值取向是一致的，国际社会的进步必将推动国际法朝着公平、公正的方向发挥更大的作用。

第二节 时代主题及其特征

一、和平与发展的时代主题

时代主题，是指在一定历史时期内，由世界主要矛盾以及主要力量对比所决定，反映国际政治的基本特征，并对世界未来走向具有全局性和战略性影响的重大问题。每个历史时代都有其主题，对时代主题的判断和分析，是一国制定内外政策的重要依据，是正确把握国际政治发展趋势的基础。

20世纪80年代中期，邓小平在全面分析国际关系各种矛盾及相互关系的基础上，鲜明地提出了和平与发展是当今世界两大战略问题的科学论断，得到了国内外广泛的支持和认同。1992年，党的十四大正式把和平与发展问题提高到“时代主题”的高度加以认识，此后，这一时代主题的判断长期得以延续。时代主题反映世界的发展潮流及其需要解决的主要问题。科学判断时代主题，是马克思主义国际政治理论的一个重大发展。

1. 和平与发展时代主题的提出

马克思主义历来重视对时代主题的认识。马克思、恩格斯在《共产党宣言》中明确指出：“我们的时代，资产阶级时代，却有一个特点：它使阶级对立简单化了。整个社会日益分裂为两大敌对的阵营，分裂为两大相互直接对立的阶级：资产阶级和无产阶级。”① 20世纪初，资本主义由自由竞争阶段逐步发展到垄断资本主义阶段，列宁创立了著名的“帝国主义论”，提出“哪一个阶级是这个或那个时代的中心，决定着时代的主要内容、时代发展的主要方向、时代的历史背景的主要特点等等。只有在这个基础上，即首先考虑到各个‘时代’的不同的基本特征（而不是个别国家的个别历史事件），我们才能够正确地制定自己的策略”②。列宁认为，帝国主义国家之间的战争不可避免，资本主义各种矛盾的激化必然导致无产阶级世界革命。也就是说，“战争与革命”

---

① 《马克思恩格斯文集》第2卷，人民出版社2009年版，第32页。

② 《列宁专题文集 论资本主义》，人民出版社2009年版，第91—92页。

成为时代主题和国际政治的中心问题。帝国主义国家之间为了争夺世界霸权，发动了两次给人类带来空前浩劫的世界大战。战争引起了革命，掀起了无产阶级革命的高潮。第一次世界大战后期俄国十月革命的胜利，诞生了历史上第一个社会主义国家。第二次世界大战后出现了东欧和亚洲人民民主革命的高潮，社会主义从一国发展到多国，民族解放运动浪潮摧垮了殖民体系，彰显出战争与革命时代主题这一论断的伟大意义。

第二次世界大战以后，形成了以美国为首的资本主义阵营和以苏联为首的社会主义阵营的严重对峙，战争与和平问题成为国际社会面临的突出问题。毛泽东深刻分析国际形势和战略态势，指出战争与革命仍然是时代的主要特征，但是，世界人民的民主力量超过世界反动力量，并且正在向前发展，必能克服战争危险；一切爱好和平的国家应该联合起来反对帝国主义干涉和霸权主义，争取和平、防止战争；中国坚决支持世界上所有被压迫民族和被压迫的人民为争取国家独立、民族解放的革命斗争。

进入20世纪70年代后，国际社会各种力量重新分化组合，国际社会的面貌发生了一系列深刻的变化。资本主义国家的自我调节能力增强，通过推行全面的社会福利制度，阶级矛盾和各种社会矛盾有所缓和；资本主义国家之间形成了既合作又竞争，既矛盾又妥协的关系；美苏两个超级大国之间的"核恐怖均衡"使双方谁也不敢冒险发动一场"打不赢的战争"，同时，制约战争的世界和平力量日益壮大；日新月异的新科技革命浪潮推动越来越多的国家转向经济和科技领域的竞争，国家间相互依存关系加深，引发全球范围内诸多领域的深刻变革；各国面临的共同问题和挑战不断涌现，仅靠单独一个或几个国家无法解决，发达国家的繁荣不能建立在广大发展中国家贫困落后的基础上。这一切从根本上改变了时代的基本特征和主题。

党的十一届三中全会后，中国开始了改革开放的历史进程，党的中心工作从"以阶级斗争为纲"转到了"以经济建设为中心"的轨道上来。邓小平在深刻分析和把握国内社会发展主要矛盾的同时，对国际局势和时代主题也提出了符合实际的新的看法。1984年5月，邓小平指出："现在世界上问题很多，有两个比较突出。一是和平问题。现在有核武器，一旦发生战争，核武器就会给人类带来巨大的损失。要争取和平就必须反对霸权主义，反对强权政治。二是南北问题。这个问题在目前十分突出。发达国家越来越富，相对的是发展中国家越来越穷。南北问题不解决，就会对世界经济的发展带来障碍。"① 据此，1987 年，党的十三大提出和平与发展是"当代世界的主题"。1992 年，党的十四大报告中正式将和平与发展两大问题提高到"时代主题"的高度。与"当代世界的主题"相比，"时代主题"不仅是对世界基本态势的一种静态认识，而且更加着眼于世界动态发展的趋向，具有更加长期的稳定性。此后，这一时代主题的判断长期得以延续。党的十九大报告再次强调了和平与发展作为时代主题的重要判断，从而再度明确了中国对于马克思主义时代观的重大发展。

2. 和平与发展时代主题的基本内涵

作为时代主题，和平与发展一方面反映出人类历史一定阶段的主要内容、基本特征和发展趋势，是不以人的意志为转移的客观存在；另一方面，维护和平、促进发展符合世界各国和人民的共同利益，是全世界为之奋斗和争取的目标。

和平，就是维护世界和平，防止发生新的世界大战。国际政治的和平是一种相对的和平，根本特征是没有发生世界大战。冷战期间，美苏疯狂进行军备竞赛，核军备竞赛不断升级，只有这两个超级大国有资格、有能力打世界大战，全世界都笼罩在核战争的恐怖阴云中。美苏对世界霸权的争夺，既是国际局势紧张的根源，也是爆发世界大战的主要威胁。因此，和平问题，归根结底就是消除因美苏争霸和对抗造成的世界大战和核战争威胁，维护和平的关键在于反对超级大国的霸权主义。和平并不意味着太平盛世，局部战争和地区冲突的此起彼伏长期无法避免。尽管如此，"二战"后以联合国为代表的国际机制的确立，减少了国际无政府状态下的混乱，反对武力威胁、不干涉内政等国际政治基本准则深得人心，局部战争、军备竞赛得到了一定程度的遏制。总体上，"二战"后国际政治中和平因素的增长超过了战争因素的增长，世界得以维持长期的总体和平状态。

发展，主要是指世界范围的经济发展，既包括发展中国家的发展，也包括发达国家的发展，与全人类的文明进程密切相关。发展中国家饱受殖民主义和帝国主义的掠夺和剥削，经济发展水平低，受不公正不合理的国际经济秩序的制约，在资金、技术等方面严重依赖于西方国家，南北差距持续扩大。要想改变在世界经济中的从属地位，发展中国家必须把发展经济置于首位。发达国家

① 《邓小平文选》第 3 卷，人民出版社 1993 年版，第 56 页。

同样面临经济持续发展的压力，由于世界各国经济相互渗透依存，“南方得不到适当的发展，北方的资本和商品出路就有限得很，如果南方继续贫困下去，北方就可能没有出路”①。发展成为各国共同利益所在，其核心是解决发展中国家的发展问题。发展中国家地域辽阔、人口众多，拥有丰富的自然资源，具有繁荣世界经济的巨大潜力。发展中国家的贫穷落后，无疑会影响整个世界经济的繁荣。

和平与发展是关系人类命运和前途的两大根本问题，两者互为条件，互为因果，相互联系，相互制约。和平是发展的前提，发展是和平的保证；发展需要和平，和平离不开发展。

和平的国际环境是各国经济乃至人类社会经济发展的必要条件。战争带来的是经济社会动荡、停滞和破坏，核战争甚至威胁着人类的生存。只有维护世界和平，才能为各国和世界经济的发展创造一个良好的国际环境，才能保证各国集中人力、物力、财力用于社会经济发展，促进各国共同发展。同样，如果没有发展，和平就没有保障。发展是硬道理。没有经济发展的和平是脆弱的和平，世界无法在经济萧条的条件下实现真正的和平。长期的贫穷落后是造成某些发展中国家政局动荡、受大国控制、卷入局部战争的重要原因，极大地威胁着世界和平。只有实现广大发展中国家的经济发展，才能增强维护世界和平与稳定的力量。总之，和平与发展两大主题是辩证统一、相互作用的。与此同时，还应看到，两个主题中，发展问题是根本问题，“应当把发展问题提到全人类的高度来认识，要从这个高度去观察问题和解决问题”②。

3. 和平与发展仍然是当今时代的主题

冷战结束后，国际关系呈现新的战略态势，和平与发展两大问题也表现出新的特点。邓小平在 1992 年指出：“世界和平与发展这两大问题，至今一个也没有解决。”③ 这一论断不仅高度概括了冷战结束后的世界形势，而且对国际关系的未来趋向作出了前瞻性科学阐述。进入 21 世纪，和平与发展作为时代的主题仍然没有改变，其内涵随着国际形势的演变而不断丰富。

就和平问题来看，国际政治总体和平的局面在很大程度上能够长期得以维持。冷战期间那种全球性的超级大国军事对峙不复存在，大国关系经过深刻调

---

① 《邓小平文选》第 3 卷，人民出版社 1993 年版，第 106 页。
② 《邓小平文选》第 3 卷，人民出版社 1993 年版，第 282 页。
③ 《邓小平文选》第 3 卷，人民出版社 1993 年版，第 383 页。

整，相互依存加深，在相当长时间内难以出现全面军事对抗，爆发世界大战的可能性仍然较低。同时，两极格局的终结为不同社会制度、意识形态国家的长期共存提供了现实基础，维护和平、抑制战争的力量在持续增长。然而，冷战结束后的世界仍旧不太平，武装冲突和局部战争仍然频繁。究其根源，除了传统的霸权主义、民族矛盾、宗教对立、领土争端之外，新的非传统安全威胁，诸如金融危机、环境污染、恐怖主义、信息安全等问题日益突出，不稳定、不安全因素层出不穷。非传统安全威胁尽管没有体现为直接的军事对抗，但其可能导致的经济崩溃、社会政治动荡、民族对立等严重后果，同样是世界和平的挑战。

就发展问题来看，冷战结束后富国与穷国之间的贫富悬殊越拉越大，国家间以经济、科技为核心的综合国力竞争更加激烈。发展中国家普遍面临着在经济全球化浪潮中趋利避害，改变落后局面的任务。而在发展中国家内部，由于各自发展水平和发展条件的差异，不同国家应对经济全球化能力也存在差异，从而使得经济全球化给不同的国家和地区带来了不同的结果。那些政局稳定，经济政策得当的国家，积极参与经济全球化而获益；那些政局不稳、经济政策失误、天灾人祸频繁的国家，则陷入停滞的"边缘化"处境，通过南南合作来解决发展问题的努力更加困难重重。随着经济全球化的深入，发展问题的内涵也相应扩大，不仅涉及经济发展，而且广泛涉及经济、社会、资源、环境等各个方面的可持续发展。因此，发展作为时代核心主题的意义，在经济全球化的背景下变得更加突出。

时代主题反映的是一定历史阶段内世界最需要解决的战略性问题。习近平在坚持时代主题战略判断的基础上，深化了对世界大势及时代潮流的认识，指出"这个世界，和平、发展、合作、共赢成为时代潮流"①。在强调和平、发展的同时提出了合作、共赢的理念，高度概括了当今时代世界发展的基本趋势与特征，进一步丰富了当今时代主题的内涵。和平与发展离不开合作，唯有合作才能维护世界和平，唯有合作才能促进共同发展。共赢的价值在于突破零和博弈的思维定式，超越国强必霸的历史覆辙。与此同时，不可否认，阻碍和平与发展的不确定因素长期存在，冲击和平与发展的重大突发事件时有发生，霸权主义和强权政治也有新的表现。尽管如此，着眼于世界的总体形势和未来趋

① 《习近平谈治国理政》第 1 卷，外文出版社 2018 年版，第 272 页。

向，解决和平与发展问题绝不只是一厢情愿的想法，因为“今天的人类比以往任何时候都更有条件朝和平与发展的目标迈进，而合作共赢就是实现这一目标的现实途径”①。实践表明，和平与发展时代主题的论断既为中国制定以经济建设为中心的基本路线提供了科学依据，也为中国坚定不移走和平发展道路奠定了理论基础。

二、和平与发展时代的特征

21世纪以来，国际政治呈现出动荡与稳定、单极与多极、对抗与对话、冲突与合作等多种态势的并存与较量。“从历史维度看，人类社会正处在一个大发展大变革大调整时代。世界多极化、经济全球化、社会信息化、文化多样化深入发展，和平发展的大势日益强劲，变革创新的步伐持续向前。各国之间的联系从来没有像今天这样紧密，世界人民对美好生活的向往从来没有像今天这样强烈，人类战胜困难的手段从来没有像今天这样丰富。”②

1. 世界多极化深入发展

世界多极化，是主要国际政治行为体的实力对比逐渐趋向相对均衡的发展过程。这一趋势符合世界发展不平衡的客观规律。纵观历史上世界大国的兴衰，可以发现，国家实力的竞争从来不存在固定不变的格局，没有一成不变的强者。

“极”作为一个国际政治术语，是指那些对世界事务有决定性影响作用的国家或国家集团。“极”的力量可能来源于超强的军事实力，也可能来源于雄厚的经济基础和先进的科技水平，还可能来源于意识形态对其他国家的吸引力和辐射力。世界各国、各地区之间的发展是不平衡的。当前的多极化趋势是各大国和国家集团在新的历史条件下竞争角逐的结果，反映的是各大力量之间实力对比的状况和变化。

早在20世纪60年代末的美苏两极对峙时期，随着西欧、日本经济实力的增强，以及发展中国家整体国际地位的上升，世界就开始出现了多极化的倾向，冲击着雅尔塔体制。冷战结束后，作为唯一的超级大国，美国在政治、经济、军事、科技等各个领域都具有全面的实力优势，在对外关系中的霸权主义

---

① 《习近平谈治国理政》第1卷，外文出版社2018年版，第274页。

② 《习近平谈治国理政》第2卷，外文出版社2017年版，第508页。

政策和单边主义行为有所加强。但是，美国实际上并未确立起独霸的单极格局，美国的实力优势也没有达到绝对的程度，其单边主义的做法不符合世界多样性的现实，遭到越来越多国家的反对和抵制，美国在国际社会中的领导地位及其国际形象也因此而受到极大的负面影响。面对全球化浪潮所带来的环境、能源、恐怖主义、流行性疾病等各种全球性问题的挑战，任何国家的力量都无法单独应对。

2008 年金融危机加速了世界各种力量的此消彼长。发展中国家的整体实力明显上升，新兴市场国家和发展中国家崛起已经成为不可阻挡的历史潮流。工业革命以来，世界经济重心第一次出现向非西方国家快速分散的趋势。未来的世界不会是由某个国家或国家集团主宰一切，而是世界各国在竞争中合作共处、相互依存、共同发展。

多极化趋势是一个复杂的历史进程，将在多极与单极的较量中深入发展。总体上，世界多极化是一种历史的进步。它极大削弱了少数大国、强国左右国际局势的能力，牵制了少数国家霸权主义和强权政治的行径，广大中小国家在国际事务中获得了更多更大的发言权，能够独立自主地推行自己的内外政策，平等参与国际事务的决策，有利于国际关系民主化，为世界各国的平等交往与合作竞争提供保障。

2. 经济全球化曲折前行

经济全球化，是 20 世纪 90 年代以来世界经济的重要特征。所谓经济全球化，是指在不断发展的科技革命和生产国际化的推动下，各国经济相互依赖、相互渗透日益加深，形成牵一发而动全身的有机整体，所有国家、地区和国家集团的所有经济部门和经济环节都成为这个整体不可分割的组成部分。

经济全球化是生产力和国际分工高度发展的产物。正如马克思、恩格斯所指出的那样："资产阶级，由于开拓了世界市场，使一切国家的生产和消费都成为世界性的了。……过去那种地方的和民族的自给自足和闭关自守状态，被各民族的各方面的互相往来和各方面的互相依赖所代替了。"① 从那以后，经济生活国际化的进程不断加强。到了第二次世界大战后，特别是 20 世纪 90 年代以来，数以万计的跨国公司编织成全球性的网络，各国经济都成了世界经济整体的组成部分；统一的世界市场逐步形成，各国经济体制和主要经济政策趋于

① 《马克思恩格斯文集》第 2 卷，人民出版社 2009 年版，第 35 页。

一致；新科技革命更是提供了基本手段和物质条件；日益严重的全球性问题客观上要求加强全球范围的合作。经济国际化因此进入了一个新的阶段，即全球化阶段。

经济全球化是一个包含多元内容的进程，也是一个合作与冲突并存的进程，这一进程全面而深刻地影响着世界政治经济与国际关系。

在经济全球化的背景下，世界各国的经济资源得以在全球范围内配置，发达国家的资金、技术、管理经验和发展中国家的资源、廉价劳动力和广阔市场能够实现组合，这就使得各国有可能在世界经济中实现优势互补，促进各国和世界经济的发展与经济效益的提高。

在经济全球化背景下，国与国之间的相互依存关系得到强化，国际合作成为国际政治的主旋律。经济全球化极大改变了人们的传统观念，全球观念、全球意识日渐深入人心。世界各国的人们共同生活在一个“地球村”，彼此之间联系紧密，利益攸关。

在经济全球化的背景下，和平与发展两大主题更加突出。经济全球化的发展，使任何国家的经济发展甚至生存本身都或多或少地依赖于其他国家，这是促进和平、防止冲突的重要保障。经济因素在国际关系中的地位大大提高，经济全球化给世界经济注入了新的动力，和平与发展这两大主题得以深化。

在经济全球化背景下，各国力量对比发生变化，促进了多极化的发展。世界各国、各地区经济发展不平衡加剧，大国之间的争夺日趋激烈，一部分发展中国家抓住经济全球化带来的机会，能够发挥后发优势，确立多极化世界格局的经济基础，有利于促进世界多极化的发展。

在经济全球化背景下，传统的国家主权观念受到很大冲击。经济全球化在加强主权国家之间联系的同时，也对国家主权构成了挑战。跨国公司冲破国家界限谋求利润最大化的行为方式，通过强大经济力量对投资国经济政策施加影响，一定程度上约束了相关国家经济决策权的功能。联合国、国际货币基金组织等全球性国际组织以及欧盟等区域性集团，通过国际法、国际条约、国际共识等形式拥有了部分原本属于国家主权的功能，传统的国家主权观念在范围、功能、权限等方面受到了冲击和影响。

在经济全球化背景下，全球性传播的多米诺骨牌效应与日俱增，任何单一国家的危机都会迅速蔓延，波及他国甚至危及全世界。经济全球化因此被称为“双刃剑”，既带来机遇，也意味着风险。2008 年国际金融危机后，经济全球化进入调整期，国际贸易和投资明显减速，发展不平衡的矛盾更加尖锐，全球经济治理陷入困境，国际经济运行规则面临重构，由此引发全球范围内的反全球化、逆全球化浪潮。西方国家原本在世界经济中占据优势地位，凭借经济实力和金融资本主导经济全球化发展，尽享全球化的“红利”。然而，随着全球化的深化和西方国家“去工业化”的推进，新兴经济体开始群体性崛起，逐步取代西方国家成为经济全球化的主要动力。

尽管如此，“人类历史告诉我们，有问题不可怕，可怕的是不敢直面问题，找不到解决问题的思路。面对经济全球化带来的机遇和挑战，正确的选择是，充分利用一切机遇，合作应对一切挑战，引导好经济全球化走向”①。经济全球化的历史大势不可逆转。在世界经济经历深刻调整变革之际，各国唯有旗帜鲜明反对单边主义和保护主义，推动经济全球化朝着更加开放、包容、普惠、平衡、共赢的方向发展，才能让世界各国人民共享经济全球化的成果。

3. 社会信息化不断推进

社会信息化，是指人类一切社会生活领域全面实现信息化的过程。人们通过最大限度开发利用信息资源，提高社会生活的信息技术应用水平，为社会提供更高质量的产品和服务。

从社会发展历史过程来看，人类经历了农业革命、工业革命，正在经历信息革命。每一次技术革命，都给人类生产生活带来巨大而深刻的影响。农业革命增强了人类的生存能力，工业革命拓展了人类体力，而信息革命则增强了人类脑力，带来生产力又一次质的飞跃，极大提高了人类认识世界、改造世界的能力，对国际政治、经济、文化、社会、生态、军事等领域发展产生了深刻影响。社会信息化是信息化的高级阶段，是人类的社会生活及与之密切相关的社会服务、社会管理的信息化。具体而言，社会生活信息化涵盖社会生活主体在一定社会环境中生存与活动的所有领域的信息化；社会服务信息化包含金融、交通、通信、医疗等社会服务行业的服务方式和服务内容的信息化；社会管理信息化则是指政府和社区管理机构充分利用信息技术和信息化手段提高社会行政效率和效益，更好地发挥社会管理机构的职能。

人类社会的进步，一定程度上取决于人类认识和利用资源的能力，信息是一种新兴的资源，持续推进的社会信息化进程给人类社会的发展带来了深刻变

① 《习近平谈治国理政》第2卷，外文出版社2017年版，第478页。

革。信息技术是一种基础技术，可以应用于社会经济的各个领域和环节，社会信息化将进一步促进经济全球化，带动世界经济关系的重大调整，加剧国家间围绕科学技术的激烈竞争。同时，信息技术可以在经济、军事、政治和文化等各方面直接强化一个国家的国际影响力和主导权，社会信息化将使得国际政治的内涵发生深刻变化。信息在社会生活中的中心作用被广泛认可，社会信息化也将导致人们价值观念、思维方式上的巨大变化。值得注意的是，社会信息化进程中发展不平衡、规则不健全、秩序不合理等问题日益凸显。富国与穷国之间、发达与欠发达地区之间、强势与弱势群体之间的“数字鸿沟”加剧，造成发展机遇的不公平。世界范围内侵害个人隐私、侵犯知识产权、网络犯罪等时有发生，网络监听、网络攻击、网络恐怖主义活动等成为全球公害。“面对这些问题和挑战，国际社会应该在相互尊重、相互信任的基础上，加强对话合作，推动互联网全球治理体系变革，共同构建和平、安全、开放、合作的网络空间，建立多边、民主、透明的全球互联网治理体系。”①

4. 文化多样化持续繁荣

文化多样化，是指人类文化在其表现形式和内容方面的丰富多彩。根据2001年联合国教科文组织第31届大会通过的《世界文化多样性宣言》，文化多样性就像生物多样性对于维持自然界平衡那样必不可少，应当从当代人和子孙后代的利益考虑予以承认和肯定，保护文化多样性意味着对人权、自由和尊严的承诺。2005年10月，联合国教科文组织通过了《保护和促进文化表现形式多样性公约》，首次以公约形式确立了保护文化多样化的全球性法律共识，有利于促进世界文化多样化的繁荣和保护。世界各国在长期历史发展过程中，创造了各种各样、多姿多彩的文化。无论是社会制度、价值观念和发展程度，还是历史传统、宗教信仰和文化背景，不同国家之间都存在着差异。但是每个国家、每个民族无论强弱、大小，其思想文化都应该得到承认和尊重。

文化多样化不仅是当今世界的基本特征，也是人类文明进步的重要动力。世界上不同国家、不同民族、不同文化背景的人民，共同创造了丰富多彩的世界，不同文化之间的交流、互鉴，汇成人类文明奔流不息的长河。经济全球化潮流促进了全球范围的文化交流与融合，但也不可避免地带来矛盾和碰撞，使得文化多样性与普遍性、个性与共性之间的冲突加剧。以经济全球化为背景，

① 《习近平谈治国理政》第2卷，外文出版社2017年版，第532页。

文化的趋同化现象、强势文化挤压弱势文化的现象更加突出，文化多样化面临严峻挑战。

文化是体现一个社会或社会群体特征的心理和思想的复合构成。每一种文化都有其不同于其他民族文化的独特性。失去了文化的独特性，一个国家将丧失独立，一个民族将丧失灵魂。维护和保护文化多样化，是实现国际关系民主化的基本前提。历史反复证明，任何企图以强制手段来解决文化差异的做法都不会成功，反而会给世界带来灾难。"文明因交流而多彩，文明因互鉴而丰富。文明交流互鉴，是推动人类文明进步和世界和平发展的重要动力。推动文明交流互鉴，需要秉持正确的态度和原则。"① 尊重文化多样化，不同国家、不同文明之间相互借鉴，求同存异，和睦相处，互相促进，才能创造百花争艳、万紫千红的世界。

世界正在经历着历史性的深刻变革，国际政治空前错综复杂。上述发展趋势相互交织，相互影响，共同推动和平与发展时代主题的深化。

第三节 中国的对外政策

一、中国对外政策的演变

一个国家的发展离不开所处的国际社会和对外交往。新中国成立以来，中国与国际社会的关系经历了从疏远到融入、从边缘到中心的巨大转变，独立自主和平外交政策的内容不断充实完善，体现出鲜明的时代特征，贯穿了符合中国社会主义制度本质的基本原则。当前，中国发展仍处于重要战略机遇期，处于"日益走近世界舞台中央、不断为人类作出更大贡献的时代"②，开启了构建中国特色大国外交的新篇章。

新中国成立以来，随着国际环境的变迁和中国国家实力的提升，中国的对外政策几经调整，开展了兼具时代精神和中国特色的外交活动，为中国的发展营造了良好的外部环境。

1. "一边倒"政策

新中国成立前后，两极格局已经大体形成，美苏的尖锐对峙使得中国的国

---

① 《习近平谈治国理政》第 1 卷，外文出版社 2018 年版，第 258 页。

② 习近平：《决胜全面建成小康社会 夺取新时代中国特色社会主义伟大胜利——在中国共产党第十九次全国代表大会上的报告》，人民出版社 2017 年版，第 11 页。

际活动空间非常有限。资本主义阵营国家从政治、经济和军事上全面孤立、封锁和威胁中国，而社会主义阵营国家则在政治、经济和技术等多方面支持和援助中国。为使新生政权站稳脚跟，中国制定并执行了同以苏联为首的社会主义国家站在一起的“一边倒”政策。

根据这一政策，中国坚决废除了一切不平等条约，取消了帝国主义在华的一切特权，有计划、有步骤地处理了外国人在华兴办的企业、文教、卫生、救济等机构，一举铲除了百余年来帝国主义在华的特权和势力，巩固了新中国的独立与自主，并且为新中国在平等互利的基础上同各国建立外交关系开辟了道路。到20世纪50年代中期，中国在国际舞台上站稳了脚跟，积极参与国际事务，取得了重要的外交成就。

2. 联合亚非拉国家反对超级大国的政策

20世纪60年代，国际形势剧烈动荡，各种国际力量经历了分化改组的过程。苏联大国主义和霸权主义野心膨胀，导致社会主义阵营逐步走向解体。由于中苏关系恶化，中国调整外交政策，提出依靠广大亚非拉国家，反对帝国主义、修正主义和各国反动派的政策。中国外交经历了严峻的考验，在压力之下开拓前进，但也在一定程度上受到“左”倾干扰，留下了深刻的教训。

这期间，中国十分重视同广大亚非拉国家的关系，联合亚非拉国家在维护主权和利益、推动世界和平方面作出了重大贡献。同阿拉伯国家发展关系，采取善于等待，增进往来，多做工作，水到渠成，达成建交的方针。同非洲地区国家发展关系，采取了主动工作，既严肃又灵活的方针。同拉丁美洲国家发展关系，确定了建立友好联系，发展经济文化往来，多做工作，广交朋友，逐步走向建交的方针。

3. “一条线，一大片”政策与“三个世界”划分的思想

20世纪60年代末70年代初，苏联的霸权主义政策导致中苏两国关系持续恶化，中国所处的国际环境再次发生了重大变化。苏联在中苏边界部署重兵，加强对中国的威胁，甚至一度发生了武装冲突。而美国深陷在越南战争的泥潭之中，被迫实行战略收缩，谋求改善美中关系，以联合中国遏制苏联。在这样的背景下，中国政府及时调整对外政策。1973年，毛泽东在会见基辛格时，提出了“一条线，一大片”的政策。“一条线”是指从中国出发，经过日本到澳大利亚、新西兰，经过中东到欧洲，最后到美国；“一大片”是指在“一条线”周围的国家和地区。这一政策的实质，是联合国际上一切可以联合的力量，在

世界范围内建立反对苏联霸权主义的国际统一战线。

毛泽东以“一条线，一大片”政策为基础，进一步提出了“三个世界”划分的战略思想，将世界各国明确划分为第一世界、第二世界和第三世界。美国和苏联两个超级大国是第一世界，亚非拉发展中国家是第三世界，处在两者之间的发达国家是第二世界。中国是第三世界的一员，在国际事务中奉行团结第三世界，争取第二世界，反对第一世界，尤其是反对苏联的霸权主义的外交战略。“三个世界”划分的战略思想确立了中国20世纪70年代对外政策的基本立足点，加强了中国同发展中国家的团结与合作。“对于团结世界人民反对霸权主义，改变世界政治力量对比，对于打破苏联霸权主义企图在国际上孤立我们的狂妄计划，改善我们的国际环境，提高我国的国际威望，起了不可估量的作用。”① 经过调整，中国的对外关系打开了新的局面，中国开始全面参与国际事务，成为国际舞台上一支不容忽视的力量，为70年代末中国的改革开放创造了条件。

4. 以经济建设为中心的和平外交政策

以党的十一届三中全会的召开为标志，中国进入了以经济建设为中心的历史时期。20世纪70年代末80年代初，国际形势也发生了深刻的变化。为了适应国际国内形势的需要，中国的对外政策在80年代初进行了重大调整，主要表现在：

第一，确立了战争与和平的新观念。确认世界和平因素的增长超过了战争因素的增长，在相当长时期内会抑制世界大战的爆发。

第二，赋予独立自主原则全新的内容。不同任何大国结盟或建立战略关系，不参加任何对立的国家集团或军事集团，在大国关系中不支持任何一方反对另一方。对一切国际事务、国际争端和国际问题，都从世界人民和中国人民的根本利益出发，根据事情本身的是非曲直，独立自主地决定自己的态度和政策，不受任何超级大国和外部势力的影响和支配。

第三，不以社会制度和意识形态的异同论亲疏。坚持和平共处五项原则，发展正常的国家间关系，增进国际合作，维护世界和平。

第四，以全面对外开放作为基本国策。中国的对外开放是全面的，既对资本主义国家开放，也对社会主义国家开放；既对发达国家开放，也对发展中国

① 《邓小平文选》第2卷，人民出版社1994年版，第160页。

家开放；物质文明建设要开放，精神文明建设也要开放。

通过对外政策的调整，中国全面奉行独立自主的和平外交政策，对外关系出现了新格局，在国际事务中发挥着独特的作用，为中国的经济建设创造了有利的国际环境。

5. 建立国际新秩序

冷战结束后，国际政治摆脱了两极格局的束缚，国际形势总体趋于缓和，地区热点层出不穷，天下仍不太平。以世界格局的转换为背景，中国提出了促进世界多极化、建立国际政治经济新秩序等创造性的对外战略构想。

中国国际新秩序构想的目标是：符合和平与发展的时代潮流，改变超级大国主宰世界的局面，结束霸权主义和强权政治，推动各国以和平共处五项原则为准则来处理国家间的关系，使世界上所有国家不论大小，主权一律平等，公正、民主、协商解决国际事务。

中国国际新秩序构想的基本内容是：各国有权根据本国国情独立自主地选择本国的社会制度、政治制度、经济制度和发展道路，任何国家尤其是大国不得干涉别国内政，不应把自己的价值观念、意识形态和发展模式强加于别国；互相尊重主权和领土完整，任何国家都不得以任何借口侵犯或吞并他国领土，国际争端应当通过和平谈判合理解决，反对诉诸武力或以武力相威胁，反对以战争手段解决国际争端；在国际关系中，不得以大压小，以强凌弱，以富欺贫，国际事务应当由世界各国平等参与协商，不能由一个或几个大国垄断，任何国家都不应谋求霸权或推行强权政治；改变旧的国际经济关系，代之以公正合理、平等互利的国际经济新秩序。

6. 推动建设和谐世界

进入21世纪，面对复杂多变的国际形势和中国国内建设事业的新任务，中国在对外政策的阐述方面有了新的发展。2004年，中国明确提出将致力于走和平发展道路，其核心是充分利用世界和平的大好时机，努力发展和壮大自己，同时又以自己的发展，维护世界和平，反映了中国在国家实力不断增长过程中的自我定位。2005年，中国进一步提出了和谐世界的理念，并将其界定为“持久和平、共同繁荣的和谐世界”。

和谐世界理念强调尊重各国自主选择社会制度和发展道路的权利，相互借鉴而不是刻意排斥，取长补短而不是定于一尊，推动各国根据本国国情实现振兴和发展；主张加强不同文明的对话和交流，在竞争比较中取长补短，在求同存异中共同发展，努力消除相互的疑虑和隔阂，使人类更加和睦，让世界更加丰富多彩；倡导以平等开放的精神，维护文明的多样性，促进国际关系民主化，协力构建各种文明兼容并蓄的和谐世界。

和谐世界理念体现了中国对于国际秩序的美好愿望和追求，突出了中国承担国际责任的决心和信心，有助于在国际舞台上树立中国建设性、负责任大国的形象。

7. 推动构建人类命运共同体

坚持推动构建人类命运共同体，是新时代中国特色大国外交的基本方略，也是新时代中国外交的总目标。2013 年 3 月 23 日，习近平在演讲中第一次向世界传递了中国对人类命运的思考。“这个世界，各国相互联系、相互依存的程度空前加深，人类生活在同一个地球村里，生活在历史和现实交汇的同一个时空里，越来越成为你中有我、我中有你的命运共同体。”① 此后，习近平深刻阐释和发展了构建人类命运共同体思想，主张世界各国在追求自身利益的同时应兼顾他国利益，形成不可分割、命运相连的状态，共同发展，共同合作，增进全人类共同利益，共同推动人类进步。

作为新时代中国特色大国外交的顶层设计，构建人类命运共同体思想具有广阔的战略视野和鲜明的中国特色，蕴含人类共同价值，表明中国特色大国外交将坚定不移地走出一条与传统大国不同的强国之路。构建人类命运共同体，就是要“建设持久和平、普遍安全、共同繁荣、开放包容、清洁美丽的世界”②。

持久和平是构建人类命运共同体的主要途径，中国坚持独立自主的和平外交政策，走对话而不对抗、结伴而不结盟的国与国交往新路，积极发展全球伙伴关系；普遍安全是构建人类命运共同体的重要保障，中国倡导共同、综合、合作、可持续安全的新观念，主张以对话解决争端、以协商化解分歧，旨在营造公道正义、共建共享的安全格局；共同繁荣是构建人类命运共同体的坚实基础，中国坚持对外开放的基本国策，积极打造一个开放、包容、普惠、平衡、共赢的经济全球化，推动各国从紧密相连的利益共同体迈向休戚与共的命运共同体；开放包容是构建人类命运共同体的牢固纽带，不同文明之间的相处需要

---

① 《习近平谈治国理政》第 1 卷，外文出版社 2018 年版，第 272 页。

② 习近平：《决胜全面建成小康社会 夺取新时代中国特色社会主义伟大胜利——在中国共产党第十九次全国代表大会上的报告》，人民出版社 2017 年版，第 58—59 页。

和而不同的精神，中国主张以文明交流超越文明隔阂、文明互鉴超越文明冲突、文明共存超越文明优越；清洁美丽是构建人类命运共同体的必要条件，建设生态文明关乎人类未来，中国把绿色发展作为发展的基本理念，把推动生态建设上升到国家发展战略的高度。上述五个方面的实践相互联系、相互补充，推动中国在国际事务中更加有所作为，以更宽广的眼光为世界作出更大的贡献。

二、中国对外政策的基本原则

新中国成立 70 年来，中国对外政策随着国际和国内形势的变化而调整，经历了不同的发展阶段，其间体现中国社会主义制度本质的对外政策基本原则却是一以贯之的，并在历史和逻辑的延续中不断得到丰富和完善。

1. 坚持独立自主的根本原则

独立自主，就是国家主权独立，在对内对外事务中不屈服于任何外来的干涉和指挥，坚持中国的事情按照中国的情况来办、依靠中国人民自己的力量来办，对一切国际事务都要坚持从中国人民的根本利益和各国人民的共同利益出发，根据事情本身的是非曲直确定我们的立场和政策。独立自主，是中国人民近代斗争历史经验的结晶，也是新中国成立以来对外关系中的经验总结，是中国对外政策一贯坚持的基本原则，并在长期的外交实践中得到了进一步充实。邓小平曾指出："独立自主，自力更生，无论过去、现在和将来，都是我们的立足点。"① 不管是"一边倒"政策时期，还是20世纪70年代的"一条线，一大片"政策时期，中国都没有放弃独立自主原则，都不允许任何国家染指中国的主权，插手中国的内政。改革开放以来，中国长期实行不结盟的和平外交政策，全方位地体现了中国的独立自主。

独立自主原则，是中国国家利益的根本要求，只有坚持这一原则，才能在国际交往中维护和实现中国的国家利益；独立自主原则，是中国国家主权的要求，中国在国际政治中的独立权和平等权，必然要求对外独立自主地处理一切国际事务，而只有独立自主地处理一切国际事务，才能维护和实现国家主权；独立自主原则，是世界和平发展的要求，只有独立自主处理一切国际事务，同时尊重其他国家独立自主处理一切国际事务的权利，才能实现和平发展。

① 《邓小平文选》第 3 卷，人民出版社 1993 年版，第 3 页。

当然，独立自主不是闭关自守，自力更生不是盲目排外。“我们要坚持从我国实际出发，坚定不移走自己的路，同时我们要树立世界眼光，更好把国内发展与对外开放统一起来，把中国发展与世界发展联系起来，把中国人民利益同各国人民共同利益结合起来”①。

2. 坚持和平共处五项原则

互相尊重主权和领土完整、互不侵犯、互不干涉内政、平等互利、和平共处五项原则自20世纪50年代提出后，成为中国外交长期恪守的指导原则，从未因为各种新问题、新矛盾的涌现而过时，而是在实践中不断得到丰富，其适应性和影响力与时俱进，更加显示出强大的生命力。

五项原则相互联系、相辅相成，构成一个有机整体。互相尊重主权和领土完整，是最根本的国际政治准则，因为主权独立和领土完整既是一个国家存在的首要前提，也是一个国家自立于国际政治舞台、开展对外交往的基础。互不侵犯，是从国家主权原则直接引申出来的，也是国家主权原则的重要保证，要求禁止使用武力侵犯他国的主权独立和领土完整。互不干涉内政，是由不干涉内政原则这一公认的国际政治准则引申而来的，要求禁止任何国家以任何借口干涉他国内政，破坏他国主权的至上性和领土的完整性。平等互利，是以传统的主权平等原则为核心基础上发展起来的一项新原则，要求世界各国在交往中坚持平等原则，互相尊重，平等相处，不得以大欺小、以强凌弱。和平共处，是指世界各国无论社会制度、意识形态和价值观念、经济发展水平如何，都应该和平地并存，友好地往来，善意地合作，并应该用和平方法妥善解决彼此间的争端和问题。五项原则中的内容大多数早已存在，但把它们作为一个彼此既有区别又有密切联系的整体提出来，在国际政治中还是第一次，构成了一整套完整的国际政治行为规范，无疑是一个创造性的发展。

中国不仅是和平共处五项原则的倡导者，也是忠实的维护者和执行者。正是在和平共处五项原则的指导下，中国同一些邻国妥善地解决了历史遗留下来的复杂问题，提出“一国两制”的构想解决了香港、澳门问题，发展了同世界各国的友好合作关系，对外工作取得了巨大成就。

3. 坚持同发展中国家的团结与合作

中国是发展中的大国，同广大的亚洲、非洲、拉丁美洲及其他地区的发展中

① 《习近平谈治国理政》第1卷，外文出版社2018年版，第248页。

国家有着共同的历史遭遇和苦难历程，都长期遭受过外来奴役和掠夺，都曾为民族独立进行过长期英勇的斗争，当前又都面临着发展本国经济、改善本国人民生活的现实任务。为此，都需要长期的国际和平环境，都需要反对外来干涉和强权政治，都需要为建立公正、合理国际秩序而努力。中国的命运同广大发展中国家的命运紧密联系在一起。发展中国家的优势在于团结，团结是发展中国家力量的源泉。中国始终重视同发展中国家的团结和合作，一贯支持发展中国家争取和维护独立与主权的正义斗争，支持发展中国家改革国际经济旧秩序、建立公正、合理的国际经济新秩序的主张，并从政治上、道义上和物质上给予大力援助。

在与发展中国家交往的过程中，中国坚持相互尊重，平等相待，互利合作，不以大国自居，不干涉他国内政。对于发展中国家之间由于领土、民族、宗教等原因存在的矛盾和纷争，中国历来主张以大局为重，以团结为重，以共同利益为重，采取克制态度，本着互谅互让、求同存异的原则，和平解决争端和分歧，并为此做了大量工作，维护发展中国家内部的团结与合作。

中国一以贯之地强调自己的发展中国家身份，将广大发展中国家作为走和平发展道路的同路人。中国与发展中国家的关系经历了美苏冷战以及冷战结束后国际格局重大变化等各种局势的严峻考验，一直稳定地向前推进。党的十八大以来，中国外交践行正确义利观，坚持与发展中国家真诚友好、平等相待，进一步密切双方高层往来，加强不同层次的对话和磋商，推动中国与发展中国家关系取得新进展。

4. 坚持走和平发展道路

和平发展道路是一条和平与发展相互依存、内政与外交有机统一、本国利益与人类共同利益密切结合的新型发展道路。习近平指出："中国早就向世界郑重宣示：中国坚定不移走和平发展道路，既通过维护世界和平发展自己，又通过自身发展维护世界和平。走和平发展道路，是中国对国际社会关注中国发展走向的回应，更是中国人民对实现自身发展目标的自信和自觉。"①

走和平发展道路，是中华民族优秀文化传统的传承和发展，也是中国人民从近代的民族苦难遭遇中得出的历史结论。中国是一个历史悠久的文明古国，中华民族历来讲信修睦、亲仁善邻、崇尚和平。中华文化是一种和平的文化，中国人在对外关系中始终秉承"强不执弱""富不侮贫"的精神，主张"协和

---

① 《习近平谈治国理政》第 1 卷，外文出版社 2018 年版，第 265 页。

万邦”。在近代历史上，中国屡遭外来势力入侵和奴役，中国人民深知和平弥足珍贵。新中国成立以来，社会主义制度的性质和价值取向决定中国决不以损害别国利益来实现自己的发展，而是以和平方式自立于世界民族之林。改革开放40余年来的经验证明，坚定不移地走和平发展道路，符合中国人民的根本意愿，符合世界各国人民的共同利益，是中国政府和中国人民作出的郑重战略选择，也是对全世界的庄严承诺。同时，坚持走和平发展道路绝不意味着放弃正当权益，中国走和平发展道路不会以损害自己的国家利益为代价。和平不是自发的，而是需要争取、维护和斗争才能实现的。当中国的主权、安全、发展利益受到威胁，中国会坚决运用一切手段捍卫国家核心利益，这与走和平发展道路是内在统一的。中国走和平发展道路，其他国家也都要走和平发展道路，只有各国都走和平发展道路，各国才能共同发展，国与国才能和平相处。

三、开创新时代中国特色大国外交新局面

党的十八大以来，以习近平同志为核心的党中央，准确把握时代潮流和世界大势，带领全国人民为实现“两个一百年”奋斗目标和中华民族伟大复兴的中国梦而努力奋斗。外交是国家意志的集中体现。习近平高度重视外交工作，积极运筹外交工作的顶层设计和战略谋划，在外交领域进行了重大理论和实践创新，创立了习近平外交思想。

概括起来，习近平外交思想主要包含以下内容：坚持以维护党中央权威为统领加强党对对外工作的集中统一领导；坚持以实现中华民族伟大复兴为使命推进中国特色大国外交；坚持以维护世界和平、促进共同发展为宗旨推动构建人类命运共同体；坚持以中国特色社会主义为根本增强战略自信；坚持以共商共建共享为原则推动“一带一路”建设；坚持以相互尊重、合作共赢为基础走和平发展道路；坚持以深化外交布局为依托打造全球伙伴关系；坚持以公平正义为理念引领全球治理体系改革；坚持以国家核心利益为底线维护国家主权、安全、发展利益；坚持以对外工作优良传统和时代特征相结合为方向塑造中国外交独特风范。

习近平指出：“中国必须有自己特色的大国外交。我们要在总结实践经验的基础上，丰富和发展对外工作理念，使我国对外工作有鲜明的中国特色、中国风格、中国气派。”① “大国外交”意味着中国在对外交往中要突出作为一个

① 《习近平谈治国理政》第2卷，外文出版社2017年版，第443页。

新兴发展中大国的作用和担当，“中国特色”则意味着走出一条与历史上传统大国不同的道路，彰显中国外交和平、发展、合作、共赢的鲜明特色，蕴含中国传统哲学和历史文化的独特智慧。独立自主的和平外交政策凝聚新中国70年外交的特色和优势，符合时代潮流，符合中国人民和世界各国人民的根本利益。新时代中国特色大国外交必须坚持和完善独立自主的和平外交政策，推动构建人类命运共同体，在实现中国和平发展和民族复兴的同时，与世界各国共享和平、共同发展。

构建人类命运共同体是习近平外交思想的核心成果，是对人类文明进程和发展前景进行前瞻性思考和判断的产物。世界正处于历史性变革之中，国际秩序以及全球治理体系正在发生深刻复杂的变化。作为推动国际秩序和国际体系变革的中国方案，构建人类命运共同体倡导人类共同营造人人免于匮乏、获得发展、享有尊严的光明前景，建设“各美其美，美人之美，美美与共，天下大同”的美好世界。它超越了传统的国际关系和外交理论，占据了时代发展和人类道义的制高点，全面提升了中国外交的目标定位，必将对推动人类社会的进步、推动世界和平与繁荣产生深远的影响。在构建人类命运共同体思想的指导下，建设相互尊重、公平正义、合作共赢的新型国际关系、践行正确义利观、秉持共商共建共享的全球治理观、推进“一带一路”建设等重大创新举措相继出台，把中国外交理论的发展推向新的历史高度。

构建新型国际关系是新时代中国特色大国外交的蓝图，与构建人类命运共同体的目标一脉相承、互为补充，都承载着中国对建设美好世界的崇高理想和不懈追求。党的十九大指出：“中国将高举和平、发展、合作、共赢的旗帜，恪守维护世界和平、促进共同发展的外交政策宗旨，坚定不移在和平共处五项原则基础上发展同各国的友好合作，推动建设相互尊重、公平正义、合作共赢的新型国际关系。”① 构建新型国际关系的核心理念，一是相互尊重，主张国家不分大小、强弱、贫富一律平等，不同制度、宗教、文明一视同仁；二是公平正义，强调反对弱肉强食的丛林法则，维护世界各国尤其是发展中国家的正当合法权益；三是合作共赢，呼吁超越零和博弈的旧思维，倡导共谋发展、互利互惠的新思路。相互尊重是构建新型国际关系的基础，公平正义是构建新型国

---

① 习近平：《决胜全面建成小康社会　夺取新时代中国特色社会主义伟大胜利——在中国共产党第十九次全国代表大会上的报告》，人民出版社2017年版，第58页。

际关系的保障，合作共赢是构建新型国际关系的目标。三者有机结合起来，才能实现构建人类命运共同体的目标。

践行正确的义利观，是中国特色大国外交的核心价值定向。2013 年 3 月，习近平出访非洲三国，首次提出“正确义利观”的理念，用“真、实、亲、诚”四个字准确概括新形势下中国对非洲国家秉承正确义利观的实质性内涵，指出中非关系的本质特征是：真诚友好、相互尊重、平等互利、共同发展，强调中国要促进发展中国家共同发展，对贫穷的国家给予力所能及的帮助，有时甚至要重义轻利、舍利取义。此后，经过习近平多次阐释，正确义利观的内涵与践行方略逐步充实、完善，成为新时代中国外交的一面旗帜。践行正确的义利观，就是要在国际交往中用道义、正义、信义、情义、仁义等标尺衡量自身行为，追寻惠及人类的大利，捍卫国家核心利益和底线，同时提倡将本国利益与他国利益有机结合，实现利己利人的美好局面。践行正确义利观的理念和实践不仅继承、弘扬了中华文化璀璨的传统道德观和伦理标准，而且为人类共同价值宝库增添了新内涵，体现出中国构建人类命运共同体、建设新型国际关系的内在要求，为探索中国特色大国外交之路确立了道义基础。

引领全球治理体制变革，是构建新型国际关系、构建人类命运共同体的重要途径。中国秉持共商共建共享的全球治理观。共商就是在全球治理的进程中集思广益，强调世界各国共同参与，倡导国际关系民主化。共建就是在全球治理的进程中通力合作、各尽其能，强调世界各国发挥各自优势。共享就是共同享受全球治理的成果，让全球治理的成果更公平地惠及世界各国和人民。简言之，共商共建共享的全球治理理念，意味着全球治理由世界各国和人民一起商量着办，更加完善的全球治理体制由世界各国和人民一起建设，成果也将由世界各国和人民一起分享。中国倡导的这一全球治理理念，发出了积极推动全球治理体制变革的中国声音，贡献了推动全球治理体制变革的中国智慧。同时，中国还以踏实稳健的步伐推动着全球治理更加健康、公平、有序的发展。随着中国国家实力的迅速提升，中国对世界经济的贡献开始由量增到质变，力所能及为全球提供更多公共产品，积极探索全方位运用硬实力与软实力完善全球治理体系的途径。当前，中国不仅是全球治理的积极参与者、建设者和贡献者，而且已经成为全球治理体制变革的引领者，将以更加进取的姿态、更加有力的举措，推动全球治理体制朝着更加公正合理的方向发展。

推进“一带一路”建设是中国特色大国外交的又一创举，是构建人类命运共同体和打造新型国际关系的战略举措和系统工程。自 2013 年提出以来，“一带一路”建设从理念转化为行动、从愿景转变为现实，将中华民族伟大复兴的中国梦与世界各国人民追求发展繁荣的美好梦想联系起来，编织起以亚欧大陆为中心，辐射全球各大陆、连接世界各大洋的互利合作网络，构建起发展战略对接、各自优势互补、彼此互联互通的国际合作平台。中国认为，推进“一带一路”建设的总体思路，是“秉持和平合作、开放包容、互学互鉴、互利共赢的理念，全方位推进务实合作，打造政治互信、经济融合、文化包容的利益共同体、命运共同体和责任共同体”①。政策沟通、设施联通、贸易畅通、货币流通、民心相通是“一带一路”建设的核心内容。本质上，“一带一路”建设是国际政治经济合作的新模式，是通往人类命运共同体的道路。它以经济合作为先导，以政治合作为推手，以人文交流为基础，将国内发展战略与国际战略贯通起来，将自身利益与其他国家的利益诉求协调起来，以一种“穷则独善其身，达则兼济天下”的中国式哲学，努力构建中国与沿线国家乃至世界各国共同圆梦、追求美好愿景的宏伟蓝图。“一带一路”建设实践，致力于探索以相互尊重、公平正义、合作共赢为核心的新型国际关系，把新型国际关系理念贯彻落实到政治、经济、安全、文明、生态等国际合作的各个方面，对于构建人类命运共同体具有重要的意义。

当今世界处于百年未有之大变局，中国发展仍处于并将长期处于重要战略机遇期。党的十九届四中全会为中国特色大国外交部署了四大战略任务，即健全党对外事工作领导体制机制，完善全方位外交布局，推进合作共赢的开放体系建设，积极参与全球治理体系改革和建设。新时代中国特色大国外交坚持和完善独立自主和平外交政策，推动构建人类命运共同体，必将为实现“两个一百年”奋斗目标和中华民族伟大复兴中国梦作出更大贡献，为世界的和平与发展作出更大贡献。

思考题：

1. 国际政治包括哪些基本内容？
2. 怎样理解国家主权的基本特性？

---

① 《推动共建丝绸之路经济带和 21 世纪海上丝绸之路的愿景与行动》，人民出版社 2015 年版，第 5—6 页。

拓展资源

本章名词解释

3. 国家主权对于国家参与国际政治活动有什么重要意义？
4. 国际法的基本特点及其基本功能是什么？
5. 联系实际论述中国对外政策的基本原则。
6. 新时代中国特色大国外交有哪些理论和实践创新？

阅读文献

■ 马克思:《〈黑格尔法哲学批判〉导言》,《马克思恩格斯文集》第 1 卷,人民出版社 2009 年版。

■ 马克思:《1848 年至 1850 年的法兰西阶级斗争》,《马克思恩格斯文集》第 2 卷,人民出版社 2009 年版。

■ 马克思:《路易·波拿巴的雾月十八日》,《马克思恩格斯文集》第 2 卷,人民出版社 2009 年版。

■ 马克思:《中国革命和欧洲革命》,《马克思恩格斯文集》第 2 卷,人民出版社 2009 年版。

■ 马克思:《〈政治经济学批判〉序言》,《马克思恩格斯文集》第 2 卷,人民出版社 2009 年版。

■ 马克思、恩格斯:《德意志意识形态》,《马克思恩格斯文集》第 1 卷,人民出版社 2009 年版。

■ 马克思、恩格斯:《共产党宣言》,《马克思恩格斯文集》第 2 卷,人民出版社 2009 年版。

■ 恩格斯:《社会主义从空想到科学的发展》,《马克思恩格斯文集》第 3 卷,人民出版社 2009 年版。

■ 恩格斯:《家庭、私有制和国家的起源》,《马克思恩格斯文集》第 4 卷,人民出版社 2009 年版。

■ 列宁:《怎么办?》(节选),《列宁专题文集　论无产阶级政党》,人民出版社 2009 年版。

■ 列宁:《论工人政党对宗教的态度》,《列宁专题文集　论无产阶级政党》,人民出版社 2009 年版。

■ 列宁:《论民族自决权》(节选),《列宁选集》第 2 卷,人民出版社 2012 年版。

■ 列宁：《帝国主义是资本主义的最高阶段》，《列宁专题文集　论资本主义》，人民出版社 2009 年版。

■ 列宁：《国家与革命》，《列宁专题文集　论马克思主义》，人民出版社 2009 年版。

■ 列宁：《论国家》，《列宁专题文集　论辩证唯物主义和历史唯物主义》，人民出版社 2009 年版。

■ 列宁：《在全俄省、县国民教育局政治教育委员会工作会议上的讲话》，《列宁专题文集　论社会主义》，人民出版社 2009 年版。

■ 列宁：《关于资产阶级民主和无产阶级专政的提纲和报告》，《列宁全集》第 35 卷，人民出版社 2017 年版。

■ 毛泽东：《中国革命和中国共产党》，《毛泽东选集》第 2 卷，人民出版社 1991 年版。

■ 毛泽东：《新民主主义论》，《毛泽东选集》第 2 卷，人民出版社 1991 年版。

■ 毛泽东：《论人民民主专政》，《毛泽东选集》第 4 卷，人民出版社 1991 年版。

■ 毛泽东：《关于正确处理人民内部矛盾的问题》，《毛泽东文集》第 7 卷，人民出版社 1999 年版。

■《毛泽东外交文选》，中央文献出版社、世界知识出版社 1994 年版。

■ 周恩来：《关于我国民族政策的几个问题》，《周恩来选集》下卷，人民出版社 1984 年版。

■ 邓小平：《关于西南少数民族问题》，《邓小平文选》第 1 卷，人民出版社 1994 年版。

■ 邓小平：《解放思想，实事求是，团结一致向前看》，《邓小平文选》第 2 卷，人民出版社 1994 年版。

■ 邓小平：《坚持四项基本原则》，《邓小平文选》第 2 卷，人民出版社 1994 年版。

■ 邓小平：《民主和法制两手都不能削弱》，《邓小平文选》第 2 卷，人民出版社

1994 年版。

■ 邓小平：《党和国家领导制度的改革》，《邓小平文选》第 2 卷，人民出版社 1994 年版。

■ 邓小平：《中国大陆和台湾和平统一的设想》，《邓小平文选》第 3 卷，人民出版社 1993 年版。

■ 邓小平：《一个国家，两种制度》，《邓小平文选》第 3 卷，人民出版社 1993 年版。

■ 邓小平：《怎样评价一个国家的政治体制》，《邓小平文选》第 3 卷，人民出版社 1993 年版。

■ 邓小平：《和平共处原则具有强大生命力》，《邓小平文选》第 3 卷，人民出版社 1993 年版。

■ 邓小平：《和平和发展是当代世界的两大问题》，《邓小平文选》第 3 卷，人民出版社 1993 年版。

■ 邓小平：《在中国共产党全国代表会议上的讲话》，《邓小平文选》第 3 卷，人民出版社 1993 年版。

■ 邓小平：《关于政治体制改革问题》，《邓小平文选》第 3 卷，人民出版社 1993 年版。

■ 邓小平：《以和平共处五项原则为准则建立国际新秩序》，《邓小平文选》第 3 卷，人民出版社 1993 年版。

■ 邓小平：《在武昌、深圳、珠海、上海等地的谈话要点》，《邓小平文选》第 3 卷，人民出版社 1993 年版。

■ 江泽民：《坚持和完善人民代表大会制度》，《江泽民文选》第 1 卷，人民出版社 2006 年版。

■ 江泽民：《当代中国共产党人的庄严使命》，《江泽民文选》第 1 卷，人民出版社 2006 年版。

■ 江泽民：《关于讲政治》，《江泽民文选》第 1 卷，人民出版社 2006 年版。

■ 江泽民：《加强社会主义民主法制建设》，《江泽民文选》第 1 卷，人民出版社 2006 年版。

■ 江泽民：《高举邓小平理论伟大旗帜，把建设有中国特色社会主义事业全面推向二十一世纪》，《江泽民文选》第 2 卷，人民出版社 2006 年版。

■ 江泽民：《当前的国际形势和我们的外交工作》，《江泽民文选》第 2 卷，人民出版社 2006 年版。

■ 江泽民：《政治体制改革的目的是完善社会主义政治制度》，《江泽民文选》第 3 卷，人民出版社 2006 年版。

■ 江泽民：《在庆祝中国共产党成立八十周年大会上的讲话》，《江泽民文选》第 3 卷，人民出版社 2006 年版。

■ 江泽民：《论宗教问题》，《江泽民文选》第 3 卷，人民出版社 2006 年版。

■《江泽民论有中国特色社会主义（专题摘编）》，中央文献出版社 2002 年版。

■ 胡锦涛：《推进合作共赢　实现持续发展》，《人民日报》2004 年 11 月 21 日。

■ 胡锦涛：《树立和落实科学发展观》，《十六大以来重要文献选编》上，中央文献出版社 2005 年版。

■ 胡锦涛：《在首都各界纪念全国人民代表大会成立五十周年大会上的讲话》，《十六大以来重要文献选编》中，中央文献出版社 2006 年版。

■ 胡锦涛：《在庆祝中国人民政治协商会议成立五十五周年大会上的讲话》，《十六大以来重要文献选编》中，中央文献出版社 2006 年版。

■ 习近平：《决胜全面建成小康社会　夺取新时代中国特色社会主义伟大胜利——在中国共产党第十九次全国代表大会上的报告》，人民出版社 2017 年版。

■《习近平谈治国理政》第 1 卷，外文出版社 2018 年版。

■《习近平谈治国理政》第 2 卷，外文出版社 2017 年版。

■《习近平谈治国理政》第 3 卷，外文出版社 2020 年版。

■《习近平关于社会主义政治建设论述摘编》，中央文献出版社 2017 年版。

■《习近平关于中国特色大国外交论述摘编》，中央文献出版社 2020 年版。

■《中共中央关于全面深化改革若干重大问题的决定》，人民出版社 2013 年版。

■《中共中央关于全面推进依法治国若干重大问题的决定》，人民出版社 2014 年版。

■《关于新形势下党内政治生活的若干准则　中国共产党党内监督条例》，人民出版社 2016 年版。

■《中共中央关于深化党和国家机构改革的决定》，人民出版社 2018 年版。

■《中共中央关于坚持和完善中国特色社会主义制度　推进国家治理体系和治理能力现代化若干重大问题的决定》，人民出版社 2019 年版。

■ 中国社会科学院民主问题研究中心编：《马克思恩格斯列宁毛泽东邓小平江泽民论民主》，中国社会科学出版社 2002 年版。

■ 王沪宁主编：《政治的逻辑——马克思主义政治学原理》，上海人民出版社 2016 年版。

■［古希腊］柏拉图：《理想国》，郭斌和、张竹明译，商务印书馆 1986 年版。

■［古希腊］亚里士多德：《政治学》，吴寿彭译，商务印书馆 1965 年版。

■［古罗马］西塞罗：《论共和国》，王焕生译，上海人民出版社 2006 年版。

■［古罗马］奥古斯丁：《上帝之城》，王晓朝译，人民出版社 2006 年版。

■《阿奎那政治著作选》，马清槐译，商务印书馆 2009 年版。

■［意］尼科洛·马基雅维里：《君主论》，潘汉典译，商务印书馆 2009 年版。

■［英］霍布斯：《利维坦》，黎思复、黎廷弼译，商务印书馆 2009 年版。

■［英］洛克：《政府论》，瞿菊农、叶启芳译，商务印书馆 1982 年版。

■［法］孟德斯鸠：《论法的精神》，张雁深译，商务印书馆 1961 年版。

■［法］卢梭：《社会契约论》，何兆武译，商务印书馆 2003 年版。

■［美］汉密尔顿、杰伊、麦迪逊：《联邦党人文集》，程逢如、在汉、舒逊译，商务印书馆 2009 年版。

■［法］托克维尔：《论美国的民主》，董果良译，商务印书馆 2013 年版。

■［英］J. S. 密尔：《代议制政府》，汪瑄译，商务印书馆 2009 年版。

■［德］马克斯·韦伯：《经济与社会》，林荣远译，商务印书馆 1997 年版。

■［美］乔治·霍兰·萨拜因著，托马斯·索尔森修订：《政治学说史》（第四版），邓正来译，上海人民出版社 2015 年版。

■［美］约瑟夫·熊彼特：《资本主义、社会主义与民主》，吴良健译，商务印书馆 2009 年版。

■［美］戴维·杜鲁门：《政治过程——政治利益与公共舆论》，陈尧译，天津人民出版社 2005 年版。

■［美］西摩·马丁·李普塞特：《政治人——政治的社会基础》，张绍宗译，上海人民出版社 1997 年版。

■［美］戴维·伊斯顿：《政治生活的系统分析》，王浦劬主译，人民出版社 2012 年版。

■［美］加布里埃尔·A. 阿尔蒙德、小 G. 宾厄姆·鲍威尔：《比较政治学——体系、过程和政策》，曹沛霖等译，东方出版社 2007 年版。

■［美］加布里埃尔·A. 阿尔蒙德、西德尼·维巴：《公民文化——五个国家的政治态度和民主制》，徐湘林等译，东方出版社 2008 年版。

■［美］罗伯特·A. 达尔：《现代政治分析》，王沪宁、陈峰译，上海译文出版社 1987 年版。

■［美］罗伯特·达尔：《民主理论的前言》（扩充版），顾昕译，东方出版社 2009 年版。

■［美］鲁恂·W. 派伊：《政治发展面面观》，任晓、王元译，天津人民出版社 2009 年版。

■［美］塞缪尔·P. 亨廷顿：《变化社会中的政治秩序》，王冠华等译，上海人民出版社 2008 年版。

■［美］塞缪尔·亨廷顿、琼·纳尔逊：《难以抉择——发展中国家的政治参与》，汪晓寿、吴志华、项继权译，华夏出版社 1989 年版。

■［美］哈罗德·D. 拉斯韦尔：《政治学：谁得到什么？何时和如何得到？》，杨昌裕译，商务印书馆 1992 年版。

■［美］约翰·罗尔斯：《正义论》，何怀宏、何包钢、廖申白译，中国社会科学出版社 1988 年版。

■［美］罗伯特·诺齐克：《无政府、国家与乌托邦》，何怀宏等译，中国社会科学出版社 1991 年版。

■［美］格林斯坦、波尔斯比编：《政治学手册精选》（上卷），竺乾威、周琪、胡君芳译，商务印书馆 1996 年版。

■［美］格林斯坦、波尔斯比编：《政治学手册精选》（下卷），储复耘译，商务印书馆 1996 年版。

■［美］查尔斯·林德布洛姆：《政治与市场：世界的政治—经济制度》，王逸舟译，上海三联书店、上海人民出版社 1994 年版。

■［美］詹姆斯·G. 马奇、［挪］约翰·奥尔森：《重新发现制度：政治的组织基础》，张伟译，生活·读书·新知三联书店 2011 年版。

■［美］詹姆斯·M. 布坎南：《自由、市场与国家——80 年代的政治经济学》，平新乔、莫扶民等译，生活·读书·新知三联书店上海分店 1989 年版。

■［美］詹姆斯·M. 布坎南、戈登·塔洛克：《同意的计算——立宪民主的逻辑基础》，陈光金译，中国社会科学出版社 2000 年版。

■［美］威廉姆·A. 尼斯坎南：《官僚制与公共经济学》，王浦劬等译，中国青年出版社 2004 年版。

■［英］戴维·米勒、韦农·波格丹诺主编：《布莱克维尔政治学百科全书》（修订版），邓正来译，中国政法大学出版社 2002 年版。

■［美］文森特·奥斯特罗姆：《复合共和制的政治理论》，毛寿龙译，上海三联书店 1999 年版。

■［美］埃莉诺·奥斯特罗姆：《公共事物的治理之道——集体行动制度的演进》，余逊达、陈旭东译，上海三联书店 2000 年版。

■［美］罗伯特·帕特南：《独自打保龄：美国社区的衰落与复兴》，刘波等译，北京大学出版社 2011 年版。

■［美］罗伯特·D. 帕特南：《使民主运转起来》，王列、赖海榕译，江西人民出版社 2001 年版。

■［美］罗伯特·古丁、汉斯-迪特尔·克林格曼主编：《政治科学新手册》，钟开斌等译，生活·读书·新知三联书店 2006 年版。

■［美］罗伯特·E. 戈定主编，［美］拉塞尔·J. 达尔顿、［德］汉斯-迪特尔·克林格曼编：《牛津政治行为研究手册》（上、下），王浦劬主译，人民出版社 2018 年版。

■［美］罗伯特·E. 戈定主编，［美］卡尔斯·波瓦克斯、苏姗·C. 斯托克斯编：《牛津比较政治学手册》（上、下），唐士其等译，人民出版社 2016 年版。

■［英］戴维·赫尔德：《民主的模式》，燕继荣等译，中央编译出版社 2004 年版。

■［美］阿伦·利普哈特：《民主的模式：36 个国家的政府形式和政府绩效》，陈崎译，北京大学出版社 2006 年版。

■［美］弗朗西斯·福山：《国家构建：21 世纪的国家治理与世界秩序》，郭华译，学林出版社 2017 年版。

■［瑞典］索伦·霍姆伯格、博·罗斯坦主编：《好政府——政治科学的诠释》，包雅钧、梁宇等译，北京大学出版社 2020 年版。

人名译名对照表

[英]	埃德蒙·伯克	Edmund Burke
[古罗马]	奥古斯丁	Aurelius Augustinus
[美]	本尼迪克特·安德森	Benedict Anderson
[法]	博丹	Jean Bodin
[美]	波尔斯比	Nelson W. Polsby
[古希腊]	柏拉图	Plato 或 Platon
[美]	伯吉斯	John W. Burgess
[英]	伯特兰·罗素	Bertrand Russell
[英]	查理一世	Charles I
[法]	戴高乐	Charles André Joseph Marie de Gaulle
[美]	戴维·伊斯顿	David Easton
[德]	恩格斯	Friedrich Engels
[法]	伏尔泰	Voltaire
[法]	傅立叶	Charles Fourier
[意]	哥伦布	Cristoforo Colombo
[荷兰]	格劳秀斯	Hugo Grotius
[美]	格林斯坦	Fred I. Greenstein
[奥地利]	巩普洛维奇	Ludwig Gumplowicz
[德]	哈贝马斯	Jürgen Habermas
[美]	汉密尔顿	Alexander Hamilton
[美]	汉斯-迪特尔·克林格曼	Hans-Dieter Klingemann
[美]	赫伯特·海曼	Herbert Hyman
[英]	赫伯特·斯宾塞	Herbert Spencer
[英]	赫胥黎	Thomas Henry Huxley
[德]	黑格尔	Georg Wilhelm Friedrich Hegel
[英]	霍布斯	Thomas Hobbes
[美]	加布里埃尔·A. 阿尔蒙德	Gabriel A. Almond
[美]	杰弗逊	Thomas Jefferson
[德]	卡尔·欧根·杜林	Karl Eugen Dühring

[法]	孔德	Isidore Marie Auguste François Xavier Comte
[俄]	列宁	Владимир Ильич Ленин
[法]	卢梭	Jean-Jacques Rousseau
[美]	罗伯特·古丁	Robert E. Goodin
[美]	罗伯特·赫斯	Robert D. Hess
[英]	洛克	John Locke
[意]	马基雅弗利	Niccolò Machiavelli
[德]	马克思	Karl Marx
[德]	马克斯·韦伯	Max Weber
[法]	孟德斯鸠	Charles de Secondat, baron de Montesquieu
[英]	密尔	John Stuart Mill
[英]	欧文	Robert Owen
[美]	潘恩	Thomas Paine
[法]	圣西门	Henri de Saint-Simon
[荷兰]	斯宾诺莎	Baruch Spinoza
[苏联]	斯大林	Иосиф Виссарионович Сталин
[法]	托克维尔	Alexis de Tocqueville
[意]	托马斯·阿奎那	Thomas Aquinas
[英]	韦斯特	Darrell M. West
[古希腊]	希罗多德	Herodotos
[古罗马]	西塞罗	Marcus Tullius Cicero
[古希腊]	亚里士多德	Aristotle
[古希腊]	伊壁鸠鲁	Epicuros
[美]	约瑟夫·熊彼特	Joseph Schumpeter
[美]	詹姆斯·E. 安德森	James E. Anderson
[英]	甄克斯	Edward Jenks

第一版后记

《政治学概论》教材是马克思主义理论研究和建设工程重点教材。在编写过程中，得到了马克思主义理论研究和建设工程咨询委员会的指导，得到了中央有关部门和有关专家学者的帮助和支持。同时，广泛听取了高校政治学课程教师和大学生的意见和建议。

本教材由首席专家张永桃主持编写。课题组成员张永桃、王一程、房宁、王浦劬、朱光磊、高建、周光辉、林尚立、陈振明等参加了本教材的撰写、修改工作。对大纲提出修改意见或参加教材修改的还有：徐大同、孙关宏、梁柱、马绍孟、靳辉明、奚广庆、谢庆奎、张桂琳、张凤阳、王云骏、马德普、阎志坚、章荣君、周少来、周亚权等。张磊主持了工程办公室组织的统稿和审改。王心富、邵文辉、宋凌云、何成、田岩、范炜烽、郭静、冯静、李海青、冯宏良等参加统稿和审改。参加集中阅看并提出修改意见的有：杨金海、金泽、韩冬雪、李景治、秦宣、杨光斌、常光民、田克勤、季明、杨雪冬、许安标、韩久根、吴宝通。

2011 年 3 月

第二版后记

组织全面修订马克思主义理论研究和建设工程重点教材，是推动习近平新时代中国特色社会主义思想和党的十九大精神进教材、进课堂、进头脑的重要举措。《政治学概论》（第二版）是在第一版教材基础上修订而成的。在教材修订过程中，得到了马克思主义理论研究和建设工程咨询委员会的指导，得到了中央有关部门和有关专家学者的帮助和支持。同时，也广泛听取了高校专业课程教师和学生的意见和建议。

教材修订课题组由王浦劬、周光辉、燕继荣任首席专家，王浦劬主持修订，王一程、王炳权、陈振明、周平、高民政、高鹏程、程同顺、蒲傌、梁宇作为主要成员参加修订。何成主持了工程办公室组织的审改定稿工作。王昆、王勇、石文磊、田岩、冯静、曹守亮、刘小丰、陈瑞来、薛向军、刘一、聂大富、刘志刚、张明等参加了审改。参加集中审阅并提出修改意见的有：朱光磊、许开轶、杨弘、杨雪冬、陈岳、徐湘林、高建、高小平、桑玉成等。

2020 年 6 月

郑重声明

高等教育出版社依法对本书享有专有出版权。任何未经许可的复制、销售行为均违反《中华人民共和国著作权法》，其行为人将承担相应的民事责任和行政责任；构成犯罪的，将被依法追究刑事责任。为了维护市场秩序，保护读者的合法权益，避免读者误用盗版书造成不良后果，我社将配合行政执法部门和司法机关对违法犯罪的单位和个人进行严厉打击。社会各界人士如发现上述侵权行为，希望及时举报，我社将奖励举报有功人员。

反盗版举报电话　(010)58581999　58582371

反盗版举报邮箱　dd@hep.com.cn

通信地址　北京市西城区德外大街4号

　　　　　高等教育出版社法律事务部

邮政编码　100120

读者意见反馈

为收集对教材的意见建议，进一步完善教材编写并做好服务工作，读者可将对本教材的意见建议通过如下渠道反馈至我社。

咨询电话　400-810-0598

读者服务邮箱　gjdzfwb@pub.hep.cn

通信地址　北京市朝阳区惠新东街4号富盛大厦1座

　　　　　高等教育出版社总编辑办公室

邮政编码　100029

防伪查询说明

用户购书后刮开封底防伪涂层，使用手机微信等软件扫描二维码，会跳转至防伪查询网页，获得所购图书详细信息。

防伪客服电话　(010)58582300